ECONOMIA

1

Anxo Penalonga Sweers

Assessoria pedagògica en activitats
Abelardo Fernández Bagüés

Revisió tècnica
José Ángel Navarro Martínez
Abelardo Fernández Bagüés

MADRID - BOGOTÀ - BUENOS AIRES - CARACAS - GUATEMALA - MÈXIC
NOVA YORK - PANAMÀ - SAN JUAN - SANTIAGO - SÃO PAULO
AUCKLAND - HAMBURG - LONDRES - MILÀ - MONTREAL - NOVA DELHI - PARÍS
SAN FRANCISCO - SIDNEY - SINGAPUR - ST. LOUIS - TÒQUIO - TORONTO

W0279282

COMO S'UTILITZA AQUEST LLIBRE

Presentació de la unitat

Un text interessant us presentarà cada unitat, a tall de resum.

En aquest quadre us llançarem algunes preguntes per a la reflexió sobre el que sabeu abans de començar la unitat.

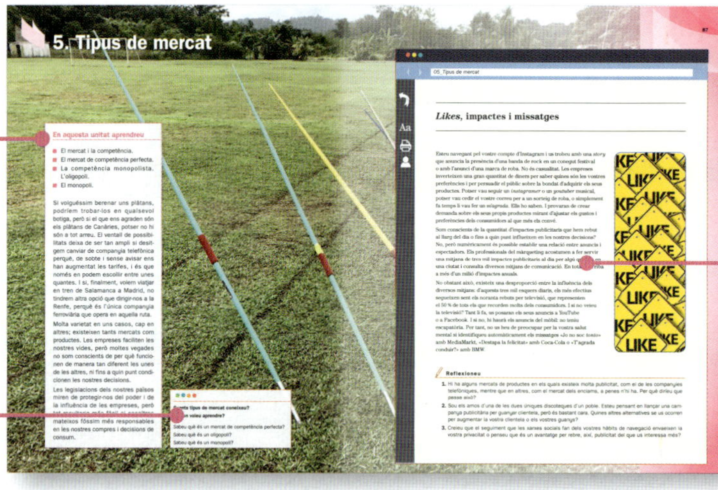

Abans de començar: un text us introduirà d'una manera amena en els continguts de la unitat i us proposarà unes preguntes

Desenvolupament de continguts

Trobareu activitats de diferents tipologies per a desenvolupar diverses aptituds i, a més, informació addicional al marge.

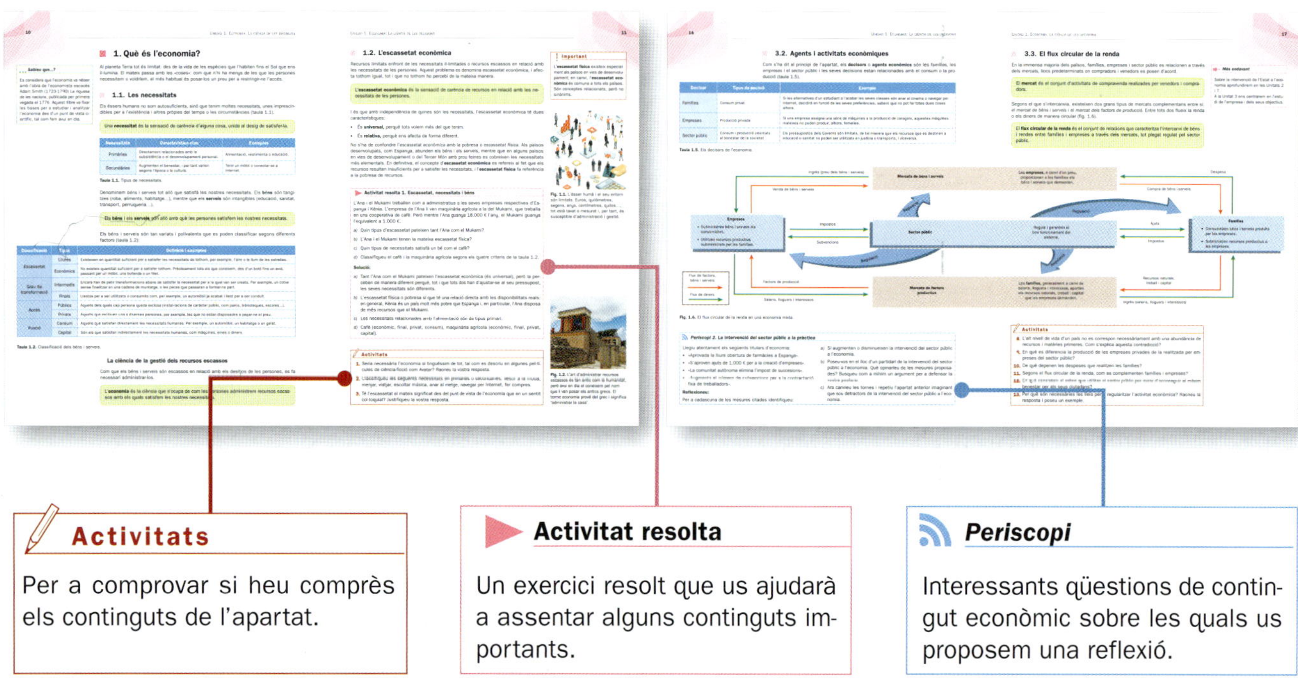

Activitats

Per a comprovar si heu comprès els continguts de l'apartat.

Activitat resolta

Un exercici resolt que us ajudarà a assentar alguns continguts importants.

Periscopi

Interessants qüestions de contingut econòmic sobre les quals us proposem una reflexió.

Tancament de la unitat

La teoria es tanca amb una bateria d'**Exercicis** agrupats per apartat i graduats per nivell de dificultat. En alguns casos us proposem **activitats cooperatives** que van acompanyades d'aquesta icona

A més, trobareu un quadre amb tres preguntes perquè reflexioneu sobre el que heu après a la unitat.

Amb el **Test de repàs** podreu assegurar-vos ràpidament del que heu après a la unitat.

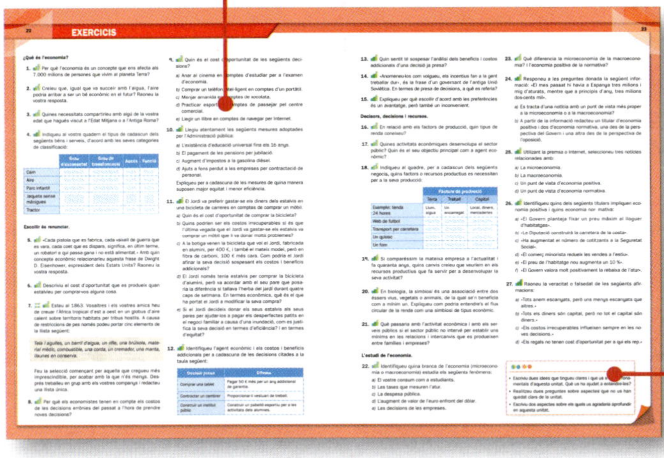

En aquesta secció anomenada **Economia en acció,** us proposarem la posada en joc de tot el que haureu après a la unitat en diverses seccions: a **Interpretem** haureu d'analitzar dades en gràfics i taules per a arribar a conclusions de tipus econòmic, a **El dilema** us proposarem un debat a classe sobre alguna qüestió candent de la unitat i a la **Proposta de cinema,** el visionat d'una pel·lícula en clau econòmica.

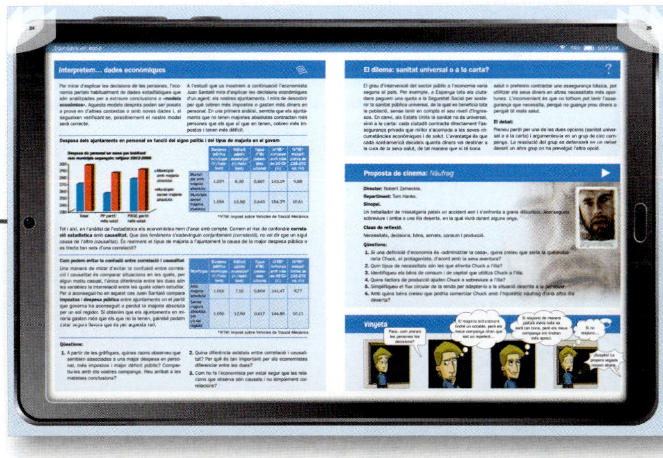

Avaluació inicial

Inclou dues seccions: **Qüestionari** i **Llegiu i compartiu,** les dues dirigides a avaluar els vostres coneixements previs d'economia a l'inici del curs

Avaluació inicial

Qüestionari

1. Passar la tarda al parc:

a. No costa res, perquè és gratuït.

b. Ens costa deixar de fer altres coses.

c. El cost depèn de com m'ho passo de bé.

d. Només em costa si em compro alguna cosa allà.

2. La Marina, que és grangera, va comprar un tractor, temps després va decidir comprar-ne un altre més. Com va afectar això a la seva producció?

a. El primer tractor li va augmentar la producció més que el segon.

b. El segon tractor li va augmentar la producció més que el primer.

c. Els dos tractors van augmentar la seva producció en la mateixa mida.

d. És impossible saber-ho sense conèixer la marca del tractor.

3. Si una empresa domina el 25 % del mercat:

a. Dos de cada tres productes que es venen al mercat són d'aquesta empresa.

b. Un de cada quatre productes que es venen al mercat són d'aquesta empresa.

c. L'empresa ven tres de cada quatre productes que es venen al mercat.

d. Cap de les respostes anteriors és correcta.

4. Si la Maria compra per Internet un llibre a una llibreria dels EUA podem dir que:

a. La Maria ha fet una exportació.

b. La Maria ha fet una importació.

c. La Maria ha fet una inversió.

d. La Maria ha fet una despesa pública.

5. Si tothom té el doble de diners que té ara:

a. Seríem tots igual de rics que abans.

b. Seríem tots el doble de rics que abans.

c. Els preus començarien a baixar.

d. Els diners valdrien molt més que abans.

6. En una economia de lliure mercat amb poca intervenció de l'Estat, segurament:

a. Pagareu molts impostos.

b. L'Estat oferirà molts serveis.

c. Pagareu pocs impostos.

d. L'economia estarà planificada per l'Estat.

7. Una gràfica que mostra una recta y paral·lela a l'eix de les x ens indica:

a. Que y depèn de x.

b. Que x depèn de y.

c. Que x i y no depenen entre si.

d. Que y sempre és més gran que x.

8. Els preus tendeixen a baixar si:

a. Hi ha més competència.

b. Hi ha acords entre les empreses.

c. Hi ha menys empreses.

d. El Govern introdueix preus mínims.

9. Els preus de les vostres sabatilles esportives favorites han pujat:

a. Perquè ha pujat l'oferta d'aquestes sabatilles.

b. Perquè ha pujat la demanda d'aquestes sabatilles.

c. Perquè hi ha més competència que abans.

d. Dues de les anteriors respostes són certes.

10. L'*equitat* fa referència al fet que:

a. Tots hem de ser tractats igual.

b. Tots hem de tenir les mateixes oportunitats.

c. Tots hem de tenir el mateix.

d. Augmenten les desigualtats.

B

Llegiu i compartiu

El dilema del Cèsar

Dioclecià, l'emperador de Roma, es va reunir al seu palau amb Marcià, el seu conseller principal, per a discutir els comptes de l'Imperi.

—La gent no pot comprar pa. Oh, Cèsar! —va dir el conseller—. No tenen diners.

—Heus aquí la solució —va respondre Dioclecià—. Encunya un milió de denaris de ferro i reparteix-los entre la plebs.

—Així es farà. Oh, Cèsar!

El mes següent, l'emperador va cridar al seu conseller a palau per a saber si el problema havia quedat resolt. Marcià li va dir:

—Mon Senyor, ara la gent té diners, però el pa s'ha tornat tan car que ningú pot comprar-lo.

—Llavors ordeno que baixin els preus! Un denari, la fogassa —va dir Dioclecià—. Aquell que els pugi serà castigat.

—Així es farà. Oh, Cèsar!

A la següent reunió Dioclecià va tornar a preguntar i Marcià li va dir:

—Mireu, mon senyor, ara la gent té diners i el pa és barat, però no hi ha forners. Cap d'ells vol treballar. Tots han abandonat la seva professió i ja no hi ha pa.

—Doncs llavors ordena als forners i als fills dels forners que hauran de tornar a casa i ser forners! Aquell que s'hi negui serà llençat els lleons.

—Així es farà. Oh, Cèsar!

El mes següent, Marcià va anar a veure l'emperador a palau i, després de fer-li una reverència, li va dir amb veu tremolosa:

—Mon senyor, ara hi ha forners i el preu és barat i la gent té diners. Però les fleques no tenen pa. Només es troba al mercat negre.

—Per Hèrcules! Això no hi ha qui ho entengui —va dir el Cèsar—. Necessitem un economista. Aneu a buscar-ne un, conseller.

—Un economista, senyor? —va dir Marcià—. On en trobaré un, ara? Un moment... vosaltres, que esteu llegint això. Veniu aquí, Roma us necessita! I si no veniu, ja ho sabeu...

Reflexioneu

1. **Quin creieu que és el problema econòmic de què parla el text? Se us ocorre un altre exemple de problema econòmic?**
2. **Quines tres solucions va proposar l'emperador de Roma per al seu problema econòmic? Raoneu per què no va funcionar-ne cap.**
3. **Imagineu que heu estat escollits per a reemplaçar al conseller Marcià. Quins consells li donaríeu a l'emperador?**
4. **Durant l'Imperi romà les persones eren més riques i vivien més temps del que ho van fer després, durant l'edat mitjana. Però molt menys del que ho fem ara. Per què creieu que és així?**
5. **Uns segles abans, després de les guerres contra Cartago, van arribar a Roma multitud d'esclaus. Llavors la desocupació al camp va augmentar, cosa que va portar a molts camperols a emigrar a les ciutats. Sabríeu explicar per què va passar això?**

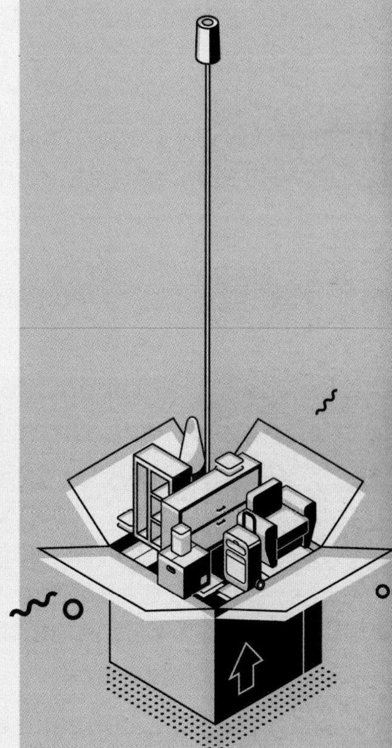

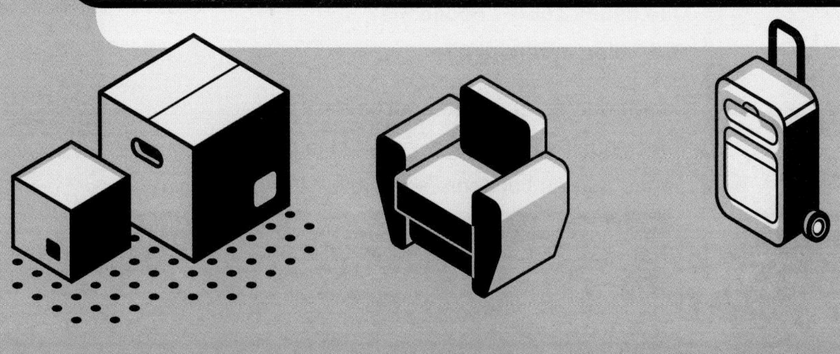

1. Economia: la ciència de les decisions

En aquesta unitat aprendreu

- Què és l'economia?
- Escollir és renunciar.
- Decisors, decisions i recursos.
- L'estudi de l'economia.

Els éssers humans no som autosuficients, sinó que tenim *necessitats* que atenem amb mitjans o *recursos escassos* en relació amb els nostres desitjos. En conseqüència, i com que hem d'administrar-nos, hem de mesurar les nostres *decisions de consum i producció.* Famílies i empreses es complementen i s'organitzen a través dels mercats per mirar d'optimitzar les decisions, però no és fàcil.

Prendre decisions significa *renunciar*. No es pot escollir sense perdre alguna cosa. Però, a més, ho fem en un context d'incertesa, en el qual moltes vegades no estem segurs d'allò que fem, i sovint actuem de forma altruista en favor de l'interès general.

La qüestió és que l'*economia* és complexa, com els milions d'elements que influeixen en les nostres vides sense que nosaltres ho sapiguem. De manera que per a comprendre-la fem servir *models* simplificats que estudien cada part de la realitat econòmica, per a afrontar després l'estudi de tot el conjunt.

Què sabeu sobre l'economia?
Què voleu aprendre'n?

Sabeu què és el cost d'oportunitat?
Sabeu què és la microeconomia? I la macroeconomia?
Sabeu què és l'economia positiva? I la normativa?

Jocs d'atzar, falcons i somnis

El premi que més ens atrau als espanyols és la Grossa de la Loteria de Nadal («el Gordo»). En aquest sorteig tenim tantes probabilitats de guanyar com números tinguem, sobre un total de 100.000. El superincentiu que constitueix un premi d'atzar no hauria de ser una excusa per a tirar els diners, però gastem en aquest tipus de jocs tot i saber que tenim en contra totes les matemàtiques del món. En el nostre interior encara sentim l'antic anhel de disposar de recursos il·limitats per a satisfer les nostres necessitats. I per moments, quan imaginem que el dia 22 de desembre és el nostre número el que canten els nens de San Ildefonso, ens sentim com Adam i Eva al Jardí de l'Edèn. Somniem desperts en la possibilitat de viure sense passar dificultats la resta de la nostra la vida.

A la pel·lícula *El falcó maltès,* tota la trama gira a l'entorn d'apoderar-se d'una estàtua antiga en forma de falcó feta (suposadament) d'un material preciós. El protagonista, un detectiu interpretat per Humphrey Bogart, és l'únic personatge a qui no mou la cobdícia. Al final de la pel·lícula, i tot i que diversos personatges ja han mort a l'intentar fer-se amb l'estàtua, encara no se sap de què està feta, així que se li pregunta al protagonista sobre aquest particular. El detectiu ho té clar: «del material del qual estan fets els somnis». No valen els somnis molt més que els vint euros que costa un dècim de loteria de Nadal?

Reflexioneu

1. A què es refereix el text quan diu que ens agradaria sentir-nos al «Jardí de l'Edèn»?
2. Espanya és un dels països del món que més gasta en jocs d'atzar. Què guanyeu cada vegada que compreu un dècim de loteria? I què perdeu?
3. Per què creieu que alguns economistes anomenen «impostos d'estúpids» els jocs d'atzar?
4. Opineu el mateix?

1. Què és l'economia?

Sabíeu que...?

Es considera que l'economia va néixer amb l'obra de l'economista escocès Adam Smith (1723-1790) *La riquesa de les nacions*, publicada per primera vegada el 1776. Aquest llibre va fixar les bases per a estudiar i analitzar l'economia des d'un punt de vista científic, tal com fem avui en dia.

Al planeta Terra tot és limitat: des de la vida de les espècies que l'habiten fins el Sol que ens il·lumina. El mateix passa amb les «coses»: com que n'hi ha menys de les que les persones necessitem o voldríem, el més habitual és posar-los un preu per a restringir-ne l'accés.

1.1. Les necessitats

Els éssers humans no som autosuficients, sinó que tenim moltes *necessitats*, unes imprescindibles per a l'existència i altres pròpies del temps o les circumstàncies (taula 1.1).

Una **necessitat** és la sensació de carència d'alguna cosa, unida al desig de satisfer-la.

Necessitats	Característica clau	Exemples
Primàries	Directament relacionades amb la subsistència o el desenvolupament personal.	Alimentació, vestimenta o educació.
Secundàries	Augmenten el benestar, i per tant varien segons l'època o la cultura.	Tenir un mòbil o conectar-se a Internet.

Taula 1.1. Tipus de necessitats.

Denominem *béns* i *serveis* tot allò que satisfà les nostres necessitats. Els **béns** són tangibles (roba, aliments, habitatge...), mentre que els **serveis** són intangibles (educació, sanitat, transport, perruqueria...).

Els **béns** i els **serveis** són allò amb què les persones satisfem les nostres necessitats.

Els béns i serveis són tan variats i polivalents que es poden classificar segons diferents factors (taula 1.2):

Classificació	Tipus	Definició i exemples
Escassetat	Lliures	Existeixen en quantitat suficient per a satisfer les necessitats de tothom, per exemple, l'aire o la llum de les estrelles.
	Econòmics	No existeix quantitat suficient per a satisfer tothom. Pràcticament tots els que coneixem, des d'un botó fins un avió, passant per un mòbil, una bufanda o un filet.
Grau de transformació	Intermedis	Encara han de patir transformacions abans de satisfer la necessitat per a la qual van ser creats. Per exemple, un cotxe sense finalitzar en una cadena de muntatge, o les peces que passaran a formar-ne part.
	Finals	Llestos per a ser utilitzats o consumits com, per exemple, un automòbil ja acabat i llest per a ser conduït.
Accés	Públics	Aquells dels quals cap persona queda exclosa (instal·lacions de caràcter públic, com parcs, biblioteques, escoles...).
	Privats	Aquells que exclouen una o diverses persones, per exemple, les que no estan disposades a pagar-ne el preu.
Funció	Consum	Aquells que satisfan directament les necessitats humanes. Per exemple, un automòbil, un habitatge o un gelat.
	Capital	Són els que satisfan indirectament les necessitats humanes, com màquines, eines o diners.

Taula 1.2. Classificació dels béns i serveis.

La ciència de la gestió dels recursos escassos

Com que els béns i serveis són escassos en relació amb els desitjos de les persones, es fa necessari administrar-los.

L'**economia** és la ciència que s'ocupa de com les persones administrem recursos escassos amb els quals satisfem les nostres necessitats.

1.2. L'escassetat econòmica

Recursos limitats enfront de les necessitats il·limitades o recursos escassos en relació amb les necessitats de les persones. Aquest problema es denomina *escassetat econòmica,* i afecta tothom igual, tot i que no tothom ho percebi de la mateixa manera.

L'**escassetat econòmica** és la sensació de carència de recursos en relació amb les necessitats de les persones.

I és que amb independència de quines són les necessitats, l'escassetat econòmica té dues característiques:

- És **universal,** perquè tots volem més del que tenim.
- És **relativa,** perquè ens afecta de forma diferent.

No s'ha de confondre l'*escassetat econòmica* amb la pobresa o *escassetat física.* Als països desenvolupats, com Espanya, abunden els béns i els serveis, mentre que en alguns països en vies de desenvolupament o del Tercer Món amb prou feines es cobreixen les necessitats més elementals. En definitiva, el concepte d'**escassetat econòmica** es refereix al fet que els recursos resulten insuficients per a satisfer les necessitats, i l'**escassetat física** fa referència a la pobresa de recursos.

! Important

L'**escassetat física** existeix especialment als països en vies de desenvolupament; en canvi, l'**escassetat econòmica** és comuna a tots els països. Són conceptes relacionats, però no sinònims.

Fig. 1.1. L'ésser humà i el seu entorn són limitats. Euros, quilòmetres, segons, anys, centímetres, quilos..., tot està taxat o mesurat i, per tant, és susceptible d'administració i gestió.

Activitat resolta 1. Escassetat, necessitats i béns

L'Ana i el Mukami treballen com a administratius a les seves empreses respectives d'Espanya i Kènia. L'empresa de l'Ana li ven maquinària agrícola a la del Mukami, que treballa en una cooperativa de cafè. Però mentre l'Ana guanya 18.000 € l'any, el Mukami guanya l'equivalent a 1.000 €.

a) Quin tipus d'escassetat pateixen tant l'Ana com el Mukami?

b) L'Ana i el Mukami tenen la mateixa escassetat física?

c) Quin tipus de necessitats satisfà un bé com el cafè?

d) Classifiqueu el cafè i la maquinària agrícola segons els quatre criteris de la taula 1.2.

Solució:

a) Tant l'Ana com el Mukami pateixen l'escassetat econòmica (és universal), però la perceben de manera diferent perquè, tot i que tots dos han d'ajustar-se al seu pressupost, les seves necessitats són diferents.

b) L'escassetat física o pobresa sí que té una relació directa amb les disponibilitats reals: en general, Kènia és un país molt més pobre que Espanya i, en particular, l'Ana disposa de més recursos que el Mukami.

c) Les necessitats relacionades amb l'alimentació són de tipus primari.

d) Cafè (econòmic, final, privat, consum), maquinària agrícola (econòmic, final, privat, capital).

Activitats

1. Seria necessària l'economia si tinguéssim de tot, tal com es descriu en algunes pel·lícules de ciència-ficció com *Avatar*? Raoneu la vostra resposta.

2. Classifiqueu les següents necessitats en primàries o secundàries: vestir a la moda, menjar, viatjar, escoltar música, anar al metge, navegar per Internet, fer compres.

3. Té l'escassetat el mateix significat des del punt de vista de l'economia que en un sentit col·loquial? Justifiqueu la vostra resposta.

Fig. 1.2. L'art d'administrar recursos escassos és tan antic com la humanitat, però avui en dia el coneixem pel nom que li van posar els antics grecs. El terme *economia* prové del grec i significa 'administrar la casa'.

2. Escollir és renunciar

La definició d'economia estudiada a l'apartat anterior amaga dues idees claus:

- **L'escassetat econòmica.** Els recursos són limitats, mentre que les necessitats són il·limitades.
- **La necessitat d'escollir.** Davant l'escassetat de recursos i la possibilitat d'usos alternatius, els individus administren acuradament els recursos per a obtenir el màxim profit possible, és a dir, escullen l'alternativa que més s'ajusta a les seves preferències i al seu nivell d'ingressos.

Aquest binomi d'idees, **escassetat-elecció,** determina la peculiaritat de les qüestions econòmiques: no es pot aconseguir tot el que es desitja, però, com a mínim, es pot escollir segons les preferències i el nivell d'ingressos. Els factors que influeixen en les nostres decisions són els següents (taula 1.3):

Cost d'oportunitat	Cada vegada que escollim, renunciem a l'alternativa descartada.
Costos irrecuperables	De vegades ens deixem influir per decisions errònies passades.
Beneficis i costos addicionals	Hem de sospesar els avantatges i inconvenients per a afinar les decisions ja preses.
Incentius	Acostumem a canviar les nostres decisions per a rebre una recompensa o evitar un càstig.
Eficiència i equitat	Les decisions que busquen l'interès de tothom poden suposar el malbaratament de recursos.

Taula 1.3. Conceptes econòmics presents en qualsevol decisió. En cadascun hi ha una renúncia a les opcions descartades. Per això, el cost d'oportunitat sempre és menciona en primer lloc.

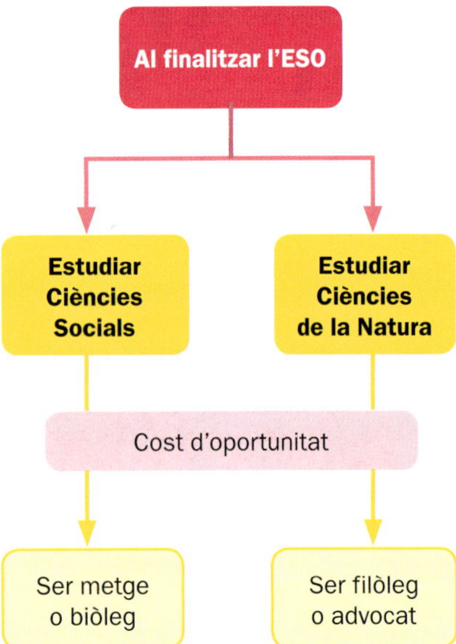

Fig. 1.3. Cost d'oportunitat d'una decisió acadèmica.

2.1. El cost d'oportunitat

En una videoconsola podem reiniciar un joc tantes vegades com sigui necessari per a superar una pantalla o repte, però la realitat no funciona així. Només tenim una vida, de tal manera que cada vegada que prenem una decisió renunciem a les alternatives no escollides. Diem, llavors, que la nostra decisió té un *cost d'oportunitat* perquè, quan escollim l'opció A descartant la B, estem deixant passar l'oportunitat que hauria suposat escollir la B (fig. 1.3).

El **cost d'oportunitat** és el valor, mesurat en diners o en una altra magnitud, d'allò a què es renuncia cada vegada que es pren una decisió.

Activitat resolta 2. El cost d'oportunitat

Donades les alternatives citades a la columna de l'esquerra, descriviu per a cada una el subjecte o decisor, les eleccions possibles i el cost d'oportunitat.

Solució:

Alternativas	Decisor	Solució	
		Elecció	Cost d'oportunitat
Assistir a un partit de futbol o anar al cinema?	Persones	*Partit de futbol*	*La pel·lícula que deixes de veure i el preu de l'entrada al cinema.*
		Cinema	*El partit de futbol que deixes de veure i el preu de l'entrada a l'estadi.*
Màquines o treballadors?	Empresari	*Màquines*	*Cost en salaris.*
		Treballadors	*Inversió en capital.*
Més diners per a educació o per a sanitat?	Govern	*Educació*	*Personal sanitari, hospitals, llits.*
		Sanitat	*Professors, instituts, llibres.*

2.2. Els costos irrecuperables

En general, l'experiència ens torna més savis i influeix positivament sobre noves decisions, però no sempre és així. De vegades, i quan l'alternativa escollida en el passat ha resultat ser un error, els costos del passat, també anomenats *costos irrecuperables,* influeixen sobre les noves decisions. I això passa tot i que som plenament conscients de la impossibilitat de recuperar els costos del passat.

Els **costos irrecuperables** són aquells que pertanyen al passat i que, per tant, no haurien d'influir en noves decisions.

Activitat resolta 3. L'efecte *Concorde*

«França i el Regne Unit van invertir mils de milions durant anys en el desenvolupament d'un avió comercial supersònic. La idea era rendibilitzar el projecte amb l'alt preu dels bitllets que pagarien els qui, per exemple, volguessin realitzar el trajecte París-Nova York en només quatre hores. A mig projecte, es va fer evident que el cost final de l'avió, i el seu manteniment, serien tan alts que difícilment seria rendible.

No obstant això, els dos països van mantenir el projecte: ja havien gastat tants diners que cap d'ells va voler retrocedir i acceptar que havia estat un error. El resultat final va ser el *Concorde,* un avió supersònic caríssim amb un consum desmesurat i una baixa autonomia de vol. Va ser tan coneguda la tossuderia de França i el Regne Unit per seguir amb un projecte que no seria rendible que des de llavors molts economistes anomenen 'efecte *Concorde*'els costos irrecuperables.»

Il·lustra amb un diagrama els costos d'oportunitat i costos irrecuperables de les decisions de França i el Regne Unit amb motiu de les seves decisions.

Solució:

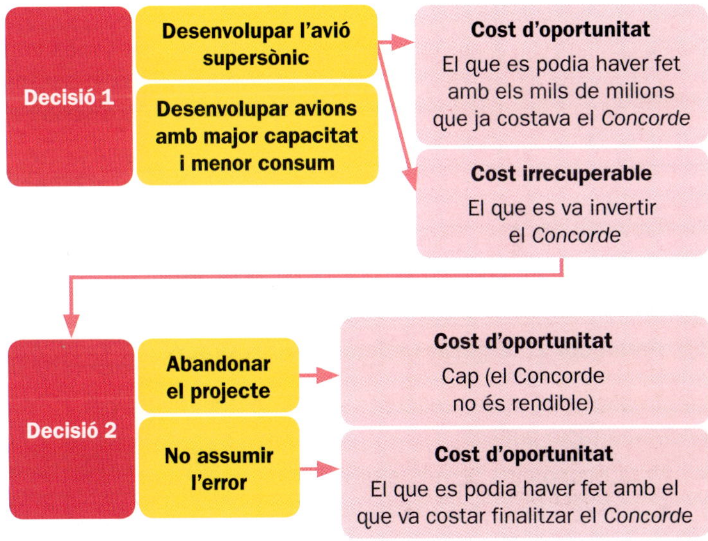

2.3. Beneficis i costos addicionals

No totes les decisions suposen escollir una alternativa i descartar l'altra, sinó que poden consistir també en afinar una decisió ja presa. No es tracta de decisions de «tot o res», sinó de decisions en les quals és necessari analitzar els beneficis i costos addicionals d'una decisió ja presa. Aquests tipus d'anàlisi es diu que són *marginals,* perquè es produeixen al límit, és a dir, pels petits detalls.

L'**anàlisi marginal** sospesa els costos addicionals i els beneficis addicionals d'una elecció ja presa.

Activitat resolta 4. L'anàlisi marginal a la pràctica

Identifiqueu els costos i beneficis addicionals per a cadascuna de les decisions citades a la columna de l'esquerra.

Decisió presa	Decisor	Dilema	Solució: anàlisi marginal	
			Cost addicional	Benefici addicional
Comprar un mòbil	Persona	Pagar 50 € més per una assegurança de robatori.	50 €	Menor preocupació.
Produir un automòbil	Empresari	Incorporar de sèrie el sensor posterior d'aparcament.	100 € per automòbil	Millor valoració per part dels usuaris.
Construir una carretera	Govern	Construir doble calçada als trams més perillosos.	Mils de milions	Major seguretat i comoditat per als conductors.

2.4. Els incentius

Les persones prenen les seves decisions comparant costos i beneficis en un determinat context. Si les circumstàncies canvien, les decisions també poden canviar.

Adam Smith va assenyalar ja al segle XVIII: «Si tenim el sopar a taula no és per la benevolència del carnisser, del bodeguer o del forner, sinó perquè aquests han actuat en el seu interès propi». L'*incentiu* que suposa l'aconseguiment de beneficis està darrera de gairebé totes les activitats empresarials i sense això és impossible concebre les societats actuals.

Un **incentiu** és allò que indueix a les persones a actuar i pot ser tant una recompensa com un càstig.

Reflexioneu

Alguns economistes pensen que una societat en la qual la renda es redistribueix de manera igualitària és més justa, tot i que podria ser menys eficient perquè desapareixen els incentius perquè les persones s'esforcin més. Penseu en què passaria si es concedís un aprovat general a les assignatures, amb independència de l'esforç realitzat.

2.5. Eficiència i equitat

Un dels dilemes més importants als quals s'enfronta qualsevol societat és el d'escollir entre ser més *eficient* o ser més *equitativa,* és a dir, entre treure el major partit possible als recursos dels quals disposa o repartir-los d'una manera més igualitària.

Mentre que l'**eficiència** consisteix en el millor aprofitament dels recursos disponibles, l'**equitat** és la distribució igualitària d'aquests recursos.

Periscopi 1. Equitat i eficiència a la pràctica

Llegiu atentament les següents mesures adoptades per l'Administració pública:

- Ajuts econòmics per als aturats.
- Augment d'impostos als salaris alts.
- Construcció de carreteres comarcals.
- Ajuts a les petites empreses.

Reflexioneu:

a) Expliqueu per a cadascuna de les mesures proposades, com promouen una major equitat social i si poden comportar menor eficiència productiva.

b) Ara imagineu que sou responsables dels instituts de la vostra comunitat autònoma. Penseu en una mesura que incrementi l'eficiència educativa, a costa d'una menor equitat. I una altra que, en canvi, promogui una major equitat, a costa d'una menor eficiència.

Activitat resolta 5. I si ens paguessin per aprovar?

«A Steven D. Levitt els seus pares li pagaven de petit 25 dòlars per cada excel·lent que aconseguia, i aquests eren els únics diners que tenia. A ell li va funcionar, i va estudiar dur, així que, quan es va convertir en un economista reputat, es va dedicar a repetir l'experiment amb milers d'estudiants dels barris pobres de Chicago. Va descobrir que la mesura només funcionava amb alumnes que estaven prèviament a prop de l'aprovat, i no amb qui no tenia cap hàbit de feina. També va descobrir que els incentius econòmics eren efectius només quan eren pagats de forma immediata a l'aprovat, però deixaven de ser-ho si s'abonaven amb un mes de retard.»

Per què l'economista citat va obtenir aquests resultats?

Solució:

Els incentius funcionen quan són capaços de motivar a les persones a realitzar una acció que està realment al seu abast. A més, la recompensa o el càstig que impliquen s'han de percebre de manera immediata perquè influeixin en les decisions quotidianes.

Activitats

4. Amb quins conceptes relacionaríeu les següents decisions?

a) Anar al cinema o estudiar.

b) Prendre crispetes un cop ja al cinema.

c) Sortir del cinema per anar a estudiar perquè la pel·lícula és dolenta.

d) Ajudar la vostra mare a rentar el cotxe a canvi de 10 €.

5. Suposeu que els vostres amics i vosaltres, per sortir el cap de setmana, decidiu fer un pot comú amb la totalitat de les vostres pagues setmanals, tot i que són de diferents quantitats. Expliqueu la decisió en termes d'equitat i d'eficiència. Com relacionaries aquesta mesura amb el funcionament dels Estats democràtics moderns?

3. Decisors, decisions i recursos

Els responsables d'escollir som les persones a través de milions de decisions diàries. Podem identificar tres grups de **decisors** o **agents econòmics:** les *famílies*, les *empreses* i el *sector públic*.

Consum i **producció** són les decisions bàsiques en tota economia i reben el nom d'**activitats econòmiques.** I per a produir són necessaris els **factors de producció.**

Reserves mundials de petroli

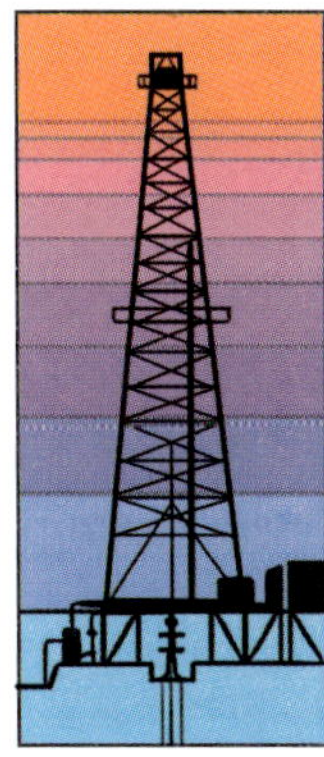

Altres	15,0 %
Nigèria	2,2 %
Líbia	2,9 %
Rússia	4,8 %
EAU	5,9 %
Kuwait	6,2 %
Iraq	8,6 %
Iran	9,6 %
Canadà	10,3 %
Aràbia Saudita	16,2 %
Veneçuela	18,2 %

Fig. 1.4. El petroli és un dels recursos productius més apreciats i escassos del planeta. S'estima que entorn el 2050 començarà a fer-se notar l'escassetat.

3.1. Els factors de producció

La producció és l'origen de tota activitat econòmica, perquè és necessària per tal que existeixi el consum i, alhora, un major consum propicia una major producció. Però la quantitat i qualitat d'allò que es produeix, és a dir, les **decisions sobre la producció,** estan condicionades pels mitjans o *recursos* que tenen les empreses a disposició.

Els **recursos productius** o **factors de producció** són els elements bàsics utilitzats en la producció de béns i serveis.

Els **recursos productius** o factors de producció es **classifiquen** en funció del seu origen (taula 1.4):

Recursos naturals (terra)	Treball	Béns de capital	Iniciativa empresarial
Provenen de la natura. El terme 'terra' s'usa en un sentit ampli que abarca, a més de la terra cultivable i urbana, els recursos del sòl i del mar, així com els minerals o la pesca.	Es refereix a tota activitat humana física o intel·lectual remunerada que intervé en el procés productiu. Per molt mecanitzades o informatitzades que estan les societats modernes, no és possible utilitzar un ordinador o recollir la collita sense la intervenció com a mínim d'una persona.	Es refereix als béns que són titularitat de l'empresa, que es divideixen en dos grans grups: per una banda, els diners, i per una altra, els *elements físics* o equips utilitzats a la producció i distribució de béns i serveis (com edificacions, maquinària, mobiliari o ordinadors, entre altres).	Per a una producció efectiva, no n'hi ha prou amb reunir recursos naturals, treball i capital. També cal saber organitzar els recursos i dirigir els treballadors, funcions que recauen sobre la figura de l'empresari.

Taula 1.4. Classificació dels recursos productius. Els factors clàssics són els tres primers, però els temps moderns han incorporat com a quart la figura de l'empresari, donat el seu paper clau en la coordinació dels altres tres.

El pagament dels factors de producció

Els propietaris dels factors de producció poden decidir vendre'ls o llogar-los a canvi d'un pagament, denominat *renda.*

La **renda** representa el valor o el preu que es paga per la utilització d'un factor de producció en un període de temps determinat.

En funció del recurs productiu que la genera, la renda rep diferents noms: *salari,* si procedeix del treball; *lloguer,* si prové dels recursos naturals; i *interès,* quan té el seu origen en el capital (fig. 1.5).

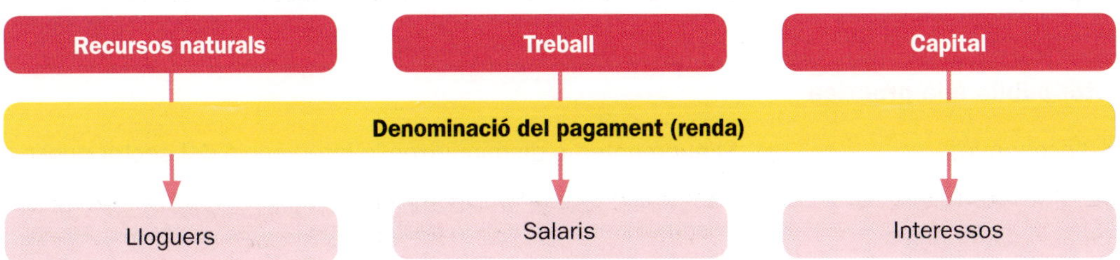

Fig. 1.5. Els factors de producció i les denominacions dels seus corresponents pagaments.

Activitats

6. Per què es considera la iniciativa empresarial com un factor de producció?

7. Com es relaciona la renda amb els factors de producció?

3.2. Agents i activitats econòmiques

Com s'ha dit al principi de l'apartat, els **decisors** o **agents econòmics** són les *famílies*, les *empreses* i el *sector públic* i les seves decisions estan relacionades amb el consum o la producció (taula 1.5).

Decisor	Tipus de decisió	Exemple
Famílies	Consum privat	Si les alternatives d'un estudiant a l'acabar les seves classes són anar al cinema o navegar per Internet, decidirà en funció de les seves preferències, sabent que no pot fer totes dues coses alhora.
Empreses	Producció privada	Si una empresa assigna una sèrie de màquines a la producció de caragols, aquestes màquines mateixes no poden produir, alhora, femelles.
Sector públic	Consum i producció orientats al benestar de la societat	Els pressupostos dels Governs són limitats, de tal manera que els recursos que es destinen a educació o sanitat no poden ser utilitzats en justícia o transports, i viceversa.

Taula 1.5. Els decisors de l'economia.

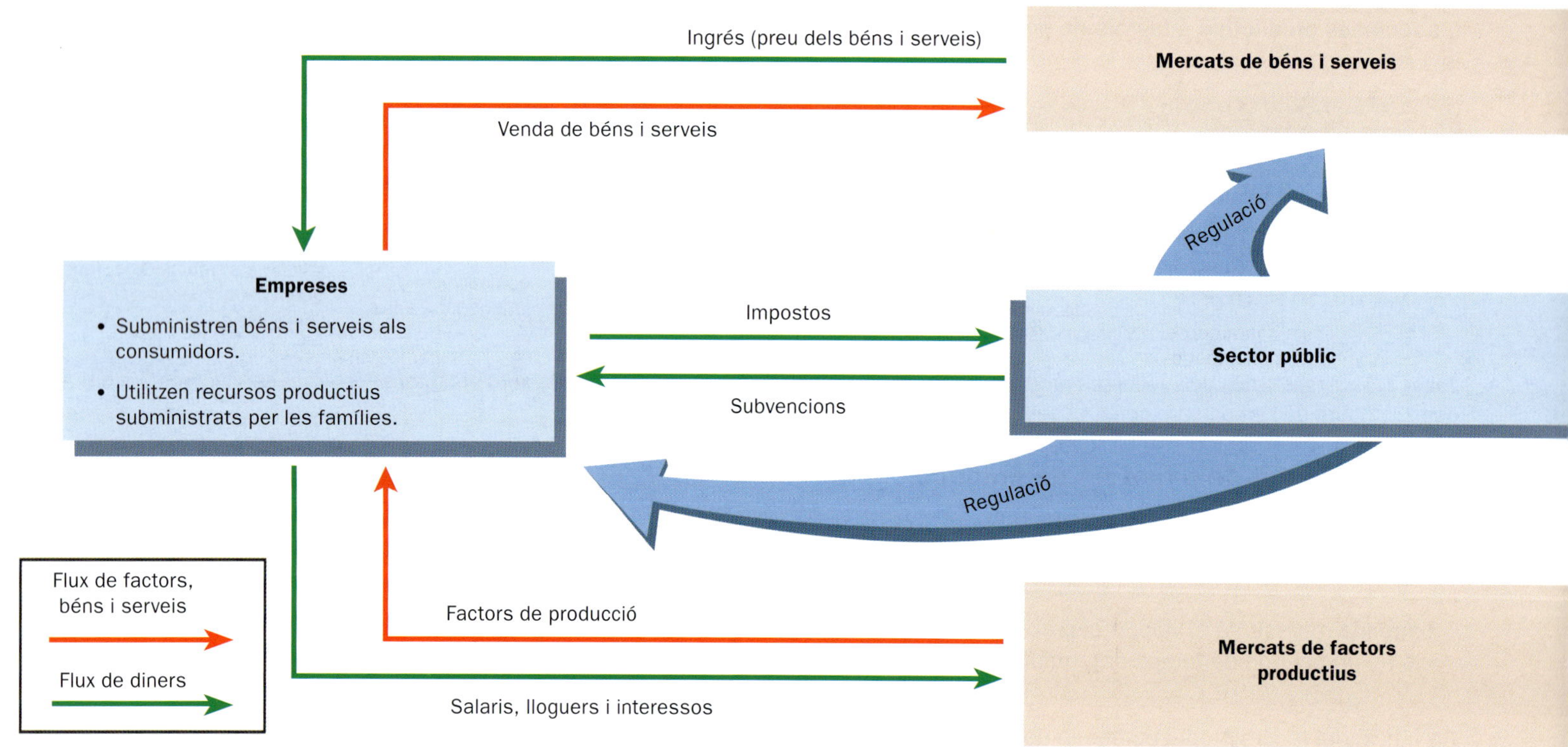

Fig. 1.6. El flux circular de la renda en una economia mixta.

Periscopi 2. La intervenció del sector públic a la pràctica

Llegiu atentament els següents titulars d'economia:

- «Aprovada la lliure obertura de farmàcies a Espanya».
- «S'aproven ajuts de 1.000 € per a la creació d'empreses».
- «La comunitat autònoma elimina l'impost de succesions».
- «Augmenta el número de subvencions per a la contractació fixa de treballadors».

Reflexioneu:

Per a cadascuna de les mesures citades identifiqueu:

a) Si augmenten o disminueixen la intervenció del sector públic a l'economia.

b) Poseu-vos en el lloc d'un partidari de la intervenció del sector públic a l'economia. Què opinaríeu de les mesures proposades? Busqueu com a mínim un argument per a defensar la vostra postura.

c) Ara canvieu les tornes i repetiu l'apartat anterior imaginant que sou detractors de la intervenció del sector públic a l'economia.

3.3. El flux circular de la renda

En la immensa majoria dels països, famílies, empreses i sector públic es relacionen a través dels *mercats,* llocs predeterminats on compradors i venedors es posen d'acord.

El **mercat** és el conjunt d'activitats de compravenda realizades per venedors i compradors.

Segons el que s'intercanvia, existeixen dos grans tipus de mercats complementaris entre si: el *mercat de béns i serveis* i el *mercat dels factors de producció.* Entre tots dos flueix la renda o els diners de manera circular (fig. 1.6).

El **flux circular de la renda** és el conjunt de relacions que caracteritza l'intercanvi de béns i rendes entre famílies i empreses a través dels mercats, tot plegat regulat pel sector públic.

Més endavant

Sobre la intervenció de l'Estat a l'economia aprofundirem en les Unitats 2 i 7.

A la Unitat 3 ens centrarem en l'estudi de l'empresa i dels seus objectius.

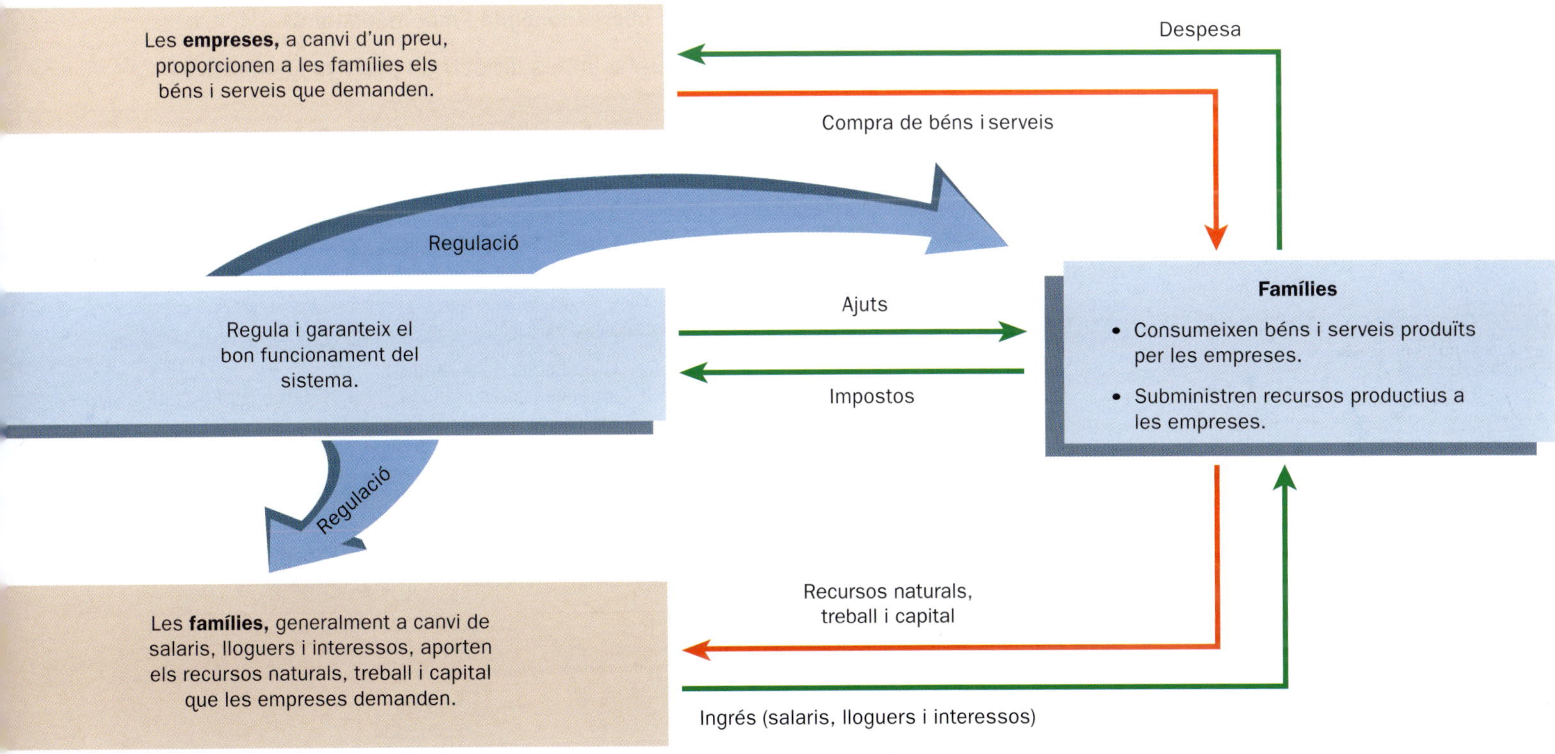

Activitats

8. L'alt nivell de vida d'un país no es correspon necessàriament amb una abundància de recursos i matèries primeres. Com s'explica aquesta contradicció?
9. En què es diferencia la producció de les empreses privades de la realitzada per empreses del sector públic?
10. De què depenen les despeses que realitzen les famílies?
11. Segons el flux circular de la renda, com es complementen famílies i empreses?
12. En què consisteix el criteri que utilitza el sector públic per mirar d'aconseguir el màxim benestar per als seus ciutadans?
13. Per què són necessàries les lleis per a regularitzar l'activitat econòmica? Raoneu la resposta i poseu un exemple.

Sabíeu que...?

El **flux circular de la renda** que hem estudiat a l'apartat anterior és en realitat un *model econòmic.*

4. L'estudi de l'economia

El gran mèrit d'Adam Smith al segle XVIII va ser aplicar el **mètode científic** a l'economia. A més, i també des de llavors, es va fer habitual l'studi i descripció de l'economia mitjançant els anomenats **models econòmics:**

- El **mètode científic** es basa en l'observació dels fenòmens econòmics i la subsegüent anàlisi de dades i esdeveniments històrics mitjançant tècniques matemàtiques i estadístiques. L'objectiu és aprendre del passat per mirar de predir el futur.
- Els **models econòmics** són representacions simplificades que il·lustren o prediuen el comportament d'una realitat molt més complexa. Són d'utilització obligatòria perquè és impossible representar una realitat en la qual cada dia influeixen milions de persones i d'empreses amb les seves decisions de consum i producció. Com que aquestes representacions no permeten mostrar un número ampli de variables, el més normal és il·lustrar el comportament de dues variables, mentre se suposa que les altres continuen constants en el que es denomina *ceteris paribus*.

Recordeu

Ceteris paribus és una expressió procedent del llatí que significa «tota la resta constant».

Si l'aplicació del mètode científic i la utilització dels models econòmics ajuden a comprendre millor l'economia, també ho fa dividir-la per a un millor estudi. Els criteris són dos:

- Segons el que s'estudia, es divideix en **microeconomia** i **macroeconomia.**
- Segons la finalitat (descriure-la o interpretar-la), es divideix en **positiva** i **normativa.**

4.1. Microeconomia i macroeconomia

L'economia s'estudia en relació amb els seus protagonistes. Les famílies, les empreses i el sector públic són tan importants que condicionen el seu estudi en dues grans branques: la **microeconomia** i la **macroeconomia** (taula 1.6).

	Descripció	Exemple	Analogia
Microeconomia	Comportament individual de famílies, empreses i sector públic, com es relacionen.	Flux circular de la renda, organització econòmica, factors de producció, preferències de les famílies, funcions de les empreses...	Metge especialista (cor, digestiu, respiratori...).
Macroeconomia	Comportament global de l'economia com a resultat de la interacció de famílies, empreses i sector públic.	Nivell general de preus, taxes d'ocupació, exportacions, etc.	Metge de capçalera (pols, temperatura, tensió...).

Taula 1.6. Microeconomia i macroeconomia.

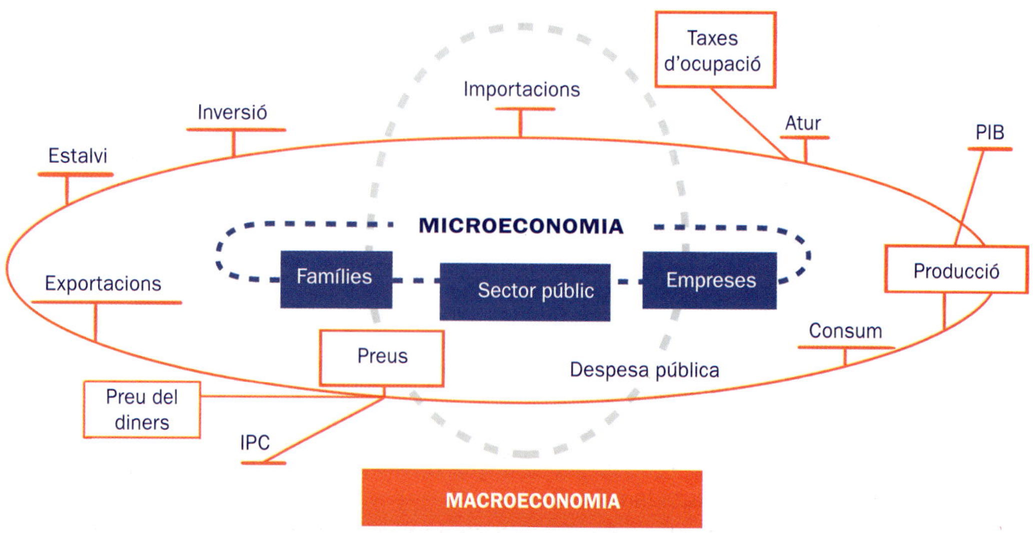

Fig. 1.7. Microeconomia i macroeconomia. Les dues disciplines descriuen i analitzen la realitat econòmica des de perspectives diferents però complementàries.

4.2. Economia positiva i economia normativa

L'*economia positiva* descriu la realitat econòmica (criteris objectius), mentre que l'*economia normativa* expressa les nostres preferències (criteris subjectius). La descripció de la realitat es realitza amb mètodes matemàtics i estadístics. Posteriorment, aquestes mateixes dades generades per l'economia positiva són analitzades i interpretades per les persones per prendre decisions que satisfacin la societat, moment en el qual sorgeix l'economia normativa (taula 1.7).

! Important

La diferència entre l'economia positiva i la normativa és en realitat l'etern debat entre el que el món és i el que hauria de ser.

Economia	Descripció	Criteri	Exemple
Positiva	Descripció de la realitat econòmica.	Objectius (es basen en dades).	Xifres d'impostos, treballadors, pensions, prestacions socials...
Normativa	Emissió de judicis de valor: Què desitgem fer?	Subjectius (responen a judicis i interpretacions).	«Seria bo apujar els impostos», «hauríem d'actualitzar les pensions «els aturats mereixen més prestacións»...

Taula 1.7. Diferències entre economia positiva i economia normativa.

Periscopi 3. La controvertida economia normativa

Llegiu atentament els següents titulars d'economia:

a) «Grups ecologistes demanen l'augment dels impostos al dièsel».

b) «Els preus van apujar-se un 3 % a l'agost».

c) «El partit al govern advoca per un augment de l'IRPF per a les rendes més altes».

d) «La rebaixa dels tipus d'interès impulsa la inversió».

e) «Els empresaris assenyalen que és necesari impulsar la in versió».

Reflexioneu:

Indiqueu quins d'aquests titulars són de microeconomia i quins de macroeconomia i assenyaleu si fan referència a un punt de vista positiu o normatiu.

Activitat resolta 6. Dades positives i normatives

Suposeu que a la vostra localitat el terç de famílies més modestes té uns ingressos mensuals que no arriben als 1.000 €. En canvi, el terç més ric té uns ingressos mensuals que superen els 3.000 €.

a) Realitzeu una afirmació des del punt de vista de l'economia positiva basada en aquestes dades.

b) Quina consideració podríeu fer des del punt de vista de l'economia normativa?

Solució:

a) Des del punt de vista positiu, podríem afirmar que el terç de la població més rica té com a mínim tres vegades més ingressos que el terç de la població més pobra. Es tracta únicament de una exposició objectiva dels fets tal com els coneixem.

b) Des del punt de vista normatiu podríem afirmar, per exemple, que la desigualtat ens sembla excessiva, i que hauria d'ajudar-se els estudiants de les famílies amb menys ingressos a obtenir les mateixes oportunitats educatives. En aquest cas, un judici de valor.

Fig. 1.8. L'economia integra i relaciona moltes ciències. Per una banda, la història, la sociologia, el dret o la psicologia són necessàries per a entendre els fenòmens i successos econòmics en el seu context. Per altra banda, les matemàtiques i l'estadística ens ajuden a analitzar numèricament la realitat econòmica així com a formular prediccions i models que utilitzem per a prendre decisions.

Activitats

14. Per què és controvertida l'economia normativa?

15. Què representen els models econòmics?

16. Per què es diu que la microeconomia analitza l'economia en menor escala que la macroeconomia?

17. Diríeu que els polítics acostumen a formular sentències d'economia positiva o d'economia normativa? Per què?

MAPA CONCEPTUAL

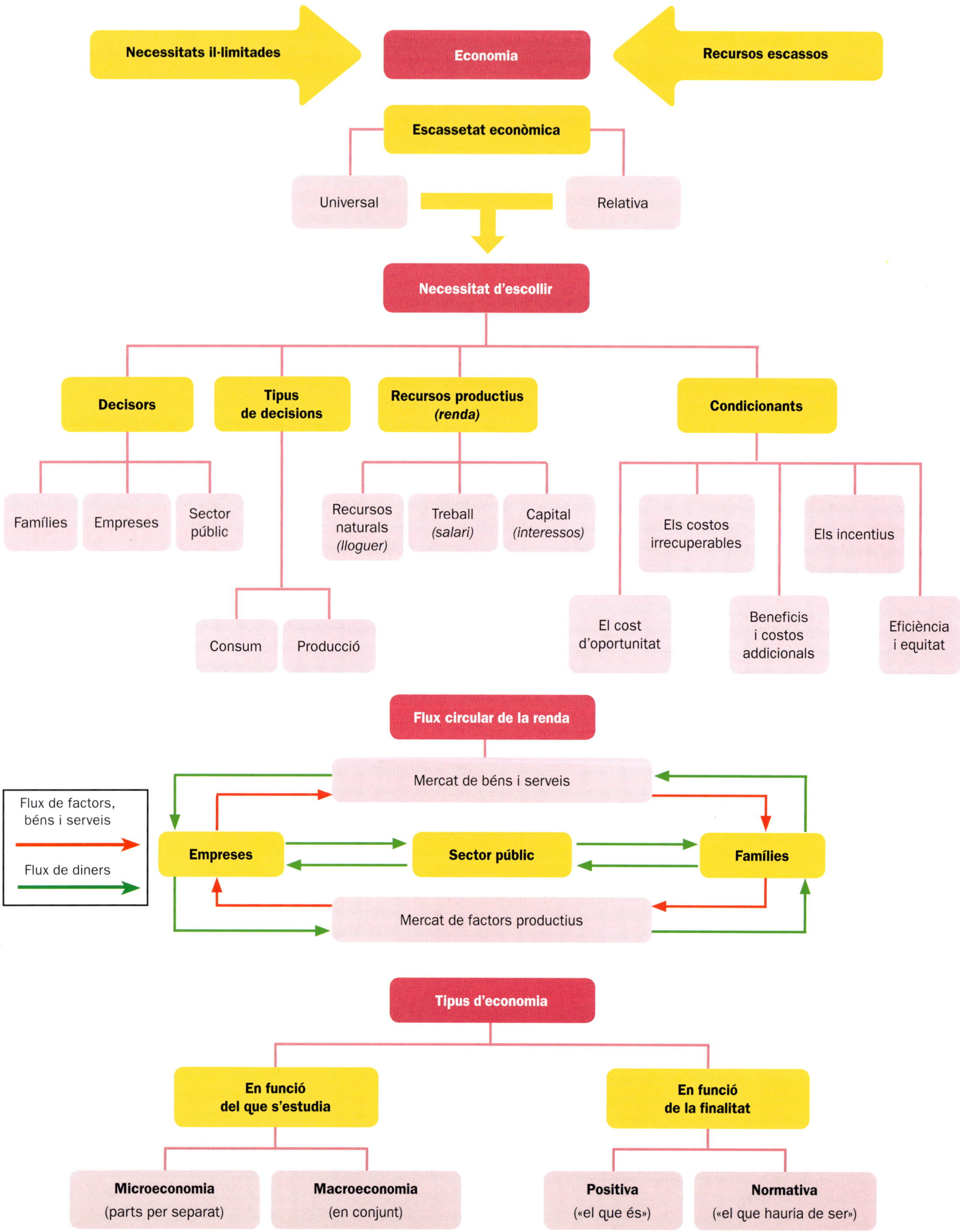

1. Pel que fa a l'escassetat econòmica, quina de les següents opcions és certa?

   a) Universal.

   b) Relativa.

   c) El contrari de l'escassetat física.

   d) Dues de les respostes anteriors són certes.

2. Quina de les següents opcions no és una necessitat secundària?

   a) Un mòbil d'última generació.

   b) Un cotxe.

   c) La música.

   d) L'alimentació.

3. Els béns que satisfan directament les necessitats humanes són els:

   a) Béns intermitjos.

   b) Béns de consum.

   c) Béns de capital.

   d) Serveis.

4. El cost d'oportunitat de comprar una entrada per a un concert és:

   a) El que paguem per l'entrada.

   b) Les altres coses que podríem comprar amb aquests diners.

   c) El que podríem obtenir per l'entrada a la revenda.

   d) El concert, si és que al final resulta dolent.

5. Quin concepte relacionat amb la presa de decisions tenim present si no deixem de menjar un entrepà que no ens agrada i que ja hem pagat?

   a) Els costos irrecuperables.

   b) L'anàlisi marginal.

   c) L'equitat.

   d) Cap és certa.

6. Les relacions entre els agents econòmics queden clares mitjançant:

   a) El flux circular de la renda.

   b) Els factors de producció.

   c) La macroeconomia.

   d) Totes són certes.

7. Quina de les següents opcions no forma part de la microeconomia?

   a) La forma de produir de les empreses.

   b) El comportament del sector públic.

   c) Les relacions entre els agents econòmics.

   d) L'índex de preus al consum.

8. «Les famílies augmenten la seva despesa en habitatge» és una expressió relacionada amb la:

   a) Microeconomia.

   b) Macroeconomia.

   c) Economia positiva.

   d) Dues de les respostes anteriors són certes.

9. «És just augmentar la despesa en educació» és una afirmació relacionada amb:

   a) L'economia lògica.

   b) L'economia normativa.

   c) L'economia positiva.

   d) L'economia social.

10. Quina de les següents afirmacions és falsa?

    a) L'escassetat econòmica ens afecta a tots.

    b) Les necessitats primàries són les mateixes per als nostres avis que per a nosaltres.

    c) Els mercats són exclusivament de béns i serveis.

    d) Les empreses són les unitats bàsiques de producció.

¿Què és l'economia?

1. Per què l'economia és un concepte que ens afecta als 7.000 milions de persones que vivim al planeta Terra?

2. Creieu que, igual que va succeir amb l'aigua, l'aire podria arribar a ser un bé econòmic en el futur? Raoneu la vostra resposta.

3. Quines necessitats compartiríeu amb algú de la vostra edat que hagués viscut a l'Edat Mitjana o a l'Antiga Roma?

4. Indiqueu al vostre quadern el tipus de cadascun dels següents béns i serveis, d'acord amb les seves categories de classificació:

	Grau d'escassetat	Grau de transformació	Accés	Funció
Carn				
Aire				
Parc infantil				
Jaqueta sense màniques				
Tractor				

Escollir és renunciar.

5. «Cada pistola que es fabrica, cada vaixell de guerra que es vara, cada coet que es dispara, significa, en últim terme, un robatori a qui passa gana i no està alimentat.» Amb quin concepte econòmic relacionaríeu aquesta frase de Dwight D. Eisenhower, expresident dels Estats Units? Raoneu la vostra resposta.

6. Descriviu el cost d'oportunitat que es produeix quan estalvieu per comprar-vos alguna cosa.

7. Esteu al 1863. Vosaltres i els vostres amics heu de creuar l'Àfrica tropical d'est a oest en un globus d'aire calent sobre territoris habitats per tribus hostils. A causa de restriccions de pes només podeu portar cinc elements de la llista següent:

Tela i agulles, un barril d'aigua, un rifle, una brúixola, material mèdic, combustible, una corda, un cremador, una manta, llaunes en conserva.

Feu la selecció començant per aquella que cregueu més imprescindible, per acabar amb la que n'és menys. Després treballeu en grup amb els vostres companys i redacteu una llista única.

8. Per què els economistes tenen en compte els costos de les decisions errònies del passat a l'hora de prendre noves decisions?

9. Quin és el cost d'oportunitat de les següents decisions?

a) Anar al cinema en comptes d'estudiar per a l'examen d'economia.

b) Comprar un telèfon intel·ligent en comptes d'un portàtil.

c) Menjar amanida en comptes de xocolata.

d) Practicar esport en comptes de passejar pel centre comercial.

e) Llegir un llibre en comptes de navegar per Internet.

10. Llegiu atentament les següents mesures adoptades per l'Administració pública:

a) L'existència d'educació universal fins els 16 anys.

b) El pagament de les pensions per jubilació.

c) Augment d'impostos al combustible dièsel.

d) Ajuts a fons perdut a les empreses per contractació de personal.

Expliqueu per a cadascuna de les mesures de quina manera suposen major equitat i menor eficiència.

11. El Jordi va preferir gastar-se els diners dels estalvis en una bicicleta de carreres en comptes de comprar un mòbil.

a) Quin és el cost d'oportunitat de comprar la bicicleta?

b) Quins podríen ser els costos irrecuperables si és que l'última vegada que el Jordi va gastar-se els estalvis va comprar un mòbil que li va donar molts problemes?

c) A la botiga venen la bicicleta que vol el Jordi, fabricada en alumini, per 400 €, i també el mateix model, però en fibra de carboni, 100 € més cara. Com podria el Jordi afinar la seva decisió sospesant els costos i beneficis addicionals?

d) El Jordi només tenia estalvis per a comprar la bicicleta d'alumini, però va acordar amb el seu pare que posaria la diferència si tallava l'herba del jardí durant quatre caps de setmana. En termes econòmics, què és el que ha portat el Jordi a modificar la seva compra?

e) Si el Jordi decideix donar els seus estalvis als seus pares per ajudar-los a pagar els desperfectes patits en el negoci familiar a causa d'una inundació, com es justifica la seva decisió en termes d'eficiència? I en termes d'equitat?

12. Identifiqueu l'agent econòmic i els costos i beneficis addicionals per a cadascuna de les decisions citades a la taula següent:

Decisió presa	Dilema
Comprar una *tablet*	Pagar 50 € més per un any addicional de garantia.
Contractar un cambrer	Proporcionar-li vestuari de treball.
Construir un institut públic	Construir un pabelló esportiu per a les activitats dels alumnes.

13. Quin sentit té sospesar l'anàlisi dels beneficis i costos addicionals d'una decisió ja presa?

14. «Anomeneu-los com volgueu, els incentius fan a la gent treballar dur», és la frase d'un governant de l'antiga Unió Soviètica. En termes de presa de decisions, a què es referia?

15. Expliqueu per què escollir d'acord amb les preferències és un avantatge, però també un inconvenient.

Decisors, decisions i recursos.

16. En relació amb els factors de producció, quin tipus de renda coneixeu?

17. Quines activitats econòmiques desenvolupa el sector públic? Quin és el seu objectiu principal com a agent econòmic?

18. Indiqueu al quadre, per a cadascun dels següents negocis, quins factors o recursos productius es necessiten per a la seva producció:

	Factors de producció		
	Terra	Treball	Capital
Exemple: tenda 24 hores	Llum, aigua	Un encarregat	Local, diners, mercaderies
Web de futbol			
Transport per carretera			
Un quiosc			
Un forn			

19. Si comparéssim la mateixa empresa a l'actualitat i fa quaranta anys, quins canvis creieu que veuríem en els recursos productius que fa servir per a desenvolupar la seva activitat?

20. En biologia, la *simbiosi* és una associació entre dos éssers vius, vegetals o animals, de la qual se'n beneficia com a mínim un. Expliqueu com podria entendre's el flux circular de la renda com una simbiosi de tipus econòmic.

21. Què passaria amb l'activitat econòmica i amb els serveis públics si el sector públic no intervé per establir uns mínims en les relacions i intercanvis que es produeixen entre famílies i empreses?

L'estudi de l'economia.

22. Identifiqueu quina branca de l'economia (microeconomia o macroeconomia) estudia els següents fenòmens:

a) El vostre consum com a estudiants.

b) Les taxes que mesuren l'atur.

c) La despesa pública.

d) L'augment de valor de l'euro enfront del dòlar.

e) Les decisions de les empreses.

23. Què diferencia la microeconomia de la macroeconomia? I l'economia positiva de la normativa?

24. Responeu a les preguntes donada la següent informació: «El mes passat hi havia a Espanya tres milions i mig d'aturats, mentre que a principis d'any, tres milions dos-cents mil».

a) Es tracta d'una notícia amb un punt de vista més proper a la microeconomia o a la macroeconomia?

b) A partir de la informació redacteu un titular d'economia positiva i dos d'economia normativa, una des de la perspectiva del Govern i una altra des de la perspectiva de l'oposició.

25. Utilizant la premsa o Internet, seleccioneu tres notícies relacionades amb:

a) La microeconomia.

b) La macroeconomia.

c) Un punt de vista d'economia positiva.

d) Un punt de vista d'economia normativa.

26. Identifiqueu quins dels següents titulars impliquen economia positiva i quins economia nor- mativa:

a) «El Govern planteja fixar un preu màxim al lloguer d'habitatges».

b) «La Diputació construirà la carretera de la costa».

c) «Ha augmentat el número de cotitzants a la Seguretat Social».

d) «El comerç minorista redueix les vendes a l'estiu».

e) «El preu de l'habitatge nou augmenta un 10 %».

f) «El Govern valora molt positivament la rebaixa de l'atur».

27. Raoneu la veracitat o falsedat de les següents afirmacions:

a) «Tots anem escanyats, però uns menys escanyats que altres.»

b) «Tots els diners són capital, però no tot el capital són diners.»

c) «Els costos irrecuperables influeixen sempre en les noves decisions.»

d) «Els regals no tenen cost d'oportunitat per a qui els rep.»

- Escriviu dues idees que tingueu clares i que us semblin fonamentals d'aquesta unitat. Què us ha ajudat a entendre-les?
- Realitzeu dues preguntes sobre aspectes que no us han quedat clars de la unitat.
- Escriviu dos aspectes sobre els quals us agradaria aprofundir en aquesta unitat.

Interpretem... dades econòmiques

Per mirar d'explicar les decisions de les persones, l'economia parteix habitualment de dades estadístiques que són analitzades per a extraure conclusions o «**models econòmics**». Aquests models després poden ser posats a prova en d'altres contextos o amb noves dades i, si segueixen verificant-se, possiblement el nostre model serà correcte.

A l'estudi que us mostrem a continuació l'economista Juan Santaló mira d'explicar les decisions econòmiques d'un agent: els nostres ajuntaments. I mira de descobrir per què cobren més impostos o gasten més diners en personal. En una primera anàlisi, sembla que els ajuntaments que no tenen majories absolutes contracten més persones que els que sí que en tenen, cobren més impostos i tenen més dèficit.

Despesa dels ajuntaments en personal en funció del signe polític i del tipus de majoria en el govern

Despesa de personal en euros per habitant dels municipis espanyols: mitjana 2002-2008

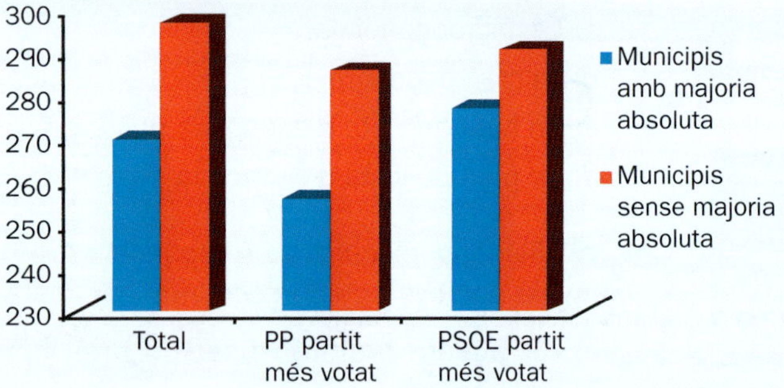

	Despesa pública municipal (€/habitant)	Dèficit públic municipal (€/habitant)	Tipus d'IBI (immobles urbans)	IVTM* turismes amb més de 20 CV (€)	IVTM* motocicletes de 125-250 cc. (€)
Municipis amb majoria absoluta	1.029	8,30	0,607	143,19	9,88
Municipis sense majoria absoluta	1.054	13,50	0,645	154,29	10,61

*IVTM: Impost sobre Vehicles de Tracció Mecànica

Tot i així, en l'anàlisi de l'estadística els economistes hem d'anar amb compte. Correm el risc de confondre **correlació estadística** amb **causalitat.** Que dos fenòmens s'esdevinguin conjuntament *(correlació),* no vol dir que un sigui causa de l'altre *(causalitat).* És realment el tipus de majoria a l'ajuntament la causa de la major despesa pública o es tracta tan sols d'una correlació?

Com podem evitar la confusió entre correlació i causalitat

Una manera de mirar d'evitar la confusió entre *correlació* i *causalitat* és comparar situacions en les quals, per algun motiu casual, l'única diferència entre les dues són les variables la interrelació entre les quals volem estudiar. Per a aconseguir-ho en aquest cas Juan Santaló compara **impostos** i **despesa pública** entre ajuntaments on el partit que governa ha aconseguit o perdut la majoria absoluta per un sol regidor. Si obtenim que els ajuntaments en minoria gasten més que els que no la tenen, gairebé podem estar segurs llavors que és per aquesta raó.

Municipis	Despesa pública municipal (€/habitant)	Dèficit públic municipal (€/habitant)	Tipus d'IBI (immobles urbans)	IVTM* turismes amb més de 20 CV (€)	IVTM* motocicletes de 125-250 cc. (€)
Amb majoria absoluta	1.016	7,10	0,604	141,47	9,77
Sense majoria absoluta per un sol regidor	1.050	12,90	0,617	146,86	10,11

*IVTM: Impost sobre Vehicles de Tracció Mecànica

Qüestions:

1. A partir de les gràfiques, quines raons observeu que semblen associades a una major despesa en personal, més impostos i major dèficit públic? Compartiu-les amb els vostres companys. Heu arribat a les mateixes conclusions?
2. Quina diferència existeix entre correlació i causalitat? Per què és tan important per als economistes diferenciar entre les dues?
3. Com ho fa l'economista per estar segur que les relacions que observa són causals i no simplement correlacions?

El dilema: sanitat universal o a la carta?

El grau d'intervenció del sector públic a l'economia varia segons el país. Per exemple, a Espanya tots els ciutadans paguem una quota a la Seguretat Social per sostenir la sanitat pública universal, de la qual es beneficia tota la població, sense tenir en compte el seu nivell d'ingressos. En canvi, als Estats Units la sanitat no és universal, sinó a la carta: cada ciutadà contracta directament l'assegurança privada que millor s'acomoda a les seves circumstàncies econòmiques i de salut. L'avantatge és que cada nord-americà decideix quants diners vol destinar a la cura de la seva salut, de tal manera que si té bona salut o prefereix contractar una assegurança bàsica, pot utilitzar els seus diners en altres necessitats més oportunes. L'inconvenient és que no tothom pot tenir l'assegurança que necessita, perquè no guanya prou diners o perquè té mala salut.

El debat:

Preneu partit per una de les dues opcions (sanitat universal o a la carta) i argumenteu-la en un grup de cinc companys. La resolució del grup es defensarà en un debat davant un altre grup on ha prevalgut l'altra opció.

Proposta de cinema: *Nàufrag*

Director: Robert Zemeckis.

Repartiment: Tom Hanks.

Sinopsi.

Un treballador de missatgeria pateix un accident aeri i s'enfronta a grans dificultats. Aconsegueix sobreviure i arriba a una illa deserta, en la qual viurà durant alguns anys.

Claus de reflexió.

Necessitats, decisions, béns, serveis, consum i producció.

Qüestions:

1. Si una definició d'economia és «administrar la casa», quina creieu que seria la que elaboraria Chuck, el protagonista, d'acord amb la seva aventura?
2. Quin tipus de necessitats són les que afronta Chuck a l'illa?
3. Identifiqueu els béns de consum i de capital que utilitza Chuck a l'illa.
4. Quins factors de producció ajuden Chuck a sobreviure a l'illa?
5. Simplifiqueu el flux circular de la renda per adaptar-lo a la situació descrita a la pel·lícula.
6. Amb quins béns creieu que podria comerciar Chuck amb l'hipotètic nàufrag d'una altra illa deserta?

Vinyeta

2. Creixement i organització

En aquesta unitat aprendreu

- Les possibilitats de producció.
- El creixement econòmic.
- Els sistemes econòmics.

Tots els països tenen dotacions de recursos productius que combinen per a produir els béns i serveis que necessiten. No produeixen ni tant ni tot el que voldrien perquè, igual que les persones, han d'escollir el que més els interessa i renunciar a les opcions no escollides.

La *frontera de possibilitats de producció* expressa totes les combinacions de béns i serveis que els països poden produir en un moment determinat. Però si es milloren les dotacions de recursos o la manera de combinar-los, els països podran produir més, i llavors diem que *creixen econòmicament*, és a dir, que millora el seu *Producte Interior Brut (PIB)*.

Optimitzar els recursos per a produir més o millor és una meta sobre la qual existeix consens. Tot es complica quan s'ha de decidir si produir cotxes elèctrics cars o cotxes contaminants barats, si produir fent servir màquines o persones o si produir per a tothom o només per a qui pot pagar els productes. Les respostes a aquestes preguntes donen lloc a diferents *sistemes econòmics,* és a dir, a diverses maneres d'entendre l'economia.

Sabeu com creixen econòmicament els països? Què voleu aprendre'n?

Sabeu com es mesura el creixement econòmic dels països?

Sabeu quines són les característiques principals d'una economia de mercat?

Sabeu quin paper té l'Estat en una economia mixta?

Aa

Centímetres, nilómetres i impostos

Les persones creixen en centímetres; els països, en producció. Per al primer cas s'utilitzen els metres, mentre que per al segon es fa servir el Producte Interior Brut (PIB), que mesura el valor del que es produeix a l'interior d'un país.

Ara els països utilitzen el PIB com a referència de la seva situació econòmica, però abans els antics egipcis utilitzaven els *nilòmetres*, uns pous que mesuraven el nivell de les aigües del riu Nil, per a calcular les perspectives de l'any i fixar els impostos. Com que la seva economia depenia de l'agricultura, es podia concloure que existia una relació directa entre la quantitat d'aigua disponible i la situació econòmica del país fa més de 2.300 anys.

Un nivell inferior a sis metres al nilòmetre d'Elefantina (prop d'Assuan, el més famós del país juntament amb el de Kom Ombo i el de l'illa de Roda) implicava que molts terrenys no podrien cultivar-se, cosa que propiciaria fam. En canvi, un nivell molt superior als vuit metres anunciava la inundació dels pobles, la destrucció dels habitatges i el desbordament dels canals de rec.

La caiguda del PIB representa un greu maldecap per a qualsevol país, com un nivell d'aigua preocupant a Elefantina ho era a l'antic Egipte.

Reflexioneu

1. Imagineu que sou pagesos a l'antic Egipte i que el nilòmetre marca set metres. Indiqueu possibles motius d'alegria i també de tristesa.
2. Penseu ara en tres coses que el faraó podria fer per vosaltres amb els vostres impostos.
3. Descriviu com variaria la vostra vida i l'economia de l'antic Egipte en cadascuna de les següents situacions:
   a) Els escribes del faraó descobreixen com cultivar blat al desert.
   b) El faraó ha estat derrocat i els pastors de camells són ara els governants.
   c) El faraó ha conquerit noves terres cultivables a l'est.

1. Les possibilitats de producció

Els **recursos productius,** o factors de producció (terra, treball i capital), que satisfan les necessitats de la societat, són el pilar bàsic de totes les activitats econòmiques: de la seva disponibilitat depèn la creació de béns i serveis per al consum posterior.

Sabíeu que...?

Els avenços tecnològics més coneguts a l'actualitat estan relacionats amb el descobriment o perfeccionament de màquines, d'aquí que és freqüent utilitzar el terme *tecnologia* com a sinònim de màquina, però també existeixen moltes tecnologies que fan servir mà d'obra abundant i poca maquinària.

1.1. La tecnologia

Tot depèn dels recursos, però no només és una qüestió de *quantitat.* També depèn de la *qualitat* de la combinació. Les diverses combinacions de recursos productius donen lloc a una o una altra *tecnologia.* I unes utilitzen més mà d'obra que capital (màquines), mentre que altres, fan servir més màquines que mà d'obra, que és el més habitual actualment.

La **tecnologia** és la manera com es combinen els diferent recursos productius disponibles per a obtenir un bé o servei.

En conseqüència, les possibilitats de producció dels diversos països depenen de la *quantitat de recursos productius* i de la *tecnologia disponibles.* També influeixen altres factors, com la formació dels treballadors o l'organització empresarial. En tot cas, cada vegada que un país opta per a utilitzar recursos escassos en la producció d'un bé, està renunciant a les possibles alternatives. I, tal com hem vist a la unitat anterior, cada elecció té associada un **cost d'oportunitat.**

1.2. La frontera de possibilitats de producció (FPP)

Vocabulari

Eficiència. Utilització òptima dels recursos disponibles amb una tecnologia determinada.

Les persones estem subjectes a límits. Però fins i tot sabent que podem arribar a aquests límits, resulta que no sempre aprofitem la nostra capacitat al 100 %, i el mateix els passa als Estats. Tots els països tenen potencial per a arribar a un determinat límit de béns i serveis, quan són **eficients** i aprofiten al màxim els seus recursos productius i la seva tecnologia. Aquest límit de producció potencial, que només s'aconsegueix si s'aprofiten els recursos i la tecnologia al màxim, es denomina *frontera de possibilitats de producció.*

La **frontera de possibilitats de producció (FPP)** reflecteix la producció potencial que un país és capaç de produir en un determinat període de temps, quan aprofita els seus recursos productius i la seva tecnologia de manera eficient.

Activitat resolta 1. Diferència entre tecnologia artesanal i noves tecnologies

Des de l'antiguitat, l'ésser humà ha munyit manualment el bestiar boví per obtenir-ne llet. Però avui en dia el més normal és fer-ho mitjançant màquines o instal·lacions automàtiques de munyiment. Expliqueu en tots dos casos:

a) Quins recursos productius s'utilitzen en cada cas? En què consisteix el mètode productiu?

b) Com es denominen les tecnologies més intensives en mà d'obra que en capital?

Solució:

a) En tots dos casos s'utilitzen els recursos productius de treball i capital per a l'extracció d'un recurs natural. El primer mètode de producció consisteix en utilitzar un tamboret i una galleda *(capital)* i moltes hores de treball manual munyint les vaques una a una *(treball)*; en el segon, habitualment s'utilitza una màquina o una instal·lació de munyiment amb derivacions individuals *(capital)* que han de col·locar-se a les mamelles dels animals i activar-se posteriorment *(treball).* L'elecció d'una o altra tecnologia dependrà del seu cost i dels avantatges que en reporta la utilització, però el més important ara és destacar l'existència de diverses alternatives o combinacions de recursos productius.

b) A la primera combinació, en la qual el ramader opta per fer servir més treball que capital, es parla de «tecnologia artesanal». La segona, que utilitza més capital que treball, es denomina popularment «noves tecnologies».

1.3. Representació gràfica de l'FPP

L'FPP s'analitza mitjançant un model econòmic que reflecteix tres conceptes importants: *l'escassetat de recursos*, el *cost d'oportunitat* i la *producció potencial.*

Per a representar gràficament l'FPP, el més habitual és suposar un país hipotètic que produeix dos béns o serveis determinats (*x* i *y*), tot i que el cert és que qualsevol país en fabrica milers cada any, si no milions. El mètode que utilitzem per a representar gràficament l'FPP és el següent (fig. 2.1):

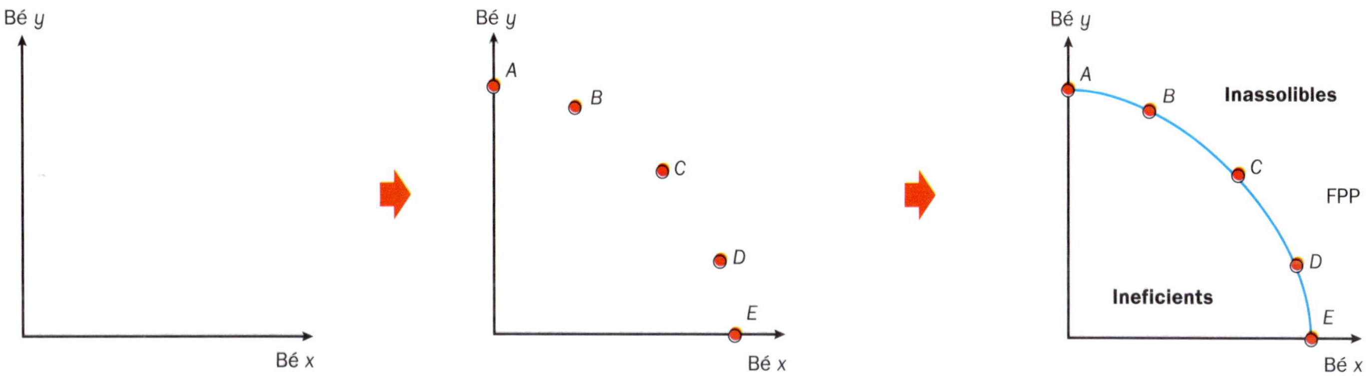

a) En un diagrama d'eixos representem els béns o serveis.

b) Anotem les combinacions de recursos i les representem amb lletres (*A, B, C, D*...), cadascuna de les quals indica una combinació eficient, perquè els recursos disponibles són aprofitats al màxim.

c) Unint els punts tracem l'FPP. Els punts situats per sobre de l'FPP representen combinacions *inassolibles,* mentre que els que estan per sota representen combinacions possibles però *ineficients.*

Fig. 2.1. Representació gràfica de l'FPP.

Periscopi 1. El potencial d'un ciclista anomenat Alejandro

Resistent, disciplinat, competitiu i amb una excel·lent velocitat punta, Alejandro Valverde és un ciclista espanyol que participa en una gran varietat de curses per etapes. Ha estat el primer en moltes curses al llarg dels anys, però el Campionat del Món en Ruta se li resistia tot i que, des d'un inici, les seves qualitats eren les més convenients per a guanyar-lo. Havia obtingut dues medalles de plata i quatre de bronze en aquest campionat al llarg de més de 15 anys de carrera professional (és professional des del 2002), però va haver d'esperar fins la competició del 2018 a Innsbruck per a aconseguir l'or. Amb 38 anys es va convertir en el segon ciclista més veterà de la història en guanyar aquest campionat que se celebra des del 1927. En canvi, i també el 2018, Valverde va quedar segon a la Fletxa Valona, una altra prova importantíssima de Ciclisme en Ruta, on era primer des del 2014.

Reflexioneu:

a) Al llarg de l'any se celebren moltes proves, i un ciclista professional ha de decidir en quines centra els seus esforços. Com representaríeu en una FPP els resultats de Valverde al Campionat del Món i a la Fletxa Valona?

b) El 2017, Valverde va patir contratemps de salut que el van obligar a retirar-se en diverses proves ciclistes. Els seus resultats per a aquell any estarien a la FPP? Raoneu la vostra resposta.

Activitats

1. Quina relació té la tecnologia amb els recursos productius? Poseu un exemple de tecnologia artesanal i un altre de tecnologia que fa servir més capital que mà d'obra.

2. Com es relacionen la producció potencial i l'eficiència?

3. Quines limitacions presenta el model de l'FPP?

4. Per que creus que a la pràctica cap país assoleix els punts òptims de l'FPP?

5. En relació amb l'FPP i el vostre rendiment acadèmic, demaneu al company o a la companya que teniu davant, en termes de notes, quin creu que és el vostre potencial, els vostres punts ineficients i els vostres punts inassolibles.

! Important

L'**FPP** és un model econòmic que simplifica la realitat, perquè és impossible representar gràficament els milions de béns i serveis que produeixen els països.

Activitat resolta 2. L'FPP i les seves aplicacions

La Isabel és una estudiant de Batxillerat que reparteix vint hores d'estudi entre les matèries que més li costen: economia (*e*) i anglès (*a*). Segons l'experiència que ha anat adquirint, la Isabel ha reflectit a la taula 2.1 les diverses combinacions possibles, mesurades en termes de notes acadèmiques.

Combinació	A		B		C		D		E	
Assignatures	(e)	(a)	(e)	(a)	(e)	(a)	(e)	(a)	(e)	(a)
Repartiment d'hores	20	0	15	5	10	10	5	15	0	20
Nota acadèmica	8	0	7	3	5	5	3	7	0	8

Taula 2.1. Repartiments possibles de temps per a l'estudi de les matèries d'economia (e) i anglès (a).

a) Representeu gràficament l'FFP punt a punt.

b) En quins punts de la gràfica aconsegueix la Isabel el seu potencial, és a dir, és eficient?

c) Què s'hauria d'interpretar si en comptes d'arribar als punts de l'FPP, la Isabel es queda en el punt Z (un 5 en economia i un 3 en anglès)?

d) D'acord amb l'FPP, és possible per a la Isabel aconseguir el punt H (un 8 en economia i un 5 en anglès)?

e) Relacioneu l'FPP de la Isabel amb els següents conceptes: *escassetat de recursos, cost d'oportunitat* i *producció potencial.*

Solució:

a) Representació de l'FPP de la Isabel per a vint hores de temps d'estudi:

1. En el diagrama d'eixos representem els dos béns de la Isabel; per una banda, la nota d'economia i, per una altra, la d'anglès.
2. Els punts on es creuen les diverses variables indiquen les combinacions eficients, que representem amb les lletres A, B, C, D i E.
3. Unint els punts A, B, C, D i E es traça l'FPP.

Una vegada representada gràficament l'FPP, obtenim els resultats següents (fig. 2.2):

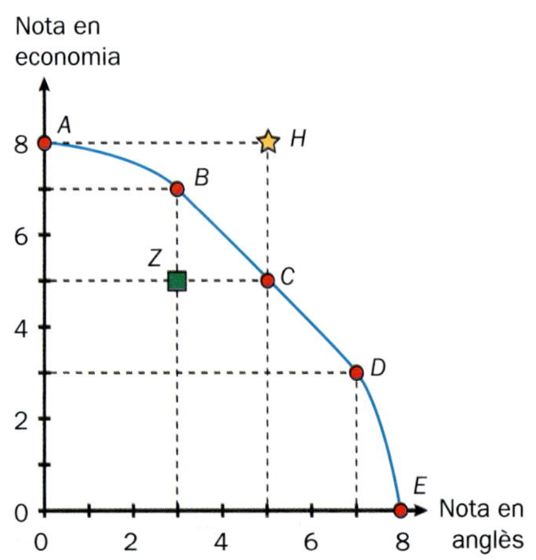

Fig. 2.2. Frontera de possibilitats de producció de la Isabel.

b) La Isabel és eficient; és a dir, assoleix la seva producció potencial, en qualsevol de les combinacions que mostra l'FPP (A, B, C, D i E), on utilitza els seus recursos de manera òptima.

c) Per sota de l'FPP, a la combinació Z, la Isabel és ineficient. Aquí els seus resultats (un 5 en economia i un 3 en anglès) estan per sota de les combinacions eficients, i és que, d'acord amb el seu potencial, és possible una doble lectura:

- El 5 en economia correspon a deu hores d'estudi, però dedicant les altres deu hores a anglès, hauria d'haver obtingut un 5 a l'examen; tot i això, s'ha quedat en un 3.
- El 3 en anglès es correspon amb cinc hores d'estudi, però dedicant les altres quinze hores a economia, hauria d'haver obtingut un 7 a l'examen; tot i això, s'ha quedat en un 5.

Existeixen molts factors que poden explicar el seu baix rendiment, com, per exemple, un baix nivell de concentració, distraccions o estudiar en un lloc inadequat.

d) Per sobre de l'FPP, combinacions com H són inassolibles amb l'assignació actual de recursos. En el punt H, la Isabel aconseguiria la màxima nota d'economia, però necessita estudiar les vint hores per a aconseguir-ho, i a més ha d'utilitzar unes altres deu hores per a aconseguir un 5 en anglès. Però el total dels recursos de la Isabel sumen vint hores, no trenta, que són les que li farien falta per a aconseguir un 8 en economia i un 5 en anglès.

e) L'FPP representa els conceptes següents:

Conceptes que representa l'FPP	
Escassetat de recursos. Els recursos són escassos, però susceptibles d'usos alternatius.	Vint hores d'estudi.
Cost d'oportunitat. Només és possible obtenir quantitats d'un bé o servei transferint recursos de la producció de l'altre.	Més nota en economia = Menys nota en anglès, i viceversa.
Producció potencial. Les combinacions A, B, C, D i E mostren el potencial de la Isabel, és a dir, la producció màxima que la Isabel és capaç d'obtenir amb uns recursos i una tecnologia determinades, sempre utilitzades de manera eficient.	

2. El creixement econòmic

Amb uns recursos productius i tecnològics definits, les societats aconsegueixen un determinat nivell de producció de béns i serveis. Però, lògicament, si **augmenta la quantitat** de recursos productius disponibles o **millora la tecnologia** (els mètodes de producció), també poden augmentar els nivells de producció. Quan això passa, es parla de *creixement* de l'economia, o que el país creix econòmicament.

El **creixement econòmic** és l'increment del valor de la producció de béns i serveis d'una societat en un període de temps determinat.

2.1. Causes del creixement econòmic

En general, hi ha dues maneres de créixer econòmicament. Una posa l'accent en la *quantitat* i l'altra en la *qualitat*:

a) **Augmentar els recursos productius (quantitat).** A major quantitat de treballadors, instal·lacions, diners..., major serà la quantitat produïda.

b) **Millorar la productivitat (qualitat).** Com que no sempre és possible disposar de més recursos, l'ideal és procurar produir un major número d'unitats amb els mateixos recursos productius. El més habitual és:

- **Formar els treballadors.** Com més alt és el nivell de formació d'un treballador, major valor serà capaç de generar.
- **Implantar avenços tecnològics.** Els nous mètodes de producció possibiliten una major producció o un major estalvi de costos.

No obstant això, igual que hi ha factors que contribueixen a augmentar la productivitat dels països, també existeixen factors que fan que **disminueixi**. Per exemple, instal·lacions o tecnologia antiquades, formació inadequada dels treballadors, etc.

Productivitat no és el mateix que **producció**. Són conceptes íntimament lligats, però que no són sinònims. La *producció* és major quan es produeixen més unitats, però per a una mateixa producció pot haver més o menys *productivitat* en funció dels mitjans utilitzats per obtenir-la. La producció és una mesura absoluta (km, m...) i la productivitat és una mesura que relaciona dues magnituds diferents (km/h, m/s, €/unitat física, etc.).

Sabíeu que...?

Existeix una relació directa comprovada entre el creixement del PIB d'un país i l'estatura de la població. Com més ric és un país, millor és l'alimentació de les persones que hi viuen i, conseqüentment, major és l'alçària física dels habitants. Al Periscopi 3 tens un exemple d'això.

2.2. Mesura del creixement econòmic: el PIB

La magnitud que mesura la producció associada al creixement econòmic és el *Producte Interior Brut.*

El **Producte Interior Brut (PIB)** és el valor de la producció de béns i serveis d'una societat en un període de temps determinat.

El creixement econòmic acostuma a representar-se en forma de **percentatge** i en **sèries temporals** per dues raons, fonamentalment:

- **Mesura la marxa de l'economia.** Mesurar la millora o empitjorament respecte de períodes anteriors té una importància especial per a determinar si l'economia va bé o està en crisi, i la seva possible evolució.
- **Permet comparacions.** En si mateix, el PIB és una dada aïllada, però expressat en forma de percentatge permet mesurar la variació respecte dels anys anteriors i establir comparacions amb altres països. Per exemple, si el PIB d'un país és d'un bilió i el d'un altre és de dos bilions, queda clar que el segon país és més fort econòmicament que el primer (produeix més), però si sabem que el primer ha crescut un 5 % respecte de l'any anterior i que el segon ha decrescut un 3 %, en principi sembla que l'economia va millor en el primer país.

Recordeu

A les unitats 7 i 8 aprofundirem en l'estudi del Producte Interior Brut (PIB).

Fig. 2.3. La mecanització de les tasques agrícoles ha estat decisiva per a aconseguir el benestar del qual gaudim avui en dia les societats occidentals. No només es va alliberar molta mà d'obra per a la indústria, sinó que, a més, gràcies a la productivitat de les màquines, es va abastir d'aliments una població que, des de llavors, no ha parat de créixer.

Activitat resolta 3. La productivitat dels estudiants

El Joan i la Flora són dos estudiants de Batxillerat que han aconseguit un 8 i un 6, respectivament, en un examen d'economia. Si en Joan va dedicar quatre hores d'estudi i la Flora dues:

a) Calculeu la producció i la productivitat per hora dels dos estudiants i comenteu els resultats.

b) Si en l'anterior examen el Joan va obtenir un 5 i la Flora un 9, quina és l'evolució acadèmica de tots dos? Expresseu-la en xifres.

c) Citeu alguns factors que podrien haver influït en la millora de les notes dels dos i indiqueu si aquests factors augmenten la productivitat o incrementen la quantitat dels recursos productius.

d) Representeu gràficament l'evolució de l'FPP del Joan pel que fa a les notes d'economia i matemàtiques (matèria en la qual ha passat d'obtenir un 6 a treure un 9).

Solució:

a) Producció i productivitat del Joan i la Flora:

	Hores d'estudi	Producció (notes)	Productivitat (nota/hores)
Joan	4	8	8/4 = 2 punts/hora
Flora	2	6	6/2 = 3 punts/hora

La producció del Joan (8) és superior a la de la Flora (6), però en termes de productivitat, la Flora aprofita millor el temps d'estudi (3 punts/hora) que el Joan (2 punts/hora).

b) La producció del Joan ha augmentat, però la de la Flora ha decrescut. L'increment o disminució de qualsevol quantitat respecte d'un període anterior s'obté mitjançant la fórmula matemàtica de la variació percentual:

$$\text{Evolució nota del Joan} = \frac{8-5}{5} \cdot 100 = 60\% \qquad \text{Evolució nota de la Flora} = \frac{6-9}{9} \cdot 100 = -33{,}3\%$$

El Joan ha incrementat el rendiment un 60 %, mentre que el de la Flora ha disminuït un 33,3 %.

c) Mesures d'estudi:

Estudiar més hores	*Increment de recursos productius*
Esquematitzar els continguts	*Millora de la productivitat*
Passar a net els exercicis	*Millora de la productivitat*
Canviar de lloc d'estudi	*Millora de la productivitat*
Assistir a una acadèmia	*Increment de recursos productius*

d) FPP del Joan abans i després.

Representem les notes del Joan sota el supòsit que corresponen al seu potencial màxim i, per tant, l'aprofitament dels seus recursos és òptim (fig. 2.4). Si l'aprofitament no hagués estat òptim, els punts estarien per sota de l'FPP. Per a obtenir millors notes per sobre de l'FPP, el Joan hauria d'incrementar les hores d'estudi o millorar les tècniques.

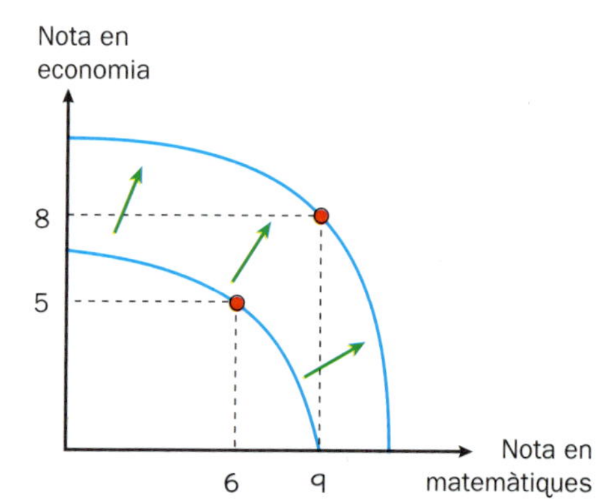

Fig. 2.4. Creixement en les possibilitats del Joan d'obtenir notes en economia i en matemàtiques.

Reflexioneu

És ètica la nostra economia?

«Les xifres de l'economia acostumen a ser clares, però no tant les motivacions que hi ha darrera de les decisions econòmiques com, per exemple, el consum de carn. Des d'un punt de vista econòmic, resulta totalment lògic que destinem un 40 % dels cereals i la tercera part de les captures de pesca mundials a alimentar la nostra cabanya ramadera. Ens agrada la carn, i assignem molts recursos per a alimentar el bestiar. Després venem la carn al millor postor, de manera que la consumim majoritàriament als països rics. Tot i això, i segons l'ONU, podria erradicar-se la fam dedicant a l'alimentació humana només entre el 10 % i el 15 % del gra destinat al bestiar. Amb la quantitat de cereal i soja fets servir per a alimentar els animals la carn dels quals consumirà una sola persona, podrien nodrir-se vint persones.»

Jorge Riechmann: *Comerse el mundo. Sobre ecología, ética y dieta.* Ediciones del Genal, 2005.

Periscopi 2. L'evolució del PIB com a indicador

Els alumnes mesuren els seus progressos acadèmics respecte de les notes passades; els països també. És molt habitual expressar el creixement o decreixement d'un país en termes de percentatge respecte d'un període anterior, normalment un any. El criteri per a procedir és el mateix que el seguit per a expressar les notes. Un notable pot ser, per si mateix, una bona nota, però ja no ho és tant si l'anterior qualificació ha estat un excel·lent.

En definitiva, la informació és més completa quan expressa l'evolució en el temps i no es presenta només com una dada aïllada. Expressar el PIB respecte de l'any anterior aporta molta més informació i té molt més sentit, perquè per al PIB no existeix una escala de referència que marca aprovats o suspensos. A part d'avaluar el desenvolupament en el temps, un altre avantatge que té expressar el creixement en termes de percentatges és que permet efectuar comparacions entre diversos períodes de temps i també entre països.

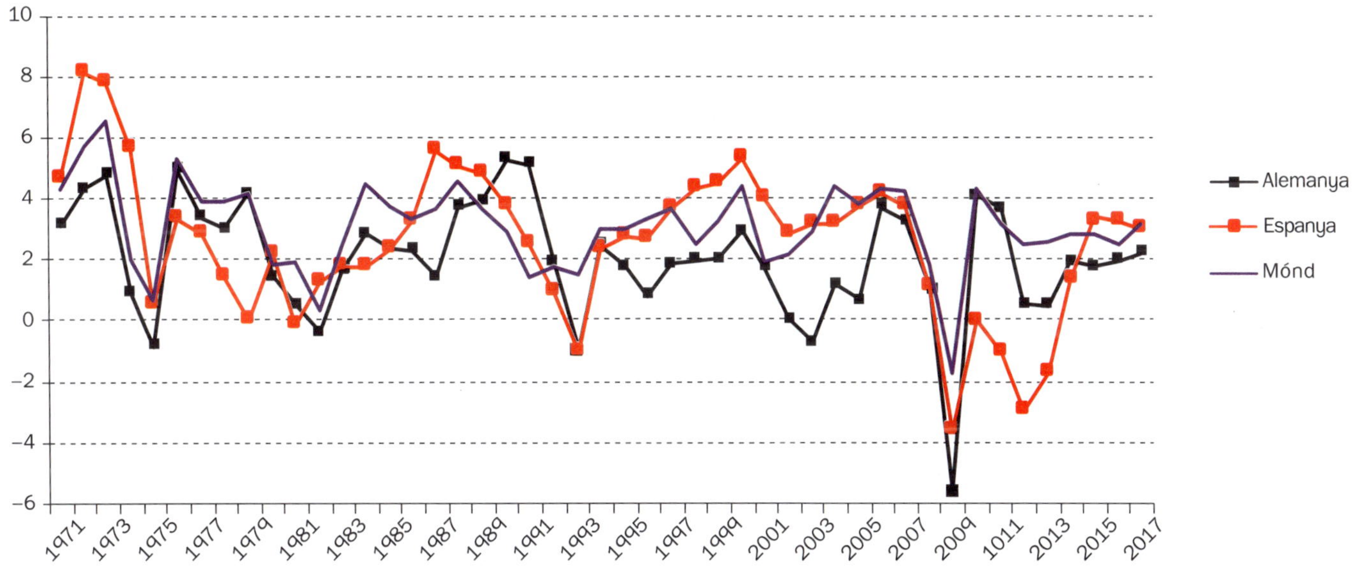

Fig. 2.5. Evolució del PIB en termes de percentatges d'Espanya, Alemanya i el món (1971-2017). Font: Banc Mundial.

Reflexioneu:

a) Pel que fa al PIB i en els anys descrits, com ha fet els deures Espanya en comparació amb Alemanya i amb el món en general? Sabent que, per terme mitjà un alemany guanya 1,5 vegades més que un espanyol, matisaríeu la vostra resposta anterior?

b) Al gràfic s'aprecien caigudes i augments. Quines conclusions caldria establir respecte de l'evolució que presenten? Tenint en compte que en el gràfic s'aprecien certes tendències en anys consecutius, és possible predir l'evolució del PIB en els següents anys?

c) El PIB espanyol del 2017 havia crescut un 3,05 % respecte del 2016. Quin va ser el PIB espanyol del 2017 si en l'any 2016 havia ascendit a 1.118.522 milions d'euros? I quin va ser el del 2015, sabent que el PIB del 2016 va tenir una taxa de creixement anual del 3,28 %?

d) Ha estat positiva o negativa l'evolució del PIB espanyol entre el 2016 i el 2017?

Activitats

6. Què és el creixement econòmic? Com es mesura? Com milloren les possibilitats de producció dels països?

7. En què consisteixen les mesures més habituals per a incrementar la productivitat?

8. Quin paral·lelisme podem establir entre la mecanització del camp i el creixement econòmic de les societats modernes?

9. Quina és la diferència entre producció i productivitat? Expliqueu-ho amb un exemple sobre una afició que teniu i a la qual dediqueu temps totes les setmanes.

10. Per què el creixement econòmic acostuma a representar-se en forma de percentatge i en sèries temporals?

11. Preneu com a orientació la pregunta *c)* de l'Activitat resolta 3 i assenyaleu altres mesures o tècniques d'estudi indicant també si suposen un increment dels recursos productius o si constituirien una millora de la productivitat.

12. Si durant el 2019 el PIB d'un país va ascendir a 90.000 milions d'euros, quin va ser el PIB de l'any següent, si el creixement el 2020 va ser del 3 %?

3. Els sistemes econòmics

Sabíeu que...?

En periodisme s'ensenya que, per explicar un fet, una notícia ha de respondre a cinc qüestions, conegudes com les **5 W:**
What, Who, When, Where, Why *(què, qui, quan, on i per què).*
Per a descriure un sistema econòmic, les preguntes bàsiques que es planteja l'economia són:
Què i quant?, Com?, i Per a qui produir?

Com que els recursos són **escassos** en relació amb els desitjos de tothom, les societats han d'organitzar-se per a produir els béns i serveis que necessiten. Aquest és, al cap i a la fi, el **problema econòmic fonamental:** qualsevol resposta als problemes econòmics té un cost d'oportunitat, perquè implicarà renunciar a alguna altra cosa. Com diem els economistes, «res és gratuït».

Sota aquesta premissa de l'escassetat, els **tres problemes** que ha de resoldre qualsevol tipus d'organització econòmica són els següents (taula 2.2):

Problema	Explicació	Exemples
Què produir i en quina quantitat?	Les societats han de decidir quins béns prefereixen produir i a quins renuncien.	• Automòbils o aliments? • Pocs automòbils de luxe o molts de barats? • Més productes agrícoles o més productes industrials?
Com produir?	Les empreses miren de produir sense malbaratar recursos, al mateix temps que respecten factors socials i mediambientals.	• Màquines, treballadors o una combinació de tots dos? • Treballadors de col·lectius desafavorits o no? • Energia neta però cara o contaminant però barata?
Per a qui produir?	El repartiment ha de tenir en compte l'aportació dels membres de la societat, però també valors com l'equitat o la solidaritat.	• Tindrà tothom accés als béns o únicament qui els pot pagar? • Hi haurà un consum mínim per als més necessitats?

Taula 2.2. Els tres problemes econòmics bàsics de qualsevol organització econòmica.

Les diverses maneres d'afrontar aquests problemes han donat lloc a diferents *sistemes econòmics.*

Un **sistema econòmic** és la manera en la qual s'organitza una societat per a satisfer les necessitats pròpies amb recursos escassos, al mateix temps que estableix fórmules de repartiment per a la població.

Al llarg de la història han sigut dos els sistemes econòmics o formes d'organització econòmica que, a causa de l'eficiència productiva, s'han imposat sobre els altres (taula 2.3). Aquests són el sistema d'**economia de mercat** i el sistema d'**economia de planificació centralitzada.** Un tercer sistema és aquell que combina els dos sistemes anteriors, raó per la qual es denomina sistema d'**economia mixta.**

	Esclavatge	Feudalisme	Mercantilisme	Economia planificada	Economia de mercat
Quan	Fins el segle V	Segles X i XIV	Segles XVI i XVII	Segle XX	Segles XVIII al XXI
Què es produïa	Béns agrícoles i petita artesania. Una mica de comerç.		Creixen el comerç i les manufactures.	El millor per al poble, decidit per l'autoritat central.	Segons l'oferta i la demanda.
Com es produïa	Esclaus	Vasalls	Agricultors, comerciants i burgesos	Plans de producció	Assalariats
Per a qui es produïa	Classes dominants		Noblesa, clergat i burgesia	Per a tots	Per a qui pot pagar
Trets	Les classes dominants són les propietàries.		Primeres acumulacions de capital. Primers bancs.	Propietat pública. Burocràcia.	Propietat privada. El mercat mana.

Taula 2.3. Els sistemes econòmics al llarg de la història. S'hi ha d'afegir l'economia mixta, les característiques de la qual estudiarem més endavant en aquesta mateixa unitat.

3.1. El sistema d'economia de mercat

L'**economia de mercat** basa el seu funcionament en espais organitzats (els **mercats**) on consumidors i productors intercanvien béns i serveis a canvi d'un preu. Les vendes i preus resultants informen les empreses sobre l'èxit o el fracàs de les seves decisions. Aquest sistema de senyals fa innecessària una comunicació directa entre consumidors i productors: els **preus** i les **vendes** «parlen» per si soles i dirigeixen el mercat com si es tractés d'una «mà invisible» (fig. 2.6).

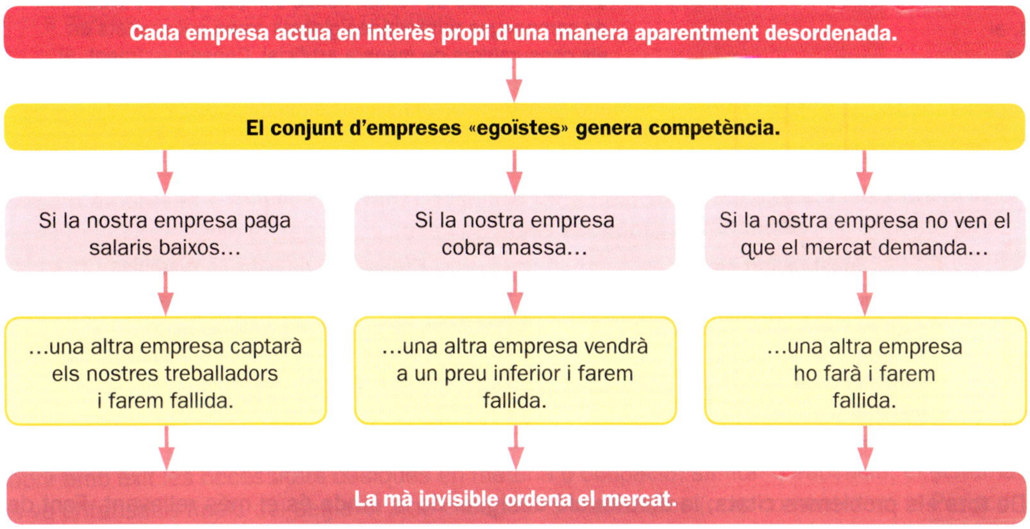

Fig. 2.6. Funcionament de la mà invisible. Es tracta d'un cèlebre concepte adoptat per Adam Smith al segle XVIII per a descriure el funcionament de l'economia de mercat sense la intervenció estatal.

Sabíeu que...?

La metàfora de la «mà invisible» per a mostrar el funcionament del mercat va ser proposada per Adam Smith a l'obra *La riquesa de les nacions* (1776):

«No és la benevolència del carnisser, del cerveser o del forner la que ens procura l'aliment, sinó la conside-ració dels seus propis interessos (...). Tot individu intenta fer servir el seu capital per aconseguir del seu producte el major valor possible. Generalment, ni pretén promoure l'interès públic ni sap quant l'està promovent. L'únic que busca és la seguretat pròpia, només el profit propi. I, al fer-ho, una **mà invisible** el porta a promoure un fi que no entrava en els seus propòsits. Al buscar l'interès propi, sovint promou el de la societat més eficaçment que si realment pretengués promoure'l».

A. Funcions de l'Estat en l'economia de mercat

Amb la mà invisible ordenant el mercat, la intervenció de l'Estat o sector públic es limita en principi a dues qüestions:

- **Establir el marc jurídico-institucional.** Són necessàries unes lleis i normatives bàsiques que garanteixen a les famílies i les empreses el desenvolupament d'activitats sense cap perjudici. Per exemple: un salari mínim, una jornada laboral limitada, la protecció del mediambient, etc.
- **Subministrar béns públics.** Concretament ens referim a dos tipus de béns:
  - **Els no rendibles.** Aquells que són oferts per l'Estat, perquè l'empresa privada no els podria subministrar o ho faria a preus massa alts, com les carreteres o els parcs.
  - **Els estratègics.** Certs serveis que, donada la importància estratègica per al bon funcionament d'una democràcia, han de ser gestionats per l'Estat, com, per exemple, l'exèrcit, la policia o l'administració de justícia.

! Importante

L'anomenada **economia de mercat** mai ha estat implantada en estat pur, exceptuant una determinada etapa a l'Anglaterra del segle XIX, coneguda amb el nom de «capitalisme salvatge». Actualment, algunes economies que s'aproximen a aquest model amb la intervenció limitada de l'Estat són les de Singapur, Nova Zelanda, Austràlia o Irlanda.

Activitats

13. Per què la justícia no ha d'estar en mans privades?

14. Per què el mercat es regula sol encara que les empreses actuen segons els propis interessos?

15. Raoneu per què existeixen pocs parcs, tot i que es tracta d'un tipus de bé sobre el qual existeix consens en què hauria d'haver-n'hi més.

16. Com obtenen les empreses informació fiable del mercat? Raoneu la respuesta.

17. A la llista de béns la producció dels quals s'encomana a l'Estat en una economia de mercat no figuren, per exemple, la sanitat o l'educació. Quina creieu que n'és la causa?

3.3. El sistema d'economia mixta

> ***Sabíeu que...?***
>
> El **Crac del 29,** causat per l'adquisició desmesurada de títols a la Borsa amb ànim d'obtenir beneficis ràpids, va ser la crisi que va marcar l'inici d'una intervenció de l'Estat molt més activa a l'economia. Va ser necessari perquè es va fer evident que empreses i famílies no podrien superar per elles mateixes la crisi. Des de llavors, l'Estat intervé en l'economia, mirant de suavitzar les transicions entre els períodes de bonança i els de crisi.

Tal com vèiem al seu apartat, un dels inconvenients de l'economia de mercat és que entra periòdicament en crisi. Però aquest defecte encara no es va fer evident fins la Gran Depressió que va seguir a la crisi del 1929. Fins aleshores, els diversos Estats que aplicaven el sistema d'economia de mercat s'havien limitat a regular i a supervisar les relacions entre empreses i famílies, intervenint el menys possible i proporcionant una sèrie de serveis públics mínims. A partir de llavors, el mercat seguiria sent l'«assignador» de recursos principal, però l'**Estat intervindria** més activament per a corregir els seus desajustos. El grau d'intervenció del sector públic en l'economia va ser sempre objecte de moltes controvèrsies.

Funcions de l'Estat en l'economia mixta

A l'actualitat, les funcions fonamentals de l'Estat en un sistema d'economia mixta superen les que tradicionalment se li assignarien al sistema d'economia de mercat:

- **Establir el marc jurídico-institucional.** Aquesta funció és similar a la de les economies de mercat.
- **Subministrar béns públics.** A propòsit de l'economia de mercat ja hem assenyalat els *béns no rendibles* i els *estratègics*. A part, a l'economia mixta, els Estats subministren altres serveis públics que són d'interès per al conjunt de la societat, com, per exemple, l'educació o la sanitat.
- **Redistribuir la renda.** Com que no totes les persones neixen amb les mateixes oportunitats o capacitats, el sector públic mira de corregir les diferències socioeconòmiques amb la finalitat d'aconseguir un nivell mínim de benestar per a tothom. Alguns exemples d'aquesta actuació són les pensions de jubilació, les subvencions a empreses per creació d'ocupació o els ajuts a les famílies nombroses.
- **Suavitzar la inestabilitat cíclica.** Lligat a la iniciativa privada, el sistema d'economia de mercat alterna fases d'expansió i fases de recessió, i per tant és responsabilitat de l'Estat aconseguir unes transicions entre les dues fases el menys traumàtiques possible.

Fig. 2.9. Funcions de l'Estat en l'economia de mercat i en l'economia mixta.

L'economia mixta se situa a **mig camí** entre els sistemes d'*economia de mercat* i de *planificació centralitzada*, i mira d'aprofitar els avantatges dels dos sistemes. En aquest sentit, les societats dels països rics, Espanya entre ells, van impulsar durant el segle XX l'anomenat *estat del benestar.*

> L'**estat del benestar** és un cas particular de sistema d'economia mixta caracteritzat per un alt grau d'intervencionisme de l'Estat en l'economia i una despesa social elevada.

	Economia de mercat	Economia mixta	Planificació centralitzada
AVANTATGES	Famílies i empreses consumeixen i produeixen segons les preferències i disponibilitats que tenen.		Necessitats bàsiques satisfetes en matèries com educació, sanitat o ocupació.
	Intervenció mínima del sector públic.	El sector públic intervé per corregir els desajustos del mercat.	
INCONVENIENTS	• Inestabilitat cíclica. • Escassetat de béns no rendibles. • Deteriorament del medi ambient. • Abusos de certes empreses. • Distribució desigual de la renda.	Seran els de l'economia de mercat o els de la planificació centralitzada, depenent del grau d'intervenció del sector públic.	• Errors de previsió. • Falta d'incentius. • Excessiva burocràcia.

Taula 2.5. Avantatges i inconvenients dels sistemes econòmics.

Periscopi 5. Un segle d'economia mixta i planificació centralitzada

Amb ajuda del que heu estudiat a l'apartat i la cronologia que presentem aquí (taula 2.6), busquem resposta a diverses preguntes.

1922	**Neix la Unió Soviètica dirigida pel Partit Comunista i posa en marxa el primer assaig d'economia de planificació centralitzada.**
	Europa es recupera de la Primera Guerra Mundial.
1929	**Primera gran crisi de l'economia de mercat.**
	El món pateix els efectes de la Gran Depressió. Neixen les teories partidàries de la intervenció en les economies de mercat.
1945	**Fi de la Segona Guerra Mundial, que havia esclatat el 1939.**
	Comença l'anomenada «Guerra Freda» entre l'URSS i els EUA. Triomfa la revolució comunista a la Xina. Els EUA i dotze països més funden l'OTAN.
1955	**L'URSS i set països de l'Europa Oriental firmen el Pacte de Varsòvia.**
	La intervenció de l'economia de mercat en els països de mercat (l'anomenada economia mixta) resulta exitosa i crea riquesa i prosperitat sense precedents. Anys de conflicte culminen amb la divisió de Corea en dos blocs, el nord comunista i el sud capitalista.
1957	**Es funda la Comunitat Econòmica Europea mitjançant el Tractat de Roma.**
	Triomfa la revolució comunista a Cuba. Diverses vegades el món es troba a punt de la guerra a causa de la confrontació entre els EUA i el bloc soviètic. A Europa la intervenció de l'Estat a l'economia de mercat s'anomena estat del benestar i es caracteritza per un alt grau de protecció social.
1973	**Crisi mundial per l'embargament petrolier de l'OPEP.**
	L'encariment de l'energia frena en sec la prosperitat aconseguida pels països de l'economia mixta. Primeres reformes a la Xina amb tímides obertures a l'exterior.
1980	**Naixement de la informàtica.**
	El bloc soviètic mira d'adaptar-se a l'economia de mercat. Comença la globalització. Sense perdre el control polític, la Xina continua les reformes cap a l'economia de mercat: liberalitza alguns preus i fomenta la creació d'empreses rurals i petites.
1989	**Caiguda del Mur de Berlín.**
	Ensorrament del bloc soviètic. Rússia canvia a l'economia de mercat. La Xina continua amb reformes que compatibilitzen el comunisme amb el mercat: impulsa la creació d'empreses més grans i crea una Borsa de valors pròpia. Cuba, fins aleshores dependent de l'URSS, depèn ara dels esforços propis; la baixa taxa d'estalvi lastra les inversions i per tant el creixement. La CEE evoluciona cap a la UE.
2001	**Punxada de la «bombolla» tecnològica a les Borses. Internet pren el vol.**
	Neix l'euro. La globalització sembla imparable gràcies a l'avenç de les telecomunicacions, especialment d'Internet. La Xina incentiva les empreses públiques, reconeix la propietat privada i s'integra en les institucions internacionals de comerç. Els països del món s'agrupen en blocs de comerç, mirant d'imitar l'èxit de la UE.
2008	**Crisi financera propiciada per l'esclat de les bombolles immobiliàries.**
	La crisi mundial posa en evidència la interdependència dels països. Cuba permet la pluriocupació, elimina el topall salarial i permet els negocis per compte propi.
2012	**La UE es veu obligada a reforçar els pactes en matèria pressupostària a causa de l'excés d'endeutament dels països del sud, entre els quals Grècia.**
	La Xina es consolida com la potència econòmica mundial del futur. Cuba, tot i les conquestes en esperança de vida, sanitat i educació, amb índexs similars als dels països desenvolupats, s'esllangueix després de liberalitzar parcialment l'economia. Aïllada, empobrida i sota un règim dictatorial, Corea del Nord segueix fidel a l'ideari comunista.

Taula 2.6. Cronologia dels sistemes econòmics en els últims cent anys.

Reflexioneu:

a) Quin gran inconvenient es posa de manifest cada cert temps en les economies de mercat? Identifiqueu dates i esdeveniments que hi estan associats.

b) Què pretén l'economia mixta? Com es relaciona amb l'estat del benestar? Quan neix en els països europeus?

c) Quins són els avantatges de l'economia de planificació centralitzada? En quins països i en quines dates va triomfar?

d) Identifiqueu com van evolucionar els països que van adoptar el sistema de planificació centralitzada. Quins trets comuns assenyalaríeu entre ells? Indiqueu les raons per les quals la Xina sembla que n'ha estat l'excepció.

Activitats

21. Per què els inconvenients del sistema d'economia mixta són més o menys accentuats? De què depèn?

22. En què es diferencien la intervenció del sector públic en els sistemes d'economia de mercat i d'economia mixta?

MAPA CONCEPTUAL

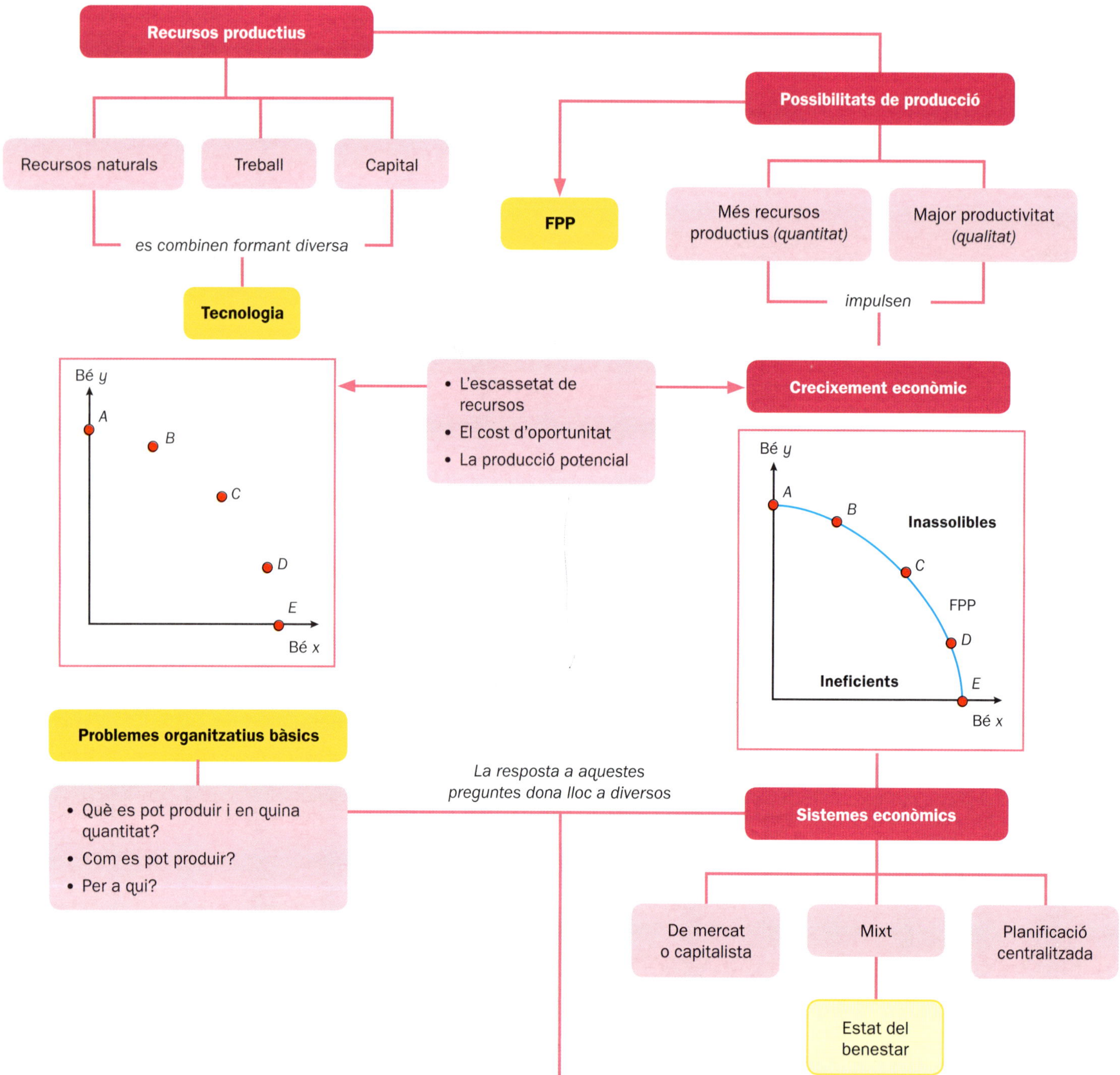

	Economia de mercat	Economia mixta	Planificació centralitzada
AVANTATGES	Famílies i empreses consumeixen i produeixen segons les preferències i disponibilitats que tenen.	Famílies i empreses consumeixen i produeixen segons les preferències i disponibilitats que tenen.	Necessitats bàsiques satisfetes en matèries com educació, sanitat o ocupació.
	Intervenció mínima del sector públic.	El sector públic intervé per corregir els desajustos del mercat.	
INCONVENIENTS	• Inestabilitat cíclica. • Escassetat de béns no rendibles. • Deteriorament del medi ambient. • Abusos de certes empreses. • Distribució desigual de la renda.	Seran els de l'economia de mercat o els de la planificació centralitzada, depenent del grau d'intervenció del sector públic.	• Errors de previsió. • Falta d'incentius. • Excessiva burocràcia.

1. Les possibilitats de producció d'un país depenen de:

a) La quantitat de recursos productius.

b) La tecnologia emprada.

c) L'organització dels treballadors.

d) Són certes les opcions *a)* i *b)*.

2. El creixement econòmic s'aconsegueix:

a) Incrementant els recursos productius.

b) Millorant la producció.

c) Amb canvis tecnològics.

d) Totes les opcions són certes.

3. Quin mètode li suggeriríeu al gerent d'una empresa que fabrica televisors per a incrementar la capacitat productiva?

a) Augmentar el preu dels televisors.

b) Acomiadar treballadors per a retallar despeses.

c) Invertir en màquines més modernes.

d) Totes les opcions són certes.

4. A quina de les següents qüestions no responen els sistemes econòmics?

a) Quina quantitat de béns es produiran?

b) S'utilitzaran més màquines que treballadors en la producció?

c) Quan es produirà barat i quan es produirà car?

d) Qui tindrà accés als béns?

5. Vendes i preus:

a) Són la base del sistema d'economia de mercat.

b) Guien el mercat sense comunicació directa entre empreses i consumidors.

c) Informen a les empreses sobre l'èxit o el fracàs de les decisions.

d) Totes les opcions són certes.

6. Quina de les següents opcions no és un error de les economies de mercat?

a) La burocràcia.

b) L'escassetat de béns no rendibles.

c) La inestabilitat cíclica.

d) Totes les opcions són incorrectes.

7. Quina de les següents afirmacions sobre els sistemes de planificació centralitzada és certa?

a) Només es cobreixen les necessitats de tipus militar.

b) L'òrgan de planificació centralitzada sempre deixa cert marge a famílies i empreses.

c) La falta d'incentius pot arribar a ser un problema.

d) Els mitjans de producció mai pertanyen a l'Estat.

8. Assenyaleu quina de les següents funcions de l'Estat és fonamental tant en el sistema d'economia de mercat com en el d'economia mixta:

a) Suavitzar la inestabilitat cíclica.

b) Establir el marc jurídico-institucional.

c) Elaborar plans econòmics plurianuals.

d) Redistribuir la renda.

9. En els països de la Unió Europea, el sistema econòmic predominant és:

a) L'economia de mercat.

b) El sistema de planificació centralitzada però democràtica.

c) L'economia mixta.

d) No hi ha un sistema predominant.

10. Quina de les següents afirmacions és falsa?

a) Les vendes informen a les empreses sobre l'èxit o el fracàs de les decisions pròpies.

b) L'FPP es desplaça cap avall i a l'esquerra quan augmenta el PIB.

c) La inestabilitat cíclica és un error del sistema d'economia de mercat.

d) La tecnologia disponible condiciona les possibilitats de producció.

Les possibilitats de producció.

1. Per què es diu que l'FPP il·lustra el concepte de cost d'oportunitat en una economia?

2. Com s'incrementen les possibilitats de producció dels països?

3. Què vol dir que un treballador és més productiu que un altre?

4. Quines circumstàncies expliquen que la producció real d'un país no acostuma a coincidir amb la producció potencial?

5. Pel què fa a les possibilitats de producció:
   a) Què condiciona les possibilitats de qualsevol país?
   b) Com s'explica que existeixen països rics, tot i que pobres en recursos naturals, i viceversa?

6. Raoneu cap a on es desplaçaria l'FPP d'un país en els següents casos:
   a) Invenció de nous mètodes de producció que permeten estalvi de matèries primes.
   b) Envelliment de les instal·lacions empresarials.
   c) Increment de la força laboral a causa de la immigració.
   d) Descobriment de jaciments de petroli.

7. Ecolàndia és un país que fa servir tots els recursos disponibles per a produir dos béns: automòbils i ordinadors.

	A	B	C	D	E
Automòbils	0	10	20	30	40
Ordinadors	1.000	750	500	250	0

   a) Quin és el cost d'oportunitat de produir un automòbil?
   b) Representeu gràficament l'FPP d'aquesta economia.
   c) En quins punts de la gràfica assoleix Ecolàndia la producció potencial?
   d) Assenyaleu algun punt ineficient a la gràfica i comenteu quines poden ser les causes del no assoliment de la producció potencial.
   e) Expliqueu per què hi ha certes combinacions que resulten inassolibles i assenyaleu-les a la gràfica.
   f) Utilitzant l'FPP d'aquest exemple com a referència, expliqueu als companys els següents conceptes econòmics: escassetat de recursos, cost d'oportunitat i producció potencial.

El creixement econòmic.

8. De quins factors depèn el creixement econòmic d'un país?

9. Expliqueu els avantatges que suposa expressar el PIB en termes de variació respecte d'un període anterior.

10. Una fornera treballa sis dies a la setmana i necessita vuit hores al dia per a elaborar 48 pastissos al dia. Quina és la producció setmanal? Quina és la productivitat per cada hora de treball?

11. Donada la següent taula que il·lustra la variació del PIB d'Ecolàndia respecte de l'any immediatament anterior:

Any	19	20	21	22	23	24
Percentage d'evolució del PIB	−3%	1%	5%	4%	2%	3%

   a) Quin va ser el PIB de l'any 21 si el de l'any 20 totalitza 50.000 milions d'euros? I el de l'any 19?
   b) Representeu en un gràfic els percentatges de la taula i determineu, a falta d'altres dades, què s'ha d'interpretar sobre la marxa de l'economia a Ecolàndia.

12. La taula següent reflecteix el treball desenvolupat per dos treballadors en un taller artesanal de ceràmica. La jornada laboral al mes d'octubre era de quatre hores al dia:

	Octubre
	Peces fabricades al dia
Nora	24 peces
Pau	20 peces

   a) A quantes unitats ascendeix la producció diària d'aquest taller?
   b) Calculeu la productivitat per hora de cadascun dels treballadors.
   c) El novembre, l'empresa va ampliar el contracte a la Nora, que va passar a treballar vuit hores diàries, mentre que el Pau va continuar amb la mateixa jornada de treball. Aquell mes, la Nora va elaborar 32 peces de ceràmica al dia, i el Pau, 24. Confeccioneu una taula similar a l'anterior i calculeu la producció i la productivitat del mes de novembre per a aquests dos treballadors.
   d) La producció del mes de novembre va créixer respecte de la del mes d'octubre. Quins factors poden explicar aquest creixement?
   e) Com va variar la productivitat de la Nora a l'augmentar-se-li la jornada laboral? Quin concepte econòmic il·lustra aquest canvi?

13. Ordeneu de major a menor importància, seguint el vostre criteri personal, les següents mesures per a impulsar el creixement econòmic.
   a) Impartir cursets de formació als treballadors.
   b) Fomentar inversions que permetin l'obtenció o la implantació d'avenços tecnològics.
   c) Subscriure acords amb altres països per a explotar els recursos naturals que tenen.
   d) Afavorir la immigració de mà d'obra qualificada.
   e) Atraure a inversors estrangers amb la possibilitat d'obtenir beneficis alts.

Contrasteu la resposta amb la de diversos companys i després traieu conclusions pròpies sobre els problemes als quals s'enfronta qualsevol Govern per a impulsar el creixement econòmic del país.

Els sistemes econòmics.

14. Per què els sistemes econòmics estableixen fórmules de repartiment amb les quals satisfer les societats? A quines qüestions ha de respondre qualsevol sistema econòmic?

15. Als sistemes econòmics moderns, per què el sector públic afronta el subministrament de béns poc rendibles, assumint fins i tot grans pèrdues?

16. Al sistema de planificació centralitzada, per què es van cometre errors de previsió, tot i que es van realitzar planificacions acurades i assignacions de recursos?

17. Llegiu atentament el text sobre la mà invisible de l'apartat 3.1 i contesteu les següents preguntes:

a) Per a Adam Smith, quines són les veritables motivacions que estimulen les persones a prendre decisions?

b) Com s'harmonitzarien l'interès públic i el privat per a aquest pensador?

c) En què consisteix el concepte de «mà invisible» que descriu?

d) Un dels grans inconvenients del sistema d'economia de mercat és l'abús de poder de certes empreses. Creieu que la «mà invisible» també actuaria en aquests casos? Justifiqueu la vostra resposta.

18. En relació amb la taula 2.3, assenyaleu:

a) Quin sistema econòmic mira de ser el més igualitari?

b) Pel que fa a aquells que gaudeixen dels avantatges del sistema, quin avenç va suposar el capitalisme enfront dels sistemes previs?

c) Com va propiciar el mercantilisme l'aparició del capitalisme?

d) En termes econòmics, quines similituds es poden establir entre els esclaus i vassalls de l'antiguitat i l'edat mitjana i els assalariats de l'actualitat?

19. Raoneu la veracitat o falsedat de les següents afirmacions:

a) L'FPP reflecteix el cost d'oportunitat, i també la productivitat d'una economia.

b) Un increment de la producció no té per què suposar un increment de la productivitat.

c) El PIB de qualsevol país sempre està per sota de l'FPP.

d) En qualsevol cas, la mà invisible promou l'interès general millor que les institucions públiques.

e) En les economies mixtes, les decisions es reparteixen entre les empreses i l'Estat.

20. El següent text il·lustra la forma de vida de les tribus germàniques en temps de Juli Cèsar, en el segle I a.C.:

«Randolf va deixar de treballar i es va recolzar en l'arada mentre contemplava els camps que l'envoltaven. Un any més, la terra havia estat generosa, però potser aquest any no tindria tanta sort en el sorteig. I és que cada any des de temps immemorials, la tribu de Randolf feia un sorteig de les terres comunals entre tots els membres de la comunitat i ell ja portava tres anys de bona sort. Randolf era cumplidor, mai deixava de fer les ofrenes a l'arbre sagrat, i per això els déus el premiaven guiant-li sàviament la mà a l'hora de treure la bola correcta del sac màgic de Taumaturg, el bruixot. Tots els membres de la tribu feien una mica de tot, però igual que a altres se'ls donava bé cuidar el bestiar, caçar o pescar, a Randolf se li donava molt bé el camp: era molt hàbil amb l'arada, com li havia ensenyat el seu pare i ell ensenyaria als seus fills. Però aquest any podia ser diferent. Randolf sabia que altres integrants de la tribu li miraven les terres amb enveja i que havien complert les obligacions a l'arbre sagrat tant o més que ell. Si li tocaven males terres hauria de dependre de l'habilitat amb la javelina, l'arc i la fona, i Randolf sabia que no era tan destre com altres. Disposar de poques mercaderies limitava molt les possibilitats d'intercanvi amb altres membres de la tribu, i a més sempre calia comptar amb el fet que un podia no tenir el que a l'altre li feia falta i viceversa. Tot i així, en el pitjor dels casos sempre podria recórrer al fons comú de la tribu, però aquella era una opció arriscada: el repartiment de la collita comuna es feia en funció de les necessitats i hi havia famílies amb més fills que la seva. Comerciar tampoc era una opció, perquè la majoria de les tribus amigues produïen el mateix que ells».

Anxo Penalonga: *Sistemes econòmics antics*

a) Les tribus a les quals es refereix el text, què produïen i en quina quantitat? Com produïen? Per a qui?

b) Segons el text, quins problemes planteja l'intercanvi?

c) Se us acut algun inconvenient no descrit en el text?

d) En què difereix l'organització econòmica descrita en el text amb l'actual en la qual viviu vosaltres?

e) Amb l'arribada de Juli Cèsar, els romans fundarien una petita ciutat a les rodalies. Quines noves oportunitats podria oferir això als membres de la tribu?

- Escriviu dues idees clares i fonamentals d'aquesta unitat. Què us ha ajudat a comprendre-les?
- Realitzeu dues preguntes sobre aspectes que no us han quedat clars de la unitat.
- Escriviu dos aspectes sobre els quals voleu aprofundir en aquesta unitat.

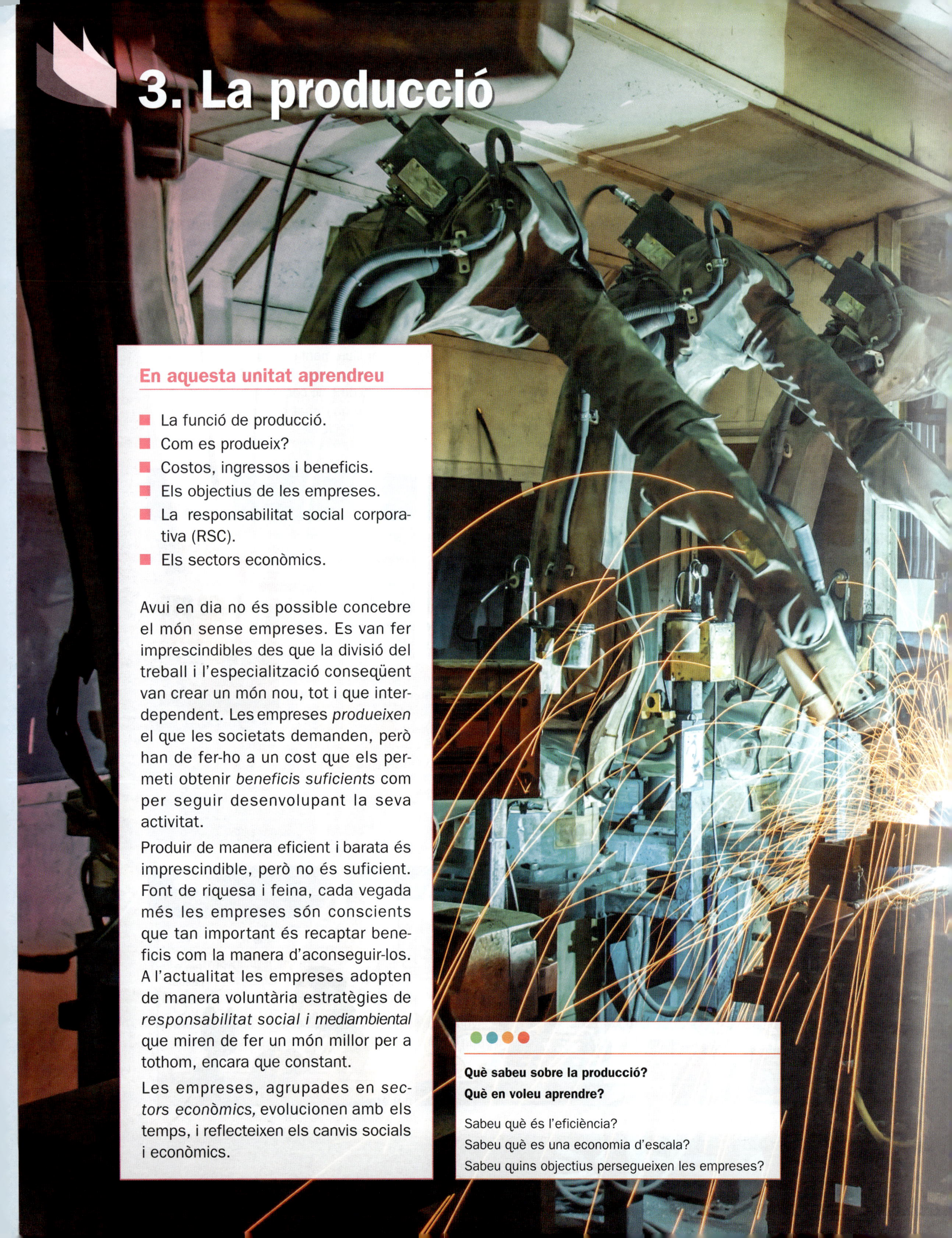

3. La producció

En aquesta unitat aprendreu

- La funció de producció.
- Com es produeix?
- Costos, ingressos i beneficis.
- Els objectius de les empreses.
- La responsabilitat social corporativa (RSC).
- Els sectors econòmics.

Avui en dia no és possible concebre el món sense empreses. Es van fer imprescindibles des que la divisió del treball i l'especialització conseqüent van crear un món nou, tot i que interdependent. Les empreses *produeixen* el que les societats demanden, però han de fer-ho a un cost que els permeti obtenir *beneficis suficients* com per seguir desenvolupant la seva activitat.

Produir de manera eficient i barata és imprescindible, però no és suficient. Font de riquesa i feina, cada vegada més les empreses són conscients que tan important és recaptar beneficis com la manera d'aconseguir-los. A l'actualitat les empreses adopten de manera voluntària estratègies de *responsabilitat social i mediambiental* que miren de fer un món millor per a tothom, encara que constant.

Les empreses, agrupades en *sectors econòmics,* evolucionen amb els temps, i reflecteixen els canvis socials i econòmics.

Què sabeu sobre la producció?
Què en voleu aprendre?

Sabeu què és l'eficiència?
Sabeu què es una economia d'escala?
Sabeu quins objectius persegueixen les empreses?

Cotxes barats, cadenes de muntatge i bons sous

En un temps en què l'automòbil era un bé de luxe, Henry Ford va ser un avançat a la seva època. L'automòbil era un invent fantàstic que enriquiria el fabricant que aconseguís fer que tothom hi pugués pujar, no només els rics. Però com faria cotxes barats que podria pagar qualsevol persona?

La tècnica que va permetre Ford abaratir la producció d'automòbils és avui coneguda de sobres: la cadena de muntatge.

Els primers Ford T, anomenats popularment *Tin Lizzies*, es van vendre el 1908 per 850 dòlars, i eren necessàries tretze hores de feina per a muntar-los en un sistema de producció totalment revolucionari per a l'època: en comptes de moure's els treballadors pel taller, eren les unitats de producte les que ho feien al llarg d'una línia d'ensamblatge.

El 1924, i gràcies a la major eficiència i experiència dels treballadors a la cadena de muntatge, el temps del procés de fabricació ja s'havia reduït a hora i mitja, i el preu de l'automòbil, a 290 dòlars.

El fet que el *Tin Lizzie* era barat no explica que un obrer de la Ford cobrava un bon sou per muntar-lo; més aviat el contrari, perquè si l'essencial era vendre un cotxe amb el màxim benefici, és il·lògic pagar molt als operaris. Però una vegada més, Ford va ser un visionari: no només no escatimava amb les despeses laborals, sinó que pagava esplèndidament els seus obrers.

Els avantatges d'aquesta actitud eren tres: en primer lloc, els treballadors eren més productius que els de la competència, i els millors operaris feien cua per treballar a la fàbrica de Ford, segon, s'assegurava la fidelitat de la plantilla, i tercer, en proporcionar ingressos superiors dels que es pagava al sector, probablement els treballadors s'acabarien comprant un automòbil.

Reflexioneu

1. Heu viatjat en el temps fins el 1908 i coneixeu les idees de Henry Ford abans que ell mateix. Però desafortunadament el vostre capital només us arriba per muntar una fàbrica de patinets. Descriviu en un petit text amb detall com aplicaríeu les idees de Ford.
2. Què creieu que significa que els obrers de Ford eren «més productius» que els d'altres empreses?
3. Henry Ford va ser un empresari avançat al seu temps. Identifiqueu a altres empresaris que avui en dia també ho són i assenyaleu per què creus que ho són.

1. La funció de producció

La *divisió del treball* ha existit des de sempre. La intensificació del treball va ser decisiva pel naixement de les societats agràries fa deu mil anys, i igualment les societats industrials al segle XVIII amb el desenvolupament de la revolució industrial.

La **divisió del treball** consisteix en la fragmentació d'una activitat productiva en tasques més elementals entre diferents persones en funció de les qualitats de cadascuna.

La divisió del treball ha propiciat l'especialització dels treballadors. I, al seu torn, l'especialització ha permès augmentar la productivitat, la qual cosa s'ha traduït en salaris més alts i, en definitiva, en la creació de riquesa. Però l'**especialització** també ha generat interdependència. Com que les persones ja no ho produeixen tot elles mateixes, es veuen obligades a fer intercanvis amb els altres. És a dir, no n'hi ha prou amb la producció en quantitat o amb qualitat de les persones i les empreses, sinó que després han d'efectuar intercanvis favorables amb altres persones i empreses.

Els instruments que afavoreixen i coordinen l'intercanvi de béns i serveis són els següents: (fig. 3.1):

- Els **diners**. Al ser un mitjà de pagament acceptat per tothom, els diners permeten intercanviar béns i serveis sense recórrer al problemàtic bescanvi.
- Els **mercats**. Són llocs coneguts i preestablerts on compradors i venedors efectuen els intercanvis.
- Les **empreses**. Són les entitats que coordinen les diverses tasques i funcions en les quals s'ha dividit la producció de béns i serveis.

Sabíeu que...?

Ja al segle XVIII Adam Smith va identificar la divisió del treball, l'especialització i l'intercanvi (comerç) com la causa de l'augment de la riquesa de les nacions. Tal com ell ho deia: «a l'augmentar la destresa, s'estalvia temps i s'alliberen ments per a crear màquines».

Fig. 3.1. Relació entre divisió del treball, creació de riquesa i instruments de coordinació fruit de la interdependència.

En unitats següents estudiarem els instruments que afavoreixen l'intercanvi, el mercat i els diners, mentre que en aquesta analitzarem en què consisteix la funció de producció de béns i serveis a càrrec de l'*empresa*.

L'**empresa** és una entitat especialitzada que coordina la producció de béns i serveis.

Són tres les **perspectives** sota les quals s'analitza la funció de producció de les empreses: *econòmica, utilitària* i *tècnica* (fig. 3.2).

Econòmica	Utilitària	Tècnica
Quina és, en general, la funció de les empreses?	Com aconsegueixen les empreses satisfer la societat?	Com aconsegueixen les empreses crear o incrementar el valor afegit?
Coordinar béns i serveis per a satisfer la societat.	Mitjançant la creació o l'increment de valor afegit.	Mitjançant la transformació de factors de producció en béns i serveis.

Fig. 3.2. Perspectives de la producció.

Recordeu

Des de la **perspectiva econòmica,** la funció de producció de les empreses en el conjunt de l'economia es representa mitjançant el fluxe circular de la renda, concepte estudiat a la Unitat 1.

1.1. Perspectiva utilitària

Des d'un punt de vista pràctic, la producció és un procés que afegeix valor a les coses, i els atorga major utilitat de la que tenien abans de ser sotmeses a aquest procés. Prenguem com a exemple la fabricació d'una camisa: bàsicament, les matèries primeres que la formen són tela, fil i botons, però per convertir aquests materials en una camisa necessàriament ha d'existir una activitat productiva que, utilitzant un determinat procés, mà d'obra i maquinària, li atorga *utilitat* com a peça de vestir. Mitjançant la producció se li afegeix a la tela, el fil i els botons una utilitat addicional de la que tenen per separat. Aquesta aportació és el *valor afegit*.

El **valor afegit** és la utilitat suplementària que el procés de producció aporta a les coses.

!! Atenció

L'**IVA** és l'impost que grava el valor afegit que les empreses generen en els seus béns i serveis. Aquest impost recau sobre qui gaudeix del bé o del servei en qüestió: el consumidor final.

Sobre aquest i altres impostos en parlarem amb més detall a la Unitat 9.

1.2. Perspectiva tècnica

Produir consisteix a combinar recursos productius, com la mà d'obra, les matèries primeres, les màquines, l'energia o la direcció tècnica, posant en pràctica una determinada *tecnologia* amb la finalitat d'obtenir un producte (béns o serveis). Per exemple, una tecnologia artesanal utilitza, sobretot, mà d'obra, mentre que una de robotitzada utilitza màquines automatitzades.

No obstant això, les empreses destinen una part dels seus recursos a crear nous mètodes de fabricació o a millorar els que ja existeixen. Aquesta inversió en *investigació, desenvolupament* i *innovació*, denominada inversió en *I+D+i*, és el veritable artífex de l'evolució de les tecnologies, que també es concreta en la creació de productes nous o millors.

L'**I+D+i** és el nom amb el qual es coneix la inversió en crear nous mètodes de producció, nous productes o en millorar els que ja existeixen.

! Important

El resultat de les inversions en investigació, desenvolupament i innovació (I+D+i) és patentable, és a dir, és possible registrar les característiques i utilitats d'un invent en un organisme públic per reservar-se els drets econòmics d'explotació.

Sobre les **patents** en parlarem amb més detall a la Unitat 5.

Activitat resolta 1. La utilitat i tècnica del fuster

Un fuster fabrica cadires artesanalment i les ven a 200 € cadascuna. Per a elaborar cada unitat fa servir diverses eines de fusteria i matèries primeres (en concret: fusta, tela i claus), el valor dels quals ascendeix a 20 €, i treballa 10 hores diàries, el cost de les quals estima en 10 €/hora. Definirem la producció d'aquest fuster des de les persepectives utilitària i tècnica.

Solució:

- **Perspectiva utilitària.** Per si mateixes, les matèries primeres (la fusta, els claus i la tela) no serveixen per a seure. És necessària l'existència de l'activitat productiva del fuster per a donar-los aquesta utilitat. Així que mitjançant la producció, a aquells béns se'ls afegeix un valor addicional al que tenien per separat. L'activitat productiva crea utilitat, i la utilitat crea valor. Al vendre cada cadira per un preu de 200 €, el fuster està afegint 180 € de valor a cadascuna, a unes matèries primeres que li havien costat 20 €.
- **Perspectiva tècnica.** El fuster combina mà d'obra, matèries primeres i eines de fusteria aplicant diversos procediments i tècniques. Bàsicament es tracta d'una tecnologia artesanal.

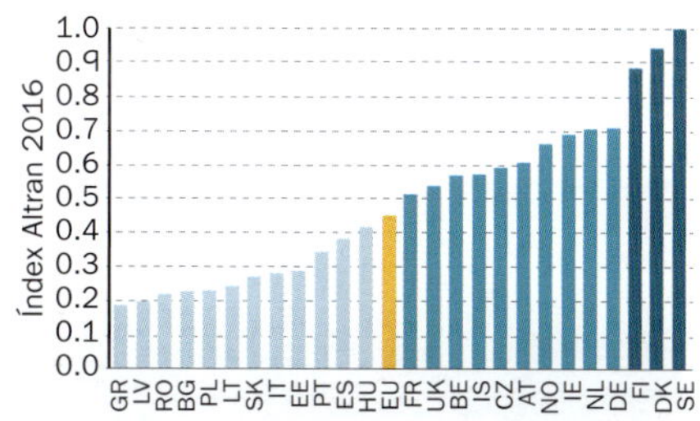

Fig. 3.3. Índex Altran de potencial innovador a principis del 2016. Aquest índex, igual que altres similars, relaciona la inversió de cada país en I+D+i amb altres quatre components decisius a l'hora de desenvolupar una nova tecnologia. Aquests quatre components són la població activa amb educació superior, els llocs de treball en alta tecnologia, el número d'investigadors a les empreses i les empreses amb accés de banda ampla.

Activitats

1. La divisió del treball és pròpia de tota activitat humana. Descriviu les tasques que es reparteixen per a un millor funcionament:

   a) Jugadors d'un esport d'equip que practiqueu o conegueu.

   b) Els professors del vostre institut.

2. Descriviu la utilitat que reporten les activitats productives següents: un supermercat, una conservera de peix, un parc infantil i un web de notícies esportives.
3. Raoneu per què, per progressar tecnològicament, les patents són necessàries per a les empreses.

2. Com es pot produir?

Les empreses decideixen què volen produir i les famílies què volen consumir. Quan les empreses han escollit quin bé o servei desitgen llançar al mercat, han de produir la major quantitat d'unitats al menor cost possible. La perspectiva tècnica se centra en com produir, és a dir, en el procés que possibilita la transformació de recursos productius en béns i serveis mitjançant la *tecnologia.*

La **tecnologia** és la manera en la qual es combinen els diversos recursos productius disponibles per a obtenir un bé o servei.

La tecnologia escollida serà la més barata de les tecnologies eficients disponibles (fig. 3.4).

Factors de producció
Terra
(recursos naturals)
Treball i capital
(equip, instal·lacions i diners)
iniciativa empresarial

→

Procés productiu
Tecnologia
(forma de combinar els recursos)
1r Escollir tecnologies eficients.
2n Escollir la més barata de les tecnologies eficients.

→

Productes finals
Béns
Serveis

Fig. 3.4. El procés productiu i la tecnologia. Les empreses subministren béns i serveis utilitzant unes tecnologies i uns factors de producció determinats. La tecnologia escollida és la més barata de les tecnologies eficients.

A. Tecnologies eficients

Des d'un punt de vista racional, si existeixen diverses tecnologies per a produir un determinat bé, les empreses optaran per la que és *eficient,* és a dir, per aquella que fa servir menys recursos.

Una tecnologia A és més **eficient tècnicament** que una altra tecnologia B quan utilitza menor quantitat de recursos productius per a obtenir una determinada quantitat de producció.

Per exemple, no serà eficient una empresa que per a fabricar 100 rellotges utilitza una tecnologia A que requereix dues màquines i 30 hores de feina, si pot fabricar els mateixos 100 rellotges amb dues màquines i 25 hores de feina aplicant una tecnologia B.

Fig. 3.5. Cadena de muntatge de cotxes. Les màquines són tan eficients que han desplaçat les persones de les tasques més pesades i repetitives. L'especialització i robotització de les empreses en favor d'una major productivitat sembla que no té aturador.

B. Tecnologies eficients i econòmiques

Per regla general, és possible utilitzar diverses tecnologies o combinacions de recursos tècnicament eficients. En l'exemple anterior, l'empresa que utilitzava la tecnologia més eficient (la B) podia produir 100 rellotges utilitzant dues màquines i 25 hores de feina, però podria ser igualment eficient si fabrica 100 rellotges fent servir únicament una màquina i 50 hores de feina amb una tecnologia C. Les dues, B i C, són tecnologies eficients perquè aconsegueixen la producció desitjada, però varia la combinació de recursos que es fan servir: la primera utilitza més maquinària, mentre que la segona fa servir més hores de feina. L'elecció de tecnologies eficients amb diferent combinació de recursos la decantarà el preu dels recursos productius utilitzats. Lògicament, la tecnologia escollida serà la més *econòmica* de les possibles.

L'**eficiència econòmica** consisteix a seleccionar la més barata de totes les tecnologies tècnicament eficients o, en tot cas, de les disponibles.

A l'actualitat s'acostuma a associar tecnologia amb màquines, quan aquestes últimes són només una de les alternatives productives. Així, als països on la mà d'obra és barata es fan servir tecnologies que utilitzen més treball, i menys màquines.

La **productivitat** és la relació entre la quantitat produïda i la quantitat de recurs productiu fet servir per a obtenir-la.

Activitat resolta 2. La tecnologia eficient i econòmica de New Seal

New Seal, S. A. fabrica raquetes de tennis amb les tecnologies A, B i C, d'acord amb el que hi ha exposat a la taula següent:

	Treball (hores)	Capital (màquines)	Producció (raquetes)
A	5	1	100
B	5	2	100
C	4	2	100

a) Determineu si alguna d'aquestes tecnologies no és eficient tècnicament, en funció dels recursos productius utilitzats.

b) Calculeu la productivitat dels factors de producció de la tecnologia A.

c) Trobeu el cost total per a les tecnologies A i C sabent que el cost del treball ascendeix a 1.500 €/hora i el de les màquines a 800 €/màquina.

d) Indiqueu quina és la tecnologia més barata.

Solució:

a) La tecnologia B no és eficient tècnicament, perquè per a produir 100 raquetes utilitza les mateixes hores de treball que la tecnologia A, però fa servir més màquines. Tampoc la tecnologia B és eficient en comparació amb la C, perquè utilitza més hores de treball. A falta de determinar el cost d'utilització del factor treball i del factor capital, les tecnologies A i C sí que són eficients, perquè obtenen la màxima producció amb la menor quantitat de factors de producció possibles.

b) La productivitat d'un factor de producció indica el rendiment del propi factor de producció en relació amb la producció obtinguda. La productivitat de la tecnologia A és:

$$\textbf{Productivitat del treball } (P_L) = \frac{\text{producció } (Q)}{\text{unitats de treball } (L)} = \frac{100}{5} = 20 \text{ raquetes/hora}$$

$$\textbf{Productivitat del capital } (P_K) = \frac{\text{producció } (Q)}{\text{unitats de capital } (K)} = \frac{100}{1} = 100 \text{ raquetes/màquina}$$

c) Cost de les tecnologies A i C:

Tecnologia	Eficiència tècnica	Cost treball (1.500 €/hora)	Cost capital (800 €/ màquina)	Cost total (€)	Eficiència econòmica
A	🟢	7.500 (5 · 1.500)	800 (1 · 800)	8.300	🔴
C	🟢	6.000 (4 · 1.500)	1.600 (2 · 800)	7.600	🟢

d) Des del punt de vista tècnic, les tecnologies A i C aconseguirien l'eficiència, perquè obtenen el mateix nivell de producció. En canvi, des del punt de vista econòmic, la tecnologia a seleccionar seria la C, perquè és la més barata.

Activitats

4. Quines són les diferents categories dels factors de producció?

5. Expliqueu la diferència entre eficiència i productivitat fent servir l'exemple dels rellotges que mostrem a l'apartat 2.B.

6. Quins són els criteris que segueixen les empreses per a escollir la tecnologia amb la qual fabriquen els seus productes?

7. En general, quina relació pot establir-se entre noves tecnologies i productivitat?

8. Pel que fa a l'Activitat resolta 2:

a) Calculeu la productivitat dels recursos treball i capital de les tecnologies B i C.

b) Suposant que la tecnologia C és menys neta i ecològica que la tecnologia A, seguiria sent l'escollida? Per què?

3. Costos, ingressos i beneficis

Tot i que cada vegada és més important la consecució dels objectius socials o econòmics, les empreses necessiten ser independents econòmicament, i això ho aconsegueixen a través de l'anomenat *benefici empresarial.*

El **benefici empresarial** *(Bf)* és la diferència entre els ingressos totals *(IT)* obtinguts per la venda de béns o serveis que constitueixen l'activitat de les empreses i els costos totals *(CT)* que genera la producció.

$$Bf = IT - CT$$

3.1. Els ingressos totals

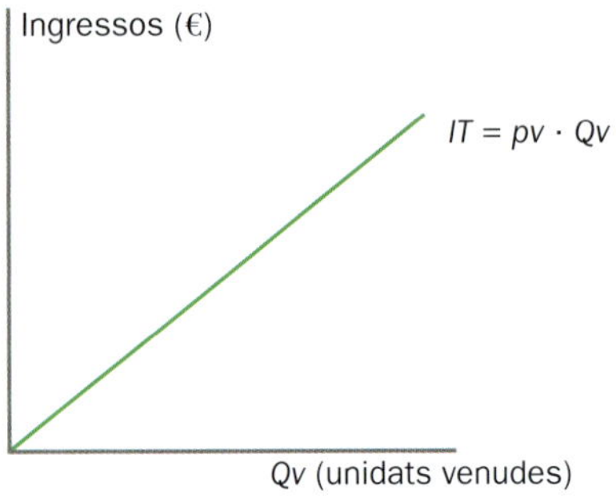

Fig. 3.6. Representació gràfica dels ingressos. La diagonal neix des de zero perquè és des d'aquí des d'on l'empresa comença a obtenir ingressos.

Les empreses venen els béns i serveis resultants de la producció a canvi d'un preu, i així obtenen uns *ingressos.*

Els **ingressos** són el valor monetari que reben les empreses per les vendes dels seus béns i serveis.

Els ingressos s'obtenen multiplicant el número d'unitats venudes *(Qv)* pel corresponent preu de venda *(Pv).*

$$IT = Qv \cdot Pv$$

Els ingressos es representen gràficament mitjançant una diagonal perquè augmenten a mesura que augmenten les vendes (fig. 3.6).

3.2. Els costos totals

Tal com avançàvem a la Unitat 1, per a produir les empreses fan servir els factors de producció (bàsicament, terra, treball i capital), però han de pagar-ne la utilització (lloguers, salaris i interessos, respectivament).

El **cost de la producció** és el valor que la societat assigna als factors de producció utilitzats per a produir un bé o un servei.

En relació amb la quantitat que es produeix, els costos es poden classificar en: *fixos, variables, totals, mitjans* i *marginals* (fig. 3.7).

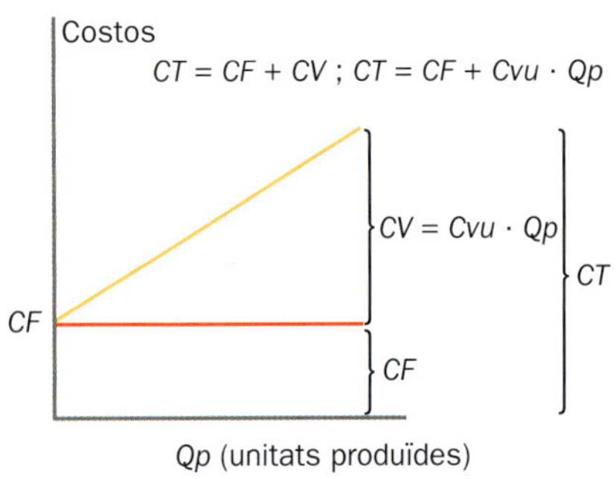

Fig. 3.7. Representació gràfica dels costos. La diagonal dels costos variables neix des de la recta de costos fixos perquè l'empresa ha d'assumir aquests últims amb independència del seu nivell de producció.

- **Costos fixos *(CF).*** No varien al canviar la quantitat produïda. *(Qp).* Es generen a l'utilitzar recursos el valor dels quals és independent de la quantitat produïda, com per exemple el lloguer d'un local o les despeses de manteniment de les instal·lacions productives. Els costos fixos es representen mitjançant una recta horizontal, perquè es tracta d'una quantitat invariable.
- **Costos variables *(CV).*** Són proporcionals a la quantitat produïda *(Qp).* Per exemple, les matèries primeres o el consum d'energia. Els costos variables es representen mitjançant una recta en diagonal, perquè aquest tipus de costos creixen a mesura que augmenta la producció.

$$CV = Cvu \cdot Qp;\ Cvu = \text{Cost variable per unitat}$$

- **Costos totals (CT).** Constitueixen la suma dels costos fixos i els costos variables:

$$CT = CF + CV$$

Sobre els costos mitjans i marginals en parlarem a l'apartat 3.3.

Activitat resolta 3. Els costos d'Informàtica Gomà

Per cada ordinador que munta, Informàtica Gomà fa servir peces per valor de 200 € i 100 € de treball assalariat. Durant el mes de setembre, va muntar cinc ordinadors a un preu de venda al públic de 700 €. Al mes d'octubre, el Gomà va augmentar el preu a 800 € i la producció a set ordinadors. Sabent que el Gomà ven el total de la producció i paga un lloguer mensual de 800 €, calculeu:

a) Els costos totals dels mesos de setembre i octubre, i la representació gràfica del mes de setembre.

b) Els ingressos totals, i la representació gràfica en el mes de setembre.

c) El benefici empresarial en els mesos de setembre i octubre.

Solució:

a) Els costos variables els obtenim multiplicant el cost unitari de cada factor productiu per la quantitat produïda *(Qp)*. Com que els costos fixos no depenen de la quantitat produïda, apliquem directament la quantitat en qüestió.

		Setembre			Octubre		
Costos		c/u	*Qp*	Totals	c/u	*Qp*	Totals
Variables	Peces	200	5	1.000	200	7	1.400
	Salari	100	5	500	100	7	700
Fixos	Lloguer			800			800
Costos totals				**2.300**			**2.900**

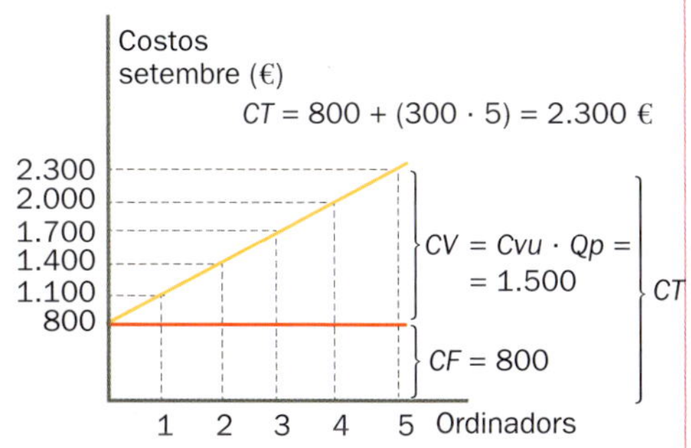

Fig. 3.8. Representació gràfica dels costos totals del Gomà el setembre. Els costos variables (en diagonal) sempre neixen des de la recta de costos fixos.

Cada ordinador incorpora 300 € de cost variable (200 € de peces + 100 € de salari). Ens ajudem de la taula següent per representar gràficament els costos variables (fig. 3.8):

Qp	1	2	3	4	5
CV	300	600	900	1.200	1.500

b) Els ingressos els obtenim multiplicant el preu de venda *(Pv)* per la quantitat venuda *(Qv)* que, en aquest cas, coincideix amb la quantitat produïda.

	Setembre			Octubre		
Ingressos	*Pv*	*Qv*	Totals	*Pv*	*Qv*	Totals
Ordinadors	700	5	**3.500**	800	7	**5.600**

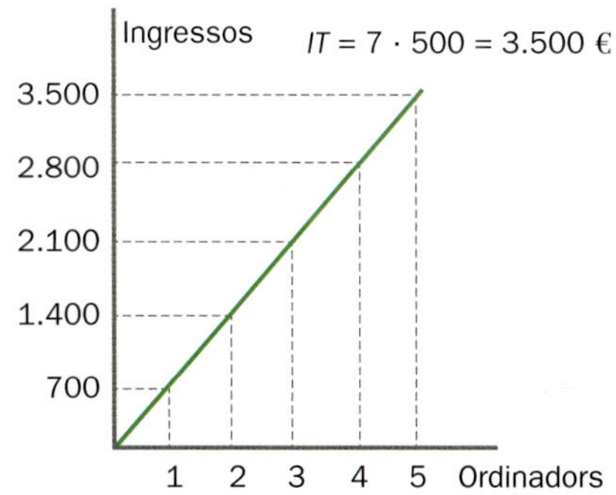

Fig. 3.9. Representació gràfica dels ingressos totals del Gomà el setembre. La diagonal dels ingressos neix des de zero i creix a mesura que es venen els ordinadors.

El setembre, cada ordinador reporta un ingrés de 700 €. Ens ajudem de la taula següent per representar gràficament els ingressos totals (fig. 3.9):

Qv	1	2	3	4	5
IT	700	1.400	2.100	2.800	3.500

c) El benefici empresarial es calcula per la diferència entre els ingressos totals *(IT)* i els costos totals *(CT)*.

	Setembre	Octubre
Beneficis totals	3.500 – 2.300 = **1.200 €**	5.600 – 2.900 = **2.700 €**

Activitats

9. Per què per a les empreses l'objectiu principal acostuma a ser l'obtenció de beneficis?

10. Per què els empresaris prefereixen maximitzar els beneficis en comptes dels ingressos?

11. En què es diferencien els costos fixos dels variables?

12. Amb les dades de l'Activitat resolta 3, representeu gràficament els costos i ingressos totals de la Informàtica Gomà corresponents al mes d'octubre.

3.3. Costos mitjans i marginals

> **Sabíeu que...?**
>
> Durant bona part del segle XIX, els economistes pensaven que la **llei dels rendiments decreixents** portaria a la fallida el sistema capitalista. La lògica era que, sent constant el número de terres (i, per tant, la producció agrícola), però creixent el número de treballadors, aquests es veurien obligats a baixar constantment el salari per a poder treballar. En conseqüència, i davant d'una situació d'aliments escassos (i cars) i salaris baixos, els treballadors es veurien abocats a la pobresa i, davant la impossibilitat de baixar més els seus salaris o aconseguir treball, hi hauria desordres i fins i tot guerres. Es van equivocar, perquè no van ser capaços de preveure la gran producció d'aliments que l'ús de màquines i fertilitzants aconseguiria.

Les empreses intenten arribar a aquelles quantitats que els permeten maximitzar el benefici. És per això que, cada vegada que una empresa produeix una unitat addicional, valora si l'ingrés que n'obtindrà és superior al cost de la producció. Si, per exemple, l'ingrés que s'obtindrà és de 0,80 €, però el cost és d'1 €, no compensa produir aquesta unitat addicional, i viceversa. El cost de produir una unitat addicional es coneix amb el nom de **cost marginal**; l'ingrés obtingut amb la venda d'una unitat addicional s'anomena **ingrés marginal**. La diferència entre les dues magnituds, ingrés i cost marginal, és el **rendiment marginal**.

$$C_{ma} = \frac{\Delta CT}{\Delta Q} \quad ; \quad R_{ma} = I_{ma} - C_{ma} \quad ; \quad I_{ma} = \frac{\Delta IT}{\Delta Q}$$

On *Cma* = Costos marginals; Δ = Increment; *CT* = Costos totals; *Q* = Quantitat; *Ima* = Ingressos marginals; *IT* = Ingressos totals; *Rma* = Rendiments marginals.

Per una altra banda, també és possible calcular els costos per unitat de producte. Els **costos mitjans** o **unitaris** són el cost per unitat de producte ***(Cmi),*** i s'obtenen dividint el cost total per la quantitat produïda.

$$C_{me} = \frac{CT}{\text{Núm. d'unitats produïdes}}$$

A. La llei dels rendiments decreixents

Són moltes les activitats on, arribat un moment, els rendiments disminueixen per molt que apliquem major número de recursos. Per exemple, en una explotació agrícola, amb una quantitat de terra i maquinària determinada i en la qual només és possible contractar mà d'obra per a incrementar la producció, a mesura que augmenta el número d'agricultors, la producció s'incrementarà, però arribarà un moment que els nous treballadors no tindran terra ni maquinària per a treballar, i la producció no augmentarà, i fins i tot podria disminuir si els treballadors es «molesten» els uns als altres.

Aquest comportament en el qual el rendiment és positiu si s'incrementa algun dels factors de producció, però amb el temps comença a declinar, i fins i tot acaba per disminuir, es coneix com la *llei dels rendiments decreixents.*

> La **llei dels rendimients decreixents** afirma que si s'augmenta la quantitat d'un dels recursos, però la resta es manté constant, la producció total augmentarà de manera cada vegada més lenta fins deixar de créixer, i fins i tot pot disminuir.

> **Recordeu**
>
> Les economies d'escala no contradiuen la llei dels rendiments decreixents, perquè en elles augmenta la quantitat de tots els recursos simultàniament i no només d'un.

B. Les economies d'escala

La llei dels rendiments decreixents es compleix quan augmenta la quantitat d'un únic recurs, com era el cas del treball a l'explotació agrícola de l'apartat anterior. Però hauria estat diferent si, alhora que s'incrementava el número de treballadors, l'explotació hagués augmentat la maquinària i les terres. A l'augmentar la mida i produir a gran escala, l'explotació agrícola hauria disminuït els costos mitjans a llarg termini. El fenomen pel qual les empreses aconsegueixen repartir el mateix cost fix entre un major número d'unitats de producte s'anomena *economia d'escala*. L'existència de les economies d'escala és una de les raons per les quals les grans empreses d'un país acaben internacionalitzant-se: necessiten créixer per a reduir els seus costos.

> Es diu que una empresa aconsegueix l'**economia d'escala** quan, a llarg termini, és capaç de repartir el cost fix entre moltes unitats de producte, de tal manera que la producció s'abarateix.

> **! Important**
>
> Es considera que, a llarg termini, a les empreses no existeixen costos fixos, perquè poden adaptar totes les instal·lacions i la mida a les necessitats productives i, d'aquesta manera, s'aconsegueixen les economies d'escala. A curt termini, i fins que es produirà l'adaptació, el normal és no poder evitar la llei dels rendiments decreixents.

Activitat resolta 4. Beneficis i rendiments de Cucumucho

A Cucumucho venen samarretes a una mitjana de 5 €/unitat. Durant la setmana arriba poca clientela, de tal manera que hi ha un únic dependent, però els diumenges hi ha tres dependents més perquè la clientela es quadruplica a causa de les visites turístiques. La relació entre les vendes dominicals de samarretes amb el número de dependents és la següent:

Núm. de dependents	0	1	2	3	4
Samarretes (Qv)	0	50	110	150	170

Si els costos fixos i variables de Cucumucho ascendeixen a 100 € i 20 €/dependent:

a) Representeu en una taula els costos, ingressos i beneficis, i interpreteu el resultat.

b) Representeu gràficament la producció i el rendiment marginal, i expliqueu els resultats d'acord amb la llei dels rendiments decreixents.

Solució:

a) Taula de costos i ingressos de Cucumucho (*Qv* = samarretes):

Treball	Qv	CF	CV	CT	IT	Bf°	Cme	Ima	Cma	Rma	Rma total
Dependents	Samarretes			CF + CV	Pv · Qv	IT – CT	CT/Qv	ΔIT/ΔQ	ΔCT/ΔQ	Ima – Cma	Rma · ΔQ
0	0	100	0	100	0	–100	...	0	0	0	0
1	50	100	20	120	250	130	2,4	5	0,4	4,6	230
2	110	100	40	140	550	410	1,27	5	0,33	4,67	280,2
3	150	100	60	160	750	590	1,07	5	0,5	4,5	180
4	170	100	80	180	850	670	1,06	5	1	4	80

Taula 3.1. Amb un únic dependent, la botiga despatxa cinquanta samarretes. Si contracten el segon dependent, el número de samarretes augmenta en major proporció, però amb el tercer dependent ja comença a disminuir el rendiment, i s'accentua amb el quart. Les raons que expliquen la baixada de rendiment les trobem a les dimensions fixes del local i la utilització d'un sol terminal de punt de venda.

b) Representació gràfica de la producció i el rendiment marginal de Cucumucho:

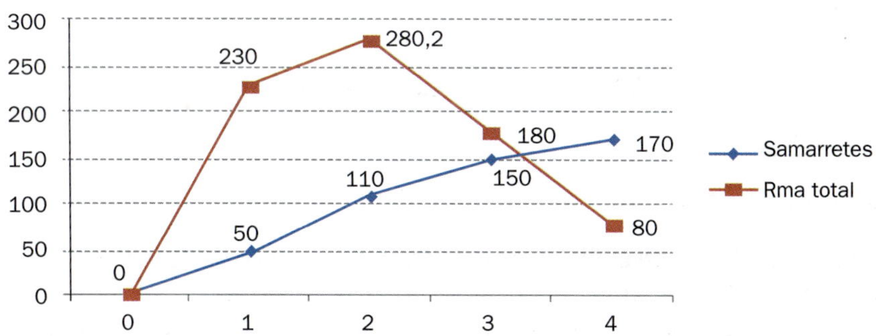

Fig. 3.10. Representació gràfica de la producció i el rendiment marginal de Cucumucho. La gràfica il·lustra que a partir del tercer dependent comença a actuar la llei de rendiments decreixents. El rendiment marginal decreix perquè els dependents (factores variables) comparteixen les mateixes instal·lacions (factors fixos).

Activitats

13. Expliqueu amb paraules pròpies la llei dels rendiments decreixents.

14. Quina relació tenen els costos amb les economies d'escala?

15. Com ajuda el rendiment marginal a determinar el volum de producció de les empreses?

16. A l'Activitat resolta 4 un cinquè dependent hauria suposat incrementar la venda de samarretes fins les 173 unitats i els costos variables fins els 100 €. Us demanem:

a) Que reformuleu la taula 3.1 i la figura 3.10.

b) Que n'interpreteu els resultats.

4. Els objectius de les empreses

Sabíeu que...?

Existeix un tipus d'empreses que no persegueix maximizar el benefici: les **empreses sense ànim de lucre.** El seu objectiu és proporcionar un bé o servei a la societat.

Les empreses són les unitats bàsiques de producció, i com a tals, desenvolupen un paper important en l'engranatge dels sistemes econòmics, i subministren els béns i serveis que demanden les famílies. Però per a portar a terme aquesta funció tan important, les empreses han de sobreviure en el temps. Per això, maximitzar el benefici és citat sempre en primer lloc, tot i que existeixen altres objectius (taula 3.2):

Objectius de les empreses	Descripció	Exemple
Maximitzar el benefici	Incrementar ingressos i reduir despeses acostuma a ser la màxima, però l'objectiu que es persegueix no sempre és econòmic	Quan una empresa augmenta el preu del producte que ven o negocia amb els proveïdors per reduir el cost d'aprovisionament.
Estabilitzar-se i créixer	Créixer és la tendència natural de qualsevol empresa una vegada assegurats els clients dels mercats ja existents. Amb el pas del temps, les empreses es tornen més eficients, i produeixen gràcies a l'experiència i, en conseqüència, necessiten ampliar mercats per a vendre els seus excedents de productes.	Sol Melià (hotels), Roca (banys), Endesa (electricitat), Panda (software) i BBVA (banca) han buscat augmentar la presència en els mercats on operen per a assegurar-se un determinat nivell de beneficis.
Generar ocupació i riquesa a la zona d'influència	De manera freqüent les grans empreses industrials creen ocupació i realitzen processos de subcontractació, preferentment a la zona on tenen influència. Acostumen a **subcontractar** les tasques de neteja, seguretat, manteniment de màquines o assessorament fiscal, entre moltes altres.	Citroën, Seat o Renault compren volants, seients i altres components a altres empreses de la zona on es troben.
Millorar el benestar de les societats	Gràcies a la recerca de nous productes i de tecnologies més eficients, les empreses creen innovacions que són el motor del progrés econòmic.	El cotxe, la nevera o l'aspirina van ser invencions que van néixer com a béns de luxe, però que avui gaudim a preus assequibles.

Taula 3.2. Des d'un punt de vista econòmic, les empreses desenvolupen funcions importants. Tot i això, a títol individual, el principal objectiu que tenen és sobreviure i créixer per a poder seguir desenvolupant l'activitat, i per això el primer és maximitzar el benefici.

Vocabulari

Subcontractar. Contractar altres empreses per a la realització de certes tasques o funcions.

***Periscopi 1.* Objectius empresarials a la vostra ciutat o comunitat autònoma**

Els objectius empresarials són importants, però també la manera de portar-los a terme. A l'actualitat, cada vegada és major el número d'empreses que dissenyen estratègies de responsabilitat social en resposta a la influència i a les pressions socials i mediambientals que reben per part de la societat.

Reflexioneu:

a) Identifiqueu una empresa del vostre voltant que contribueix a la creació de riquesa o ocupació en l'entorn de la vostra ciutat o comunitat autònoma.

b) Busqueu informació sobre aquesta empresa (vendes, número de treballadors, etc.) i alguna notícia recent relacionada amb ella.

Activitats

17. Suposeu que esteu enfront d'una empresa de videojocs capdevantera. Quins objectius us marcaríeu? Quin seria l'ordre de prioritat dels objectius?

18. Com hem vist, les empreses tenen diversos objectius, i de vegades poden entrar en conflicte entre ells. Suposeu que una empresa que mira de créixer practica una política de preus baixos. Amb quins altres objectius dels que hem estudiat podria entrar en conflicte? I una empresa que, en la recerca del benefici màxim, substitueix els proveïdors locals per altres d'internacionals?

5. La responsabilitat social corporativa (RSC)

Quan adopten voluntàriament la responsabilitat social corporativa, les empreses inverteixen en el seu futur i esperen que el compromís que adopten voluntàriament contribuirà a incrementar la rendibilitat.

La **responsabilitat social corporativa (RSC)** és la integració voluntària per part de les empreses de les preocupacions socials i mediambientals.

L'RSC va més enllà de l'ètica i la responsabilitat empresarial perquè inclou les preocupacions de la societat, a més de les pròpies de l'empresa. Pel que fa a l'RSC, podem distingir entre *grups objectiu* (a qui va dirigida) i *àmbits d'actuació* (responsabilitat gestionada) (taula 3.3):

Grups objectiu (actuació sobre)	Àmbit d'actuació (responsabilitat gestionada)
• Treballadors. • Proveïdors. • Mitjans de comunicació. • Clients. • Opinió pública. • ONG i similars. • Socis.	• Drets humans. • Pràctiques de treball i ocupació. • Protecció de la salut. • Qüestions mediambientals. • Lluita contra el frau i la corrupció. • Interessos dels consumidors. • Imatge corporativa.

Taula 3.3. Grups objectiu i àmbits d'aplicació de l'RSC.

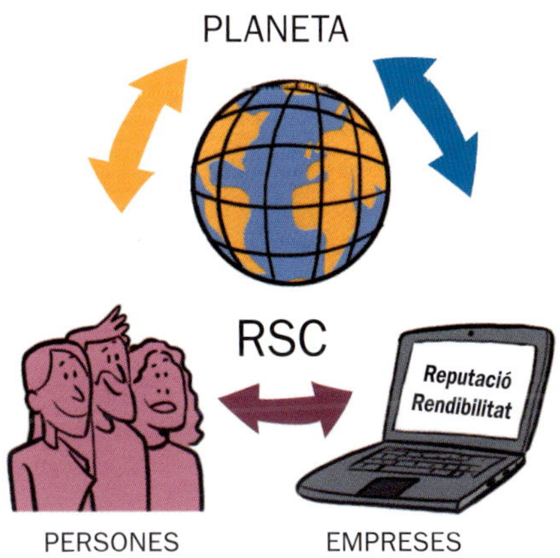

Fig. 3.11. L'RSC es preocupa per la interacció de l'empresa amb el seu entorn social i mediambiental.

Activitat resolta 5. Grups objectiu i àrees temàtiques de l'RSC

Classifiqueu les mesures de la columna de l'esquerra amb el grup objectiu i l'àmbit d'actuació de l'RSC.

Solució:

Mesures	Grups objectiu	Àrea temàtica
Mínims mediambientals per a associacions empresarials.	*Socis*	*Qüestions mediambientals*
Donació de percentatge dels beneficis a ONG.	*ONG i similars*	*Drets humans*
Mesures de seguretat en el treball més estrictes del que estableix la legislació.	*Treballadors*	*Protecció de la salut*
Emissió d'informe mensual sobre els resultats de les pràctiques d'RSC.	*Opinió pública*	*Imatge corporativa*

Periscopi 2. RSC a la vostra ciutat o comunitat autònoma

Us proposem identificar tres empreses que desenvolupen mesures de responsabilitat social corporativa, preferiblement en l'entorn de la vostra ciutat o Comunitat Autònoma.

Reflexioneu:

a) Per a cada empresa, enumereu les diverses mesures d'RSC, el grup objectiu i l'àrea temàtica.

b) Imagineu que sou els propietaris d'una d'aquestes empreses i voleu aportar un benefici social que encara no té o no ofereix en una mesura suficient. Quines mesures adoptaríeu per ser encara més responsables socialment? Quins beneficis i costos tindria aquesta responsabilitat social addicional per a la vostra empresa?

Activitats

19. Com arriben les empreses a convertir-se en generadores d'ocupació i de riquesa en la zona on tenen influència?

20. En termes de costos i personal, quins avantatges presenta per a una empresa subcontractar tasques com la seguretat o la neteja?

21. Què és el que porta les empreses a adoptar voluntàriament l'RSC?

22. A l'actualitat, quin tipus de preocupacions integren l'RSC?

6. Els sectors econòmics

Amb independència dels seus objectius, les empreses s'agrupen en quatre grans *sectors econòmics* diferenciats per la naturalesa del procés productiu que desenvolupen.

Els **sectors econòmics** són divisions de les activitats econòmiques d'un país o territori sota cadascuna de les quals s'agrupen empreses amb processos productius similars.

Les divisions o els sectors de l'economia principals són:

- **Sector primari.** És la base de la cadena productiva en la mesura que extrau o recol·lecta els recursos naturals que possibiliten la resta de les activitats econòmiques. L'agricultura, la ramaderia, la mineria o la pesca en són exemples típics. La retallada de les subvencions europees, el baix preu dels productes i la duresa del treball han suposat la progressiva pèrdua de població ocupada en el sector primari i les contínues queixes dels productors per la falta de suport de l'administració pública, tant a Espanya com en altres països de la UE.
- **Sector secundari.** Anomenat també **sector industrial**, transforma les matèries primeres en productes elaborats, tant per al consum final com per a ser utilitzats per altres empreses. Són rellevants l'artesania, la construcció, la indústria i l'obtenció d'energia. Les crisis dels anys setanta i vuitanta, així com la incorporació d'Espanya a la UE van motivar el tancament i la reconversió d'activitats amb un pes important en l'economia espanyola, com les tèxtils, les navals o les siderometal·lúrgiques. Avui en dia, amb el subsector automobilístic i la construcció al capdavant de les activitats del sector secundari espanyol per facturació, la **indústria espanyola** s'enfronta als **problemes** següents (taula 3.4):

La factura energètica	La deslocalització	El dèficit tecnològic	La mida petita empresarial
Amb excepxions comptades, els països occidentals, Espanya inclosa, no tenen fonts de combustibles fòssils rellevants, de manera que, tot i que l'aportació de les energies renovables, com la solar o l'eòlica, és creixent, la factura per la utilització de recursos no renovables augmenta cada any.	Amb aquest nom es coneix el trasllat d'empreses a altres països per a estalviar o obtenir avantatges enfront d'altres empreses. Espanya va ser al seu dia receptora d'empreses a causa dels baixos costos laborals, però a l'actualitat, amb l'equiparació dels costos als dels nostres veïns europeus, moltes empreses opten per traslladar-se per estalviar costos.	Espanya paga alts costos per la utilització de tecnologia estrangera (en forma de **patents** o drets d'autor principalment), a causa de l'escassa capacitat que té de generar-la per si mateixa, perquè està a la cua de la UE en inversió en I+D+i.	Les **pimes** són les creadores principals d'ocupació, però juguen en desavantatge respecte de les multinacionals a l'hora d'obtenir finançament i d'**internacionalitzar** les activitats. A Espanya, on el 90 % de les empreses són pimes, el desavantatge és encara més important respecte dels altres països de la UE.

Taula 3.4. Problemes a què s'enfronta el sector secundari a Espanya.

Periscopi 3. Processos de deslocalització i similars

La deslocalització d'empreses és un procés que han experimentat totes les economies del nostre entorn, i que suposa la marxa a altres països d'activitats com la fabricació de joguines, la impressió de llibres o la producció de teixits. Però també va suposar a la dècada del 1960 la implantació d'activitats a Espanya, com plantes de muntatge d'automòbils.

Reflexioneu:

a) Identifiqueu una empresa nascuda a la vostra ciutat o comunitat autònoma que s'ha deslocalitzat totalment o parcialment a un altre país. Per quines raons creieu que s'ha traslladat?

b) Ara identifiqueu una altra empresa estrangera que s'ha deslocalitzat a la vostra ciutat o comunitat autònoma. Quins motius creieu que han portat aquesta empresa a instal·lar-se a la vostra terra?

c) Imagineu que sou un governant. Mireu de pensar algunes mesures que afavoririan la instal·lació d'empreses d'altres països a la vostra terra. Creieu que aquestes mesures tindrien també algun cost per als vostres ciutadans?

Vocabulari

Internacionalitzar. Implica que una empresa opera en els mercats d'altres països, a part del propi.

Pime. Acrònim que significa 'petites i mitjanes empreses'.

Patent. Dret legal d'explotar una invenció.

- **Sector terciari.** Engloba activitats no relacionades amb l'extracció o transformació de béns tangibles. El desenvolupament d'una societat es mesura per la qualitat i pel número d'empreses al sector terciari, i en aquest sentit, el sector terciari espanyol ha evolucionat alhora que el d'altres societats occidentals. Per aquesta raó, són les empreses més nombroses: banca, Internet, transport, turisme i un llarg etcètera. A l'actualitat, la major riquesa de les societats de la UE està propiciada per una demanda creixent de serveis tals com l'oci, la cultura o la salut. En el desenvolupament del **sector terciari espanyol** han representat un paper molt important els elements següents (taula 3.5):

El turisme	L'externalització de serveis	Les comunitats autònomes
Espanya, amb més de 70 milions de visitants cada any, es disputa amb França ser el major destí turístic del món.	Les grans empreses subcontracten serveis a d'altres més petites. Abans, aquests serveis, com la neteja, la seguretat o l'assistència mèdica, els cobrien amb personal en plantilla.	El traspàs de competències a les comunitats autònomes ha motivat el creixement de serveis com la sanitat o l'educació.

Taula 3.5. Elements que intervenen en el desenvolupament del sector terciari espanyol.

- **El sector quaternari.** Abarca activitats que abans s'englobaven en el sector terciari però que, a causa de la importància creixent que tenen, s'han guanyat el dret a tenir una categoria pròpia. En general, són totes les activitats basades en labors intel·lectuals o en l'**economia del coneixement.** Inclou la indústria d'alta tecnologia, les tecnologies de la informació i les telecomunicacions, així com diverses formes d'investigació científica. Molt relacionat amb l'I+D+i, el desenvolupament del sector quaternari a Espanya va paral·lel a la inversió en aquest camp, així que les xifres són bastant inferiors que les dels nostres veïns europeus.

Sabíeu que...?

En les societats desenvolupades, la mecanització i la productivitat del camp han propiciat el transvassament de població a la ciutat. Aquest fet ha donat lloc a la necessitat d'augmentar l'oferta de serveis, que es coneix amb el nom de **terciarització.**

Periscopi 4. Història de l'ocupació per sectors a Espanya

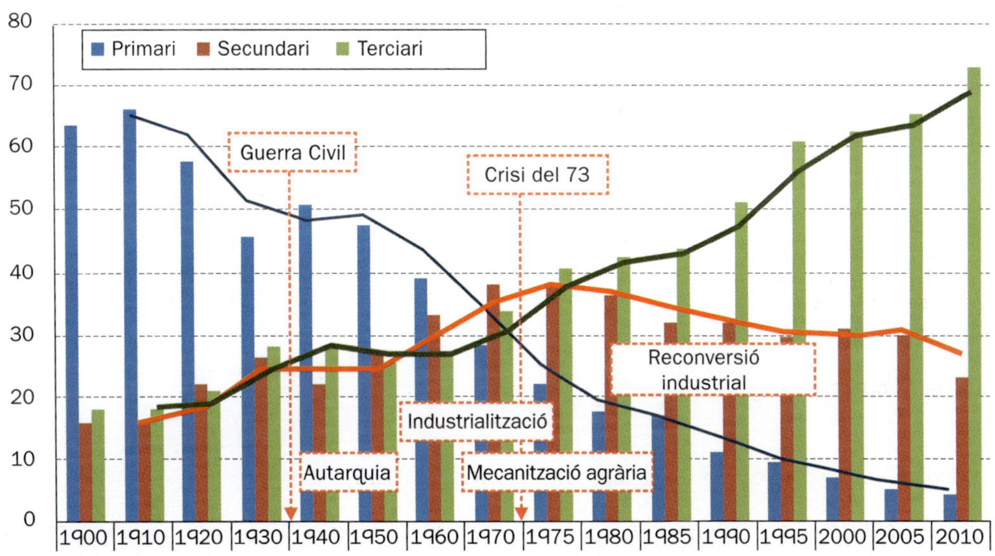

Fig. 3.12. Evolució de la població ocupada per sectors (1900-2000, % del total) (Font: INE).

Claus:

- **Autarquia (1940-1950).** Autoabastiment a causa de l'aïllament internacional al qual va ser sotmesa la dictadura del general Franco.
- **Industrialització (1960-1975).** Creixement industrial basat en subvencions i inversions públiques. Formació del cinturó industrial de les grans ciutats.
- **Mecanització agrària (1965-1980).** Incorporació a gran escala de maquinària en les labors del camp.
- **Reconversió industrial (1981-1995).** Desmantellament de la indústria pública a causa de l'escassa rendibilitat, accelerat per la incorporació d'Espanya a la UE.

Reflexioneu:

Descriviu els canvis d'ocupació experimentats per la població espanyola a causa dels processos històrics descrits a la columna de la dreta.

Activitats

23. Utilitzeu una sola paraula per a definir cadascun dels sectors econòmics.

24. Per què el major percentatge de població ocupada de les societats occidentals està en el sector terciari?

25. Què suposa per Espanya ser dels països de la UE que menys inverteix en I+D+i?

26. Què vol dir que les activitats del sector quaternari generen un alt valor afegit?

MAPA CONCEPTUAL

Factors de producció
Terra, treball i capital

→ **Procés productiu**
Tecnologia

→ **Productes finals**
Béns i serveis

Costos de producció

$Bf = IT - CT$

Tecnologia

Eficiència tecnològica + **Eficiència econòmica**

Cost → $BF = (Q_v \cdot P_v) - (CF + CV)$

Conceptes relacionats amb els costos de producció

Llei dels rendiments decreixents
(l'últim treballador aporta menys a la producció que el primer)

Economies d'escala
(consisteix en repartir els costos fixos entre el major número possible d'unitats de producte)

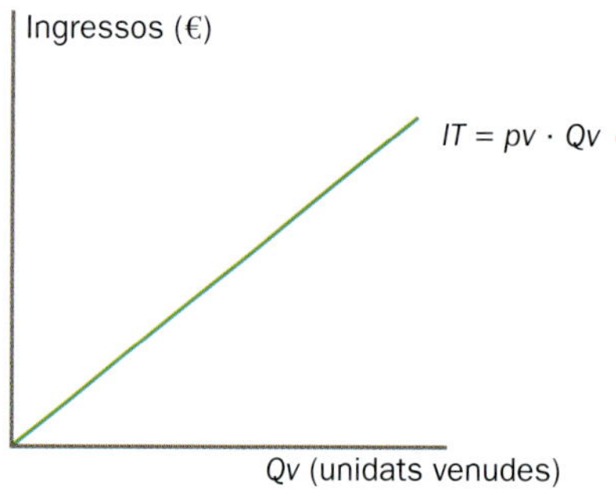

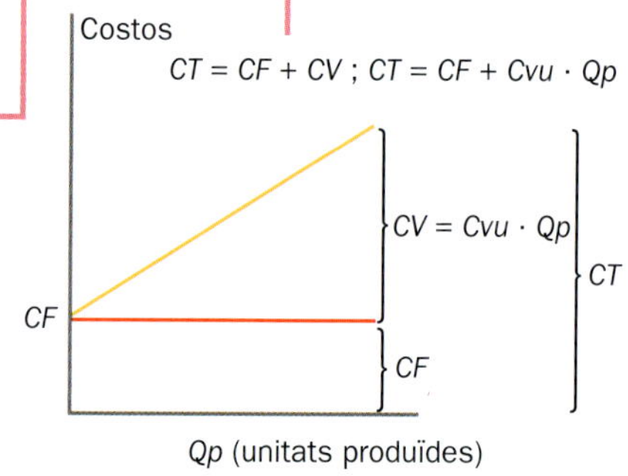

Objectius de les empreses

- Maximitzar el benefici
- Estabilitzar-se i créixer
- Crear ocupació i generar riquesa
- Millorar el benestar de les societats

Grups objectiu (actuació sobre)

- Treballadors
- Proveïdors
- Mitjans de comunicació
- Clients
- Opinió pública
- ONG i similars
- Socis

Responsabilitat social corporativa

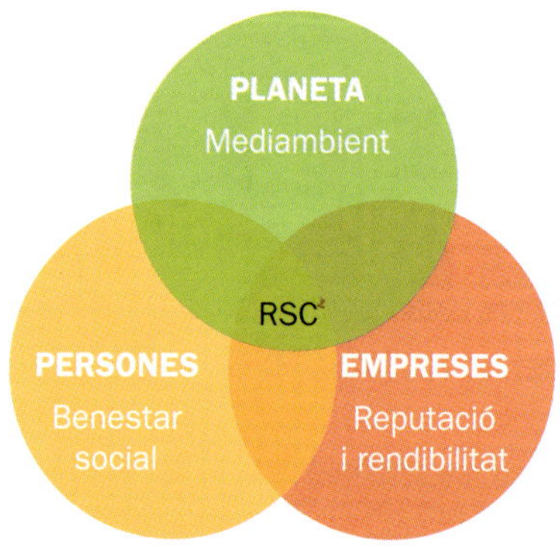

Àmbit d'actuació (responsabilitat gestionada)

- Drets humans
- Pràctiques de treball i ocupació
- Protecció de la salut
- Qüestions mediambientals
- Lluita contra el frau i la corrupció
- Interessos dels consumidors
- Imatge corporativa

Sectors econòmics

Primari	Secundari	Terciari	Quaternari
Naturalesa	Transformació	Serveis	Economia del coneixement

1. Quin dels següents instruments que us indiquem a continuació coordina els intercanvis entre persones i factors de producció?

a) El mercat.

b) Els diners.

c) L'empresa.

d) Dues de les respostes anteriors són correctes.

2. La perspectiva que millor defineix la forma en la qual les empreses transformen els factors de producció és:

a) L'econòmica.

b) La utilitària.

c) La tècnica.

d) Totes són certes.

3. Les tecnologies són eficients quan:

a) Són les més barates.

b) Obtenen més producció amb menys recursos.

c) Obtenen més recursos que les altres.

d) Són les menys contaminants.

4. Si dos temporers recol·lecten 800 quilos de maduixots entre els dos, treballant vuit hores al dia, la productivitat és de:

a) 50 kg/treballador/h.

b) 100 kg/treballador/h.

c) 200 kg/treballador/h.

d) 400 kg/treballador/h.

5. És característic dels costos variables que:

a) Varien amb la producció.

b) La variació depèn del tipus de costos fixos als quals estan associats.

c) Condicionen els ingressos.

d) Són més prescindibles que els fixos.

6. Els rendiments que ajuden a determinar el nivell òptim de producció són els:

a) A escala.

b) Creixents.

c) Decreixents.

d) Marginals.

7. Pel que fa a la responsabilitat social corporativa (RSC), és cert que:

a) Té en compte les preocupacions de la societat.

b) Reflecteix l'ètica i responsabilitat empresarial.

c) La protecció de la salut és una de les àrees temàtiques.

d) Totes són certes.

8. Són problemes propis del sector secundari:

a) La mida petita empresarial.

b) La baixa rendibilitat.

c) El dèficit tecnològic.

d) Dues de les respostes anteriors són correctes.

9. El procés que porta les empreses a traslladar-se a l'estranger per obtenir avantatges es coneix amb el nom de:

a) Deslocalització.

b) Relocalització.

c) Internacionalització.

d) Externalització.

10. Quina de les següents afirmacions és veritable?

a) Les empreses obtenen més beneficis quan els seus ingressos són majors.

b) Les empreses creen valor assignant preus alts als seus productes.

c) L'externalització afavoreix la creació de petites empreses.

d) Les economies d'escala no contradiuen la llei dels rendiments decreixents.

La funció de producció.

1. Per què s'associa la divisió del treball a font de riquesa?

2. Un forner ven pastissos a 50 € cadascun. Per a elaborar cada unitat fa servir:
   - Matèries primeres, com farina, sucre i cacau, per un valor total de 15 € per unitat de producte.
   - Estima el cost salarial en 10 €/h, si bé a cada pastís li dedica 15 minuts.
   - Subministres (llum, aigua i gas) per valor de 3 € per unitat de producte.

   Definiu la producció des de les perspectives utilitària i tècnica.

Com es produeix?

3. Palomo del Sur és una empresa que pot fabricar caragols amb les tecnologies A, B i C, d'acord amb el que està exposat a la taula següent:

Tecnologia	Treball (hores)	Capital (màquines)	Caragols
A	6	4	10.500
B	4	6	10.500
C	6	6	10.500

   a) Raoneu quines d'aquestes són les tecnologies més eficients tècnicament.

   b) Calculeu el cost total per a cadascuna de les tecnologies, sabent que el cost del treball ascendeix a 500 €/hora i el de les màquines, a 800 €/hora.

   c) Indiqueu quina de les tecnologies anteriors és la més eficient des del punt de vista econòmic.

Costos, ingressos i beneficis.

4. Indiqueu si són fixos o variables els següents costos mensuals que corresponen a un taller mecànic:
   - El lloguer del local.
   - El gas.
   - El salari dels mecànics.
   - La llum.
   - La pintura, l'oli i altres consumibles.
   - L'aigua.
   - Les màquines.
   - Les peces de recanvi.

5. Un taller de costura ven 10 camises diàries a 40 €/unitat. Calculeu el benefici diari i el benefici per camisa, donats els següents costos: salaris diaris (100 €), materials (150 €) i lloguer (30 €).

6. Utilitzant com a exemple la recollida de la fruita en temporada, expliqueu com podria arribar a produir-se la llei dels rendiments decreixents.

7. Respecte de les economies d'escala:

   a) En què consisteixen?

   b) Poden aconseguir-les totes les empreses?

   c) Quina relació existeix entre la internacionalització de les empreses i les economies d'escala?

8. Expliqueu com aconsegueixen les economies d'escala els fabricants d'automòbils.

9. Per cada deu gerros que elabora, un ceramista fa servir 2 kg de fang, que compra a 0,40 €/kg, i 2 hores de treball assalariat, que paga a 5 €/hora. Durant el mes de gener va fabricar 300 gerros a un preu de venda al públic de 12 €, i en va vendre 100. En el mes de febrer va abaixar el preu a 11 € i la producció a 210 gerros, tot i que només en va vendre 80. En el mes de març, al guanyar un certamen artístic, el ceramista va apujar el preu a 15 € i va vendre 120 unitats, tot i que en va produir 400. Sabent que el ceramista paga un lloguer mensual de 600 €, calculeu per a cada mes:

   a) Els costos totals.

   b) Els ingressos totals.

   c) El benefici empresarial.

   d) Representeu en la mateixa gràfica els costos i ingressos totals del mes de març i interpreteu-ne els resultats.

10. Reflexos, S. L. es dedica a fabricar miralls, i aquest any n'ha venut 45.000 unitats. Si el preu de venda ha estat de 240 € per mirall, els seus costos fixos de 3.000.000 € i el cost variable unitari de 125 € per mirall:

    a) Quin ha estat el seu benefici?

    b) Representeu gràficament els costos i ingressos i interpreteu-ne els resultats.

11. Les vendes de llibres de l'editorial Asimov, així com les despeses en concepte de pagaments de comissions, dietes i material de promoció, augmenten a mesura que contracta més comercials, segons el ritme que figura a la taula següent:

Comercials	1	2	3	4
Llibres venuts	500	1.000	1.500	2.000
Costos variables	9.500	19.000	28.000	38.500

    Si el preu de venda de cada llibre és de 40 € i les despeses de l'empresa ascendeixen a 600 €:

    a) Representeu en una taula els costos fixos *(CF)*, els costos variables *(CV)*, els costos totals *(CT)* i els costos mitjans *(Cmi)*, així com els ingressos totals *(IT)*, el benefici total *(BT)*, l'ingrés marginal *(Ima)*, el cost marginal *(Cma)* i el rendiment marginal per unitat *(Rma)*.

    b) Representeu gràficament la producció i el rendiment marginal total de l'editorial.

    c) Interpreteu els resultats d'acord amb la llei dels rendiments decreixents.

    d) Assenyaleu les possibles causes per les quals creieu que podria haver-se produït la llei dels rendiments decreixents.

12. Llegiu aquest text i responeu les preguntes que es plantegen a continuació:

«A finals dels seixanta, Freixenet havia efectuat fortes inversions per a millorar la producció de cava (dipòsits refrigerats per a controlar la fermentació del most i contenidors de decantació que removien les ampolles tot alhora) i havia d'aconseguir vendre més cava per tal d'accedir a les economies d'escala. Tot i això, el mercat espanyol estava consolidat i es feia realment difícil d'aconseguir increments significatius de clientela en un mercat en el qual ja competia amb altres vins escumosos. El gran mercat estava a l'exterior, i als anys setanta, Freixenet va intensificar les gestions per arribar als mercats internacionals. El 1974, l'ampolla de vidre negre esmerilat, amb la qual segueix embotellant el cava Cordón Negro, ja era líder d'exportació. El 2000 Freixenet va vendre uns 48 milions d'ampolles, entorn al 80% del cava que es consumeix al món. Avui en dia, el grup Freixenet exporta a més de 130 països del món i és la marca de vi escumós de qualitat de qualsevol origen més gran del món, inclòs el xampany.»

a) Per què Freixenet necessitava vendre més cava per a aconseguir una economia d'escala?

b) Per què no es compleix la llei dels rendiments decreixents en aquest tipus d'empreses?

c) La diferenciació dels seus productes ha estat un factor decisiu per a l'èxit de la marca Freixenet. A què ens estem referint?

d) En el passat, els caves espanyols etiquetaven el producte sota la denominació xampany. Sabeu per què ho van deixar de fer?

Els objectius de les empreses.

13. Segons la taula 3.2 de la unitat, indiqueu quins objectius persegueix l'empresa tecnològica Apple en els casos següents:

a) L'invent de l'iPhone el 2007.

b) La compra de microprocessadors a empreses més petites.

c) La transformació de components elèctrics, memòria, pantalles tàctils i similars en mòbils de luxe com l'iPhone.

d) La fabricació d'iPhone i ordinadors per a atendre la demanda mundial.

La responsabilitat social corporativa (RSC).

14. Classifiqueu les mesures dins de la corresponent àrea d'actuació de l'RSC:

a) Període de baixa maternal per a les treballadores superior al que marca el conveni col·lectiu del sector.

b) Treballar únicament amb proveïdors locals.

c) Destinar una part dels beneficis a una ONG escollida pels clients.

d) Invertir en panells solars per a generar energia elèctrica.

e) Emetre butlletins informatius d'RSC a premsa i particulars.

f) Treballar únicament amb fusta certificada procedent de fonts controlades.

g) Repartir part del benefici entre els treballadors.

15. Feu recerca a Internet:

a) Casos d'empreses que han creat ocupació recentment a la vostra ciutat o comunitat autònoma.

b) Empreses que desenvolupen activitats de voluntariat o d'interès social a la vostra ciutat o Comunitat Autònoma.

c) Investigueu les mesures principals d'RSC de dos grans empreses escollides per vosaltres.

Els sectors econòmics.

16. Classifiqueu les següents activitats empresarials dins del seu sector productiu i imagineu una innovació tecnològica per a cadascuna que podrà reduir la mà d'obra necessària per a produir-les:

a) Un locutori de telèfons.

b) La construcció d'habitatges.

c) L'ensenyament.

d) La recol·lecció de taronges.

e) La fabricació de ceràmica.

f) La pesca.

g) La biomedicina.

17. Raoneu si les afirmacions següents són veritables o falses.

a) Una empresa serà tècnicament més eficient que una altra si utilitza una tecnologia més barata.

b) El cost total varia en relació directa amb el volum de producció.

c) El nivell de producció potencial amb el qual l'empresa maximitza beneficis coincideix amb les possibilitats de producció.

d) El rendiment marginal representa la unitat addicional amb la qual les empreses obtenen beneficis.

e) Les àrees d'actuació de l'RSC varien d'acord amb les preocupacions de la societat.

- Escriviu dues idees que teniu clares i que us semblen fonamentals d'aquesta unitat. Què us ha ajudat a comprendre-les?
- Feu dues preguntes sobre aspectes que no us han quedat clars de la unitat.
- Escriviu dos aspectes sobre els quals us agradaria aprofundir en aquesta unitat.

Interpretem... la productivitat

La productivitat, o relació entre la quantitat de béns i serveis produïts i els recursos que s'han fet servir en la producció, és el factor més rellevant per al creixement de les empreses i dels països. És lògic: resulta molt més senzill millorar el que ja es té que adquirir noves màquines o contractar nous treballadors. Com que en general les màquines són utilitzades a plena capacitat fins que els toca ser reemplaçades, la millora de la productivitat acostuma a descansar en la millora de la formació dels treballadors. Aquesta millora de productivitat s'aconsegueix mitjançant el progrés tecnològic o la simple acumulació de capitals.

- **Hores treballades.** Amb el vent a favor (la bona marxa de l'economia fins el 2004), l'economia espanyola creix més que les altres. En canvi, en temps de crisi l'economia espanyola és la que més ocupació destrueix. El que fa tan vulnerable l'economia espanyola és la dependència que té de sectors tradicionals intensius en mà d'obra poc qualificada, com la construcció i el turisme. Com que les empreses contracten en funció de la marxa del negoci, les contractacions són superiors a la mitjana d'altres sectors en temps de bonança però igualment decreixen substancialment en temps de crisi.

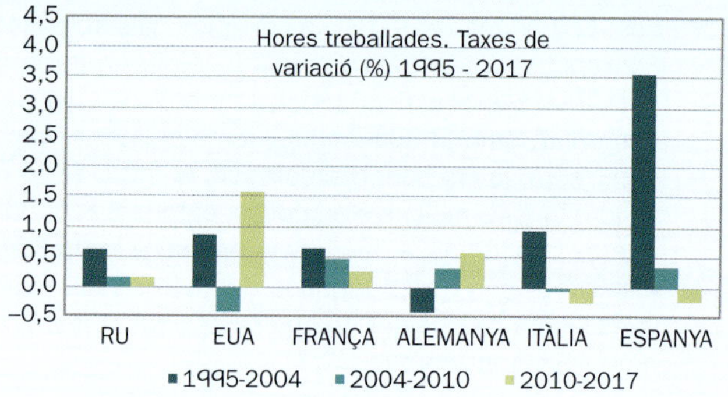

- **Productivitat per hora treballada**. A la majoria dels països la productivitat depèn de la marxa de l'economia (augmenta en èpoques de bonança i es redueix en períodes més fluixos), però no passa el mateix a Espanya, perquè com que es destrueix l'ocupació, la productivitat augmenta (menys treballadors són responsables de la producció). En canvi, en la resta de països la productivitat és menor perquè s'acomiada menys i es reparteix l'ocupació, reduint les hores de treball.

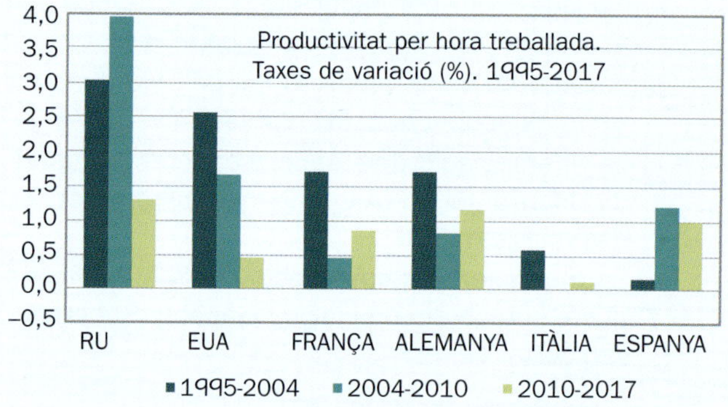

- **Productivitat total dels factors**. La productivitat del treball no té en compte l'ús d'altres factors de producció. Per a mesurar la contribució al creixement de la productivitat associat al progrés tècnic (a la inspiració) s'utilitza el concepte de productivitat total dels factors (PTF). Aquesta mesura és l'associada al ***creixement intel·ligent***, en lloc de l'associada al ***creixement dur*** (que s'aconsegueix amb l'acumulació de tot tipus de capital).

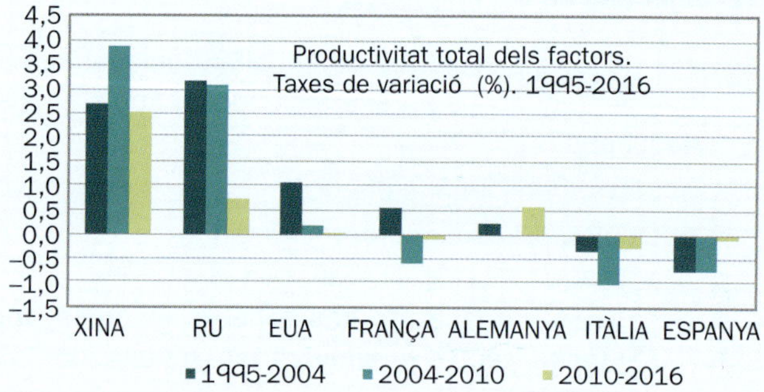

Qüestions:

1. Què vol dir que la taxa de variació d'hores treballades a Espanya va ser del 3,5 % en el període 1995-2004?
2. Quins són els avantatges i inconvenients del fet que Espanya depèn de sectors que requereixen mà d'obra poc qualificada com el turisme o la construcció?
3. No és contradictori que, en temps de crisi, la productivitat augmenti a Espanya? Expliqueu-ho.
4. Per quina raó es mesura la productivitat total dels factors? En què es diferencia aquest tipus de productivitat de l'anomenat «creixement dur»?

El dilema: límit màxim per al lloguer?

Exceptuant el lloguer social, el lloguer privat d'habitatge no està regulat. L'escassetat d'habitatge en certes ciutats (oferta baixa) està disparant els preus del lloguer a causa de l'especulació dels propietaris, que veuen com s'han revaloritzat les zones dels seus habitatges en propietat (demanda alta). Els propietaris, en certs casos, arribat el moment de la renovació dels seus llogaters, pràcticament els posen al carrer a causa dels increments desproporcionats del lloguer que els exigeixen. Enfront de l'interès privat dels propietaris, es posiciona el dret dels llogaters de seguir gaudint d'un habitatge a un preu raonable. Per altra banda, els propietaris també poden dependre dels ingressos del lloguer per a mantenir el seu nivell de vida, perquè podrien estar llogant l'habitatge que tenen en propietat i vivint al seu torn en una casa llogada en un lloc més barat.

El debat:

Preneu partit per una de les dues opcions (que el mercat estableixi sense restriccions el preu del lloguer o fixar un lloguer màxim) i argumenteu-la en un grup de cinc companys. La resolució del grup es defensarà en un debat davant un altre grup on hagi prevalgut una altra opció.

Proposta de cinema: *Temps moderns*

Director: Charlie Chaplin

Repartiment: Charlie Chaplin, Paulette Goddard, Henry Bergman.

Sinopsi.

La pel·lícula tracta de les desventures d'un operari d'una fàbrica apartat de la feina després de patir una greu crisi nerviosa a causa del treball monòton i repetitiu.

Claus de reflexió.

Divisió del treball, especialització, producció en cadena, atur, crisi econòmica i conflictivitat laboral.

Qüestions:

1. Quins aspectes industrials i socials mostra la pel·lícula?
2. Tot i que aparentment és una comèdia, què és el que critica la pel·lícula?
3. Quin tipus de conflictes hi ha en el context de la pel·lícula?
4. La desesperació per a trobar una ocupació porta els treballadors a acceptar unes condicions laborals impensables avui en dia. Descriviu els avenços laborals experimentats des del 1929, any en el que transcorre l'acció de la pel·lícula.

Vinyeta

4. El mercat

En aquesta unitat aprendreu

- El mercat i la demanda.
- L'oferta.
- L'equilibri del mercat.
- L'elasticitat-preu.

Milions de productes canvien de mans cada dia als *mercats*. Compradors i venedors afronten els intercanvis amb estratègies oposades: mentre els primers miren de pagar el mínim, els segons miren de cobrar el màxim.

Tot i que el preu no és l'únic factor a tenir en compte. Els *compradors* també es veuen condicionats per les modes, la capacitat adquisitiva que tenen i els preus d'altres béns. Per la seva banda, els *venedors* han de tenir en compte el que els costa produir, i també certs objectius poden justificar guanyar una mica menys.

Venedors i compradors són sensibles a les variacions dels preus, encara que, com a consumidors, només ens preocupa quan pugen i afecten a productes que que no volem o no podem deixar de consumir.

Sabeu què és el mercat?
Què en voleu aprendre?

Sabeu què és l'oferta?
Sabeu què és la demanda?
Sabeu què és l'elasticitat-preu?

Paquets de la Creu Roja, pastanagues i xocolata

«Finalment, als mercats el que compta és l'acceptació que té el producte que hi comercialitzem. Pastanagues, xocolata, formatge, pernil, margarina...? Per molt important que els presoners del bàndol aliat creien que era un producte del seu paquet de la Creu Roja, cada dia es trobaven amb el veredicte inapel·lable del mercat: una llauna de pernil valia mitja lliura de margarina, una ració de formatge es canviava per set cigarrets, el pa equivalia a dues racions de xocolata i un llauna de pastanagues... Una llauna de pastanagues no valia res, així que tots els presoners se les menjaven sense cap altra consideració.

Al camp de presoners de guerra número IV-B de Mülberg (Alemanya, 1943), els enviaments de la Creu Roja constituïen un mannà celeste al qual els presoners accedien de manera regular i igualitària sense haver de fer cap activitat per a aconseguir-los. Tampoc feien falta diners per tenir un mercat. I en el camp de presoners, els cigarrets intervenien a la majoria d'intercanvis. Eren el més semblant que hi havia als diners; divisible, emmagatzemable i acceptat per tothom.

Un giorno tutto è cambiato. Itàlia havia canviat de bàndol durant la guerra, i els presoners italians, ara enemics dels alemanys, van començar a arribar al campament. També ells rebien el seu paquet de la Creu Roja. Aviat la ració de formatge es va intercanviar per deu cigarrets, i fins i tot per dotze, algunes vegades. I per un pa podies aconseguir ara tres racions de xocolata. Els mercats del campament estaven esvalotats, tots els preus estaven canviant, i el que és més fascinant, tot i l'enrenou, als llocs de venda mai hi va faltar de res (…)»

(Adaptat de *La organización económica de un campo de prisioneros de guerra*, de R. A. Radford.)

Reflexioneu

1. Quin efecte va tenir l'arribada dels italians al campament?
2. Amb les dades del text, sabríeu dir quins productes eren els favorits dels italians? Com ho heu deduït?
3. El text afirma que «als llocs de venda mai hi va faltar de res». Quin paper creieu que van fer els canvis en els preus per que tot seguís igual?

1. El mercat i la demanda

Sabíeu que...?

Tal com hem estudiat a la Unitat 2, l'excepció a l'assignació de béns i serveis a través del mercat es produeix als països comunistes o marxistes, on l'assignació la decideix, unilateralment, un poder central, sistema econòmic que, amb molts matisos, només sobreviu a Cuba, Corea del Nord i la Xina.

Tradicionalment, el mercat era el lloc físic on es venien i compraven productes. Tot i això, el desenvolupament de tecnologies de la comunicació, com el correu, el telègraf, el telèfon o, a l'actualitat, Internet, ha anat suprimint la necessitat de desplaçar-nos a un lloc físic per a comprar o vendre productes. Tant físic com electrònic, el *mercat*, segueix sent el mitjà a través del qual es relacionen les famílies, les empreses i el sector públic per a posar-se d'acord en l'intercanvi de béns o serveis, com a *compradors* i com a *venedors*.

El **mercat** és el conjunt d'activitats de compravenda d'un determinat bé o servei realitzades per venedors (oferents) i compradors (demandants).

En conseqüència, són tres els elements que caracteritzen tot el mercat (fig. 4.1):

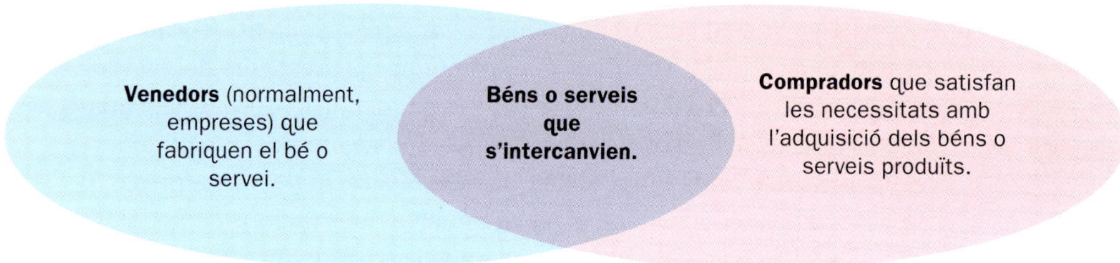

Fig. 4.1. Elements dels mercats (la majoria dels venedors són empreses i la majoria dels compradors són consumidors agrupats en famílies).

Vocabulari

Ceteris paribus. Expressió llatina que significa «tota la resta és igual». En economia, s'acostuma a referir a la invariabilitat de tots els factors menys un.

Cada mercat rep el nom del producte que s'hi intercanvia: per exemple, el mercat dels electrodomèstics, el mercat de l'habitatge, el mercat de la música, el mercat del treball, etc. No obstant això, existirà intercanvi, si hi ha un posicionament previ sobre el que volen i ofereixen les dues parts. Per exemple, quan volem un refresc, tenim certa idea sobre el preu que estem disposats a pagar i, igualment, les cafeteries o les botigues saben quin preu volen cobrar aproximadament, i no volen que ens n'anem a la competència. Qui vol el refresc es postula com a demandant, i els bars o botigues, com a oferents.

Des del punt de vista econòmic, hi ha *demanda* quan es manifesta la intenció de comprar un bé o un servei determinat, i *oferta*, quan existeix la intenció de vendre. Representen visions oposades amb interessos enfrontats en la mesura que uns desitgen comprar barat el que els altres desitgen vendre car:

- La **demanda** representa el punt de vista dels consumidors.
- L'**oferta** representa la perspectiva de les empreses.

1.1. La demanda

Els demandants o compradors acudim al mercat amb la intenció d'adquirir el producte que ens interessa per a satisfer les necessitats que tenim.

La **demanda** és la quantitat d'un bé que estan disposats a adquirir els demandants al mercat.

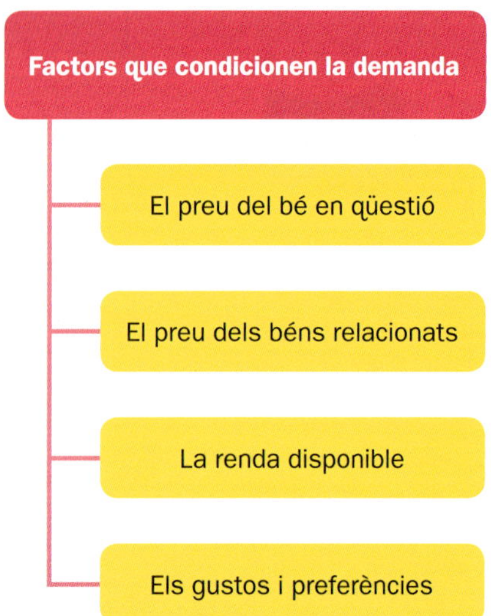

Fig. 4.2. La demanda expressa la quantitat de producte que desitgen adquirir els compradors.

Hi ha molts factors que influeixen sobre la quantitat demandada d'un bé, però els més significatius són el *preu del bé en qüestió*, el *preu dels béns relacionats*, la *renda disponible* i els *gustos i preferències del consumidor* (fig. 4.2). Per a simplificar, ens centrarem en el primer: **el factor preu**, que acostuma a ser el més rellevant, i, posteriorment, estudiarem els altres factors.

1.2. La corba de la demanda

Com altres conceptes econòmics, l'estudi de la demanda es fa de manera simplificada, donada la complexitat que té. Per això, tindrem en compte únicament el *factor preu,* suposant que els altres factors es mantenen constants (criteri anomenat **ceteris paribus**). A aquesta simplificació, se l'anomena *funció de la demanda-preu*.

La **funció de la demanda** és aquella que indica les quantitats d'un bé que els compradors estan disposats a adquirir a un preu determinat.

La funció de la demanda es representa gràficament com veureu a continuació (fig. 4.3):

- Dibuixem un diagrama d'eixos. En l'eix vertical, representem els preus (P) i en l'horitzontal, les quantitats demandades (Q_d).
- Situem les diverses quantitats (Q_1, Q_2, Q_3 ...) que els consumidors demanden per a cadascun dels preus considerats (P_1, P_2, P_3...) i, a les interseccions, obtindrem una sèrie de punts (*A, B, C*...). Hem de tenir en compte que la demanda d'un bé varia P_2 en relació inversa al seu preu, és a dir, el consumidor actua racionalment, de manera que consumirà major quantitat d'un bé com més baix és el seu preu i viceversa.
- Unint els punts obtinguts, tracem la *corba de la demanda.*

La **corba de la demanda** d'un bé és la representació gràfica de la funció de la demanda.

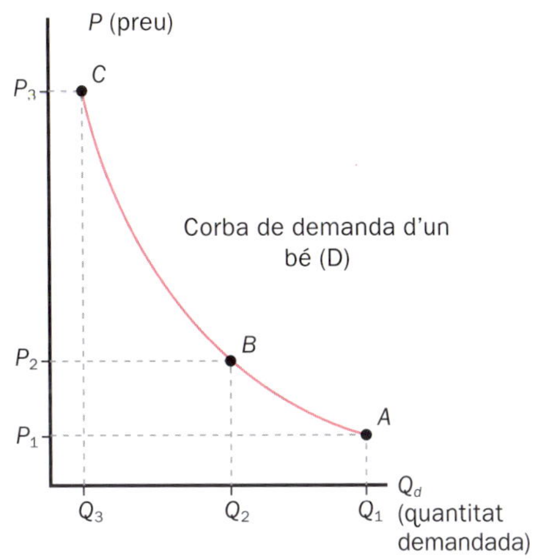

Fig. 4.3. Representació gràfica de la funció de la demanda.

Activitat resolta 1. La corba de la demanda de sandvitxos

Al Joan li agradeen els sandvitxos i l'hi cobren a 3 € al local de la cantonada, on hi va amb certa regularitat amb els companys de feina. En altres llocs els cobren a 4 o 5 €, però hi van menys perquè ja els semblen cars i, fins i tot, de vegades substitueixen els sandvitxos per entrepans perquè sempre són més barats. A principis de mes consumeixen algun sandvitx mes perquè acaben de cobrar el sou. Amb independència del dia, també consumeixen més sandvitxos quan hi ha oferta a 2 €/unitat. No obstant això, i amb independència dels preus, últimament prefereixen les amanides, perquè s'ha posat de moda seguir una dieta equilibrada. Com el Joan i els seus companys, hi ha milions de consumidors que es comporten de manera similar. Agrupant per a cada preu els plans dels consumidors, es construeix una taula que reflecteix la demanda del mercat de sandvitxos, i la corba de demanda (fig. 4.4)

Preu de cada sandvitx en euros (P)	1	2	3	4	5
Quantitat demandada de sandvitxos (en milions d'unitats, Q_d)	250	180	130	100	80

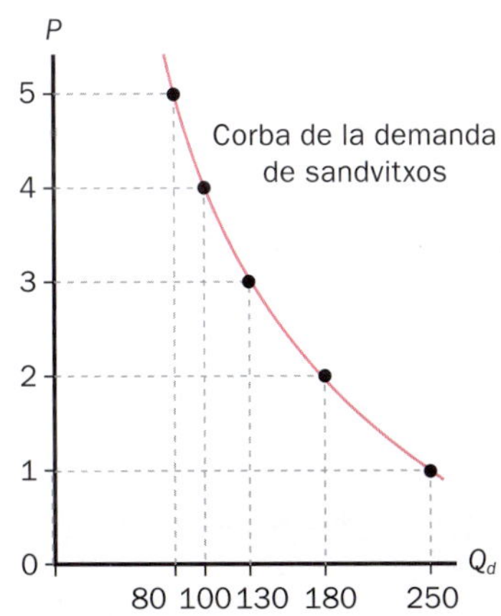

Fig. 4.4. Corba de la demanda de sandvitxos.

De quins factors depenen els plans de consum de la Sònia i de les amigues que té?

Solució:

Els plans de consum del Joan i els seus companys amb qui va depenen, principalment, del preu. El seu consum augmenta quan baixa el preu (i viceversa) però, de vegades, entren en joc altres factors. Quan tenen més diners (augmenta la renda disponible), incrementen el seu consum, però substitueixen els sandvitxos per entrepans quan el preu els resulta car. Fins i tot, de vegades, no els consumeixen, a causa que s'ha posat de moda menjar de manera equilibrada.

Activitats

1. Quins tres elements necessita tot mercat per a funcionar com a tal?
2. En la corba de la demanda, per què preu i quantitat es comporten de manera inversa?
3. Com es relacionen la funció i la corba de la demanda?
4. A l'Activitat resolta 1:
   a) Quin factor impulsa el consum d'amanides?
   b) Com influeixen els entrepans a la demanda de sandvitxos?

1.3. Altres factors que condicionen la demanda

Fig. 4.5. Segell del Capità Amèrica. Certs béns o serveis no només no passen de moda, sinó que a més passen a formar part de les nostres vides. Des del seu naixement al còmic el 1940, fins la seva aparició a les últimes pel·lícules de Marvel Studios, la popularitat del personatge no ha deixat de créixer. A l'actualitat la imatge de l'heroi acompanya multitud de productes: colònies, material escolar, ampolles d'aigua o segells...

A part del preu hi ha altres factors que condicionen la demanda, tals com:

1. **El preu dels béns o serveis relacionats.** La relació que tenen entre si els béns també condiciona la demanda de les mateixes categories (taula 4.1).

Béns complementaris
Són els béns que sempre van en parella, és a dir, els que es consumeixen conjuntament. Per exemple, impressora i tinta, cotxes i gasolina, llums i bombetes, etc. No és possible consumir l'un sense consumir també l'altre. En conseqüència, l'augment i la baixada de preus d'algun dels integrants d'aquestes parelles de béns impliquen, respectivament, una disminució o un increment de la quantitat demandada, tant del bé en qüestió com del seu complementari.
Béns substitutius
Són aquells la utilització o el consum dels quals exclou els que satisfan la mateixa necessitat que ells. Per exemple, pomes i peres, te i cafè, sacarina i sucre... Si el preu d'un bé substitutiu augmenta, disminuirà la demanda a favor de l'altre bé substitutiu. Així, el sucre i la sacarina són béns substitutius perquè són excloents, perquè, si en consumim un, no consumim l'altre. Un augment del preu del sucre propiciarà un increment de la quantitat demandada de sacarina (que segueix al mateix preu) i un augment del preu de la sacarina afavorirà un major consum de sucre.

Taula 4.1. Tipus de béns en funció de la relació que tenen entre si.

2. **La renda disponible**. La capacitat adquisitiva condiciona la quantitat de diners destinada a comprar i, per tant, la quantitat de producte que un consumidor demanda. Però no tot augment de la renda implica un increment de la quantitat demandada de tots els béns i serveis, sinó que aquest increment dependrà del tipus de bé. Existeixen tres tipus de béns, en funció de la relació que té la quantitat demandada d'un bé amb l'increment de la renda (taula 4.2).

Béns inferiors
Són aquells béns que es demanden menys quan augmenta la renda dels demandants. Per exemple, a l'augmentar la renda, el vi de taula o el transport públic acostumen a substituir-se per altres béns i serveis de major qualitat, com un vi amb denominació d'origen o el taxi, respectivament.
Béns normals
En aquest tipus de béns, la quantitat demandada augmenta en la mateixa proporció que la renda dels demandants. La majoria de béns i serveis entren en aquesta categoria: per exemple, l'habitatge, els electrodomèstics o el cotxe.
Béns de luxe
Són béns que no es consumeixen quan la renda és baixa, o bé es fa en petites quantitats, però el seu ús o consum augmenta substancialment en produir-se un increment de la renda. La quantitat demandada augmenta en major proporció que no ho fa la renda dels demandats. En general, donen prestigi social a qui els consumeix: per exemple, les joies o els cotxes esportius.

Taula 4.2. Tipus de béns en funció de la relació que tenen la quantitat demandada i la renta.

3. **Les preferències del consumidor.** Els gustos, les preferències i la moda determinen el comportament dels demandants, amb independència dels preus o de la renda.

Sabíeu que...?

Moltes vegades, l'origen d'una moda es troba en les campanyes publicitàries de les grans empreses, que desitgen modelar els nostres gustos perquè demandem els seus productes o serveis.

Periscopi 1. **L'excepció que compleix la regla: els béns Giffen**

Els béns Giffen contravenen la llei de la demanda (com més alt és el preu, menor és la demanda), perquè la **demanda augmenta** a mesura que **creix el seu preu**, a causa de la disminució de la capacitat adquisitiva real. A l'augmentar el preu, la capacitat d'elecció es veu restringida de tal manera que augmenta encara més la quantitat demandada d'aquest producte. L'exemple per excel·lència dels béns Giffen són els aliments més barats que sostenen l'alimentació de les famílies amb menys recursos.

Reflexioneu:

a) Expliqueu què passaria amb la demanda d'aquestes famílies si augmenta el preu del producte que mengen sempre perquè és la base de l'alimentació que segueixen.

b) Per què els béns Giffen només existeixen per a cert tipus de consumidors?

Desplaçaments de la corba de la demanda

A la corba de la demanda, com més alt és el preu d'un bé, menor és la quantitat demandada i viceversa (com vam veure a la Figura 4.3). A causa de les variacions del preu d'aquest bé, els moviments que reflecteixen les diverses quantitats demandades es produeixen sobre la corba, que es manté invariable. Tanmateix, ara veurem que quan varia algun dels factors restants que influeixen en el comportament de la demanda, la corba es desplaça a l'esquerra o a la dreta (taula 4.3).

Desplaçaments de la corba de la demanda			
Disminució de la quantitat demandada	**Augment de la quantitat demandada**		
Des de *D* a *D'* (esquerra) 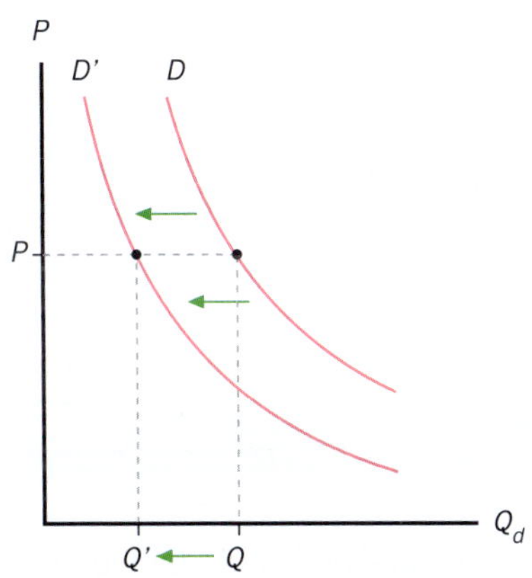 	Des de *D* a *D"* (dreta) 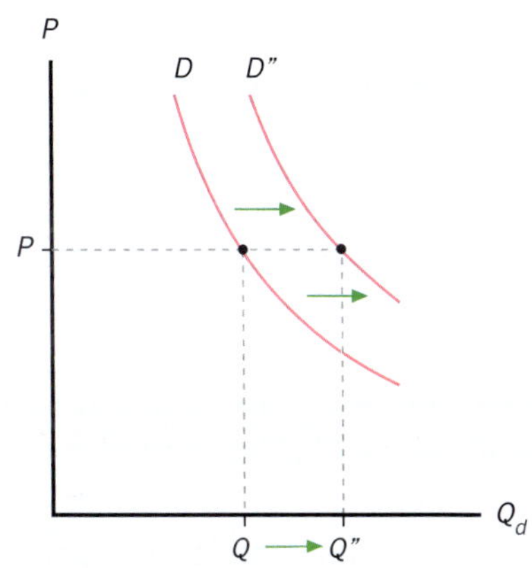 		
• **Disminució del preu dels béns substitutius.** Si baixa el preu dels cotxes dièsel fins al mateix preu que els cotxes de gasolina, baixaria la demanda d'aquests últims. • **Augment del preu dels béns complementaris.** Si no canvia el preu dels cotxes de gasolina, però augmenta el preu de la gasolina, també en disminuiria la quantitat demandada i, per a un mateix preu es veuria beneficiada la dels cotxes dièsel.	• **Augment del preu dels béns substitutius.** Si augmenta el preu de la sacarina i no ho fa el del sucre, les persones consumiran més sucre per a un mateix preu. • **Disminució del preu dels béns complementaris.** Si disminueix el preu d'un bé complementari al sucre, com el cafè, n'augmentarà la demanda i, per tant, per a un mateix preu, la demanda de sucre també es veurà beneficiada.	**Preu dels béns relacionats**	**Factors que influeixen sobre la demanda, a part del preu**
Disminució de la renda. L'expressió «estrènyer-se el cinturó» il·lustra la necessitat d'adaptar el consum a la disponibilitat de renda.	**Augment de la renda.** A l'augmentar la capacitat adquisitiva, el més normal és que els demandants consumiran més quantitat de producte al mateix preu.	**Renda disponible**	
Passar de moda. Les col·leccions de roba d'altres temporades o els videojocs en són bons exemples.	**Posar-se de moda.** Els productes més subjectes a la temporalitat de les modes són la roba, les pel·lícules de cinema premiades o les cançons de l'estiu.	**Gustos o preferències**	

Taula 4.3. Desplaçaments de la corba de la demanda a esquerra i dreta.

Activitats

5. Indiqueu un bé complementari i un altre de substitutiu per a cadascun dels béns següents: una consola de videojocs, un telèfon intel·ligent (*smartphone*), unes lentilles, unes ganivetes d'afaitar i un llum de peu.

6. Citeu tres exemples per a cadascuna de les categories següents de béns: inferiors, normals i de luxe.

7. Indiqueu gràficament com queda afectada la corba de la demanda dels cotxes dièsel en els casos següents:

a) Un augment de preu dels cotxes dièsel.
b) Un augment de preu de la gasolina.
c) Es posen de moda els cotxes elèctrics.
d) S'aprova una legislació antidièsel.

3. L'equilibri del mercat

En el mercat concorren compradors i venedors amb els plans de consum i producció respectius, i amb les corresponents corbes de demanda i d'oferta. Com que compradors i venedors persegueixen objectius contraris s'acostumen a produir dues situacions d'inici: l'**excés d'oferta** i l'**excés de demanda**:

a) Excés d'oferta (fig. 4.8).

A un determinat preu (P_2) la quantitat de producte que demanden els consumidors (Q_1) és superior a la que ofereixen les empreses (Q_2).

Molts consumidors no compren perquè els preus els semblen alts.

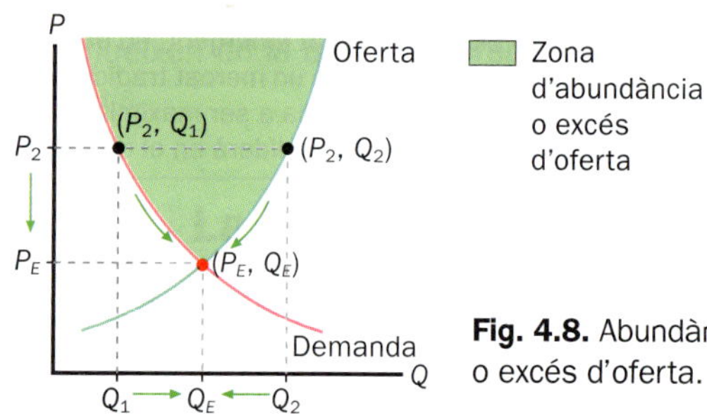

Fig. 4.8. Abundància o excés d'oferta.

Al no vendre la producció, les empreses opten per a abaixar el preu (ofereixen a un preu inferior a P_2). Però no totes les empreses poden o volen afrontar aquesta baixada, i algunes abandonen el mercat (oferten una quantitat inferior a Q_2).

Davant la baixada de preus, els consumidors reaccionen demandant-ne més quantitat (demanden una quantitat superior a Q_1).

Preus baixen

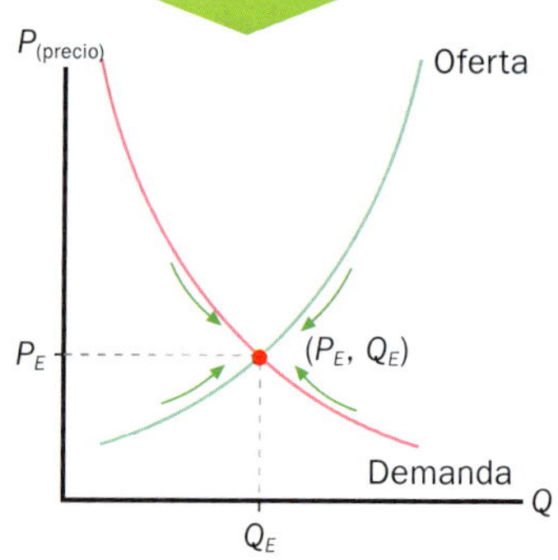

Fig. 4.9. Equilibri Q del mercat.

Preus pugen

Arribarà un moment en el qual les dues corbes es creuaran en un punt, anomenat punt d'equilibri (P_E, Q_E), en el qual tant compradors com venedors estaran satisfets amb el preu i amb la quantitat intercanviada (fig. 4.9).

b) Excés de demanda (Fig. 4.10).

A un determinat preu (P_1) la quantitat de producte que demanden els consumidors (Q_2) és superior a la que ofereixen les empreses (Q_1).

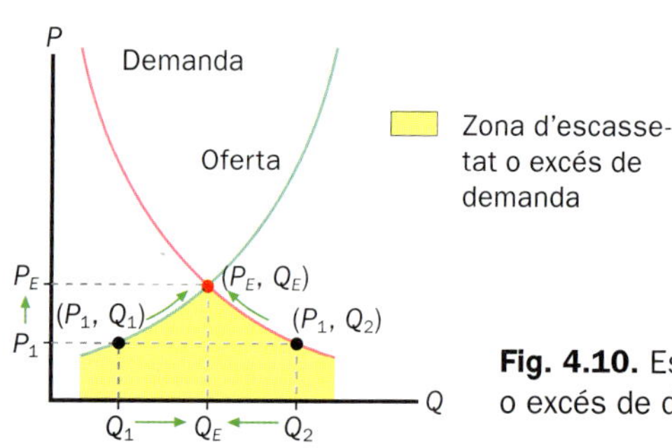

Fig. 4.10. Escassetat o excés de demanda.

Molts consumidors queden sense satisfer, i alguns d'aquests estan disposats a pagar un major preu.

Animades pels possibles beneficis, les empreses augmenten l'oferta (ofereixen una quantitat superior a Q_1) i augmenten el preu (ofereixen a un preu superior a P_1).

Com que no tots els consumidors insatisfets acceptaran l'augment del preu, disminueix la quantitat demandada (demanden una quantitat inferior a Q_2).

Recordeu

En el segle XVIII, Adam Smith va descriure el funcionament del mercat on consumidors i empreses arriben a l'equilibri mitjançant la metàfora de la «mà invisible», és a dir, sense la intervenció de ningú i com per art de màgia.

L'**equilibri del mercat** és aquell punt en el qual coincideixen els plans dels consumidors i les empreses, de manera que l'intercanvi satisfà totes dues parts.

El preu i la quantitat on coincideixen els plans dels oferents i dels demandants s'anomenen, respectivament, **preu d'equilibri (*PE*)** i **quantitat d'equilibri (*QE*).** En aquest punt, no hi ha abundància de productes ni existeix demanda insatisfeta, amb la qual cosa l'intercanvi en el mercat és total.

Activitat resolta 3. Equilibri del mercat de sandvitxos

Després de consultar consumidors i empreses sobre les intencions de compra i venda de sandvitxos, s'ha construït la taula 4.6, que expressa les diverses quantitats que uns i altres estan disposats a demandar i oferir segons el preu. Per exemple, a la primera fila, per un preu de 5 € els consumidors només estan disposats a comprar 80 milions de sandvitxos, mentre que, per altra banda, les empreses estarien en condicions d'oferir 200 milions de sandvitxos per aquest preu.

a) Descriviu el comportament de consumidors i empreses a mesura que augmenta o baixa el preu dels sandvitxos.

b) A quins preus es produeix l'excés de demanda?

c) Com es comporta el mercat quan el preu (preu en € per sandvitx) és de 4 €? I de 3 €?

d) Representeu gràficament el mercat de sandvitxos amb les dades de la taula.

Preu del sandvitx	Quantitat demandada de sandvitxos (milions)	Quantitat oferta de sandvitxos (milions)	Situació del mercat	Resposta dels preus
5 €	80	200	Excés d'oferta	↓
4 €	100	150		
3 €	130	130	Equilibri	Neutra
2 €	180	80	Excés de demanda	↑
1 €	250	0		

Taula 4.6. Oferta i demanda en el mercat dels sandvitxos.

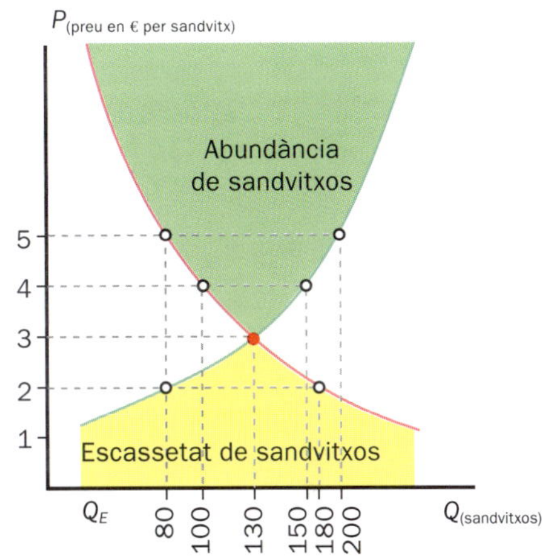

Fig. 4.11. Mercat de sandvitxos en equilibri.

Solució:

a) Com més alt és el preu, menor quantitat demanden els consumidors, i viceversa. Per altra banda, les empreses ofereixen major quantitat com més alt és el preu, i viceversa.

b) L'excés de demanda es produeix quan la quantitat demandada pels consumidors és superior a la quantitat oferida per les empreses. En aquesta activitat es produeix quan el sandvitx està a 1 o a 2 €.

c) A 4 € la situació és d'excés d'oferta, de tal manera que les empreses hauran d'abaixar el preu per a vendre els excedents. A 3 € coincideixen els plans de consumidors i empreses, per la qual cosa aquest serà el preu d'intercanvi o equilibri.

d) El resultat es mostra a la figura 4.11.

Periscopi 2. El mercat de l'art

Normalment, com més escàs és un bé, més valuós resulta. El mercat d'obres d'art n'és un bon exemple. Així, quan mor un artista com, per exemple, un pintor, els seus quadres es revaloren, i no necessàriament per la qualitat artística, que ja acostuma a estar contrastada.

Reflexioneu:

a) Expliqueu en termes d'oferta i demanda per què els quadres d'un artista adquireixen major valor en el moment de la seva mort.

b) Busqueu un quadre que s'ha venut a un preu rècord. Per quins motius creieu que el comprador va decidir gastar-s'hi tants diners?

c) Els quadres acostumen a vendre's en subhastes. Quins avantatges ofereix aquest sistema de venda per a aquest tipus de productes?

d) En quin cas podria passar que, per a un artista, pintar més quadres es tradueixi en menors beneficis?

Activitats

12. Com reaccionen els productors davant d'un excés d'oferta d'un determinat producte?

13. Per què desapareixen els articles sobrants en un mercat en el qual la llei de l'oferta i la demanda funciona lliurement? Relacioneu la resposta amb els períodes de rebaixes.

14. Expliqueu amb les vostres paraules quan es diu que el mercat està en equilibri.

15. En relació amb l'Activitat resolta 3, a quins preus té lloc l'excés d'oferta? Com es comporta el mercat quan el preu del sandvitx és de 2 €?

4. L'elasticitat-preu

> **Recordeu**
>
> L'elasticitat mesura quant varia la quantitat demandada o oferta davant variacions dels factors que hi influeixen, però en aquesta unitat ens centrem en el **factor preu.**

Si tots els forners del país decidissin augmentar un 30 % el preu del pa, la quantitat demandada per aquest bé gairebé no disminuiria, tot i que la llei de la demanda diu que hauria de fer-ho de manera significativa. Però si fossin els cinemes els qui decidissin augmentar el preu de les entrades un 30 % la venda sí disminuiria sensiblement. Per què? Perquè a diferència del pa, que és un aliment indispensable i necessari en qualsevol llar, les entrades de cinema són prescindibles. Per una altra banda, compraríem més pa si baixa un 30 %? No, en compraríem més o menys la mateixa quantitat perquè mengem, més o menys, el mateix cada dia. En canvi, si les entrades de cinema baixen el preu un 30 %, faríem cua per a veure pel·lícules, que és precisament el que passa el dia de l'espectador.

En el cantó de l'oferta, també les empreses són sensibles a canvis en els preus en major o menor mesura. Si per un decret del Govern els preus del pa augmenten obligatòriament un 30 %, els forns miraran de vendre més barres de pa perquè la gent necessita menjar pa. En canvi, l'augment del preu per decret d'un 30 % de les entrades de cinema pot buidar les sales; tanmateix, les empreses del sector no reaccionaran emetent un major número de sessions o obrint més cinemes perquè saben que no vendran més entrades per aquesta raó.

Què és el que explica que per a variacions similars de preus existeixin diverses sensibilitats tant per part dels compradors com per part dels venedors? Per a mesurar la resposta de la quantitat demandada o oferta a variacions dels preus, s'utilitza el concepte anomenat **elasticitat**.

És possible estudiar l'elasticitat tant des del *punt de vista de la demanda* com del *de l'oferta.* Abordarem de manera àmplia l'estudi de la primera i de forma breu, la segona, perquè els plantejaments des del punt de vista teòric són pràcticament els mateixos.

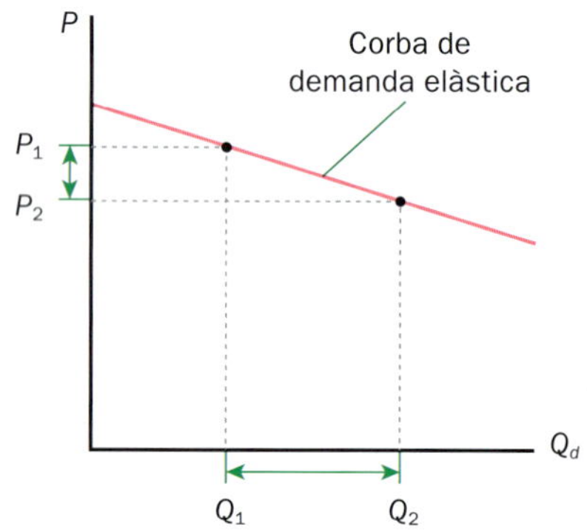

Fig. 4.12. Demanda elàstica. La quantitat demandada varia substancialment davant de canvis en els preus.

4.1. L'elasticitat-preu de la demanda

El càlcul de l'elasticitat-preu (E_p) de la demanda es realitza dividint la variació percentual de la quantitat demandada *(Q_d)* entre la variació percentual del preu *(p)*:

$$E_p \text{ de la demanda} = \left| \frac{\dfrac{Q'_d - Q_d}{Q_d} \cdot 100}{\dfrac{p' - p}{p} \cdot 100} \right| = \left| \frac{\%\text{ variació } Q_d}{\%\text{ variació } p} \right|$$

> L'**elasticitat-preu de la demanda** quantifica la variació de la quantitat demandada davant de variacions en els preus.

Com que el preu i la quantitat demandada són inversament proporcionals (a mesura que disminueix el preu augmenta la quantitat demandada, i viceversa), l'elasticitat *(Ep)* sempre és negativa. D'aquí que s'analitza en termes absoluts (és a dir, prescindint del signe matemàtic). En funció dels resultats, podem associar als béns analitzats un d'aquests tres tipus de demandes:

a) **Demanda d'elasticitat unitària (E_P = 1).** Si la quantitat demandada i els preus varien en la mateixa proporció, l'ingrés total de l'empresa no varia. A la vida real, és pràcticament impossible trobar béns amb aquest tipus d'elasticitat.

b) **Demanda elàstica (E_P > 1).** En aquest cas, la quantitat demandada varia en major proporció que els preus, de tal manera que els ingressos augmenten quan baixen els preus, i viceversa. Són exemples d'aquesta categoria de productes els béns de luxe, dels quals els consumidors podem prescindir amb facilitat en el cas de l'augment de preus (fig. 4.12).

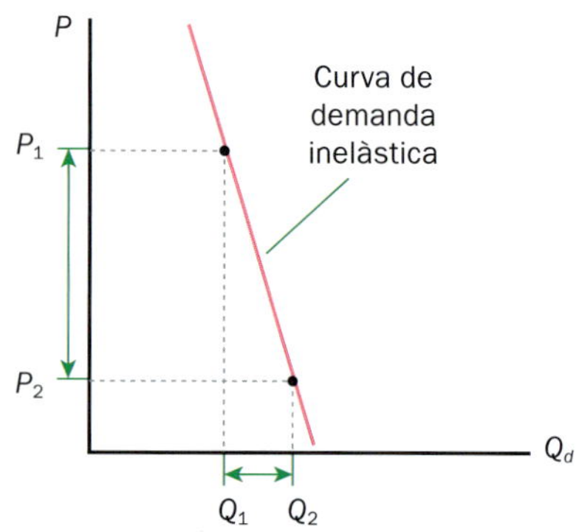

Fig. 4.13. Demanda inelàstica. La quantitat demandada és similar, tot i que pot variar-ne molt el preu.

c) **Demanda inelàstica o rígida (E_P < 1).** La variació de la quantitat demandada és inferior a la variació dels preus. En conseqüència, si la demanda varia en menor proporció que els preus, els ingressos disminueixen quan baixen els preus, i viceversa. És el cas dels béns bàsics com la llet, les medecines o el pa (fig. 4.13).

Activitat resolta 4. Elasticitat-preu dels menús del Restaurant Arizona

El Restaurant Arizona ven tres tipus de menús al dia –normal (N), especial (E) i ranxer (R)–, conforme a les dades exposades a la part esquerra de la figura 4.14, i ha decidit modificar els preus un 10 %:

a) Calculeu les variacions de preu i vendes, i l'elasticitat-demanda que resulta de l'augment de preu del 10 %.

b) Calculeu ara les variacions de preu i vendes, i l'elasticitat-demanda que resultarien d'una baixada de preu del 10 %.

c) Pel que fa a l'elasticitat-demanda, quines conclusions es poden establir respecte els menús N, E i R?

Solució:

	C	D	E	F	G	H	I	J	K	L	M
1					SOLUCIÓ						
2					*a)*			*b)*			
3					↑ 10%			↓ 10%			
4		N	E	R	N	E	R	N	E	R	
5	Preu (Pv)	2	3	4	2,2	3,3	4,4	1,8	2,7	3,6	
6	Vendes (Qv)	90	50	30	81	46	24	99	54	36	
7	Total unitari (Pv-Qv)	180	150	120	178,20	151,80	105,60	178,20	145,80	129,60	
8					0,20	0,30	0,40	-0,20	-0,30	-0,40	Variació (€)
9					-9	-4	-6	9	4	6	Variació (unitats)
10					10%	10%	10%	-10%	-10%	-10%	Variació (%)
11					-10%	-8%	-20%	10%	8%	20%	Variació vendes (%)
12					1	0,8	2	1	0,8	2	Elasticitat-demanda (€)
13	Ingresos (€)		450			435,60			453,60		

Fig. 4.14. Dades de vendes i ingressos del Restaurant Arizona.

a) Mostrarem com a exemple, els càlculs per al menú E:

- Variació preu = 3,30 – 3 = 0,30 €.
- Variació vendes = 46 – 50 = –4.
- Variació preu (%) = (3,30 – 3)/3 = 0,10 · 100 = 10 %.
- Variació vendes (%) = (46 – 50)/50 = –0,08 · 100 = –8 %.
- Elasticitat-preu de la demanda = |Variació vendes (%)/ /Variació preu (%)| = |–0,08/0,10| = 0,8.

b) Mostrarem com a exemple, els càlculs per al menú E:

- Variació preu = 2,7 – 3 = –0,30 €.
- Variació vendes = 54 – 50 = 4.
- Variació preu (%) = (2,7 – 3)/3 = –0,10 · 100 = –10 %.
- Variació vendes (%) = (54 – 50)/50 = 0,08 · 100 = 8 %.
- Elasticitat-preu de la demanda = |Variació vendes (%)/ Variació preu (%)| = |0,08/–0,10| = 0,8.

c) Les vendes del menú E gairebé no varien al modificar-ne el preu, perquè la demanda és inelàstica, cosa que sembla que indica que gaudeix de la fidelitat dels clients. En canvi, les vendes del menú E varien significativament al canviar-ne el preu, de tal manera que la demanda és elàstica. Els ingressos no varien al modificar el preu del menú N: l'elasticitat-demanda és igual a 1 (cas pràcticament impossible a la vida real).

Activitats

16. Per què és important per a un empresari l'estudi de l'elasticitat-preu de la demanda?

17. Com relacionaríeu els béns de luxe amb els béns elàstics? Poseu-ne un exemple.

18. En relació amb l'Activitat resolta 4, representeu gràficament la corba de la demanda del menú ranxer (R) i calculeu l'elasticitat-preu de la demanda del menú normal (N), si davant d'un augment de preu del 20 % les vendes descendeixen en 30 unitats.

Reflexioneu

Som el que tenim?

Queden lluny els temps en els quals les marques identificaven el fabricant d'un producte. Avui en dia, s'han convertit en un signe d'estatus (prestigi social) per a qui les adquireix. En principi, tampoc és qüestionable fer-se una primera impressió de com és un desconegut pel cotxe que condueix o la camisa que porta. Som humans i, a falta de més informació, els signes externs revelen detalls sobre les persones. El més preocupant és fer d'aquest criteri tan superficial un modus de vida. No som millors per poder comprar-nos més o millors coses que els altres, l'únic que som és més rics.

Factors de l'elasticitat-preu de la demanda

Amb la intenció de maximitzar els seus beneficis, les empreses analitzen l'elasticitat-preu de la demanda del bé o servei que ofereixen al mercat. Els factors entorn als quals gira l'anàlisi de l'elasticitat-preu de la demanda són:

- **El tipus de bé.** Els béns necessaris o bàsics acostumen a ser més inelàstics, mentre que els de luxe presenten una demanda elàstica perquè són prescindibles.
- **L'existència de béns substitutius.** Els béns substitutius acostumen a ser de demanda elàstica perquè, si un s'encareix, es produeix un efecte «fuga» dels consumidors cap als que tenen la mateixa utilitat o funció.
- **La proporció de renda que es gasta en el bé.** Com major és la proporció que es gasta d'un bé, més afecta un augment de preu. En conseqüència, més dràstica és la reducció del consum d'aquest bé i, per tant, més elàstica n'és la demanda.
- **El termini de temps considerat.** En general, la demanda es torna elàstica a llarg termini perquè, com més llarg és el període transcorregut després de l'augment de preu, més fàcil els resulta als consumidors trobar alternatives o substitutius.

Quan una empresa varia els preus dels productes pot passar que:			
La quantitat demandada	Varia significativament.	Varia en proporció als preus.	Més o menys és la mateixa.
Els ingressos	Augmenten al baixar els preus i viceversa.	Igual	Augmenten al pujar els preus i viceversa.
Sensibilitat als canvis	Molta	Cap	Poca
Tipus d'elasticitat-preu de la demanda	**Elàstica** ($E_p > 1$)	$E_p = 1$	**Inelàstica** ($E_p < 1$)
Exemples	Béns de luxe com els cotxes esportius o els viatges d'oci.	No existeixen.	Béns necessaris com la gasolina (a curt termini), el pa o les medicines.

Fig. 4.15. Elasticitat-preu de la demanda en acció.

4.2. L'elasticitat-preu de l'oferta

Les empreses, igual que els consumidors, també són sensibles a les variacions de preus. Tal com sabem per la funció de l'oferta, i amb la perspectiva d'incrementar els seus beneficis, les empreses incrementen la producció com majors són els preus que poden cobrar als consumidors. Però, si és el cas, quina quantitat addicional oferiran al mercat? Per a determinar-la, fan servir el concepte d'*elasticitat-preu de l'oferta*.

$$E_p \text{ de l'oferta} = \left| \frac{\dfrac{Q'_o - Q_o}{Q_o} \cdot 100}{\dfrac{p' - p}{p} \cdot 100} \right| = \left| \frac{\%\text{ variació } Q_o}{\%\text{ variació } p} \right|$$

L'**elasticitat-preu de l'oferta** quantifica la variació de la quantitat oferida davant les variacions en els preus.

Periscopi 3. L'elasticitat canviant en el temps

El petroli és un dels béns més imprescindibles del planeta, així que és fàcil deduir que es tracta d'un bé de demanda inelàstica. A més, com que no és renovable i està cridat a esgotar-se, el més normal és que augmenta de preu, i no baixa. En efecte, resulten freqüents les notícies als mitjans de comunicació sobre l'encariment del fet d'omplir els dipòsits dels nostres cotxes o de la calefacció. Tot i l'escassetat, donat que a l'actualitat el subministrament sembla garantit, creiem que hi ha interessos comercials o ocults darrera de cada augment. Amb independència de quina n'és la causa, de vegades és tan senzilla com que els països productors i exportadors de petroli (OPEP) es posen d'acord per a reduir-ne la producció i oferir menys barrils al mercat. Així creen una situació puntual d'escassetat d'oferta que part del mercat no pot ignorar a curt termini, perquè es tracta d'un bé de demanda inelàstica (fig. 4.16).

Però a **llarg termini** la situació davant l'encariment canvia (fig. 4.17) a causa de diversos factors:

- Es tornen rendibles extraccions que abans no ho eren, de tal manera que apareixen nous productors no alineats a l'OPEP que ofereixen el seu producte al mercat.
- Els consumidors miren de reduir la dependència (per exemple, compren cotxes més petits, elèctrics o híbrids o substitueixen el gas per combustibles sòlids).
- Els països importadors utilitzen les reserves i busquen proveïdors alternatius.

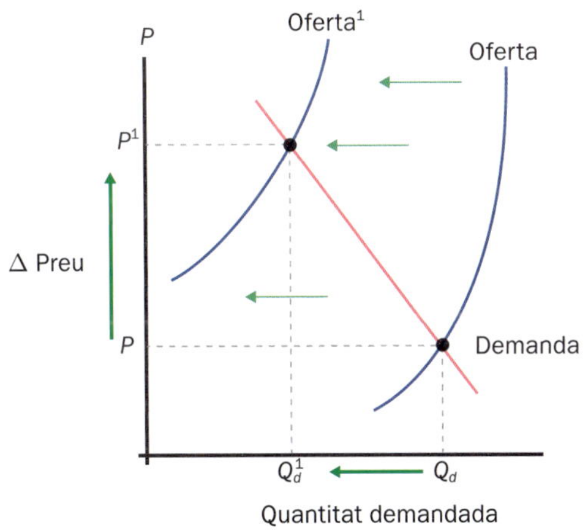

Fig. 4.16. Demanda de petroli a curt termini. Amb la reducció de la quantitat oferida, l'equilibri es desplaça i, com a conseqüència, augmenta el preu i es redueix la quantitat venuda. Com que la corba de la demanda és inelàstica, l'augment del preu compensa amb escreix aquesta disminució de les vendes, de tal manera que l'ingrés dels productes augmenta.

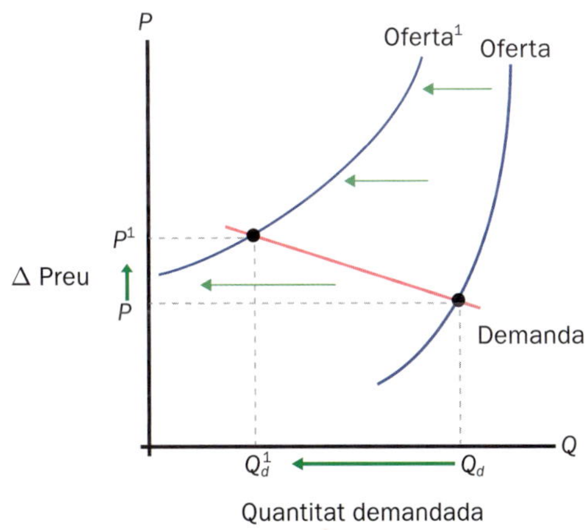

Fig. 4.17. Demanda de petroli a llarg termini. Les corbes de la demanda i de l'oferta es tornen més elàstiques, de manera que la decisió de reduir l'ocasiona un augment de preus molt menor que el que es produeix a curt termini. En conseqüència, l'increment del preu no compensa la caiguda de les vendes, de tal manera que l'ingrés total dels productors disminueix.

Reflexioneu:

a) Per què diversos països productors de petroli es podrien posar d'acord per a restringir la producció? Representeu-ho gràficament.

b) En relació amb la pregunta anterior, què passaria llavors amb els preus del petroli a curt termini? I a llarg termini? Per què?

c) Com explicaríeu les diferències entre els resultats a curt i a llarg termini d'elasticitat?

d) Creieu que els països productors de béns estratègics tenen dret a posar-se d'acord per a restringir l'oferta? En tot cas, quin risc corren a llarg termini?

Activitats

19. Quin sentit té restringir l'oferta per part de les empreses?

20. Com calculen les empreses la quantitat addicional que ofereixen al mercat quan puja el preu?

21. Per què els béns substitutius són elàstics?

22. Quina relació hi ha entre l'elasticitat i la proporció de la renda?

MAPA CONCEPTUAL

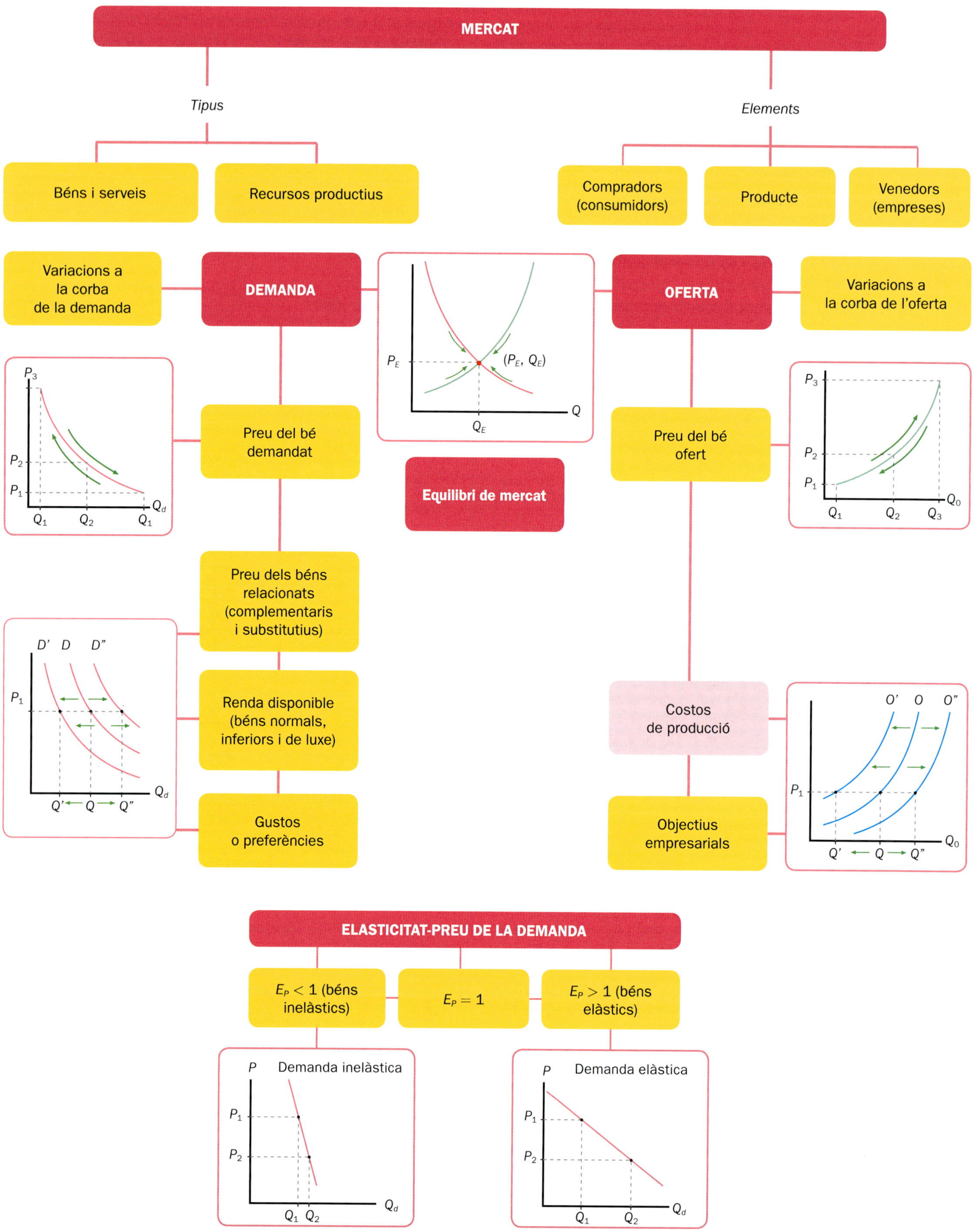

TEST DE REPÀS

1. Les corbes de la demanda i de l'oferta expressen:

a) Els plans de compradors i venedors.

b) Les preferències dels consumidors.

c) Les compres dels consumidors i les vendes de les empreses.

d) Cap de les anteriors és certa.

2. Són factors que condicionen la quantitat demandada:

a) Els costos de producció.

b) Els beneficis empresarials.

c) El preu dels béns complementaris.

d) Dues de les respostes anteriors són correctes.

3. Un desplaçament de la corba de la demanda del cafè cap a la dreta està provocat per:

a) Una baixada del preu del te.

b) Posar-se de moda el cafè.

c) Una baixada del preu del cafè.

d) Un augment del preu del cafè.

4. Els béns el consum dels quals augmenta en la mateixa proporció que la renda disponible són:

a) Els béns substitutius.

b) Els béns de luxe.

c) Els béns normals.

d) Els béns inelàstics.

5. Un dels factors que condiciona l'oferta és:

a) El preu del bé en qüestió.

b) Els costos de producció.

c) Els objectius empresarials.

d) Tots són certs.

6. Un moviment al llarg de la corba d'oferta del cafè està provocat per:

a) Una baixada del preu del te.

b) Un augment del preu del cafè.

c) Una baixada del cost dels factors de producció.

d) Dues de les respostes anteriors són correctes.

7. El mercat no està en equilibri quan hi ha:

a) Excés de demanda.

b) Excés de compradors.

c) Excés de productors.

d) Totes són certes.

8. En una situació d'excés de demanda:

a) Els preus baixen per a donar sortida als excedents.

b) Sempre hi ha excedents.

c) Els productors baixen el preu dels recursos productius.

d) El més normal és que els preus pugen.

9. Si l'elasticitat-preu de la demanda d'un producte és major que 1, estem davant d'un bé de demanda:

a) Superior.

b) Normal.

c) Elàstica.

d) Inelàstica.

10. Quina de les afirmacions següents és falsa?

a) Els béns inferiors estan relacionats amb la variació de la renda disponible.

b) En una situació d'excés d'oferta, la tendència dels preus és alcista.

c) L'alça dels preus incentiva l'entrada de nous productors en el mercat.

d) L'elasticitat-preu de la demanda pot canviar amb el temps.

El mercat i la demanda.

1. Quina és la diferència principal entre els mercats tradicionals i el mercat d'Internet?

2. Per què creieu que es diu que l'oferta i la demanda són els «vents que mouen la vela dels mercats»?

3. Imagineu que us toca la Grossa de Nadal. Raoneu com afectaria el vostre consum habitual de béns el fet que us veiéssiu agraciats amb un premi tan substanciós.

4. Indiqueu quin tipus de moviment o desplaçament experimenta la corba de la demanda del cafè com a conseqüència de les variacions següents. Copieu la taula al vostre quadern i completeu-la.

	Moviment		Desplaçament	
Variacions	Amunt	Avall	Esquerra	Dreta
Augmenta el preu del cafè				
Disminueix el preu del te				
Augmenta el preu de la llet				
Una campanya publicitària a favor del cafè				
Una campanya publicitària a favor del te				
Disminució de la renda disponible				
Disminució del preu del cafè				

L'oferta.

5. Quin paper té la tecnologia en la quantitat que ofereixen les empreses al mercat?

6. Per a les empreses, a l'hora d'oferir al mercat quantitats d'un producte que interessa, quin tipus de relació existeix entre preu i quantitat? Expliqueu-lo.

7. Representeu gràficament la corba de l'oferta de cert producte conforme la taula següent:

	Gener	Febrer	Març
Quantitat oferta	300	210	400
Preu	10	8	12

8. Quina relació té la corba de l'oferta amb les possibilitats productives de l'empresa?

9. Enumereu en dues columnes els factors que influeixen sobre l'oferta i la demanda.

10. Llegiu amb atenció aquest text i contesteu les preguntes que es plantegen a continuació:

Al Pedro Canal Eto sempre l'havia impressionat el preu al qual es venien al mercat de l'art les obres de grans mestres com Van Gogh o Picasso, així que un bon dia va decidir convertir-se en pintor de quadres. Durant els dos primers anys de la vida com a artista, només va aconseguir vendre un parell de quadres al seu germà, però la fortuna va canviar quan les obres abstractes del Pedro Canal van començar a ser utilitzades en la decoració d'ascensors.

Aquesta moda sorprenent li va permetre canviar el seu nivell de vida i el va portar a ingressar fins a 20.000 € per cada obra, enfront dels 50 € o menys que cobrava al principi. Fins i tot la revista *Hola* li va dedicar una portada i el va presentar com el precursor d'un nou corrent artístic: l'«abstrascensor».

Entregat al pinzell, eren dies feliços per al Pedro Canal Eto, a qui la nova situació econòmica li permetia viure folgadament: es desplaçava en taxi, quan abans ho feia en metro, i anava totes les setmanes al cinema, en lloc de fer-ho un cop al mes.

Amb la finalitat d'incrementar la producció artística, el Pedro es va tancar durant diversos mesos a les golfes que tenia a la part alta de la ciutat. Era visitat freqüentment per clients i marxants d'art, i les obres abstractes que feia seguien venent-se fàcilment. Només interrompia la feina per menjar i comprar pinzells, olis i llenços.

No obstant això, a mesura que passava el temps i s'imposava l'abstrascensor, cada vegada eren més els pintors que imitaven l'estil de les obres del Pedro, de tal manera que, al cap d'un any, va haver d'abaixar el preu de les obres que feia per poder-los donar sortida. Com que semblava que venien mals temps, el Pedro va optar per prendre's unes setmanes de descans per reflexionar sobre el seu futur. Havia de sospesar que no només hi havia una saturació del mercat d'obres d'abstrascensor fetes amb pinzell, sinó que, a més a més, havia nascut una nova tècnica d'abstrascensor que feia servir carbonet en comptes de pinzell. Les primeres obres d'aquest nou corrent estaven aconseguint preus astronòmics i, sens dubte, eren el futur.

a) Quin factor explica el valor econòmic incalculable de les obres de genis com Van Gogh o Picasso?

b) Per què va augmentar el preu dels quadres del Pedro Canal Eto?

c) Des del punt de vista de l'increment de la renda, quin tipus de servei és el metro? I el cinema? Raoneu vostres respostes.

d) Per què descendeixen els preus de les obres del Pedro Canal Eto?

e) Quin tipus de bé és el carbonet respecte dels pinzells?

f) En quin factor dels que produeixen canvis en l'oferta estaria pensant el Pedro Canal Eto si decideix esforçar-se amb la tècnica del carbonet?

11. Indiqueu quin tipus de moviment o desplaçament experimenta la corba de l'oferta dels fabricants de bolígrafs com a conseqüència de les variacions següents: disminució del preu de la tinta, augment dels salaris, millora de la tecnologia productiva, disminució del preu dels bolígrafs, estratègia per a captar el màxim de mercat possible i disminució del preu del plàstic.

L'equilibri del mercat.

12. Com es comporten consumidors i empreses en una situació d'excés d'oferta?

13. Per què augmenten els preus quan es produeix excés de demanda? Com reaccionen les empreses?

14. Pel que fa a l'oferta i la demanda, quan arriben a l'equilibri de mercat?

15. Raoneu la veracitat o falsedat de les afirmacions següents:

a) Els canvis en la renda influeixen sobre la corba de l'oferta.

b) Un augment en el preu dels béns relacionats motiva un desplaçament de la corba de la demanda cap a la dreta.

c) Les expectatives de futur són un factor que pot condicionar l'oferta.

d) En augmentar la renda disponible s'incrementa la quantitat demandada de tot tipus de béns.

e) Quan el mercat està en equilibri no hi ha abundància ni escassetat de producte.

16. «Només un neci confon valor i preu» és una cita d'Antonio Machado. Què vol dir en realitat aquesta frase?

17. Al mercat dels discos de vinil, els plans dels consumidors i de les empreses discogràfiques són els que es recullen a la taula següent:

Preu en euros	20	15	10	5	3
Quantitat demandada de discos	100	200	300	400	550
Quantitat oferida de discos	500	400	300	100	0

a) Descriviu el comportament de consumidors i empreses a mesura que augmenta o baixa el preu dels discos.

b) A quins preus té lloc l'excés de demanda? I l'excés d'oferta?

c) Com es comporta el mercat quan el preu del disc és de 15 €? I quan és de 5 €? I de 10 €?

d) Representeu gràficament la situació del mercat en equilibri dels discos de vinil amb les dades citades.

L'elasticitat-preu.

18. Per què es diu que l'elasticitat-preu mesura la sensibilitat de compradors i venedors?

19. Relacioneu els titulars següents extrets de la premsa econòmica amb conceptes econòmics estudiats al llarg d'aquesta unitat:

a) «La mala collita de blat anticipa canvis en els preus.»

b) «Un polític posa de moda estiuejar a Lugo.»

c) «El petroli torna a augmentar de preu.»

20. Totes les setmanes un comerciant ven quinze caixes de bombons a 2 €/unitat i 100 litres d'aigua a 0,30 €/litre.

a) Calculeu la variació percentual dels preus i de les quantitats demandades, i l'elasticitat-preu i els ingressos que li reporten al comerciant les opcions següents:

- A l'abaixar el preu de les caixes de bombons a 1,8 €/unitat, es venen 18 caixes. Si redueix el preu del litre d'aigua a 0,27 €/litre, es venen 104 litres.
- A l'augmentar el preu de les caixes de bombons a 2,40 €/unitat, es venen 11 caixes. Si augmenta el preu del litre d'aigua a 0,33 €/litre, es venen 96 litres.

b) Raoneu quin dels dos productes podria augmentar de preu el comerciant sense afectar significativament les vendes.

21. Les entrades al cinema d'estiu a l'aire lliure costen 10 €, preu que paguen unes 200 persones que hi assisteixen. El propietari del cinema vol augmentar els ingressos modificant el preu de les entrades un 30 %. Sabent que l'elasticitat-preu de la demanda és d'1,2, li recomanaries augmentar o abaixar el preu de les entrades?

- Escriviu dues idees clares i que us semblen fonamentals d'aquesta unitat. Què us ha ajudat a comprendre-les?
- Feu dues preguntes sobre aspectes que no us han quedat clars de la unitat.
- Escriviu dos aspectes sobre els quals us agradaria aprofundir en aquesta unitat.

5. Tipus de mercat

En aquesta unitat aprendreu

- El mercat i la competència.
- El mercat de competència perfecta.
- La competència monopolista. L'oligopoli.
- El monopoli.

Si volguéssim berenar uns plàtans, podríem trobar-los en qualsevol botiga, però si el que ens agraden són els plàtans de Canàries, potser no hi són a tot arreu. El ventall de possibilitats deixa de ser tan ampli si desitgem canviar de companyia telefònica perquè, de sobte i sense avisar ens han augmentat les tarifes, i és que només en podem escollir entre unes quantes. I si, finalment, volem viatjar en tren de Salamanca a Madrid, no tindrem altra opció que dirigir-nos a la Renfe, perquè és l'única companyia ferroviària que opera en aquella ruta.

Molta varietat en uns casos, cap en altres; existeixen tants mercats com productes. Les empreses faciliten les nostres vides, però moltes vegades no som conscients de per què funcionen de manera tan diferent les unes de les altres, ni fins a quin punt condicionen les nostres decisions.

Les legislacions dels nostres països miren de protegir-nos del poder i de la influència de les empreses, però tot resultaria més fàcil si nosaltres mateixos fóssim més responsables en les nostres compres i decisions de consum.

Quants tipus de mercat coneixeu?
Què en voleu aprendre?

Sabeu què és un mercat de competència perfecta?
Sabeu què és un oligopoli?
Sabeu què és un monopoli?

Likes, impactes i missatges

Esteu navegant pel vostre compte d'Instagram i us trobeu amb una *story* que anuncia la presència d'una banda de rock en un conegut festival o amb l'anunci d'una marca de roba. No és casualitat. Les empreses inverteixen una gran quantitat de diners per saber quines són les vostres preferències i per persuadir el públic sobre la bondat d'adquirir els seus productes. Potser vau seguir un *instagramer* o un *youtuber* musical, potser vau cedir el vostre correu per a un sorteig de roba, o simplement fa temps li vau fer un *m'agrada*. Ells ho saben. I provaran de crear demanda sobre els seus propis productes mirant d'ajustar els gustos i preferències dels consumidors al que més els convé.

Som conscients de la quantitat d'impactes publicitaris que hem rebut al llarg del dia o fins a quin punt influeixen en les nostres decisions? No, però numèricament és possible establir una relació entre anuncis i espectadors. Els professionals del màrqueting acostumen a fer servir una mitjana de tres mil impactes publicitaris al dia per algú que viu en una ciutat i consulta diversos mitjans de comunicació. En total, s'arriba a més d'un milió d'impactes anuals.

No obstant això, existeix una desproporció entre la influència dels diversos mitjans: d'aquests tres mil esquers diaris, els més efectius segueixen sent els noranta rebuts per televisió, que representen el 50 % de tots els que recorden molts dels consumidors. I si no veieu la televisió? Tant li fa, us posaran els seus anuncis a YouTube o a Facebook. I si no, hi haurà els anuncis del mòbil: no teniu escapatòria. Per tant, no us heu de preocupar per la vostra salut mental si identifiqueu automàticament els missatges «Jo no soc *tonto*» amb MediaMarkt, «Destapa la felicitat» amb Coca-Cola o «T'agrada conduir?» amb BMW.

Reflexioneu

1. Hi ha alguns mercats de productes en els quals existeix molta publicitat, com el de les companyies telefòniques, mentre que en altres, com el mercat dels enciams, a penes n'hi ha. Per què diríeu que passa això?
2. Sou els amos d'una de les dues úniques discoteques d'un poble. Esteu pensant en llançar una campanya publicitària per guanyar clientela, però és bastant cara. Quines altres alternatives se us ocorren per augmentar la vostra clientela o els vostres guanys?
3. Creieu que el seguiment que les xarxes socials fan dels vostres hàbits de navegació envaeixen la vostra privacitat o penseu que és un avantatge per rebre, així, publicitat del que us interessa més?

1. El mercat i la competència

Sabíeu que...?

Les característiques i el funcionament del mercat de **competència perfecta** van ser descrits ja per **Adam Smith** al segle XVIII, tot i que a la pràctica molt pocs mercats funcionen segons aquest model.

El lliure funcionament de les lleis de l'oferta i la demanda dona lloc a l'existència de mercats de *competència perfecta*, en els quals cap empresa té poder per a influir sobre el preu. Es tracta d'una situació ideal o «perfecta» on totes les empreses competeixen acceptant els preus del mercat.

En els mercats de **competència perfecta** les empreses són *preuacceptants* i funcionen d'acord amb el lliure joc de la llei de l'oferta i de la demanda.

Però són pocs els mercats que funcionen d'acord amb aquest model. En la immensa majoria dels mercats hi ha una o diverses empreses que estan en posició d'exercir influència sobre el preu gràcies al poder de les marques, la publicitat o, senzillament, les característiques pròpies del mercat.

En la **competència imperfecta,** no totes les empreses competeixen en igualtat de condicions, sinó que una o algunes exerceixen una influència significativa sobre el preu.

1.1. Característiques dels mercats

Tots els mercats presenten una sèrie de característiques pròpies. Les més importants són les següents:

- **Número d'empreses.** És el factor més rellevant, en la mesura que condiciona la fixació dels preus.
- **Influència sobre el preu.** Aquesta característica es relaciona directament amb el número d'empreses. És una relació de tipus invers: com més gran és el número d'empreses, menor és la influència que tenen sobre el preu, i viceversa.
- **Diferenciació.** Quan un producte posseeix alguna qualitat, tangible o no, que el fa diferent als ulls del consumidor, diem que està **diferenciat,** en contraposició a un producte **homogeni.** Per exemple, el mercat de la gasolina és bastant homogeni per al consumidor, perquè sense tenir cap tipus d'informació, qui seria capaç de saber quina companyia petrolera ha produït una determinada gasolina?
- **Intensitat de la competència.** Fa referència tant a la tensió amb la qual lluiten les diferents empreses dins el mercat per vendre més, com a les diverses polítiques comercials que aquestes adopten. Les polítiques comercials, que normalment consisteixen en costoses *campanyes publicitàries* als mitjans de comunicació, són d'allò més variades: «guerres de preus», imitar els anuncis de la competència, ressaltar les característiques del producte propi, etc.
- **Grau de transparència.** És la quantitat d'informació que tenen tant venedors com compradors sobre el preu al qual es realitzen totes les transaccions d'un determinat producte.
- **Llibertat d'entrada i sortida.** Entrar o sortir d'un mercat no resulta fàcil. Els obstacles amb els quals es troba una empresa per accedir o per sortir d'un mercat on ja existeixen altres empreses es denominen **barreres.** Donada la importància d'aquest nou concepte, l'estudiarem amb més deteniment en el següent apartat.

! Important

Un mercat és **homogeni** quan els seus productes són intercanviables, és a dir, quan cadascun en pot substituir un altre, perquè no hi ha diferències en la qualitat, el disseny o la funció.

Activitats

1. Per què els economistes anomenen «perfectes» certs tipus de mercat si són tan escassos?

2. Quina és la diferència fonamental entre els mercats de competència perfecta i els de competència imperfecta?

3. Què vol dir que una empresa que produeix i distribueix pa té una quota de mercat del 16 %?

4. Penseu en productes de tres marques que utilitzeu habitualment. Expliqueu per què preferiu els productes d'aquestes marques a d'altres.

Tipus de competència	Competència perfecta	Competència imperfecta		
		Competència monopolista	Oligopoli	Monopoli
Descripció	Cap empresa té capacitat suficient per influir sobre el preu, de manera que totes les empreses competeixen en igualtat de condicions.	En aquest tipus de mercat existeixen moltes empreses que ofereixen productes similars, però a diferència del mercat de competència perfecta, les empreses confereixen als seus productes una diferenciació específica que fidelitza la clientela, d'aquí que disposen de cert marge d'influència sobre el preu.	En aquest tipus de mercat operen poques empreses, però tenen la mida suficient per a incidir en el preu si alguna decideix variar l'oferta.	És el cas extrem de competència imperfecta, i es caracteritza per l'absència de competència. Una única empresa produeix tot el bé o ofereix tot el servei existent, i per això té plena capacitat per a influir sobre el preu o la quantitat que ha de produir.
Exemples	Mercats, llotges de peix, borses de valors	En el mercat de perfums, moltes empreses venen articles similars, però cadascuna diferencia el seu producte del dels altres mitjançant la marca, l'envàs o l'exclusivitat (preu).	Alguns exemples d'oligopolis són el mercat del petroli o el de la telefonia mòbil.	L'empresa pública d'àmbit estatal Altadis (antiga Tabacalera) controla la distribució del tabac a Espanya i en fixa el preu unilateralment.
Número d'empreses	Moltes	Moltes	Poques	Una
Influència sobre el preu	Cap	Alguna	Moltes	Total
Diferenciació	No	Sí	No	No importa
Intensitat de la competència	Molt forta	Molt forta	Forta	No n'hi ha
Grau de transparència	Total	Inexistent	Inexistent	Inexistent
Llibertat d'entrada i sortida	Llibertat total	Total amb excepció de la diferenciació	No	No

Taula 5.1. Tipus de mercat.

Activitat resolta 1. La quota de mercat

La quota de mercat d'una empresa s'obté dividint les vendes d'un determinat producte entre les vendes totals d'aquest mateix producte en tot el mercat. Com més gran és la quota de mercat d'una empresa, major control exerceix sobre el mercat. En canvi, el número de vendes, per alt que pot semblar, no deixa de ser una mesura relativa que necessita ser comparada amb el total. Per exemple, l'editorial A produeix i distribueix llibres de text. La suma de les unitats venudes del seu llibre d'economia de 1r de Batxillerat ha estat de 20.000 unitats, mentre que totes les editorials (inclosa la A) han venut 50.000 unitats dels seus llibres d'economia de 1r de Batxillerat. Quina és la quota de mercat de l'editorial A?

Solució:

$$\text{Quota de mercat} = \frac{\text{Vendes d'una empresa}}{\text{Vendes totals}} \cdot 100 =$$

$$= \frac{20.000}{50.000} \cdot 100 = 40\ \%$$

L'editorial A té una quota de mercat del 40 %, cosa que indica que 40 de cada 100 llibres d'economia de 1r de Batxillerat que es venen en el mercat són d'aquesta editorial.

Periscopi 1. Competència i Internet

Hotels, llibres, viatges, assegurances, recanvis, peces de vestir, música, ordinadors... Avui en dia accedim a temps real a gran quantitat d'informació sobre els productes que ens interessen gràcies a Internet. Tot i això, qui ens serveix són els buscadors d'Internet. I és sabut que les empreses paguen els propietaris dels buscadors per aparèixer les primeres als resultats de les recerques.

Reflexioneu:

a) Com afavoreix i al mateix temps perjudica Internet el grau de competència dels mercats?

b) Com afectaria els consumidors i les empreses que apareguessin al mercat diversos buscadors d'Internet amb potència i prestacions similars a Google?

1.2. Les barreres del mercat

Les barreres del mercat són conegudes com a *barreres d'entrada* o *barreres de sortida* en funció de si impedeixen l'accés al mercat a noves empreses o la sortida d'aquelles que volen abandonar-lo. Aquestes barreres tenen un paper molt important perquè les d'entrada limiten el número de competidors presents en un mercat i les de sortida obliguen les empreses a continuar l'activitat fins i tot quan tenen pèrdues.

> ***Recordeu***
>
> Es diu que una empresa aconsegueix l'**economia d'escala** quan és capaç de repartir el cost fix entre moltes unitats de producte de tal manera que la producció s'abarateix. Entre altres, és una de les raons per les quals les empreses s'internacionalitzen: com més gran és el seu mercat més oportunitats tindran de repartir el cost fix entre major número d'unitats.

A. Les barreres d'entrada

Les empreses ja establertes en el mercat miren d'evitar l'entrada de nous competidors.

> Les **barreres d'entrada** són factors que impedeixen o dificulten l'entrada de noves empreses a un mercat.

Les barreres d'entrada més habituals són les següents:

- **Avantatges en costos.** Si una empresa és capaç de produir més barat que qualsevol altra del seu sector, també podrà oferir un preu de venda al públic més baix. En conseqüència, si per als competidors d'aquesta empresa la supervivència és una tasca àrdua perquè no aconsegueixen vendre tan barat, encara resultarà més difícil per a les noves empreses que accedeixen per primera vegada a aquest mercat. Normalment, aquest avantatge de costos pot aconseguir-se de tres maneres diferents: optimitzant recursos, utilitzant una tecnologia superior o arribant a les **economies d'escala.** De les empreses que aconsegueixen produir més barat que les altres es diu que han assolit el *lideratge en costos*.

  > El **lideratge en costos** consisteix a buscar i mantenir una posició de **costos** baixos respecte de la competència, cosa que permet obtenir uns beneficis superiors a la mitjana del sector.

- **Diferenciació del producte.** Es produeix quan la qualitat, el disseny o la funció dels productes són tan significatius que fidelitzen el consumidor.

  > Un **producte diferenciat** és aquell que els consumidors perceben com a diferent en relació amb altres similars, de la competència o no.

  Entrar o posicionar-se en un mercat en el qual la diferenciació del producte és un factor rellevant requereix inversions fortes en publicitat, perquè per a produir la *fidelització* del client el consumidor necessita apreciar aquesta diferència i, a més, s'ha de convertir en client o usuari habitual del producte.

  > La **fidelització** és la lleialtat d'un client a una marca, producte o servei concrets.

  La fidelització del client és un procés llarg on les empreses ja establertes en el mercat avantatgen les recent arribades. Per exemple, en el mercat de refrescos de cola, Coca-Cola® i Pepsi® realitzen campanyes de publicitat fortes i diferencien els seus productes de la competència mitjançant la marca, el logotip i el color de l'envàs. Les inversions que fan se centren, sobretot, en mantenir la fidelitat dels seus clients, perquè ja són marques molt conegudes.

- **Inversions de capital.** Certs tipus de mercat necessiten inversions tan importants que constitueixen, per si mateixes, una barrera d'entrada molt difícil de salvar. Aquest és un tret típic de les empreses industrials, perquè acostumen a utilitzar maquinària pesada o instal·lacions especialitzades en els seus processos productius, com succeeix al sector de l'automoció, a la construcció o a les drassanes.

L'accés en exclusiva a un determinat producte o l'existència de disposicions legals també impedeixen l'entrada de noves empreses al mercat, però aquests factors són trets propis i únics dels monopolis, així que els estudiarem més endavant.

> ***Sabíeu que...?***
>
> La **marca** és una denominació amb la qual els productors identifiquen els seus productes. Per a poder utilitzar una marca en exclusiva és necessari registrar-la legalment, igual que passa amb les patents, els logotips o els dissenys. Quan el símbol ® o ™ (*Registered* o marca registrada i *Trade mark* o marca comercial) es troben al costat del nom d'una marca, no és per caprici, sinó per indicar que, legalment, aquesta marca no pot ser feta servir per ningú altre.
>
> 

B. Les barreres de sortida

Les empreses, igual que les persones, s'endeuten per a realitzar les inversions que necessiten i, si són molt especialitzades o costoses, pot ser un problema desprendre-se'n.

Les **barreres de sortida** són els costos que tindria qualsevol empresa per a abandonar un determinat mercat o les pèrdues ocasionades per no recuperar part del que han invertit.

Per exemple, si el cèntric supermercat d'una ciutat, amb el local en propietat, vol abandonar el negoci de la distribució, podria reconvertir o vendre fàcilment el seu local. En canvi, quina altra cosa pot fer una empresa amb una línia industrial de muntatge de xassissos de camió si no és mirar de vendre-la a una altra companyia rival que, segurament, ja disposa d'aquesta instal·lació? Per a una empresa que, en el seu dia, va assumir un cost elevat per adquirir-la, les opcions són més limitades i, probablement, no podrà revendre una instal·lació tan especialitzada i recuperar almenys una part d'allò invertit; potser es veurà obligada a continuar amb la producció de camions davant la impossibilitat de reciclar una adquisició tan específica i costosa.

Sabíeu que...?

Què pot anunciar una empresa líder en el mercat mundial que no sàpiguen ja els consumidors? L'objectiu d'aquest tipus de publicitat, que ressalta més per l'originalitat que pel realçament de les característiques o avantatges del producte, és típic d'empreses líders a les quals interessa destacar que segueixen sent les número u.

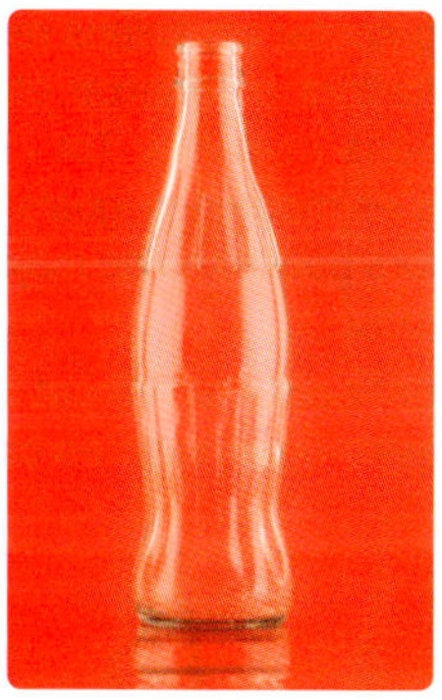

Activitat resolta 2. Barreres d'entrada

Assenyaleu les barreres d'entrada dels sectors empresarials o empreses citats en la primera columna:

Sectors o empreses	Solució: tipus de barreres
Producció d'avions	*Inversions de capital*
Cartier	*Diferenciació del producte (marca)*
Ikea	*Avantatge en costos*
Armani	*Diferenciació del producte (marca)*
McDonald's	*Avantatge en costos*
Construcció d'obres públiques	*Inversions de capital*

Periscopi 2. El lideratge en costos a Ryanair

Ryanair és la companyia aèria de baix cost més famosa del món i ven bitllets d'avió barats perquè produeix barat: és la líder de costos del sector aeri.

Ryanair compra a un únic proveïdor, i per tant en grans quantitats, els consumibles i serveis de manteniment dels seus avions. També estalvia costos formant tots els seus treballadors de manera homogènia.

En relació amb la seva estratègia comercial, Ryanair disposa d'una plataforma de comerç electrònic potent que evita personal a facturació i estalvia costos d'intermediació.

I finalment, separa el vol de tots els aspectes complementaris (equipatge, menjades, reserves de plaça...) i així dona opció als clients més adinerats a pagar-los si així ho desitgen.

Reflexioneu:

a) Ryanair compra en bloc els seus avions a Airbus o Boeing. Això suposa un problema o un avantatge a l'hora de negociar-ne el preu? Per què? Quines altres estratègies per a estalviar segueix Ryanair?

b) Quan vens un producte al mateix preu a tots els clients, tots en paguen el mateix, independentment que alguns estaran disposats a pagar-ne més diners que altres. És aquesta l'estratègia de Ryanair?

c) Quines de les mesures de l'estratègia de Ryanair poden significar barreres a l'entrada de nous competidors?

d) En els trajectes curts, l'amenaça per a Ryanair no són les altres companyies aèries, sinó el tren d'alta velocitat. Per què?

Activitats

5. Quina relació tenen les economies d'escala amb l'obtenció d'avantatges en costos?

6. Colax és una empresa de refrescos de cola amb sabor de cirera que vol fer-se un forat en el mercat. Com podria aconseguir la fidelització del client?

7. En els últims trenta anys s'ha reduït el número d'empreses automobilístiques que operen a nivell mundial. A què creieu que és degut en termes de barreres d'entrada?

3. La competència monopolista

Fig. 5.3. El mercat de sabatilles esportives és un exemple de competència monopolista. Les empreses cuiden molt la imatge de marca, de manera que els clients aprecien les diferències dels seus productes respecte dels de la competència.

Les característiques principals de la competència monopolista són les següents:

- **Moltes empreses.** Tot i que la quota de mercat de cada empresa és relativament petita comparada amb el mercat total, és superior a la que tenen les empreses de competència perfecta. Una empresa en el mercat de competència monopolista té cert marge per a augmentar el preu sense perdre quota de mercat respecte de les altres. Altres modificacions, sempre si són lleugeres com, per exemple, del logotip o de l'envàs, tampoc acostumen a comportar pèrdua de clients. El mercat del vi, on els vins protegits per denominació d'origen com Rioja, Ribera o Rías Baixas, són més cars que els vins de taula, n'és un bon exemple.
- **Diferenciació del producte (barrera d'entrada)**. Els productes satisfan la necessitat mateixa, però no són substitutius perfectes els uns dels altres, perquè hi ha diferents qualitats, dissenys, marques, etc. Quan el producte no és homogeni i té alguna característica que el distingeix d'altres, es parla de diferenciació del producte. Per exemple, els plàtans canaris, que es venen a un preu superior que la resta de plàtans, tenen unes petites taques marrons a la pell. Aquesta característica va ser utilitzada pels productors, en diverses campanyes publicitàries, per diferenciar el seu producte dels plàtans d'altres regions o països, i de les bananes, el seu competidor principal.

3.1. El funcionament dels mercats de competència monopolista

El funcionament d'aquest tipus de mercats és senzill: a través de la **publicitat,** les empreses intenten **diferenciar els seus productes** i així el consumidor paga més del que pagaria pels altres productes.

El tipus de publicitat no té res a veure amb el de la competència perfecta, on, si es realitza, és de manera conjunta i anònima. Al contrari, en el mercat de competència monopolista, la publicitat és molt creativa i trencadora perquè ha d'aconseguir la fidelitat dels usuaris.

Però també hi ha qui es pot permetre no fer publicitat, concretament, les empreses de la competència monopolista d'àmbit local. Per exemple, els dentistes o les estacions de servei ofereixen el mateix servei o producte al mateix grup de clients. Principalment, aconsegueixen la diferenciació en el seu sector gràcies a l'habilitat que tenen, en el primer cas, i a la seva ubicació, en el segon. Mentre que la millor publicitat per a un dentista és el boca-orella dels seus clients, l'estació de servei ho té gairebé tot fet oferint un servei en una carretera amb bons accessos i trànsit suficient. Senzillament, és on fa falta.

Periscopi 4. **Restriccions publicitàries**

La Llei general de publicitat espanyola prohibeix expressament la publicitat que atempta contra la dignitat de la persona o vulnera els valors i drets (especialment pel que fa a la infància, la joventut i la dona), la publicitat enganyosa, la publicitat deslleial, la publicitat subliminal, la publicitat de certs productes o la que infringeix allò relatiu a certs productes específics.

Reflexioneu:

a) Per què creieu que està prohibida la publicitat de productes com l'alcohol o el tabac?

b) A Espanya, i a diferència d'altres països, no està permesa la publicitat comparativa que no respon a criteris objectius o mesurables. En conseqüència, no és possible dir «A és millor que B», però sí que «A val 1 € menys que B». Us sembla lògic? Per què?

c) Sabeu què és la *publicitat subliminal*? Investigueu a la xarxa sobre el seu significat i inventeu un exemple per a una marca imaginària de refrescos.

3.2. Petits monopolistes

Una vegada que el consumidor distingeix els productes, els esforços publicitaris es dirigeixen a mantenir la fidelitat i a captar nous clients. Al gaudir de la fidelitat del consumidor, aquestes empreses poden variar lleugerament les condicions del producte o dels preus. Per aquest motiu, es diu que són petits monopolistes que actuen dins d'un mercat de competència. D'aquí la denominació de **competència monopolista.**

L'existència de certs elements monopolistes, com els drets d'autor, les marques registrades, els avantatges en costos, etc., permeten els venedors modificar els preus dels seus productes gràcies a la fidelitat de la clientela. El mercat d'electrodomèstics o el dels productes agrícoles amb denominació d'origen són exemples de mercats de competència monopolista.

Periscopi 5. La recerca de la diferenciació

El 1978, Casa Tarradellas era una masia catalana famosa pels seus embotits. La distribució que feien era limitada i havia de competir amb altres masies de la zona que també oferien productes artesanals procedents de la matança del porc. Per diferenciar-se en aquest mercat tan competitiu, el seu fundador, Josep Tarradellas, sabia que necessitava un producte exclusiu que no tinguessin la resta de les masies catalanes. En paraules del propi Tarradellas, «l'objectiu era aportar alguna cosa diferent del que ja hi havia a les botigues». Tot i que Casademont, una empresa càrnica de Girona, liderava el mercat del fuet, Tarradellas va fabricar un tipus especial de fuet elaborat amb una part diferent de les tripes del porc que, al doblegar-lo, es partia produint un so únic que va anomenar 'espetec'. Va patentar el nom i així ningú més el podria utilitzar i es va llançar a vendre'l en un petit camió. De seguida, l'espetec es va convertir en el producte distintiu de Casa Tarradellas. Aquest i altres encerts empresarials van portar aquesta companyia a facturar més de 1.000 milions d'euros el 2017, mentre que fa tan sols quaranta anys era una petita masia a 80 km de Barcelona on es podia menjar i comprar algun producte típic de la zona.

Reflexioneu:

a) En els seus orígens, en quin tipus de mercat competia Casa Tarradellas?

b) Per què considerava Tarradellas que era tan important diferenciar-se dels seus competidors?

c) Com ho va aconseguir finalment?

d) Imagineu que sou un altre productor de la zona, competidor de Casa Tarradellas, a finals dels anys setanta. Com hauríeu mirat de respondre a la seva estratègia de diferenciació?

Activitat resolta 4. Diferenciació de producte

Donats els mercats o productes de la primera columna, identifiqueu l'element que li confereix diferenciació respecte dels altres.

Mercat o producte	Solució: element diferenciador
L'aigua mineral embotellada	*Marca i disseny de l'ampolla*
Pebrots de Padrón	*Denominació d'origen*
Zara	*Marca i disseny de la roba*
Detergents	*Marca i forma d'ús*
Perfums	*Marca i disseny de l'envàs*
iPhone	*Marca, disseny i tecnologia*

Activitats

10. Utilitzeu un exemple per a explicar la diferència entre la competència perfecta i la competència monopolista.

11. Per què no es veu publicitat dels bons restaurants o dels bons comerços?

El mercat i la competència.

1. Quina relació existeix entre el número d'empreses que operen en un mercat i els preus d'aquest?

2. Per què la publicitat d'empreses com Danone, El Corte Inglés o Levi's se centra principalment en mantenir la fidelitat dels seus clients?

3. Quan diem que Ikea, la multinacional sueca de mobles, és la líder de costos del seu sector, a què ens referim?

4. Donats els mercats o productes següents, identifiqueu l'element que li confereix diferenciació respecte dels seus competidors: Central Lechera Asturiana, Zara, El Corte Inglés, Rayo Vallecano, NCT (banda de música).

5. Per què les empreses protegeixen legalment les marques amb les quals operen en el mercat?

6. En algunes ocasions es veuen a la televisió anuncis publicitaris en els quals no s'anuncia cap marca en concret sinó un producte o servei de manera general. A quin tipus de mercat pertanyen els qui paguen aquest tipus de publicitat? Per què no anuncien les pròpies marques?

7. Busqueu als mitjans de comunicació o a Internet un exemple real d'empresa associada a cada un dels tipus de barrera d'entrada a un mercat que s'han citat a la unitat: *avantatge en costos, diferenciació del producte* o *inversions de capital*.

El mercat de competència perfecta.

8. Donats els mercats de consoles, pasta de dents i forns de la vostra localitat, identifiqueu les característiques de la mateixa manera que vam fer a l'Activitat resolta 3 a propòsit del mercat dels tomàquets.

9. Per què a llarg termini no és possible aconseguir grans beneficis en un mercat de competència perfecta?

10. Llegiu el text següent i responeu les preguntes que es fan a continuació:

«Als anys vuitanta, es va popularitzar un sistema de venda minorista totalment nou. A diferència dels establiments tradicionals especialitzats en la venda d'un determinat tipus d'articles amb una àmplia diversitat de preus, els "Tot a cent" van adoptar el plantejament contrari: vendre molts tipus d'articles a un únic preu. L'oferta era variada i sorprenent: material escolar, coberts, articles de regal, eines, cassets o bijuteria. Gairebé tot es venia a cent pessetes. L'èxit va ser devastador i, sense cap mena de dubte, els primers empresaris que es van arriscar amb una oferta tan original van aconseguir grans beneficis. Com és lògic, la competència va començar de seguida; atrets pels guanys i els costos escassos en comparació amb els necessaris per a emprendre altres negocis, van entrar nous venedors al mercat per satisfer la demanda d'aquest tipus d'establiments i productes.

L'afluència de noves empreses va ser enorme i, en un mateix carrer podia haver-hi dos o tres "Tot a cent". Davant de l'increment de la competència i, per tant, de l'oferta d'aquest tipus de producte, els altres venedors van haver de baixar encara més els preus. Posteriorment, es van adoptar fórmules similars ampliant la banda de preus ("Tot a cinc-centes", "Tot a mil", etc.) o oferint més varietat de productes (joguines, material informàtic), però també van ser imitades. Finalment, per saturació del mercat, els beneficis es van convertir en pèrdues i moltes empreses van haver de sortir del mercat i dedicar-se a una altra activitat. Això va facilitar la supervivència de les empreses que no havien abandonat el mercat, que van recuperar la clientela i els beneficis al disminuir l'oferta i aturar-se les guerres de preus.»

a) Quina va ser la fórmula en la qual es va basar l'èxit dels establiments «Tot a cent»?

b) Per què els empresaris van haver de baixar el preu quan va augmentar la competència?

c) Identifiqueu les diverses fases que van marcar l'evolució d'aquest tipus de negoci.

d) En aquest cas concret, en què va consistir la llibertat d'entrada i sortida del mercat?

e) Avui en dia, quin tipus d'empreses han substituït la majoria de les descrites en el text?

La competència monopolista.

11. A la unitat anterior hem estudiat que l'elasticitat-preu de la demanda mesura la variació de la quantitat demandada o oferta davant de variacions del preu. Pot el venedor d'un mercat de competència monopolista variar el preu sense la repercussió en gran mesura sobre les vendes? A quin tipus d'elasticitat-preu correspon aquest comportament?

L'oligopoli.

12. Què entenem per *col·lusió*? Quina relació té aquest concepte amb el mercat oligopolista?

13. Com ha d'estar configurat un mercat oligopolista per aconseguir que les empreses participants segueixin una estratègia de lideratge de preus?

14. Després d'haver llegit atentament aquest text, contesteu les preguntes següents:

«A Econolàndia, el sector del transport aeri de passatgers està format per tres empreses que ofereixen bitllets d'avió amb condicions i preus similars. Des de fa anys, existeix entre elles un acord tàcit pel qual l'empresa Avería és la que marca la pauta al mercat, mentre que les altres dues imiten les seves decisions. Una d'aquestes empreses, Airspan, ha decidit abaixar per sorpresa el preu dels bitllets d'avió per la campanya de Setmana Santa d'aquest any.»

a) Com definiríeu el mercat del transport aeri de passatgers d'Econolàndia? Raoneu la resposta.

b) És legal l'acord tàcit que mantenien aquestes empreses? Com es denomina?

c) Davant el canvi d'estratègia d'Airspan, com creieu que actuaran les altres empreses?

d) Quina creieu que seria la resposta de la resta de les empreses si fos l'empresa Averia la que incomplís el pacte?

e) Creieu que seria legal un acord en el qual l'empresa Averia i les altres línies aèries pactessin una baixada conjunta de preus? Per què?

f) Si Airspan, en lloc d'abaixar els preus, decidís com- petir mitjançant publicitat, podria mencionar el seu rival Averia?

15. Imagineu que dos països són els únics productors mundials de velotè, un mineral que podria triplicar la velocitat dels microprocessadors actuals.

a) Què podrien fer per mantenir alt el preu?

b) Quins efectes tindria això sobre els consumidors?

c) Què podrien fer els països importadors per mirar d'evitar això?

16. Els integrants del vostre grup de treball formeu l'oligopoli de la telefonia mòbil de tal manera que cadascun de vosaltres representa una empresa. La Comissió Nacional dels Mercats i la Competència (CNMC) us ha obert un expedient informatiu perquè sospita que heu pactat els preus i competiu només amb publicitat entre vosaltres. En bloc amb els vostres companys i companyes, heu de consensuar una llista d'arguments que expliquen la raó del fet que els vostres preus són coincidents, així com aquells que entengueu que poden demostrar la vostra innocència.

El monopoli.

17. En què s'assembla i en què es diferencia una *patent* d'una *concessió administrativa*?

18. Imagineu que sou capaços d'inventar un remei contra la calvície, com hauríeu de procedir per a beneficiar-vos econòmicament de la vostra invenció?

19. Què vol dir que «l'Ajuntament renovarà la concessió a Parking, S. A., l'empresa que gestiona els parquímetres municipals»?

20. Donades les marques següents identifiqueu el tipus de mercat al que pertanyen i com creen l'anomenada «escassetat artificial», d'acord amb allò estudiat a l'Activitat resolta 5, els fabricants dels productes següents: Playstation edició limitada (videoconsola), Booking (reserva d'hotels en línia), Champions League (competició esportiva), Ferrero Rocher (bombons), Harley-Davidson (motocicletes).

21. A quin model de mercat creieu que pertanyen els productes o serveis següents a Espanya?: automòbils, taronges, telèfons mòbils, distribució del tabac, vi amb denominació d'origen Ribera del Duero, transport aeri de viatgers, refrescos de tònica, sistemes operatius per a ordinadors, llibres de text, petroli, joguines, televisió en *streaming.*

22. Raoneu si les afirmacions següents són veritables o falses:

a) «Si són molts els venedors en un determinat tipus de mercat, cap d'ells és capaç d'exercir una influència significativa sobre el preu.»

b) «En el mercat oligopolista les empreses miren d'anticipar-se a les reaccions dels consumidors.»

c) «Els drets d'autor dels quals gaudeix l'escriptor d'un llibre li confereixen una situació de monopoli.»

d) «Tots els productes diferenciats pel consumidor són no homogenis, però no tots els productes no homogenis són diferenciats pel consumidor.»

e) «En el mercat de competència perfecta són els consumidors els que fixen el preu.»

23. Formeu frases coherents unint al vostre quadern els elements de la primera columna amb els de la segona.

Un monopoli natural...	...competeixen a través de la publicitat.
En la competència perfecta...	...permet els venedors modificar els preus dels seus productes.
La publicitat...	...només s'acompleix en els mercats de competència perfecta.
Un producte diferenciat...	...pot modelar els gustos i preferències dels consumidors.
Els oligopolis...	...neix a causa de les característiques del mercat en si.
El lliure funcionament de la llei de l'oferta i la demanda...	...cap empresa influeix significativament sobre el preu.
L'existència d'elements monopolistes...	...és típic d'un mercat de competència monopolista.

24. Relacioneu els titulars següents, extrets de la premsa econòmica amb conceptes econòmics estudiats al llarg d'aquesta unitat.

a) «Segueix augmentant la publicitat en horari infantil.»

b) «Competència estudia sancions a les petroleres.»

c) «Renfe anuncia un augment de preus als bitllets de tren.»

d) «Competència multa les línies aèries per pactar els preus durant la Setmana Santa».

- Escriviu dues idees clares i que us semblen fonamentals d'aquesta unitat. Què us ha ajudat a comprendre-les?
- Feu dues preguntes sobre aspectes que no us han quedat clars de la unitat.
- Escriviu dos aspectes sobre els quals us agradaria aprofundir en aquesta unitat.

Interpretem… la competència monopolística

Fa molt, molt de temps, l'animació era una labor artesanal realitzada per legions de dibuixants que, fotograma a fotograma, anaven dibuixant cada escena d'una pel·lícula al ritme de dotze fotogrames per cada segon de metratge. La idea que una sola persona seria capaç de fer una pel·lícula de dibuixos animats ella mateixa, com l'animador Richard Williams intentava a *The Thief and the Cobbler* (un *Aladí* abans d'*Aladí*) era una bogeria. Williams va dedicar vint-i-vuit anys de la seva vida a l'empresa i ni tan sols va poder acabar la feina.

Tanmateix, avui en dia tot ha canviat. Els avenços tecnològics han facilitat ara la competència entre milers d'estudis de tot el món, grans i petits. I l'animació, i especialment l'animació 3D, ens envolta per totes bandes, a la televisió, als videojocs, al cinema, a la publicitat, creant un mercat global enorme.

Algunes xifres de l'animació espanyola

Facturació	510 milions d'euros	Principals centres de producció	Madrid, Barcelona, A Coruña, València
Exportacions	317 milions d'euros		
Ocupació directa	6.675 col·locacions	Creixement del mercat	12 % anual
Companyies	250	Mida del mercat mundial	18.700 milions de dòlars (2018)

El 2017, la Chelo i la Lola van decidir crear una empresa per a produir continguts d'animació i sortir a competir als mercats mundials. La seva propera producció seria *Unicorn Wars,* una pel·lícula que tracta de dos ossets de peluix que cacen unicorns, gràcies a la sang dels quals es mantenen sempre joves. El llargmetratge es basa en un curt que van produir prèviament i que va tenir un gran èxit. Aquí teniu la fitxa provisional de la seva empresa:

www.abano.es

abano produciόns

Contact person

Chelo Loureiro
Producer
chelo@abano.es
+34 698 129 557

Lola Riudoms
Gerente
lola@abano.es
+34 610 806 027

Avenida Xoan Carlos I, 18, 6º B
15670 Culleredo. A CORUÑA. SPAIN
+34 981 33 06 77
chelo@abano.es

ABANO PRODUCIÓNS S.L. Is a company dedicated to the audiovisual production since 2007.
The record of the company is supported by the professional path of the management team, with wide experience in the cultural industries and very concretely in the production of animation projects. Our experience ranges from feature films to shorts, documentaries and TV series in all techniques: 2D, 3D, S3DM, stop motion… With a substantial number of international awards.
The editorial line of this professional is primarily films which include some animation and fantastical elements and which are aimed at a wide range of audiences from children to adults.

20

PORTFOLIO

Patchwork (In production)
Animated short film

The neverending wall (In production)
Animated short film

Breadcrumbs (2016) Fiction feature film

Decorado (2016) Animation shortfilm
- Quinzaine Realisateurs Cannes
- Award Festival Annecy
- Toronto Film Festival
- Curtas Vila do Conde
- Tenerife Shorts
- Best Spanish Shortfilm 3Dwire Festival
- Public Award Milano Film Festival
- AUDIENCE AWARD en ANIMANIMA, Serbia
- Best Animation Shortfilm Vila do Conde Internat.Festival
- Public Award "Niepoort" Vila Do Conde Internat.Festival

FIND US AT:

MIPCOM
CARTOON MOVIE
MIFA
VENTANA SUR
CARTOON FORUM
BERLIN

TV PRODUCTION	CINEMA PRODUCTION	NEW MEDIA & MOBILE	DISTRIBUTION	THIRD-PARTY DISTRIBUTION	ANIMATION SERVICES	MERCHANDISING AGENT	VISUAL FX	OTHER
×	×				×			

Font: http://www.abano.es/nuestras-producciones

Qüestions:

1. D'acord amb el que heu estudiat a la unitat, quin tipus de mercat diríeu que és el de les productores d'animació? Per què?
2. Per què existeixen ara tantes empreses dedicades a l'animació, en lloc d'algunes de molt grans?
3. Quin percentatge de la facturació mundial tenen les empreses espanyoles? Què té d'interessant el sector de l'animació enfront d'altres, si pensem en termes de creixement econòmic?
4. Observeu la fitxa d'Abano, l'empresa de la Chelo i la Lola. Quines tècniques d'animació utilitza? Es dirigeix al mercat de videojocs o al de cinema? Localitzeu i visioneu a Internet almenys un dels seus treballs. Comenteu el que us ha cridat l'atenció.

70% 10:30 AM

El dilema: qui és el culpable?

Llibres, pel·lícules o música estan protegits per les lleis de drets d'autor, que confereixen als seus autors una retribució econòmica per cada còpia que venen. Piratejar una obra implica que l'autor no cobra i que, per tant, no rep un premi per la creació de la pròpia obra. Sense els incentius econòmics per a crear, el més lògic és que, amb el temps, cada vegada es crearà menys. A Espanya se sap tot això, la qual cosa no impedeix que sigui un dels països del món on més descàrregues il·legals es produeixen. A Espanya, i després de la reforma del Codi Penal de juliol del 2015, es castiga a qui distribueix continguts sense autorització dels seus legítims propietaris, però no a qui es descarrega la sèrie o pel·lícula al seu ordinador. En canvi, en altres països de la Unió Europea es castiga els usuaris tant per compartir com per descarregar.

El debat:

Preneu partit per la llei espanyola actual (que castiga els distribuïdors) o per l'alemanya (que castiga els usuaris) i argumenteu-la en un grup de cinc. La posició guanyadora del grup (per consens o majoria) defensarà la posició en un debat final davant un altre grup on ha prevalgut la qüestió contrària.

Proposta de cinema: *El show d'en Truman*

Director: Peter Weir.

Reparto: Jim Carrey, Ed Harris, Laura Linney, Noah Emmerich.

Sinopsi.

Des del seu naixement, una persona protagonitza un xou d'impacte (*reality show*) amb característiques úniques: no sap que ha estat vivint en un plató de televisió gegant ni que la seva vida s'hi ha desenvolupat sempre.

Claus de reflexió.

Publicitat, consumisme, marques.

Qüestions:

1. Per què el protagonista vol escapar d'una vida aparentment perfecta?
2. Com es finança el Show d'en Truman?
3. Com és que part dels actors que participen al xou volen boicotejar-lo?

Vinyeta

6. El mercat de treball

En aquesta unitat aprendreu

- El mercat de treball.
- Productivitat i salaris.
- L'atur.
- Estadístiques d'ocupació.
- Les polítiques d'ocupació.
- Evolució del mercat laboral.

El *mercat laboral* es el més imperfecte de tots els mercats, perquè no hi ha ni un treballador ni un lloc de treball igual que un altre. Aquestes diferències arriben a generar grans *desigualtats salarials,* tot i que hi ha límits mínims per a garantir que els salaris seran dignes. I és que cada treballador acumula un capital humà diferent segons la formació i l'experiència que té i, en general, es guanya més com més *productiu* s'és. Però res garanteix trobar una bona ocupació ni guanyar un bon salari.

L'*atur* o la *desocupació* és el problema principal de les societats desenvolupades, i és especialment greu a Espanya. Per a combatre'l, els Governs analitzen els tipus i les causes de l'atur, i també les *estadístiques,* per a adoptar les mesures oportunes. Però amb independència del que disposen els Governs a través de la *política d'ocupació,* és responsabilitat de cadascú identificar les tendències i oportunitats del mercat de treball per a disenyar un *projecte laboral* de vida que s'acomodarà als nostres desitjos i capacitats.

Què sabeu sobre el mercat de treball?

Què en voleu aprendre?

Què és una política d'ocupació?

Quina relació existeix entre salaris i educació?

Sabeu quins són els filons principals d'ocupació del futur?

«Supertreballadors», aturats i títols

Els «supertreballadors» són els únics que no tenen competència. Una actriu d'èxit, com per exemple la nord-americana Scarlett Johansson, no ha de preocupar-se molt de competidors potencials: és tan capaç en el seu camp que pot aconseguir amb facilitat bones condicions laborals i salarials. Perquè aquest tipus de professionals, molt qualificats i escassos, reuneixen poder de negociació suficient per ells mateixos.

En canvi, els treballadors «normals» ens trobem amb l'obligació de tirar mà de tots els nostres recursos per a millorar la nostra capacitació laboral. I a Espanya molt més, perquè patim un atur crònic i altíssim en comparació amb altres països desenvolupats. Cada dia sentim notícies sobre l'elevat número d'aturats o sobre com els titulats han d'emigrar a l'estranger. Som conscients que aconseguir una bona feina no és qüestió d'atzar o que no hauríem de dependre de la sort per a aconseguir-la?

Una de les solucions a aquest problema passa per la formació. Són desenes de milers de persones les que aconsegueixen un títol d'ESO cada any, però moltes menys les que tenen el Batxillerat o un Cicle Formatiu, per no parlar dels pocs que obtenen un títol universitari.

D'aquí a uns anys, quan us trobeu a l'entrevista per un lloc de treball en el qual competireu amb moltes altres persones, què respondreu quan uns preguntaran: «Què teniu que no tenen els altres»?

Reflexioneu

1. Segons el text, què s'entén per *supertreballador*?
2. Treballar ens costa esforç a tots. Tanmateix, hi ha persones que obtenen per la feina que fan salaris molt més elevats que els d'altres professions. Quins factors diríeu que influeixen pel fet que en una professió es cobren majors salaris que en una altra?
3. En una entrevista de treball d'aquí a uns anys, què creieu que respondreu a la pregunta que tanca el text?

1. El mercat de treball

Des d'un punt de vista econòmic, el *salari* és el preu de treball, i es determina per l'acció conjunta de l'oferta i de la demanda en el mercat de treball.

El **salari** és la remuneració del treball prestat per compte alié.

Però a la pràctica, el salari és molt més. És la font d'ingrés principal de les famílies, de tal manera que condiciona, entre altres, les circumstàncies particulars següents:

- La realització personal i professional dels treballadors.
- El nivell de vida de les famílies.

El salari condiciona la **qualitat de vida** de les famílies, i aquesta condiciona, al seu torn, la qualitat de vida del país, raó per la qual el mercat de treball és sempre matèria d'actualitat econòmica. En el mercat de treball, a diferència dels mercats de béns, on les empreses actuen com a oferents de televisors o llums de peu i les famílies com a demandants, són les empreses qui demanden treball i les famílies qui actuen com a oferents.

! Important

No confongueu a *treballadors per compte aliè* amb *autònoms o treballadors per compte propi*. Els primers estan en plantilla i treballen per compte d'altres, mentre que els segons treballen per a ells mateixos.

1.1. L'oferta i la demanda de treball

El mercat de treball arriba a l'*equilibri* en un nivell de salaris tal que la quantitat de treball ofert pels treballadors coincideix amb la demandada per les empreses. Aquest nivell de salaris es genera pel joc de l'oferta i de la demanda i s'anomena *salari d'equilibri*.

El **salari d'equilibri** és el que aconsegueix l'equilibri del mercat de treball mitjançant el lliure joc de l'oferta i de la demanda (fig. 6.1).

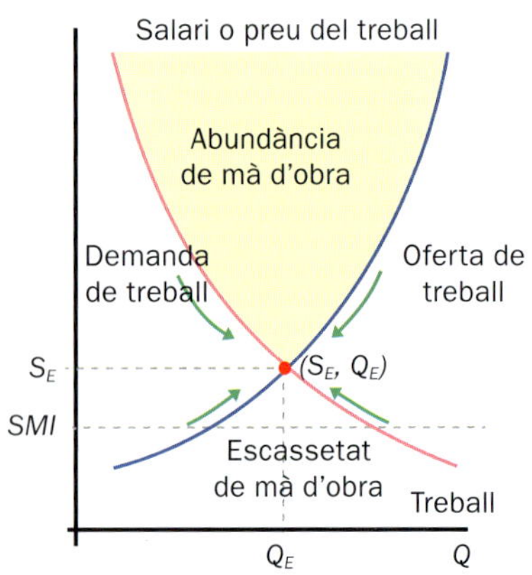

Fig. 6.1. Equilibri del mercat de treball. Independentment del joc de l'oferta i la demanda, els salaris de qualsevol professió han de respectar el SMI que marca el Govern.

L'**oferta de treball**, o quantitat de treball que ofereixen les famílies, depèn dels factors següents:

- Les **característiques de la població.** L'envelliment, les persones que treballen o volen treballar, la formació, etc.
- El **nivell de salaris.** En general, a major salari, major quantitat de població està disposada a treballar o a treballar més hores i viceversa.

  Tanmateix, aquesta relació no es manté de manera indefinida: quan els salaris són ja suficientment alts, moltes persones prefereixen treballar menys per disposar de més temps lliure.

La **demanda de treball**, o quantitat de treball que demanden les empreses, depèn de:

- El **preu del bé o servei produït.** Com més alt és el preu al qual les empreses poden vendre els seus productes, més compensarà contractar nous treballadors per a incrementar la producció.
- La **productivitat dels treballadors.** Entre altres factors que veurem més endavant, la formació i l'experiència dels treballadors repercuteix en el treball que fan. Les empreses decideixen si els compensa la contractació de treballadors en funció de la producció que obtenen gràcies al seu esforç.
- El **nivell dels salaris.** Si augmenta la quantia dels salaris, els costos augmenten i les empreses estan disposades a contractar menys treballadors, i viceversa.

Activitats

1. Com influeix el nivell de salaris sobre l'oferta i la demanda laboral?

2. Quina relació té el preu al qual venen les empreses els seus productes amb la contractació de treballadors?

1.2. L'imperfecte mercat de treball

D'acord amb el que s'ha exposat abans, el mercat de treball funcionaria com un **mercat de competència perfecta**, on el treball seria un servei intercanviable, i seria indiferent la contractació d'un o altre treballador. Però els mercats de treball funcionen de manera **imperfecta** d'acord amb dos factors: la *intervenció del mercat de treball* i el fet que el *treball és un bé diferenciat*, no homogeni.

A. La intervenció del mercat de treball

El treball no fluctua lliurement, sinó que està intervingut per raons d'interès públic. No existeix un límit màxim de salaris, però sí de salaris mínims.

- El **Salari Mínim Interprofessional (SMI)** es fixa i s'actualitza cada any pels Governs per a garantir una vida digna amb independència del tipus de professió i per a evitar els abusos per part de les empreses.
- Els **salaris mínims** s'acorden per sindicats i empreses en els convenis col·lectius segons el tipus de professió, però en qualsevol cas han de respectar el SMI.

Vocabulari

Salari mínim interprofessional (SMI). És el salari mínim a Espanya amb independència de la professió. Els convenis col·lectius (acords entre empreses i treballadors en funció de la professió i el sector) també fixen salaris mínims, però han de respectar el SMI.

B. El treball és un bé diferenciat

Els treballadors no som robots exactament iguals, ni tampoc ho són els llocs de treball de les empreses. En conseqüència, existeixen una sèrie de factors que expliquen les desigualtats salarials: unes són objectives, altres tenen un alt component de subjectivitat i, per a acabar, també n'hi ha d'ètica dubtosa, si no il·legals (taula 6.1):

Factors	Diferències en el capital humà	Diferències compensatòries	Diferències en el talent o les habilitats	Salaris d'eficiència	Discriminació
Descripció	La formació i l'experiència normalment repercuteixen en majors salaris.	Als treballadors que desenvolupen la feina en circumstàncies més exigents se'ls paga més.	La societat està disposada a pagar salaris majors a qui desenvolupa feines reconegudes o valorades socialment.	De vegades les empreses paguen salaris per sobre de la mitjana per a incentivar els treballadors.	Certs col·lectius obtenen majors salaris que altres en condicions iguals de nivell d'estudis i de treball.
Exemple	Un enginyer acostuma a cobrar més que un administratiu.	Nocturnitat, torns, perillositat, idiomes, vestuari...	Cirurgians, artistes, futbolistes, directius, famosos de TV...	Resulten habituals per a retenir treballadors molt qualificats.	Els homes guanyen encara un 20 % més de sou que les dones.

Taula 6.1. Factors que originen diferències salarials.

Activitats

3. Quina funció tenen els convenis col·lectius en la fixació dels salaris?

4. El gràfic següent representa la taxa de desocupació del 2018 d'alguns països. Amb aquestes dades, responeu les preguntes que s'indiquen:

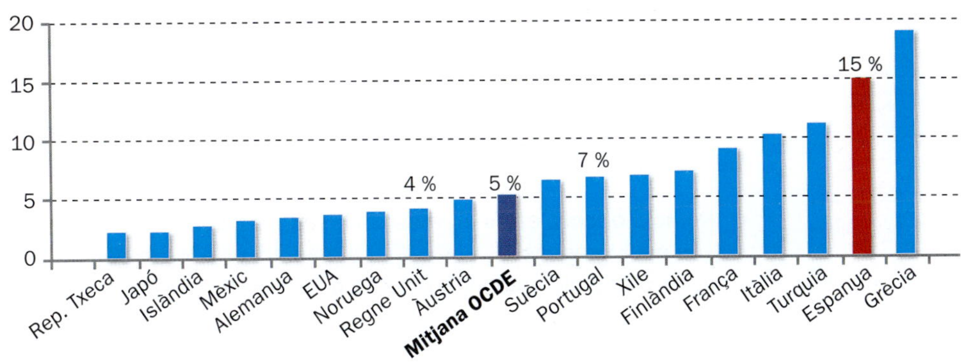

Font: OCDE (Taxa harmonitzada de desocupació, 2018)

a) Què vol dir que al Regne Unit la taxa de desocupació és del 4 %, mentre a Espanya és del 15 %?

b) Si Espanya és més rica, com s'explica que Portugal tingui menys desocupació?

c) Alguns economistes entenen que les altes taxes europees d'atur són el resultat de polítiques públiques amb salaris mínims alts i prestacions d'atur elevades. A què es refereixen exactament?

Formació professional
Reglada
A aquesta formació s'hi accedeix normalment amb el títol de l'ESO per a obtenir el títol de tècnic, o el de Batxillerat, per al de tècnic superior. Els cicles formatius pretenen oferir una formació polivalent i reciclable per a l'activitat professional que permet adaptar-se als canvis laborals i tecnològics. Fins i tot és possible ja una modalitat semipresencial per a adults a través de plataformes educatives en lína *(online)*.
Ocupacional
Gestionada pel SEPE i les Comunitats Autònomes, aquest tipus de formació es dirigeix a desocupats i demandants de la primera feina.
Contínua
Està dirigida als treballadors ocupats. Els últims anys ha augmentat notablement l'esforç de les empreses per formar els seus treballadors.

Taula 6.2. Formació professional.

EUA	12.424
Alemanya	10.863
Espanya	8.189
Argentina	4.058
Turquia	3.715
Indonèsia	1.480

Taula 6.3. Despesa anual per estudiant no universitari en dòlars el 2016 (Font: OCDE).

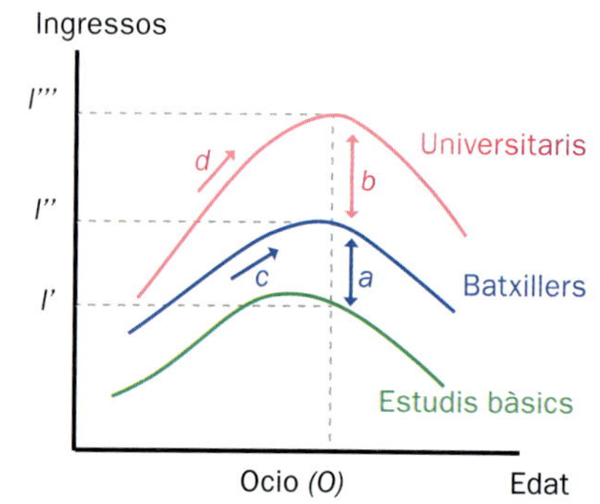

Fig. 6.2. Model del nivell d'estudis referit al nivell d'ingressos dels treballadors (adaptat de: Manuel Salas Velasco).

2. Productivitat i salaris

Si en condicions iguals, un treballador produeix més que un altre, es diu que és més *productiu*. Igualment, es diu que els treballadors que són capaços de millorar la producció que tenen respecte del passat es tornen més *productius*. I les empreses paguen més a qui és més productiu perquè, alhora, elles obtenen més beneficis.

La **productivitat del treball** mesura la relació entre la producció obtinguda i la quantitat de treball aplicat.

Els **factors** que repercuteixen sobre la productivitat dels treballadors són:

- **El capital humà.** En general, com major és la formació d'un treballador i l'experiència que té, major és la productivitat que té.
- **Els béns de producció fets servir**. Igual que els treballadors no són intercanviables, molts béns de producció tampoc ho són.
- **Els avenços tecnològics.** En general, els avenços tecnològics estan suposant la substitució del *factor treball* pel *factor capital* (màquines). Aquest fet està motivant que els treballadors cada vegada es formen més per a evitar ser «substituïbles» per màquines.

A. El capital humà

El *capital humà* és molt més que una col·lecció de títols acadèmics o certificats d'antiguitat laboral. Certament, abarca factors **objectius,** com la formació o l'experiència, però altres són tan **subjectius** com l'educació, l'hàbit de feina, la fiabilitat, la iniciativa, el carisma, la creativitat, la constància o l'honestedat.

El **capital humà** és el conjunt de coneixements, capacitats i actituds que acumulen les persones gràcies a la formació i l'expeciència que tenen.

Incrementar el capital humà d'un país requereix recursos i accions de formació contínua al llarg de la vida del treballador, però des del punt de vista econòmic demostra ser una bona inversió: els països rics són els que més inverteixen en formació (Taula 6.3). De fet, les diferències de productivitat amb origen en el capital humà entre països rics i pobres expliquen les diferències salarials entre uns països i altres. Mentre els països rics inverteixen molt en la formació dels seus ciutadans, els països pobres gairebé no se la poden permetre.

Ingressos i nivell d'estudis

Com major és el nivell d'estudis, major és la productivitat i, per tant, els ingressos dels treballadors, tant per compte propi com per compte alliè (fig. 6.2). Els trets que caracteritzen la relació que existeix entre els ingressos i el nivell d'estudis són els següents:

- **Relació directa entre ingressos i nivell d'estudis.** Com major és el nivell d'estudis, majors són els ingressos (*I''' > I'' > I'*) i, a més, l'ingrés és superior en els treballadors amb major nivell d'estudis amb independència de la seva edat.
- **El punt d'inflexió de l'oci *(O)*.** Els ingressos augmenten amb l'edat, arriben a un màxim en el punt *(O)*, i llavors decreixen perquè, aconseguits certs nivells, els treballadors prefereixen l'oci a seguir incrementant el seu nivell d'ingressos.
- **Diferència d'increment creixent.** La diferència salarial entre els diversos nivells creix com major és el nivell d'estudis (*b > a*).
- **Pendent més pronunciada en els nivells alts.** Com major és el nivell d'estudis, més ràpid augmenten els ingressos a mesura que avança l'edat (*d* més pronunciada que *c*).

B. Béns de producció emprats

Certes màquines, mitjans de transport, instal·lacions, etc. són més productius que altres i afavoreixen, al seu torn, que el treballador també ho serà. La utilització de béns de producció de major qualitat acostuma a dependre de la R+D+I, que és la que dona a llum la invenció de mètodes de producció nous o millors.

C. Avenços tecnològics i salaris

Els avenços tecnològics propicien un efecte de **cercle viciós** sobre els treballadors no qualificats, perquè a causa que els salaris són menors per la baixa productivitat, es redueix la demanda que se'n fa (són substituïbles per màquines) i augmenta la demanda de treballadors qualificats. Com a conseqüència, disminueixen els salaris i l'ocupació dels treballadors menys qualificats (fig. 6.3).

> **Reflexioneu**
>
> **La «bretxa salarial»**
>
> Ajustant per sectors i nivell educatiu equivalents, una dona de 30 anys a Espanya guanya un 4,69 % menys que un home. Tanmateix, a partir d'aquesta edat la bretxa es dispara fins arribar al 17,21 %. Quins creus que són els motius d'aquesta diferència salarial tan gran?

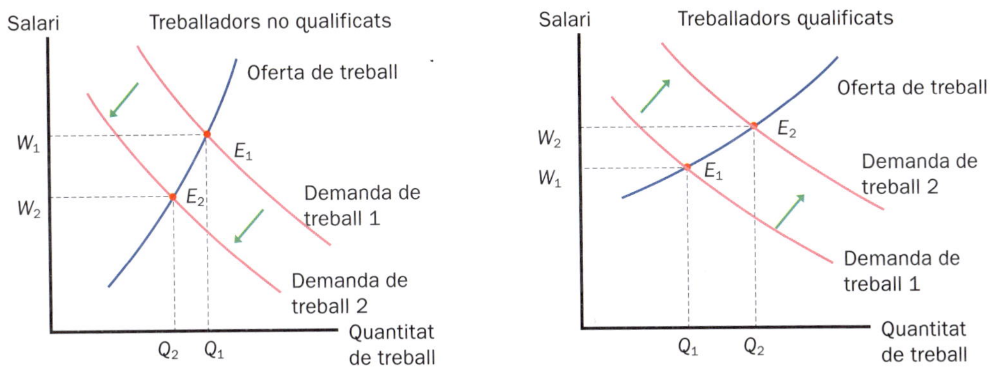

Fig. 6.3. Relació entre l'oferta i la demanda d'ocupació de treballadors qualificats i no qualificats.

Periscopi 1. Salaris, nivell d'estudis i desocupació

Les dues gràfiques següents relacionen el nivell d'estudis amb el salari i la desocupació.

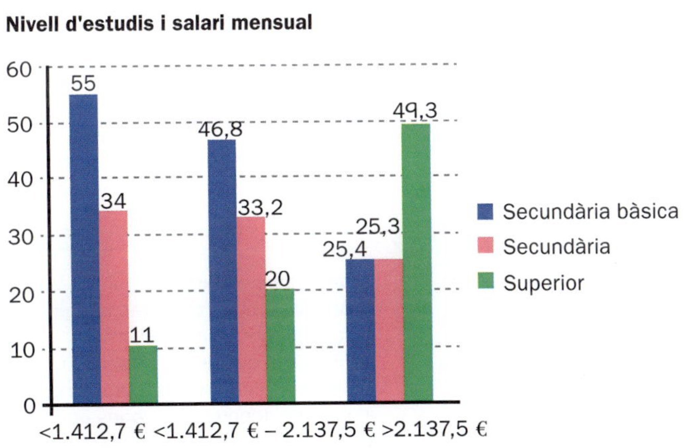

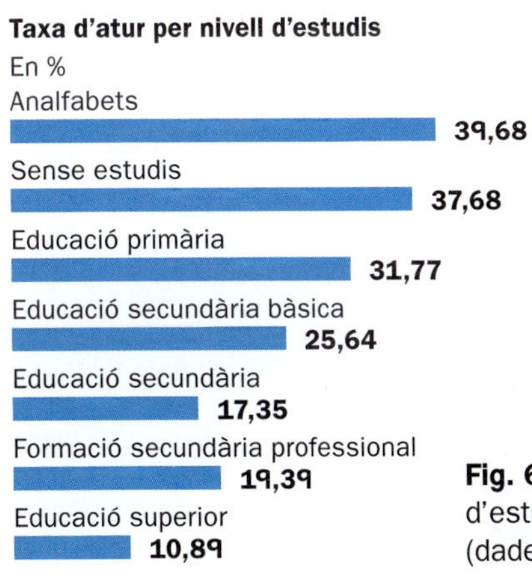

Fig. 6.4. Relació entre nivell d'estudis, salari i desocupació (dades: INE).

Reflexioneu:

a) Quin nivell d'estudis han aconseguit els treballadors amb menor i major tram salarial?

b) Quin tipus de relació sembla que existeix entre el nivell d'estudis i el salari mensual? I amb la taxa d'atur?

c) A més del salari, quines altres diferències diries que existeixen entre els treballs amb menor i major qualificació?

d) Com mostra la gràfica, hi ha treballadors amb molta qualificació, però amb salaris baixos. Per què creieu que passa això?

Activitats

5. Com afavoreix la R+D+I la productivitat dels treballadors?

6. A què fa referència el concepte *capital humà*?

7. Quina relació directa és possible establir entre la productivitat, el capital humà i la riquesa de país?

8. Quina opinió us mereix la bretxa salarial? Com la resoldríeu?

3. La desocupació

L'absència de treball (l'*atur* o *desocupació*) és un dels problemes més greus per a les societats desenvolupades. Per això, un objectiu prioritari de qualsevol Govern és protegir els desocupats, i també **crear ocupació**. A Espanya aquest problema és encara més **greu**, perquè s'arrossega des de la dècada dels setanta i ens situa al capdavant dels països europeus pel que fa a aquest problema.

> ***Reflexioneu***
>
> **La discriminació positiva**
>
> El mercat de treball és molt competitiu i no sempre atén a consideracions ètiques. En canvi, les democràcies, sí que paren atenció a valors tals com la justícia, la igualtat o l'equitat. Com que grups de persones determinats pateixen una situació de greuge respecte de les altres, les lleis les afavoreixen expressament. És el que s'anomena **discriminació positiva.**
>
> En el cas del mercat laboral, existeixen **col·lectius** que pateixen amb major intensitat la desocupació: joves entre 16 i 24 anys, discapacitats, dones, majors de 45 anys i aturats de llarga durada (persones que porten més d'un any desocupats). Per això, els Governs incentiven a qui contracta treballadors que formen part d'aquests col·lectius.

3.1. Tipus de desocupació

No tot l'atur és igual, sinó que n'hi ha de diversos tipus. En funció de les **causes** que el provoquen, existeixen quatre tipus de desocupació: *cíclica* o *conjuntural*, *estacional*, *friccional* i *estructural* (taula 6.4)

	Descripció	Mesures correctores
Cíclica o conjuntural	A les economies on el mercat és l'assignador principal de recursos, l'activitat empresarial es troba subjecta als vaivens de la iniciativa privada i, en conseqüència, a la successió de fases d'**expansió i recessió**. La desocupació cíclica augmenta notablement durant les èpoques de recessió, mentre que disminueix en les etapes d'expansió.	Per a reduir la incidència d'aquest tipus d'atur, el sector públic mira de **suavitzar la transició** entre els diversos cicles econòmics, procurant que l'oferta de treball no variarà significativament a causa de la conjuntura econòmica.
Estacional	Es deu a l'existència de certes activitats que només requereixen mà d'obra en deternminades èpoques de l'any. Per exemple, a Espanya disminueix molt la taxa de desocupació durant la temporada alta de turisme.	**Diversificar** l'estructura productiva per a no dependre excessivament de les activitats estacionals és una mesura habitual per a combatre aquest tipus de desocupació.
Friccional	És una **desocupació voluntària** de persones que, tot i poder estar treballant, desitgen, per exemple, trobar una feina millor que l'anterior.	La millora del **mercat d'intermediació laboral** (SEPE, ETT, consultors de Recursos Humans, etc.) per a facilitar la trobada entre treballadors i empreses.
Estructural	Respon als **desajustos entre l'oferta de treball** que proposen els empresaris i les **demandes d'ocupació** que sol·liciten els treballadors. Fonamentalment, aquest tipus de desocupació té l'origen en el fet que la formació tècnica dels treballadors és inadequada a les vacants o en l'excés de sol·licitants d'un determinat lloc de treball en relació amb les vacants. L'atur estructural és el **més preocupant**, perquè tendeix a perdurar. Es produeix en regions determinades o en certes branques d'activitat. És conseqüència de la inadequada estructura econòmica, principalment per l'existència d'activitats productives en regressió.	Aquest tipus d'atur està molt relacionat amb el **canvi tecnològic**, perquè determinades activitats productives queden desfasades i, si no es regenera el teixit productiu a un ritme adequat, les zones on s'emplacen aquestes activitats acabaran per perdre les possibilitats de crear ocupacions noves fins caure en la recessió econòmica. Lògicament, el volum d'aquest tipus de desocupació dependrà del volum de l'activitat en regressió que existeix en relació amb el conjunt de l'activitat econòmica de cada país. Les iniciatives de **formació i reciclatge** de la mà d'obra ajuden a la llarga a reduir aquest tipus de desocupació, en la mesura que permeten reorientar la força de treball cap a sectors amb major demanda.

Taula 6.4. Tipus de desocupació.

Fig. 6.5. Treballadores en una fàbrica de mitjans del segle xx. La incorporació de la dona al mercat laboral va ser i és un dels factors que explica el benestar i la riquesa aconseguits pels anomenats països desenvolupats.

3.2. Causes de la desocupació

Si bé no hi ha unanimitat a l'hora de determinar les causes de la desocupació, existeixen dos grups de **teories** contraposades: la *teoria neoclàssica* i la *keynesiana* (taula 6.5).

Teories	Descripció	Recomanacions
Neoclàssica	L'atur desapareixerà si funciona lliurement la **llei de l'oferta i la demanada**. Davant d'un excés d'oferta de mà d'obra, els salaris baixarien i les empreses contractarien els treballadors sobrants. Però el mercat laboral no fluctua lliurement, sinó que està intervingut per raons d'interès públic: per una banda, els Governs estableixen un salari mínim interprofessional (SMI) per a evitar els abusos dels empresaris i, per una altra, els sindicats fixen salaris mínims segons el tipus de professió mitjançant els convenis col·lectius. A més, l'existència de costos d'acomiadament actuaria com una barrera per a reemplaçar els treballadors menys productius.	**Flexibilització laboral,** és a dir, eliminar les traves i costos per a contractar i acomiadar. El **sector públic** ha d'intervenir com menys sigui possible.
Keynesiana	El problema rau en què les societats **no demanden** els béns i serveis suficients com per a ocupar tots els treballadors disponibles.	El **sector públic** ha d'intervenir en l'economia per a crear ocupació.

Taula 6.5. Explicacions teòriques sobre les causes de la desocupació.

Periscopi 2. La controvertida flexibilització laboral

Alguns empresaris són partidaris de la **flexibilització laboral,** perquè eliminar les traves per a acomiadar o contractar més barat els permetria, afirmen, reduir costos i millorar la productivitat. La millora consegüent de la situació empresarial gràcies a l'augment de la competitivitat faria possible, segons ells, contractar més treballadors dels que haurien acomiadat anteriorment.

Reflexioneu:

a) A quina teoria sobre la causa de la desocupació pertany aquest argument? Per què els treballadors no estan d'acord amb la flexibilització laboral?

b) Escolliu un país europeu on us plantejaríeu treballar. Quin és el seu salari mitjà? I el seu salari mínim? Quant costa allà acomiadar un treballador? Compareu els resultats de la vostra investigació amb els d'Espanya i comenteu-los.

Activitats

9. Quin tipus d'atur és el menys preocupant? I el que més? Per què?

10. El turisme és una de les «locomotores» de l'economia espanyola, però com a activitat estacional que és, genera la desocupació del mateix nom. Quines solucions es proposen per a combatre aquest tipus de desocupació?

11. Les teories que miren d'explicar les causes de la desocupació són radicalment oposades. Citeu i descriviu els punts de desencontre.

12. Per què la majoria dels països fomenten la discriminació positiva en matèria laboral?

13. El gràfic següent representa l'evolució de la taxa de desocupació a Espanya des del 1975 fins el 2017. A partir d'aquest, responeu les preguntes següents:

a) Per què va augentar l'atur després de la caiguda de la dictadura?

b) Com va contribuir la construcció a pal·liar el problema de l'atur?

c) Quins efectes va tenir sobre l'ocupació la recuperació del PIB a partir del 2012?

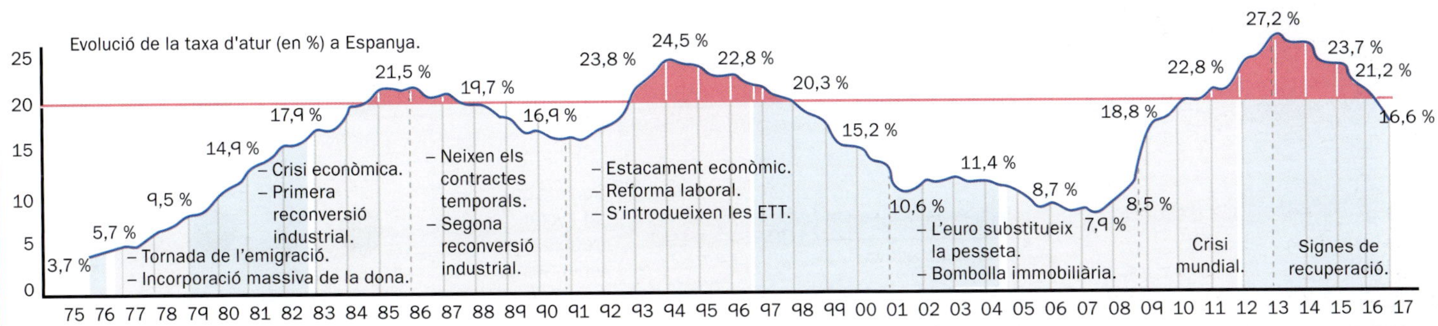

4. Estadístiques d'ocupació

> ***Sabíeu que...?***
>
> La paraula «estadística» procedeix del terme estat (del llatí, *status*) entès com la situació en la qual es troba una persona o cosa. Aquest concepte va ser utilitzat per primera vegada a l'Alemanya del segle XVIII per a referir-se a la recol·lecció de dades i documents útils per a l'Administració de l'Estat.

El referent principal de qualsevol mercat laboral és la *població* de la qual es nodreix. La **població** és el número total de persones que viuen en una àrea geogràfica determinada. Però no tota la població participa igualment en els processos productius de manera que, per a facilitar la seva anàlisi, és habitual dividir la població en **grups homogenis**.

4.1. Els grups de població

Els grups de població en funció del grau de participació que tenen en el procés productiu són la població **en edat de treballar**, la població **activa** i la població **inactiva** (fig. 6.6).

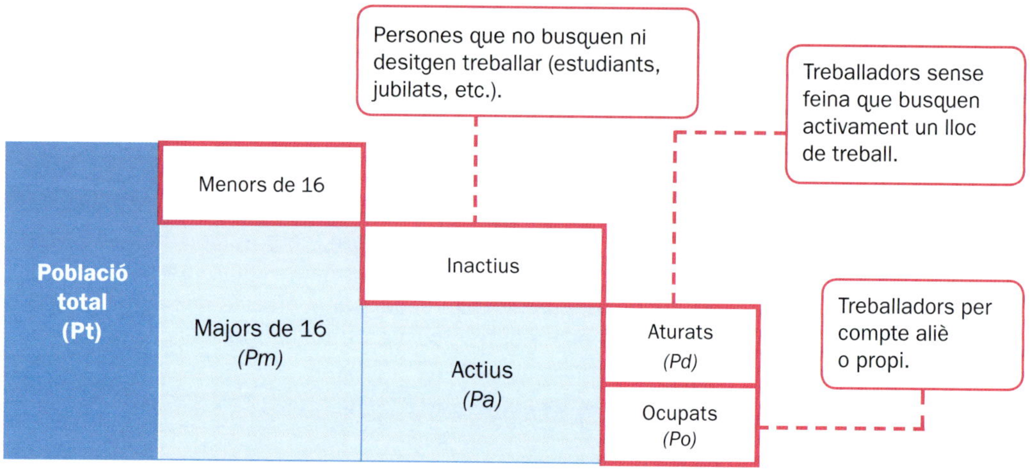

Fig. 6.6. Grups de població des d'un punt de vista laboral.

Una vegada agrupada la població en les categories descrites es fan les *estadístiques d'ocupació*. Per al sector públic, les **estadístiques d'ocupació** són un instrument fonamental a l'hora d'articular mesures per a combatre l'atur. Els organismes públics encarregats de fer-les són l'**Institut Nacional d'Estadística (INE)** i els observatoris ocupacionals dependents del **Servei Públic d'Ocupació Estatal** (**SEPE** per les seves sigles en espanyol) o de les Comunitats Autònomes.

4.2. Les taxes d'ocupació

Les estadístiques d'ocupació utilitzen uns indicadors específics o **taxes**, d'acord amb la taula 6.6:

				Poden treballar	Desitgen treballar	Treballen
Taxes	Taxa d'activitat (*Ta*)	$Ta = \frac{\text{Població activa}}{\text{Majors de 16}} \cdot 100 = \frac{Pa}{Pm} \cdot 100$	Són tots els que poden treballar en un país.	🟢	🟢	
	Taxa d'ocupació (To)	$To = \frac{\text{Població ocupada}}{\text{Majors de 16}} \cdot 100 = \frac{Po}{Pm} \cdot 100$	Són els qui desitgen treballar i tenen feina.	🟢	🟢	🟢
	Taxa d'atur (*Tat*)	$Tat = \frac{\text{Població desocupada}}{\text{Població activa}} \cdot 100 = \frac{Pd}{Pa} \cdot 100$	Són els qui, tot i voler treballar, no tenen feina.	🟢	🟢	🔴

Taula 6.6. Taxes utilitzades per l'INE en les estadístiques d'ocupació.

4.3. Les estadístiques d'ocupació

Els conceptes i les taxes vistos en l'apartat anterior són utilitzats per diverses estadístiques o fonts d'informació sobre l'ocupació, que es recullen a la taula 6.7:

Enquesta de Població Activa (EPA)	Cada trimestre, l'**INE** fa una enquesta a 65.000 llars per tal fi d'aconseguir dades relatives a l'ocupació existent, cosa que, a efectes estadístics, equival a entrevistar 180.000 persones, aproximadament.	INE Instituto Nacional de Estadística
Xifres d'afiliació a la Seguretat Social	La **Seguretat Social** és un organisme públic que garanteix assistència sanitària i prestacions suficients que cobreixen les necessitats del treballador i la seva família. Per a tenir dret a aquestes prestacions, a part d'abonar unes quotes mensuals mentre s'està treballant, és obligatòria la inscripció del treballador. S'obté, per tant, informació a partir del número i de les característiques dels contractes registrats. La classe d'ocupació que crea un país, determinada pel tipus de contractes registrats en aquest organisme (temporals/fixes, agricultura/indústria/serveis...), és una variable crucial per decidir les **polítiques d'ocupació**.	SeguridadSocial
Dades del SEPE	Aquest organisme públic mesura la desocupació i té en compte exclusivament els que hi ha inscrits (**atur registrat**). No engloba una nombrosa població activa amb capacitat i desig de treballar però que no està inscrita. Aquestes últimes persones formen el que es coneix com a «**atur desanimat**». A efectes estadístics, no figuren com a demandats d'ocupació i són comptabilitzats dins de la població inactiva.	Servicio Público de Empleo Estatal SEPE

Taula 6.7. Fonts d'estadístiques d'ocupació.

Activitat resolta 1. Les estadístiques de l'EPA

A partir de les dades del tercer trimestre (en milers de persones) recollides per l'EPA per a un any determinat, confeccionem la taula següent:

Tercer trimestre (3T)			
	Total	Homes	Dones
Població 16 anys i més	38.912,4	18.920,1	19.992,3
Actius	22.854	12.272	10.582
• Ocupats	19.528	10.662,4	8.865,6
• Aturats	3.326	1.609,6	1.716,4
Inactius	16.058,4	6.648,1	9.410,3

Calculeu i interpreteu:

a) La taxa d'activitat del conjunt de la població espanyola del 3T.

b) La taxa d'atur de les dones del 3T.

c) La taxa d'ocupació dels homes del 3T.

d) La variació percentual del total de la població aturada entre el 3T i el 2T sabent que el 2T va ser de 3.161.900 persones.

Solució:

a) **Taxa d'activitat total, 3T**: per cada 100 persones del total de la població, 58 són població activa:

$$Ta \text{ (els dos sexes), 3T} = \frac{22.854}{38.912,4} \cdot 100 = 58,73\ \%$$

b) **Taxa d'atur de les dones, 3T**: per cada 100 dones de la població activa, 16 es troben a l'atur:

$$Tat \text{ (dones), 3T} = \frac{1.716,4}{10.582} \cdot 100 = 16,22\ \%$$

c) **Taxa d'ocupació dels homes, 3T**: per cada 100 homes de la població en edat de treballar, 56 tenen feina:

$$To \text{ (homes), 3T} = \frac{10.662,4}{18.920,1} \cdot 100 = 56,35\ \%$$

d) **Variació percentual de la població a l'atur del 3T respecte del 2T**: per cada 100 persones a l'atur que hi havia el 2T, n'hi ha 5 més al 3T:

$$\text{Atur, 2T} - \text{3T} = \frac{\text{Atur 3T} - \text{Atur 2T}}{\text{Atur 2T}} \cdot 100 =$$

$$= \frac{3.326 - 3.161,9}{3.161,9} \cdot 100 = 5,19\ \%$$

Activitats

14. De les estadístiques d'ocupació mencionades, quina creieu que és més determinant per a la sostenibilitat de les pensions i de l'Estat Social? Raoneu la vostra resposta.

15. D'entre les dades del SEPE i de l'EPA, quina ens donarà una major taxa de desocupació? Per què?

5. Les polítiques d'ocupació

Una vegada analitzats els indicadors i les estadístiques, els Governs adopten mesures oportunes per a reduir les xifres de l'atur i, alhora, protegir qui el pateix. Això és el que anomenem *polítiques d'ocupació*.

La **política d'ocupació** és un conjunt de mesures que tenen com a objectiu principal reduir l'atur d'una economia.

L'ampli ventall de mesures que integren la política d'ocupació (Taula 6.8) es poden classificar en funció dels paràmetres següents:

- El **tipus de política.** El grup de mesures que miren de prevenir la desocupació mitjançant la creació directa de llocs de treball o l'augment del número d'ocupacions s'anomenen **mesures actives**. En canvi, les mesures destinades a pal·liar els efectes de la desocupació s'anomenen **passives**.
- Els **destinataris.** Són les **empreses** (la demanda laboral), la **població activa** (l'oferta laboral) i, dins d'aquesta última categoria, els **aturats.**

Tipus de política	Destinataris		Objectiu	Mesures
Actives	Empreses (demanda laboral)		Potenciar l'activitat econòmica	• Inversió pública amb creació de llocs de treball (per ex.: obra pública, millora d'infraestructures...). • Ajuts a les pimes per a la creació d'empreses noves; incentius fiscals a la creació d'ocupació, subvencions, ajuts públics a joves emprenedors. • Ajuts públics a les empreses per a la contractació de treballadors de col·lectius amb dificultats especials per a trobar feina (per ex.: dones, joves, majors de 45 anys...). • Ajuts per a la introducció de noves tecnologies R+D+I (Recerca, Desenvolupament, Innovació) per a augmentar la productivitat de les empreses i la competitivitat enfront les empreses estrangeres.
	Població activa (oferta laboral)	**Ocupats i aturats**	Augmentar la productivitat dels treballadors	• Adaptar els sistemes educatius a les necessitats dels mercats (per ex.: noves titulacions oficials, canvis de programes d'estudi...). • Formació professional a treballadors amb dificultats per a inserir-se en el mercat laboral (per ex.: treballadors en atur estructural que necessiten un reciclatge professional...), a través d'escoles taller, cursos, formació continuada a treballadors en actiu...
			Reduir la població activa	• Reducció de la població activa amb jubilacions anticipades i susbtitució per joves per a reduir l'atur juvenil. • Ampliació de l'educació obligatòria per a retardar la incorporació al mercat laboral. • Repartiment de l'ocupació, reduint la jornada laboral. • Eliminació de les hores extres i de la pluriocupació d'alguns treballadors. • Flexibilització del mercat laboral, fomentant el treball a temps parcial, que pot ser beneficiós per a algunes empreses i treballadors.
Passives		**Aturats**	Millorar la situació econòmica i laboral dels aturats	• Ajuts per a facilitar la mobilitat laboral entre treballadors de zones amb diverses taxes de desocupació. • Millorar els serveis d'intermediació laboral (actuen entre l'oferta i la demanda; SEPE i altres organismes). • Subsidis de desocupació; ajuts a famílies sense recursos, possibilitat d'anticipar el cobrament de tota la prestació per a crear noves empreses.

Taula 6.8. Mesures de polítiques d'ocupació en funció del tipus de política i dels seus destinataris.

Periscopi 3. Desocupació, globalització i salaris

En els últims anys, ha augmentat la diferència de salari real entre els treballadors qualificats i els no qualificats (fig. 6.7). Això està causat perquè com que els mercats s'han globalitzat (són internacionals en comptes de nacionals o locals), la competència ha augmentat notablement, i això ha repercutit, al seu torn, en un augment d'especialització i, per tant, de la productivitat.

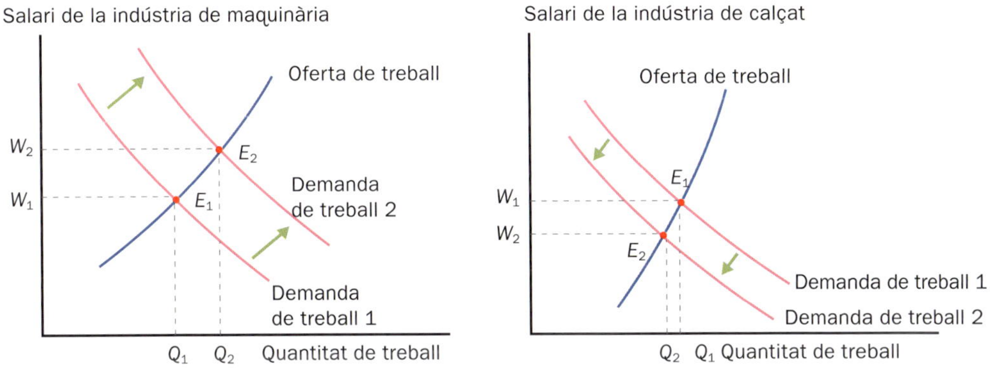

Fig. 6.7. Globalització i desocupació en la indústria del calçat.

Reflexioneu:

a) La globalizació implica més especialització. Però, què suposa l'especialització en termes de quantitat i qualitat de la producció?

b) Abans de la globalització i del comerç internacional, el salari real en els sectors de la maquinària i del calçat coincidien. Què han suposat aquests fenòmens per als treballadors dels dos sectors?

c) Com creieu que ha canviat la globalització les condicions del treballador tèxtil? I les dels programadors? Argumenteu la vostra resposta a partir del que heu après sobre els treballadors de maquinària i sabates.

Fig. 6.8. Jove emprenedora. Un treballador que decideix crear el propi lloc de treball no té preu, raó per la qual les diverses Administracions subvencionen i promocionen les iniciatives empresarials, sobretot si provenen de joves o col·lectius desafavorits.

Activitat resolta 2. Desocupació i mesures correctores

Classifiqueu les mesures següents segons el tipus de política, els seus destinataris i l'objectiu:

Solució:

	Tipus de política	Destinataris	Objectiu
Reduir l'edat de jubilació als 60 anys.	Activa	Ocupats i aturats	Reduir la població activa.
Ajudar la contractació de menors de 25 anys.	Activa	Empreses	Potenciar l'activitat econòmica.
Anticipar el cobrament de l'atur per a crear una empresa.	Passiva	Aturats	Millorar la situació econòmica i laboral dels aturats.
Adaptar estudis dels cicles formatius a la realitat empresarial.	Activa	Ocupats i aturats	Augmentar la productivitat dels treballadors.

Activitats

16. Quin sentit té incentivar les activitats relacionades amb les noves tecnologies per a combatre l'atur estructural?

17. Assenyaleu si les mesures següents sobre política d'ocupació incideixen sobre l'oferta o la demanda laboral: creació d'oficines d'ocupació, subvencions per a creació d'empresa, bonificacions per a contractar, afavorir les jubilacions, prestacions d'atur, bonificacions per a convertir contractes temporals en fixos, cursets de formació i flexibilització laboral.

18. Classifiqueu les mesures següents d'atenció a la desocupació en funció del tipus de política, dels seus destinataris i dels objectius: ampliar l'obligatorietat d'estudiar fins els 18 anys, cursets d'informàtica per a les persones aturades majors de 55 anys, incentius fiscals per a la contractació de joves i ajuts a famílies sense recursos.

6. Evolució del mercat laboral

Segons dades del Banc Mundial, vuit de cada deu nens que a l'actualitat tenen vuit anys, treballaran quan seran adults en activitats que avui no existeixen. Encara més, s'estima que entorn de la meitat dels treballs actuals estan en perill de desaparició a causa de la progressiva automatització que pateixen. Els llocs de treball més segurs són aquells en els quals els treballadors són difícilment substituïbles per màquines, i dins d'aquests, els més qualificats. I és que com més qualificats, menys substituïbles són els treballadors.

Fig. 6.9. Investigació en laboratori farmacèutic. La productivitat de les màquines ha desplaçat la mà d'obra a altres ocupacions.

6.1. Tendències d'ocupació

A la UE són identificables certs factors a llarg termini com a afavoridors de noves demandes de la societat i, per tant, d'ocupació potencial.

Les **tendències d'ocupació** són línies generals que identifiquen les noves demandes de la societat i, per tant, amb gran capacitat per a generar ocupació o oportunitats de negoci.

En tots els sectors amb potencial per a crear ocupació hi ha al darrere la component tecnològica, directament o indirectament.

- **Indústria de l'oci.** La incorporació de les noves tecnologies ha generat una reducció de les hores de treball que, alhora, ha incrementat la demanda de la indústria de l'oci.
- **Economia verda.** És creixent la demanda i la inversió en productes i serveis ecològics, amb la conseqüent expansió d'indústries i llocs de treball directament vinculats amb el sector del medi ambient.
- **Economia circular.** Es creu que l'economia circular (el conjunt dels sistemes d'aprofitament dels recursos on prima la reducció del consum, la reutilització i el reciclatge) pot arribar a generar fins a tres milions de llocs de treball a la UE el 2030, 160.000 dels quals serien a Espanya.
- **Serveis de cures.** La digitalització produeix també, com a conseqüència de la demanda induïda, efectes positius en ocupacions de baix contingut tecnològic, però amb una component «humana» alta.
- **Qualitat de vida.** L'increment de la renda i el nivell cultural de les societats desenvolupades, fruit en molts casos de la productivitat relacionada amb la tecnologia, genera noves oportunitats d'ocupació, sobretot en els entorns urbans.

Sabíeu que...?

A la Unitat 14 aprofundirem en les característiques de l'**economia circular** associada al desenvolupament sostenible.

6.2. Oportunitats d'ocupació

Les línies generals que assenyalen les tendències d'ocupació al llarg termini es concreten en activitats econòmiques que presenten les característiques següents:

- Cobreixen necessitats socials insatisfetes.
- Existeix demanda i és molt més elevada que l'oferta.
- Tenen un àmbit de producció o prestació local.
- Posseeixen un alt potencial en la generació de llocs de treball.

A les activitats econòmiques que reuneixen aquestes característiques se les anomena *filons d'ocupació.*

Els **filons d'ocupació** són activitats econòmiques desenvolupades de manera local i amb alta capacitat de generació d'ocupació, d'acord amb la seva demanda elevada.

Els àmbits locals on es desenvolupen els nous filons d'ocupació són els que recull la taula 6.9.

Tendència relacionada	Àmbit local	Treballs relacionats	Grups d'ocupacions
Serveis de cures	Vida diària	Amb l'atenció a persones dependents per motius de salut, familiars, laborals o educacionals.	1. Serveis a domicili • 2. Atenció a la infància • 3. Noves tecnologies de la informació i la comunicació • 4. Ajuda a joves amb dificultats.
Qualitat de vida	Vida diària	Amb l'increment de la qualitat de vida a la llar i a les ciutats.	5. Millora de l'habitatge • 6. Seguretat • 7. Transports col·lectius globals • 8. Aprofitament dels espais públics urbans • 9. Comerços de proximitat • 10. Gestió de l'energia.
Indústria de l'oci	Cultura i oci	Amb el fet de gaudir del temps lliure com viatges, esports o cultura.	11. Turisme • 12. Sector audiovisual • 13. Patrimoni cultural • 14. Desenvolupament cultural local • 15. Esport.
Economia verda Economia circular	Medi ambient	Amb les preocupacions medioambientals de la societat.	16. Tractament de residus • 17. Gestió de l'aigua • 18. Protecció i manteniment de les zones naturals • 19. Regulació i control de la contaminació i instal·lacions corresponents.

Taula 6.9. Nous filons d'ocupació identificats en el marc de la Unió Europea i detallats en el llibre blanc *Creixement, Competitivitat i Ocupació*, més conegut amb el nom d'*Informe Delors*.

Periscopi 4. Salaris, càrrecs i sectors d'ocupació

A l'actualitat, l'estructura de salaris segons el sector d'ocupació i el càrrec es calcula per sexes, amb mostres suficientment representatives (taula 6.10).

Guany anual mitjà per sector d'ocupació

	Total	Dones	Homes
D. Subministrament d'energia	50.992,09	44.147,19	52.959,98
K. Activitats financeres	42.684,65	36.939,55	49.257,63
J. Informació i comunicacions	32.448,31	28.834,47	34.475,06
B. Indústries extractives	32.400,69	35.133,36	31.968,68
O. Administració pública	29.134,91	27.547,36	30.712,29
C. Indústria manufacturera	26.698,42	22.261,93	28.256,20
M. Activitats professionals	26.520,32	21.942,88	31.967,20
E. Subministrament d'aigua	26.319,91	23.184,64	27.154,16
Q. Activitats sanitàries	25.955,32	23.655,12	33.723,10
H. Transport i emmagatzematge	23.611,32	22.176,39	24.010,10
P. Educació	22.289,73	21.622,53	23.662,96
F. Construcció	22.163,46	20.361,67	22.460,86
L. Activitats immobiliàries	20.899,35	17.809,07	25.172,74
G. Comerç	19.781,40	16.726,51	22.826,01
R. Activitats artístiques	17.525,18	15.209,43	19.367,34
N. Activitats administratives	16.139,11	13.309,47	19.749,55
S. Altres serveis	15.782,15	13.687,57	20.195,94
I. Hostaleria	14.125,34	12.608,92	15.907,90
Total d'activitats	**23.156,34**	**20.131,41**	**25.924,43**

Guany anual mitjà per càrrec

	Total	Dones	Homes
A. Directors i gerents	50.530,80	43.718,01	54.142,69
C. Altres tècnics i professionals	37.049,91	33.419,81	40.077,02
B. Tècnics i professionals	30.653,34	29.084,27	34.293,42
D. Tècnics; professionals de suport	28.585,99	25.160,98	31.206,15
I. Serveis de protecció i seguretat	28.018,41	24.404,20	28.589,60
M. Operacions d'instal·lacions	23.470,74	18.149,90	25.395,99
L. Treb. qualificats de les indústries	22.664,36	16.611,88	23.476,74
E. Treballadors oficina no at. públic	21.517,90	19.628,23	24.711,85
K. Treb. qualificats construcció	20.061,31	16.069,47	20.191,67
N. Conductors	20.009,83	16.894,43	20.161,12
J. Treb. qualificats sector agrícola	18.773,13	No repres.	18.996,56
F. Treballador oficina at. públic	18.163,65	16.928,51	21.272,65
P. Peons agri., pesca, construcció	15.946,65	13.463,67	16.754,26
H. Treb. dels serveis de salut	15.445,45	14.558,05	18.877,78
G. Treb. serveis de restauració	14.617,52	13.613,26	16.260,68
O. Treb. no qualificats en serveis	12.826,40	11.517,33	16.028,07
Total d'ocupacions	**23.156,34**	**20.131,41**	**25.924,43**

Taula 6.10. Guany mitjà per sector d'activitat i per càrrec. (Font: Enquesta d'Estructura Salarial de l'INE, 2016).

Reflexioneu:

a) Què tenen en comú els càrrecs i sectors d'ocupació de la part alta de les taules? I de la part baixa?

b) Les activitats artístiques es troben al tram més baix d'ingressos salarials, tot i que sovint requereixen un període d'aprenentatge llarg. Tanmateix, no falten persones disposades a fer-les. Com és possible aquesta contradicció?

c) Escolliu el sector d'ocupació i càrrec en el qual us agradaria treballar. Què hauríeu d'estudiar per arribar-hi?

Activitats

19. A l'hora de detectar oportunitats d'ocupació, per què són importants les tendències d'ocupació a llarg termini?

20. Quines característiques ha de tenir un tipus de treball per a ser considerat un filó d'ocupació?

Factors que influeixen sobre la demanda

- **El preu del bé o servei produït.**
- **La productivitat dels treballadors.**
  - afavorida per:
    - El capital humà.
    - Els béns de producció emprats.
    - Els avenços tecnològics.
- **El nivell de salaris.**

El mercat laboral

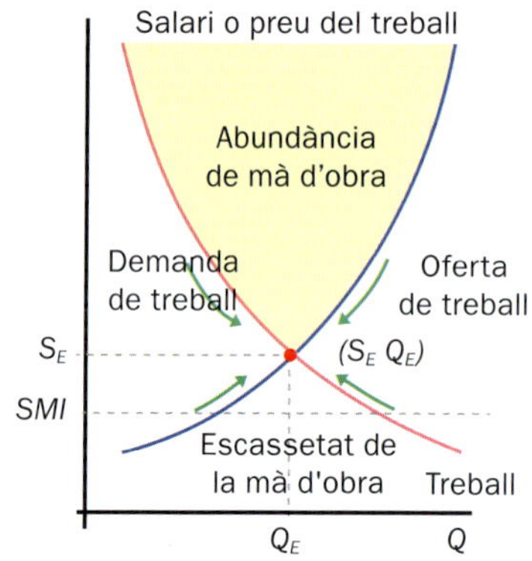

Relació entre ingressos i nivell d'estudis

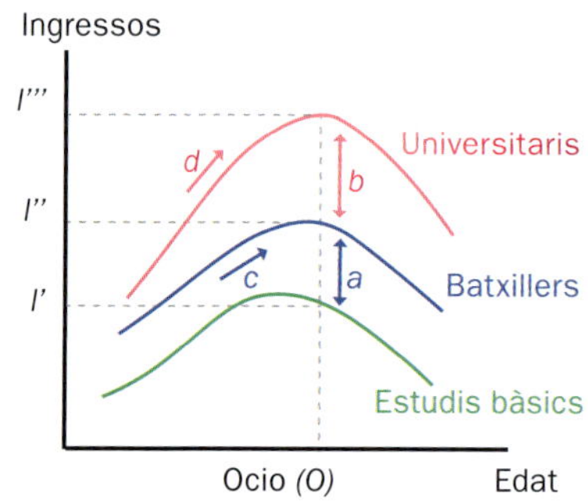

Factors que influeixen sobre l'oferta

- **Les característiques de la població.**
- **El nivell de salaris.**

Imperfeccions

- **Es tracta d'un mercat intervingut.**
- **El treball és un bé diferenciat.**

Desocupació

- **Estadístiques**
  - EPA
  - Seguretat Social
  - SEPE
- **Polítiques d'ocupació**
  - **Actives**
    - Potenciar l'activitat econòmica.
    - Augmentar la productivitat dels treballadors.
    - Reduir la població activa.
  - **Passives**
    - Millorar la situació econòmica i laboral dels aturats.
- **Tipus de desocupació**
  - Friccional
  - Estacional
  - Cíclica
  - Estructural
- **Teories**
  - Neoclàssica
  - Keynesiana

Nous filons d'ocupació

A. Serveis de cures

1 Serveis a domicili.
2. Atenció a la infància.
3. Noves tecnologies de la informació i la comunicació.
4. Ajuda a joves amb dificultats.

B. Qualitat de vida

5. Millora de l'habitatge.
6. Seguretat.
7. Transports col·lectius globals.
8. Aprofitament dels espais públics urbans.
9. Comerços de proximitat.
10. Gestió de l'energia.

C. Indústria de l'oci

11. Turisme.
12. Sector audiovisual.
13. Patrimoni cultural.
14. Desenvolupament cultural local.
15. Esport.

D. Economia verda. Economia circular

16. Tractament de residus.
17. Gestió de l'aigua.
18. Protecció i manteniment de les zones rurals.
19. Regulació i control de la contaminació i instal·lacions corresponents.

1. La demanda de treball depèn:

a) Del nivell mitjà de preus.

b) Del nivell de salaris.

c) De la productivitat dels treballadors.

d) Dues de les respostes anteriors són correctes.

2. El mercat de treball funciona de manera imperfecta a causa que:

a) Les empreses són les demandants.

b) Es tracta d'un mercat intervingut.

c) El treball és un bé intercanviable.

d) Dues de les respostes anteriors són correctes.

3. El treball és un bé diferenciat segons:

a) Les diferències en el capital humà.

b) L'existència de discriminació.

c) Les diferències compensatòries.

d) Totes són certes.

4. El tipus de desocupació que més varia a causa de les fases d'expansió i recessió de l'economia és:

a) L'atur cíclic.

b) L'atur estacional.

c) L'atur friccional.

d) L'atur estructural.

5. Sobre les causes de l'atur, pel que fa a les teories keynesianes, quina afirmació o afirmacions són certes?

a) El problema radica en l'excés d'oferta de mà d'obra.

b) El sector públic ha d'intervenir en l'economia per a crear ocupació.

c) Les societats no demanden la quantitat suficient de béns i serveis.

d) Dues de les respostes anteriors són correctes.

6. Quina de les mesures següents és la més adequada per a combatre l'atur estructural?

a) Incentivar activitats no estacionals.

b) Fomentar la contractació indefinida.

c) Incentivar activitats relacionades amb els avenços tecnològics.

d) Fomentar l'autoocupació.

7. La mesura més apropiada per a combatre la desocupació és:

a) Fomentar la contractació.

b) Formar els treballadors.

c) Incentivar activitats relacionades amb els avenços tecnològics.

d) Depèn del tipus de desocupació.

8. Respecte les estadístiques d'ocupació, és cert que:

a) Utilitzen una sèrie d'indicadors específics.

b) Requereix la divisió de la població en grups homogenis.

c) Analitzen tots els tipus de desocupació.

d) Totes són certes.

9. El que és important en les tendències d'ocupació és que:

a) Orienten sobre activitats econòmiques amb alta capacitat de generació d'ocupació.

b) Efectuen les anàlisis a curt i a llarg termini.

c) Assenyalen activitats l'àmbit de prestació de les quals és local.

d) Assenyalen únicament activitats amb alta component tecnològica.

10. Respecte dels ingressos i del nivell d'estudis, és fals que:

a) A major nivell d'estudis són més acusades les diferències salarials.

b) Els ingressos creixen amb més rapidesa en els nivells d'estudis alts.

c) Un major nivell d'estudis implica sempre un major nivell de salari.

d) Hi ha una relació directa entre ingressos i nivell d'estudis.

El mercat de treball.

1. Qui són els oferents i demandants en el mercat de treball?

2. En relació amb altres mercats on funciona la llei de l'oferta i la demanda, quines peculiaritats presenta el funcionament del mercat laboral?

3. El SMI existeix per a garantir un nivell de vida digne per als treballadors. Però la quantia de moltes pensions (jubilació, incapacitat, viudetat...) són molt inferiors a la del SMI. Què opineu sobre aquest fet?

4. Per què els treballadors negocien col·lectivament les condicions de treball en comptes de fer-ho individualment?

5. Com influeix el SMI sobre el mercat de treball? Quin problema pot suposar el SMI per a qui vol accedir per primera vegada al mercat de treball?

6. A Norlàndia tothom voldria treballar per 3.000 € al mes, però només la meitat ho faria per 1.500 €. Tanmateix, les empreses contractarien tothom per 1.500 €, però només la meitat de persones per 3.000 €.

a) Representeu l'oferta i la demanda de treball suposant que són línies rectes.

b) Quin seria el salari d'equilibri?

c) Imagineu que el Govern norlandès estableix un salari mínim de 2.000 €. Quin efecte tindria sobre l'ocupació? I si és de 2.500 €?

Productivitat i salari.

7. Per què els avenços tecnològics condueixen a una reducció dels salaris dels treballadors menys qualificats?

8. Observeu detingudament la figura 6.2 de la unitat i contesteu les preguntes següents:

a) A quina edat un nivell d'estudis qualsevol supera el nivell d'estudis universitari?

b) Per què els ingressos decreixen a partir de certa edat?

c) A quin nivell d'estudis pertanyen aquells que veuen augmentar els seus ingressos més ràpidament?

9. Per què la productivitat és un factor important per a les empreses a l'hora de contractar treballadors?

10. Indiqueu a quin factor o factors responen les diferències salarials en els casos següents:

a) El Sadurní, que treballa de guàrdia de seguretat a la nit, enfront del Lluís, que realitza el mateix treball, però només de dia.

b) L'Antígona, que treballa d'executiva de comptes en una multinacional, però rep un salari molt superior a la mitjana de l'economia.

c) La Carla, que té el mateix nivell d'estudis i el mateix tipus de treball que l'Òscar, però que guanya un 25 % menys.

d) L'Artur, metge amb trenta anys d'experiència, enfront del Marc que acaba de començar a la professió.

e) La Patrícia, periodista al *Marca,* enfront del Pep, que treballa de reposador a la botiga de queviures de la cantonada.

f) El Lluc, futbolista de Primera Divisió, enfront del Juli, que treballa de caixer en un supermercat.

La desocupació.

11. Amb independència de les catacterístiques productives que té, quin tipus d'atur va lligat a les ratxes de l'economia? Per què? Creieu que la formació que rebeu augmenta les probabilitats d'obtenir una ocupació millor i un salari millor?

12. Expliqueu la lògica de les mesures següents per a combatre els tipus d'atur que s'indiquen:

a) Incentivar les activitats no estacionals per a combatre l'atur estacional.

b) Incentivar la contractació en èpoques de crisi per a combatre l'atur conjuntural.

c) Fomentar la contractació indefinida per a combatre l'atur friccional.

d) Fomentar la formació polivalent per a combatre l'atur estructural.

13. En quin tipus de desocupació classificaríeu les persones següents?

a) La Marta, que a la tardor treballa a una fàbrica de torrons, i la resta de l'any no treballa.

b) El Quico, treballador de l'alumini a l'atur a causa de la crisi.

c) La Beatriu, que ha deixat la feina per a cursar el cicle superior d'*Administració i Finances.*

d) El Gregori, a l'atur a causa dels seus problemes amb els idiomes.

Estadístiques d'ocupació.

14. Quina és la finalitat de les estadístiques d'ocupació?

15. Què diferencia la taxa d'activitat de la taxa d'atur?

16. Per què creieu que preocupa especialment l'anomenat atur «desanimat»?

17. D'acord amb allò estudiat sobre els grups de població segons la relació amb el mercal laboral, classifiqueu les persones següents:

a) El Joan, llicenciat en Història que vol treballar, tot i que no busca feina.

b) La Carla, llicenciada en Dret i que dedica tot el temps que té a opositar a Notaries.

c) L'Anna, que treballa a l'ONG Metges Sense Fronteres.

d) El Marko, immigrant amb targeta de residència que treballa a la construcció.

e) La Paula, estudiant del cicle mitjà de perruqueria, inscrita a l'atur.

f) L'Albert, futbolista professional amb una baixa temporal per trencament de menisc.

g) El Xavier, estudiant de Batxillerat que encara no treballa.

18. Donada la taula següent que correspon a les dades de l'EPA per al segon trimestre d'un any determinat:

	EPA 2n trimestre (milers de persones)		
	Total	Homes	Dones
PET*	38.835,4	18.884,1	19.951,3
Actius	22.834,1	12.202,2	10.631,9
• *Ocupats*	19.344	10.528,3	8.815,7
• *Aturats*	3.490,1	1.673,9	1.816,2
Inactius	16.001,3	6.681,9	9.319,4

* PET: població en edat de treballar.

a) Calculeu i interpreteu la taxa d'activitat del conjunt de la població espanyola en el segon trimestre.

b) Calculeu i interpreteu la taxa d'atur masculí en el segon trimestre.

c) Calculeu i interpreteu la taxa d'ocupació de les dones en el segon trimestre.

d) Calculeu la variació percentual de la població activa del segon trimestre respecte del primer, sabent que la població activa en aquell trimestre era de 21.455.000 de persones.

19. Istària i Arèsia són dos països veïns enclavats en la mateixa serralada. Tanmateix, Arèsia és molt més rica que Istària, i els seus habitants viuen molt millor. Saps per què? Expliqueu-ho ajudant-vos de la taula següent:

	Istària		Arèsia	
	Homes	Dones	Homes	Dones
Majors de 16 (milers)	6.100	6.800	1.800	1.900
Actius	3.200	1.100	950	1.000
Aturats	600	300	200	250

Les polítiques d'ocupació.

20. En relació amb les diferències laborals per gèneres, quines diferències trobeu pel que fa a salaris a la taula 6.10? I pel que fa a les taxes de desocupació, segons la gràfica següent?

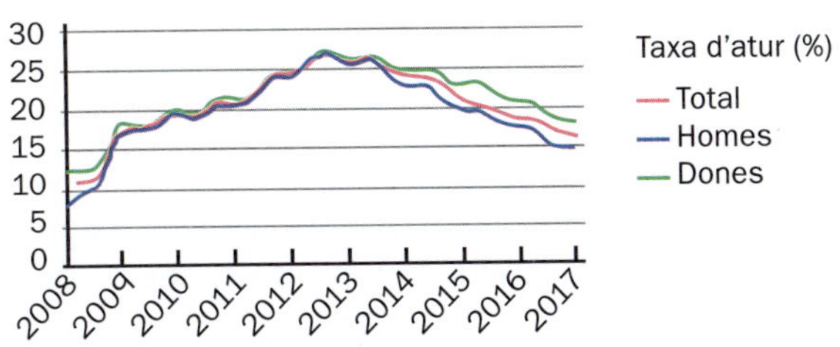

21. Classifiqueu les mesures següents d'atenció a la desocupació en funció del tipus de política, els seus destinataris i l'objectiu perseguit: construir carreteres, anticipar el cobrament de tota la prestació per a crear noves empreses i fomentar el treball a temps parcial.

22. Raoneu la veracitat o falsedat de les afirmacions següents:

a) El salari fluctua lliurement segons la llei de l'oferta i la demanda.

b) Els avenços tecnològics incrementen la demanda de treballadors no substituïbles per màquines.

c) La desocupació cíclica té l'origen en la formació inadequada dels treballadors.

d) El capital humà depèn del nivell d'estudis aconseguit pel treballador.

e) El nivell dels salaris depèn de la productivitat dels treballadors.

Evolució del mercat laboral.

23. Quins àmbits són els assenyalats com a filons d'ocupació?

24. En relació amb la taula 6.9, contesteu les preguntes següents:

a) Quina tendència d'ocupació de les citades a la unitat diríeu que és la que crearà més quantitat de llocs de treball en els propers anys? Per què?

b) Assenyaleu una ocupació relacionada amb aquesta tendència a la que us agradaria dedicar-vos i informeu-vos a Internet sobre la formació i titulació que necessitaríeu per a desenvolupar-la, en els cicles o a una carrera universitària.

c) Quin curset podríeu estudiar, o quin tipus de treball podríeu desenvolupar ara per a conèixer el funcionament d'aquesta ocupació?

25. Relacioneu cadascun dels titulars següents extrets de la premsa econòmica amb un concepte estudiat al llarg d'aquesta unitat.

a) «S'actualiza el SMI amb l'augment del cost de la vida.»

b) «Segueix baixant la demanda de treballadors no qualificats.»

c) «La UE adverteix que a Espanya els salaris estan augmentant més que la productivitat.»

d) «L'augment de l'esperança de vida obre noves oportunitats laborals.»

e) Creix l'afiliació a l'hostaleria i disminueix a la construcció.

f) «El Govern segueix incentivant la contractació per a suavitzar el canvi de cicle.»

g) «Disminueix l'atur juvenil, però augmenta la temporalitat.»

- Escriviu dues idees clares i que us semblen fonamentals d'aquesta unitat. Què us ha ajudat a comprendre-les?
- Feu dues preguntes sobre aspectes que no us han quedat clars de la unitat.
- Escriviu dos aspectes sobre els quals us agradaria aprofundir en aquesta unitat.

Interpretem... estadístiques laborals

Separar la població en grups homogenis per a calcular les taxes d'ocupació només proporciona les estadístiques bàsiques d'ocupació, però n'hi ha moltes més. Les més interessants sorgeixen de «creuar» aquestes dades amb factors que condicionen l'«ocupabilitat» dels treballadors com és el cas de la formació, el cost per treballador, el tipus de feina o el gènere, entre altres.

1. Atur per C. A. Assenyala els llocs on l'atur està per sota o sobre de la mitjana espanyola.

Taxa d'atur, 2017 (%)

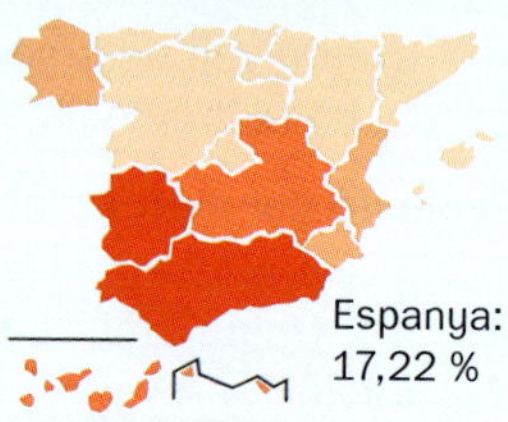

>25 % | 20-25 % | 15-20 % | <15 %

2. Atur segons formació. L'atur està directament relacionat amb el nivell d'estudis aconseguit i té diferent impacte segons el gènere.

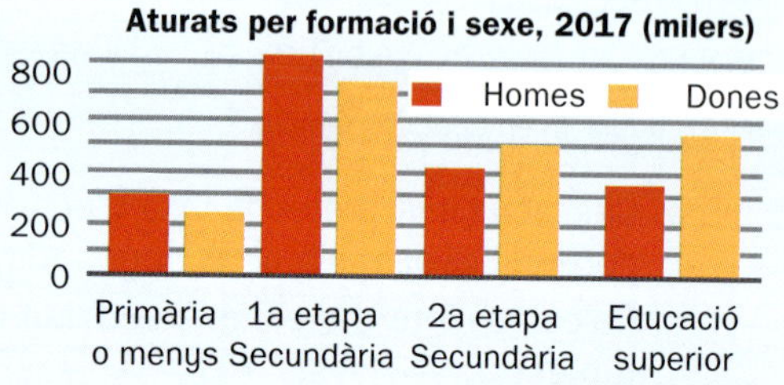

3. Cost net per treballador. Descompta l'efecte de les cotitzacions de l'empresa a la Seguretat Social per a poder establir comparacions entre les diverses C. A.

Cost net per treballador (2006, en €)

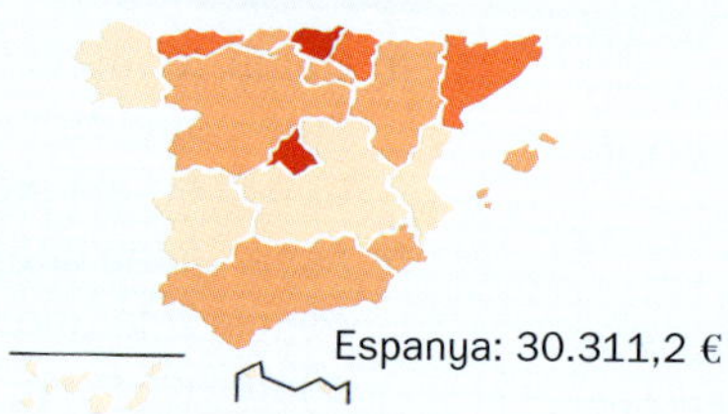

35.000 o més | De 30.000 a 35.000 | De 27.000 a 30.000 | Menys de 27.000

Activitats amb major guany mitjà anual. 2015	Euros/any
Subministrament d'energia elèctrica, gas, vapor i aire condicionat	**51.920**
Activitats financeres i d'assegurances	41.547
Informació i comunicacions	33.046

Activitats amb menor guany mitjà anual. 2015	Euros/any
Altres serveis	16.034
Activitats administratives i serveis auxiliars	15.949
Hostaleria	**13.977**

4. Activitats/guany. Mira d'orientar sobre les activitats més rendibles per a una possible formació o col·locació dels treballadors.

5. Ocupats i assalariats. És important perquè la diferència entre els dos grups la marquen principalment els treballadors per compte propi o autònoms.

Ocupats i assalariats, 2017

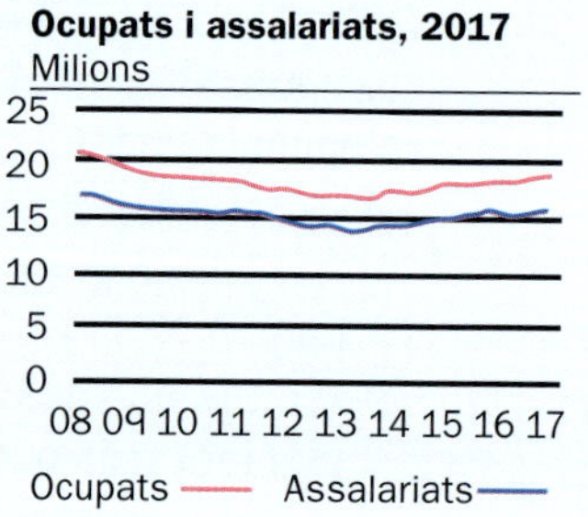

Distribució del guany brut anual, 2016

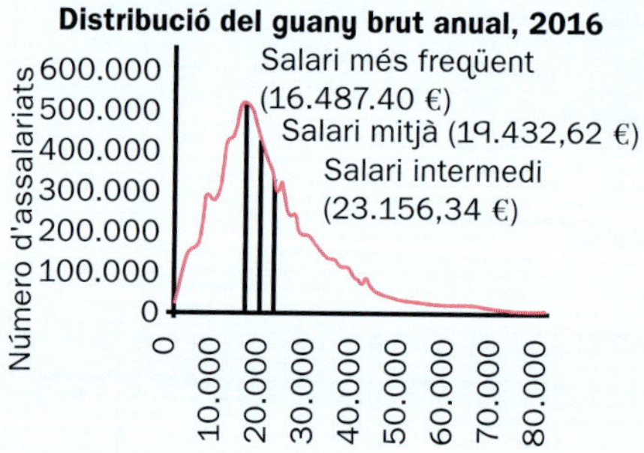

6. Estructura salarial. Proporciona estimacions del guany brut anual per treballador classificata per tipus de jornada, gènere, activitat econòmica i ocupació.

Qüestions:

1. La vostra Comunitat Autònoma té una taxa d'atur per sobre o per sota de la mitjana espanyola? I com són els salaris?
2. La Carla vol estudiar una Enginyeria elèctrica, el Màrius un grau en Estadística i Empresa i el Robert vol ser auxiliar administratiu. Segons la informació de la qual disposeu a les taules, creieu que les perspectives salarials que tenen són bones? Per què?
3. D'acord amb la distribució de salaris, quin seria el teu salari brut mensual si resulta que és el més habitual? I si és el de la mitjana?
4. Quants autònoms o treballadors per compte propi hi ha a Espanya? Us heu plantejat ser el vostre propi cap?
5. Deixaríeu la vostra ciutat per a guanyar més diners en una altra Comunitat Autònoma?

63% 10:30 AM

El dilema: i si un dia ja no hi ha res a fer?

Fa més de 200 anys un jove que es feia dir Ned Ludd va incendiar diverses màquines tèxtils com a protesta per la substitució de mà d'obra donant inici al moviment «Ludita» d'oposició al maquinisme. El temps no va donar la raó als rebels i gràcies a les màquines i a la tecnologia, avui, l'ésser humà, fins i tot el que té una renda baixa, viu infinitament millor del que ho feien els nostres avantpassats de fa segles. Tanmateix, hi ha qui pensa que la nova revolució robòtica és diferent. Les intel·ligències artificials són capaces d'aprendre a conduir, endevinar els nostres gustos, traduir idiomes... Què passaria si de veritat les màquines arriben a fer tot el que podem fer nosaltres? Ens veurem abocats a la desocupació? Podrien un dia les màquines fins i tot rebel·lar-se en contra nostra acusant-nos de ser ineptes i inútils, incapaços de fer res per nosaltres mateixos? O pel contrari, i com ha passat fins ara, sempre hi haurà ocupacions més enllà de l'abast de qualsevol màquina?

Davant aquesta amenaça, heu de prendre partit. Haurien de prohibir-se o no els robots que substituïssin a massa treballadors? Quina és la vostra postura?

El debat:

Preneu partit per una de les dues opcions (si els robots acabaran o no per substituir completament els treballadors) i argumenteu-la en un grup de cinc. La resolució del grup es defensarà en un debat davant un altre grup on haurà prevalgut l'altra opció.

Proposta de cine: *Los lunes al sol*

Director: Fernando León.

Repartiment: Javier Bardem, Luis Tosar, José Ángel Egido, Nieve de Medina.

Sinopsi:

Afectats per la reconversió industrial, uns amics, obrers a l'atur, miren de refer la vida en termes professional i personal, mentre es resisteixen a abandonar els seus ideals.

Claus de reflexió.

Conveni col·lectiu, atur, reconversió, conflictivitat laboral, sindicats, competitivitat.

Qüestions:

1. La pel·lícula està ambientada en una de les reconversions industrials que van tenir lloc a Espanya als anys vuitanta. Quin tipus d'atur va generar aquesta classe de mesures?
2. Per què els protagonistes afronten amb escepticisme les entrevistes de treball? Quines mesures de política d'ocupació resultarien ser les més adequades per a reintroduir-los en el món laboral?
3. Si hipotèticament teniu una empresa en aquell moment, contractaríeu els protagonistes?

Vinyeta

7. El paper de l'Estat

En aquesta unitat aprendreu

- Els errors del mercat.
- La política macroeconòmica.
- La perspectiva macroeconòmica.

El mercat s'ha revelat com un mecanisme excel·lent per a assignar els recursos i satisfer les demandes de les societats modernes, però també ocasiona situacions indesitjables, conegudes com a *errors del mercat*: aprofundeix les desigualtats socials, afavoreix les grans empreses, crea contaminació i produeix pocs béns amb gran interès social però poc rendibles i converteix l'economia en unes muntanyes russes exposades a ratxes bones i dolentes.

Per mirar de corregir aquestes situacions, i buscant l'interès públic, els *Estats* intervenen en l'economia mitjançant mesures que, en conjunt, integren l'anomenada *política macroeconòmica.* Els senyals que orienten sobre les mesures que s'han de prendre es coneixen com a *variables macroeconòmiques* i són la producció, els preus i les taxes d'ocupació.

Què sabeu sobre el paper de l'Estat en l'economia? Què en voleu aprendre?

Coneixeu algun error del mercat?

Sabeu de què s'ocupen les polítiques macroeconòmiques?

Coneixeu alguna variable macroeconòmica?

07_El paper de l'Estat

Classes, professors i fars

És un fet constatable que la qualitat de les prestacions pot veure's compromesa pel número d'usuaris, i els serveis públics no en són una excepció. Què passaria amb la qualitat de la vostra educació amb deu estudiants més a la vostra classe? I amb deu de menys?

Segurament, amb menys alumnes per classe rebríeu més atenció i per això una educació millor, i inversament, amb més, rebríeu una educació pitjor. L'educació és el que anomenem un bé públic impur, subjecte a rivalitat en el consum.

Tanmateix, els economistes sabem que «res és gratuït»: tota elecció té el seu cost d'oportunitat. Si hi ha menys alumnat per classe, rebreu una atenció millor dels vostres professors, però també caldria contractar més professorat i, per tant, hi hauria menys diners per a les aules especialitzades, material, professorat de reforç i altres recursos.

Quina seria la mida de classe òptima, amb els recursos dels quals disposem? Això és l'essència i la missió de l'economia: administrar recursos escassos per optimitzar-los i fer la vida més fàcil a tothom.

En canvi, amb els béns públics purs no tenim aquest problema de saturació. Els béns públics són aquells béns dels quals es pot gaudir de manera plena amb independència de la quantitat d'usuaris. És la llum del far que guia els vaixells al mar, és l'aigua que ens subministren els embassaments o la seguretat que ens proporcionen els bombers, que ens solucionen les emergències greus. Els béns públics purs, una vegada proveïts, podem gaudir-ne tots.

Reflexioneu

1. L'Estat espanyol intervé per assegurar-se que l'educació es proveeix de manera universal i gratuïta. Què canviaria si no ho fa?
2. En realitat, quant paga una família per l'educació d'un fill, si és que fa els seus estudis en un centre privat?
3. Des d'un punt de vista econòmic, en què es diferencia la llum d'un far d'una classe del vostre professor d'economia?

1. Els errors del mercat

> **Recordeu**
>
> A la Unitat 2 hem enunciat els **errors del mercat** a causa de les imperfeccions de l'economia de mercat com a sistema econòmic.

La **mà invisible** és una metàfora creada per Adam Smith que explica i defensa el funcionament lliure del mercat. Es tracta d'una metàfora encertada en general, però equivocada en particular. I és que en alguns casos el mercat condueix a certes situacions indesitjables, com les desigualtats socials, la posició predominant de certes empreses, la contaminació o els abusos que pateix la classe treballadora. Aquests efectes negatius del mercat, fruit d'un funcionament incontrolat o ineficient, s'anomenen *errors del mercat*.

Un **error del mercat** és una conseqüència negativa del funcionament del mercat i es produeix quan aquest no és eficient en l'assignació dels recursos disponibles.

I tot i que l'**Estat** intervé per mirar de corregir els efectes negatius del mercat, només aconsegueix mitigar-los. Els **errors** més importants són:

I. L'escassetat de béns no rendibles.
II. Les externalitats (negatives) de la producció.
III. La distribució desigual de la renda.
IV. La competència imperfecta.
V. La inestabilitat dels cicles econòmics.

Per a evitar-los, l'Estat intervé complint quatre **funcions:** *proveïdora, reguladora, redistributiva* i *estabilitzadora*. En els apartats següents analitzarem en què consisteix cadascun dels errors i com intervé el sector públic per mirar de corregir-los.

	Rival en consum	No rival en consum
Excloïble	• Béns privats • Aliment • Roba • Habitatge	• Monopolis naturals • Patents • TV per cable
No excloïble	• Recursos comuns • Pesca d'altura • Forest veïnal • Béns públics no purs	• Far • Embassament • Bombers • Béns públics purs

Un bé és **excloïble** si qui l'ofereix pot evitar els consumidors paràsits.

Un bé és **no excloïble** si qui l'ofereix no pot evitar els consumidors paràsits.

Un bé és **rival en el consum** si no pot consumir-se per més d'una persona al mateix temps.

Un bé és **no rival en consum** si pot ser gaudit per més d'una persona al mateix temps.

Taula 7.1. Relació entre la rivalitat per a consumir i la possibilitat d'excloure els consumidors paràsits.

Activitat resolta 1. Els errors del mercat del pa

Tal com va anunciar Adam Smith al segle XVIII, l'interès del forner en el seu profit propi promou el negoci del pa molt millor que qualsevol institució pública. En els sistemes de mercat la situació ideal és quan el sector públic intervé únicament per a establir uns mínims, com per exemple llicències i horaris d'obertura, normes sanitàries, salaris mínims, etc. Però no és suficient: com que el sector públic no controla de manera directa el mercat del pa, potser els forners portaran massa lluny la recerca del profit propi i **es posaran d'acord** per a cobrar preus abusius o utilitzaran processos productius poc respectuosos amb el **medi ambient** per a estalviar impostos. Per altra banda, i com que el mercat està subjecte a cicles (períodes temporals de fortuna o adversitat) potser una **crisi econòmica** obligarà els forns a acomiadar treballadors i fins i tot a tancar, amb tots els problemes que suposarà això. Finalment, potser no totes les persones disposaran de **diners suficients** per a poder comprar un aliment bàsic com el pa o que en poblacions petites no podran accedir-hi al no existir **carreteres** que els portaran a les botigues.

Quins serien els errors del mercat en relació amb els possibles problemes citats al text?

Solució:

Error de mercat	Problema
I. L'escassetat de béns no rendibles.	*Inexistència de carreteres d'accés a les ciutats.*
II. Les externalitats (negatives) de la producció.	*Producció poc respectuosa amb el medi ambient.*
III. La distribució desigual de la renda.	*Falta d'accés al pa d'alguns ciutadans.*
IV. La competència imperfecta.	*Preus abusius del pa.*
V. La inestabilitat dels cicles econòmics.	*Crisi econòmica amb tancament de forns.*

1.1. L'escassetat de béns no rendibles

Tot i que el mercat hauria de proveir en quantitats suficients tots els béns i serveis que la societat demanda, no sempre passa així. Hi ha situacions en les quals el mercat no és capaç de donar resposta a certes demandes, com les de **tipus social**.

Per exemple, el mercat només oferiria carreteres rendibles per les quals circularien molts vehicles, cosa que permetria recuperar la inversió i obtenir un benefici. Però la societat també demanda carreteres comarcals. Com que cap inversor particular estaria disposat a costejar una inversió així, és l'Estat mateix el que assumeix el subministrament de carreteres comarcals, encara que de vegades de manera parcial.

Aquest tipus de béns que no són rendibles per a inversors particulars, però que són necessaris per al país, es denominen **béns no rendibles.**

Aquests béns es caracteritzen perquè és pràcticament impossible impedir que les persones que no els han pagat els utilitzaran i per tant, com que no és possible recuperar allò que s'hi ha invertit, no són assumits pel sector privat. En conseqüència, els béns no rendibles són sempre **escassos** en relació amb la demanda que tenen.

ERROR	I. ESCASSETAT DE BÉNS NO RENDIBLES	FUNCIÓ DE L'ESTAT	PROVEÏDORA
INTERVENCIÓ DEL SECTOR PÚBLIC		Subministrament de béns públics	

En situacions en les quals la iniciativa privada produeix una quantitat inferior de béns i serveis de la que demanda la societat, és l'Estat, finalment, qui subministra aquests béns i serveis per raons d'interès públic. A més, l'Estat proporciona un altre tipus de béns i serveis que, donada la importància estratègica que tenen per al bon funcionament d'un país, han de gestionar-se de manera directa per l'Administració pública. En definitiva, el subministrament de béns i serveis públics es concreta mitjançant:

- **Producció pròpia** (justícia, policia, exèrcit, educació, etc.).
- **Adquisicions** a empreses privades per a la distribució gratuïta posterior entre la població (enllumenat, carreteres...).
- **Subvencions** parcials o totals (sanitat, medicaments, habitatges socials, etc.).

Periscopi 1. Els consumidors paràsits

A les persones que no estan disposades a pagar per la utilització de béns o serveis col·lectius que les beneficien se les anomena **consumidors paràsits o polissons.** La característica del consumidor paràsit és que no paga el consum d'un bé perquè, com que no pot ser exclòs del servei, prefereix aprofitar-se del pagament que fan els altres, els quals, en conseqüència, resulten parasitats. Aquests consumidors paràsits, polissons o «aprofitats», distorsionen el mercat perquè aconseguiran que els altres, sovint a través de l'Estat, actuaran en benefici seu, al consumir la provisió de béns col·lectius en la producció dels quals no han contribuït.

Imagineu un forest on la majoria de propietaris està d'acord a contribuir per finançar una pista asfaltada, excepte dos que, tot i que estan interessats en la pista, saben que no se'ls pot excloure si aquesta s'acaba construint. Finalment, a instància dels veïns, la Diputació provincial intervé expropiant els terrenys necessaris i es fa càrrec de les obres.

Reflexioneu:

a) Quin error de mercat es planteja inicialment en el cas de la pista asfaltada?

b) Com intervé l'Estat per a solucionar l'error de mercat?

c) Qui hi perd si al final és la Diputació provincial la que construeix la pista?

Fig. 7.1. En realitat, el concepte de **consumidor paràsit, polissó** o «aprofitat» (*free riders*, en anglès) està present en totes les àrees de la vida: estudiants que firmen treballs en els quals no han treballat, comensals que mengen més perquè saben que uns altres convidaran, el polissó d'un vaixell, etc.

Activitats

1. Quina relació té l'assignació dels recursos disponibles amb els errors del mercat?

2. Quines són les raons per les quals l'Estat subministra béns públics?

3. Classifiqueu els elements següents d'acord amb els quatre criteris exposats a la taula 7.1 (rival / no rival, excloïble / no excloïble): una posta de sol, la sanitat pública, el sistema operatiu Windows de Microsoft.

1.2. Les externalitats de la producció

Recordeu

A la Unitat 14 aprofundirem sobre el medi ambient i el desenvolupament sostenible.

L'activitat econòmica de les empreses genera conseqüències que afecten tercers aliens a la producció però que, donada la dificultat per a mesurar-ho, no tenen reflex en el preu dels béns i serveis que es produeixen. A aquestes conseqüències se les anomena *externalitats.*

Les **externalitats** són conseqüències derivades de l'activitat econòmica que afecten persones diferents de les que realitzen l'activitat en qüestió, però que no tenen reflex en els preus dels béns i serveis produïts.

A. El cost extern

A la Unitat 3 hem vist que quan una empresa fabrica un producte, genera uns costos associats a la utilització dels recursos productius (en forma de salaris, lloguers o interessos), que mira de recuperar amb un cert marge de benefici mitjançant la venda dels seus productes.

Són **costos interns** que l'empresa suporta al desenvolupar l'activitat econòmica, però en molts casos, l'activitat productiva té unes conseqüències negatives, el cost de les quals no és assumit per l'empresa mateixa, com per exemple, el cost de regenerar un bosc talat.

Reflexioneu

Totes les mesures de **política mediambiental** accepten la contaminació com un mal menor, perquè cap d'elles l'erradica absolutament, sinó que es limiten a obtenir una compensació econòmica per un dany que ja s'ha produït. L'efectivitat d'aquestes mesures està en qüestió constantment perquè no només no milloren el problema sinó que, a més, són costoses d'aplicar. La societat ha de ser conscient que la responsabilitat de tothom és evitar el deteriorament mediambiental. Si, actualment, les conseqüències de la degradació del nostre entorn, com per exemple, els canvis climàtics, la pluja àcida o la pol·lució de l'aire i l'aigua, ja poden apreciar-se, imagineu quin tipus de planeta heretaran les generacions futures si no combatem l'origen del problema i seguim posant-hi «pedaços», com fem actualment.

En aquest últim cas, es tracta de *costos externs* o *externalitats negatives* suportades sense compensació per persones alienes a l'empresa com a conseqüència de l'activitat d'aquesta. **Per exemple,** el fum de la xemeneia d'una fàbrica empitjora la qualitat de vida de les persones que hi viuen a prop, els residus que una indústria aboca al riu, a prop o lluny d'una ciutat, afecten indirectament els ciutadans, perquè es perd un espai d'oci i a més serà necessari depurar l'aigua per al consum posterior o l'esgotament dels recursos no renovables perjudicarà generacions futures, etc. Tot plegat podrien ser alguns exemples de costos externs.

Cost extern (o externalitat negativa) és el cost d'una activitat econòmica que recau sobre persones diferents de les que realitzen aquesta activitat.

Com que tots aquests efectes no són contemplats per les empreses, tampoc són traslladats als preus dels productes que venen, de tal manera que el mercat no informa correctament els consumidors de quins són els costos reals de producció del bé en qüestió, perquè només s'han tingut en compte els costos interns i s'ha prescindit dels externs.

Periscopi 2. Les empreses davant la contaminació

Consulteu el gràfic següent en el qual es presenten les decisions a les quals s'enfronten les empreses a l'hora d'encarar la contaminació:

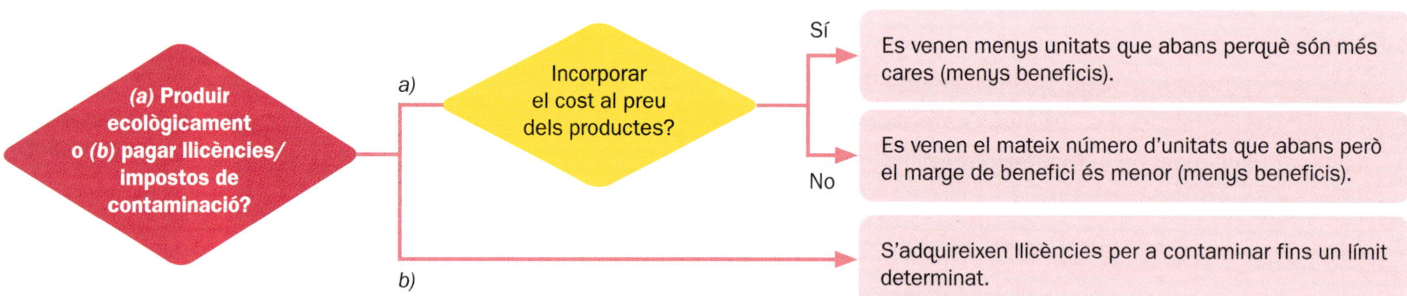

Reflexioneu:

a) Expliqueu el gràfic en termes de cost d'oportunitat.

b) Si arribeu a saber que una empresa contamina, seguiríeu comprant els seus productes? Promouríeu i firmaríeu una campanya de protesta a les xarxes socials?

B. El benefici extern

Per altra banda, també poden existir *beneficis externs* o *externalitats positives*, és a dir, efectes beneficiosos per a altres empreses o particulars gràcies al desenvolupament de l'activitat econòmica.

Benefici extern (o externalitat positiva) és el benefici d'una activitat econòmica rebuda per persones diferents de les que realitzen l'activitat en qüestió.

El cas més il·lustratiu de l'externalitat positiva és la generalització i l'**abaratiment de la tecnologia** i de les innovacions. Tot i que, al principi, alguns avenços tecnològics i invents de la ciència són descoberts i comercialitzats per una sola empresa, finalment són produïts a menys cost per altres empreses, de tal manera que beneficien tota la societat.

Per exemple, l'àcid acetilsalicílic, conegut popularment com a aspirina, va ser descobert fa més de cent anys per la farmacèutica Bayer. Llavors es tractava d'un producte car, però actualment són moltes les empreses que produeixen i venen el mateix compost i, en conseqüència, tota la societat es beneficia del descobriment a un preu molt assequible.

Fig. 7.2. A Espanya, els parcs eòlics marítims resulten molt costosos perquè, la major part de la plataforma litoral només té 20 km. L'energia eòlica o la solar són rendibles, però encara queda molt camí per a recórrer. Les instal·lacions i el manteniment encara són molt cars.

ERROR	II. LES EXTERNALITATS NEGATIVES DE LA PRODUCCIÓ	FUNCIÓ DE L'ESTAT	REGULADORA
INTERVENCIÓ DEL SECTOR PÚBLIC	Procurar un desenvolupament sostenible (política mediambiental)		

Per combatre la contaminació, les actuacions de l'Administració Pública se centren en la prohibició o la reducció. Les mesures principals són:

- **Prohibir les activitats contaminants.** Com el propi nom indica, suposa tolerància zero amb les emissions contaminants.
- **Llindars màxims.** Consisteix a determinar uns límits que marquen la màxima contaminació que una empresa està autoritzada a causar, de tal manera que qui els sobrepassa és sancionat. És el mètode més utilitzat pels Governs per combatre la contaminació, però l'inconvenient és el cost elevat que suposa fixar aquests llindars, i també com controlar les empreses.
- **Impostos unitaris.** La quantitat que es paga està en relació directa amb el que es contamina: com més es contamina, més es paga en concepte d'impostos. Per exemple, per cada quilo de diòxid de sofre emès a l'aire s'han de pagar 0,50 €. Molt atractius per justos (qui més contamina més paga), tot i que a la pràctica aquests impostos són poc viables per costosos, perquè es necessita personal especialitzat i independent en cada empresa per a mesurar les contaminacions.
- **Llicències de contaminació.** Per a poder contaminar s'ha d'obtenir una llicència en la qual s'especifica el límit d'emissió de les diverses substàncies contaminants, el període de vigència, el lloc, etc.

A Espanya, la **política ambiental** comprèn les accions empreses per les comunitats autònomes per a preservar el medi ambient i aconseguir un *desenvolupament sostenible.*

Per **desenvolupament sostenible** s'entén «aquell que satisfà les necessitats actuals de les persones sense comprometre la capacitat de les futures generacions per a satisfer les pròpies».

Reflexioneu

Tenim realment consciència ecològica?

Tots sabem que, en general, l'adopció de processos productius respectuosos amb el medi ambient suposa elevar el cost dels productes i, per tant, el preu de venda al públic. Estem disposats a comprar els productes de les empreses ecològiques tot i el seu preu més elevat?

Activitats

4. Elaboreu, amb paraules pròpies, una definició *d'externalitat.*

5. Identifiqueu les externalitats positives associades a cadascun dels casos següents: al vostre barri hi ha un institut excel·lent, un veí amb insomni i un músic de carrer amb talent.

6. Entre les mesures proposades a l'apartat per a lluitar contra la contaminació, escolliu la que, sota el vostre criteri, presenta menys inconvenients.

7. Seleccioneu un titular de premsa relacionat amb un desastre ecològic i comenteu amb els companys quines mesures preventives l'haurien pogut evitar.

1.3. La distribució desigual de la renda

Recordeu

D'acord amb el **principi d'equitat,** el sosteniment de les despeses que possibilitin l'acció correctora de l'Estat ha de ser finançada pels ciutadans d'acord amb la capacitat econòmica que tenen.

La virtut principal del sistema d'economia de mercat és que les famílies i les empreses escullen segons les preferències i disponibilitats que tenen, però aquesta virtut és també la debilitat que pateixen. Sense intervenció externa, el mercat **reproduiria la desigualtat** ja existent i acceleraria l'empobriment entre les capes socials més desafavorides.

A més, la desigualtat entre rics i pobres s'ha revelat com a fons de problemes socials greus. És per això que l'Estat mira de reduir les desigualtats en la distribució personal o geogràfica de la renda, i la transfereix de qui té més a qui té menys, d'acord amb el **principi d'equitat**.

ERROR	III. LA DISTRIBUCIÓ DESIGUAL DE LA RENDA	FUNCIÓ DE L'ESTAT	REDISTRIBUIDORA
INTERVENCIÓ DEL SECTOR PÚBLIC		Corregir les diferències socioeconòmiques	

La reducció de les desigualtats en la distribució personal o geogràfica de la renda, establint lleis i mesures per a redistribuir-la, s'articula principalment a través de la **política fiscal,** que s'expressa cada any en els **Pressupostos Generals de l'Estat (PGE).** La captació de fons **(ingressos públics)** es produeix, sobretot, a través dels impostos que paguen totes les persones i entitats contribuents. Però no tothom paga el mateix, sinó que paga més impostos qui més guanya o té, raó per la qual es diu que són **impostos progressius.** Una vegada recaptats els fons, l'Estat decideix quin serà el seu destí **(despesa pública)** en funció d'una sèrie de prioritats; és a dir, redistribueix els fons que el lliure funcionament del mercat havia assignat abans als ciutadans amb major capacitat econòmica.

La **funció de redistribució de la renda** és com es coneix el procés mitjançant el qual l'Estat torna a distribuir, d'acord amb el principi d'equitat, fons que prèviament van ser assignats pel mercat a ciutadans amb alta capacitat econòmica.

Així, quan l'Estat concedeix beques d'estudi per als fills d'aquelles famílies els ingressos de les quals, per exemple, no superen els 15.000 € anuals, està redistribuint la renda del país. Altres mesures aplicades pel sector públic per a distribuir millor la renda són les lleis de salari mínim, les subvencions per a la creació d'empreses o la política social.

Activitat resolta 2. Gastos reales y de transferencia de los PGE

Tal com veurem a la Unitat 9, hi ha dos tipus de despeses públiques en els PGE:

- **Despeses directes o reals,** mitjançant les quals l'Estat realitza inversions públiques i paga les despeses del seu funcionament propi.
- **Despeses indirectes o de transferència,** que redistribueixen entre les empreses i persones més desafavorides la renda prèviament captada als contribuents amb major capacitat econòmica.

Identifiqueu el tipus de despesa dels PGE realitzada per l'Estat i el beneficiari final per a cadascun dels casos següents:

Pagament a funcionaris, subvencions per creació d'ocupació, pensions de jubilació, construcció de carreteres, subvencions per creació d'empresa, prestacions d'atur..

Solució:

Despesa	Tipus de despesa	Beneficiari
Pagament a funcionaris	*Real*	*El país en general*
Subvencions per creació d'ocupació	*Transferencia*	*Empreses*
Pensions de jubilació	*Transferencia*	*Famílies*
Construcció de carreteres	*Real*	*El país en general*
Subvencions per creació d'empresa	*Transferencia*	*Empreses*
Prestacions d'atur	*Transferencia*	*Famílies*

Reflexioneu

Es parla amb freqüència de la **sobirania** que el consumidor exerceix mitjançant el vot de la compra que fa. Tots som consumidors, però no tots votem. Qui té sobirania quan es tracta d'adquirir cotxes Ferrari o de fer turisme per l'espai? Som sobirans a l'hora de desitjar, però no tant a l'hora de comprar.

1.4. La competència imperfecta

Un entorn competitiu incentiva les empreses a millorar la qualitat dels seus productes i serveis i a ajustar els preus. En canvi, i com hem estudiat en unitats prèvies, la falta de competència o la situació de competència imperfecta condueix a **pràctiques abusives** per part de les empreses en la fixació de preus o en les quantitats de producte que s'ofereixen al mercat, de manera que la satisfacció de les necessitats dels consumidors passa a un segon pla.

ERROR	IV. LA COMPETÈNCIA IMPERFECTA	FUNCIÓ DE L'ESTAT	REGULADORA
INTERVENCIÓ DEL SECTOR PÚBLIC		Defensa de la lliure competència	

Tot i els beneficis derivats per al conjunt de la societat del funcionament competitiu dels mercats, en ocasions determinades, els interessos particulars d'alguns agents econòmics poden no coincidir amb els principis inspiradors de la lliure competència, de tal manera que els incentius per a portar a terme pràctiques restrictives poden ser superiors als que obtindrien amb el lliure funcionament de la llei de l'oferta i la demanda». Amb aquestes paraules es justifica la **defensa de la competència** com una prioritat pública, a través de la Comissió Nacional de la Competència (CNC), que té les funcions següents:

- **Instrucció** i resolució dels procediments en matèria de defensa de la competència.
- **Arbitratge,** competències consultives i labors de promoció de la competència en els mercats.
- **Foment** de la transparència de les actuacions pròpies i responsabilitat enfront la societat.
- **Elaboració** d'informes sobre la situació de competència en els mercats i anàlisi i avaluació dels efectes de la concessió d'ajuts públics.

Els acords o pactes per a fixar els preus o altres condicions comercials, la limitació de la producció o el repartiment del mercat són conductes expressament prohibides.

La **defensa de la lliure competència** es refereix a les accions empreses per l'Administració pública per a garantir el funcionament competitiu dels mercats de manera que els seus beneficis arribarien al conjunt de la societat.

Periscopi 3. Informació asimètrica

Quan en una relació d'intercanvi una de les parts té menys informació que l'altra, la primera acostuma a sortir perjudicada perquè fa eleccions que possiblement no faria en cas de disposar de la informació completa.

Un exemple clàssic seria el mercat de tallers mecànics de vehicles. Quan tenim una averia, portem el cotxe a un taller, però gairebé sempre ens manquen els coneixements necessaris per a valorar tant la gravetat de l'averia com la qualitat de la reparació. Com que els tallers coneixen la nostra ignorància, ens podem trobar que ens fan reparar averies més complexes i cares que les que realment necessita el nostre cotxe o se'ns empeny a fer reparacions que no consideraríem necessàries amb el coneixement adequat. Molts clients, conscients del seu desavantatge en coneixements i informació, prefereixen acudir als tallers dels concessionaris oficials, generalment més cars, perquè els pressuposen més fiables.

Asimetries d'informació similars passen en molts altres mercats, com l'atenció mèdica, el mercat de la borsa, les reparacions domèstiques i un llarg etcètera.

Reflexioneu:

a) Per què la informació asimètrica suposa un error de mercat?

b) Quin paper tenen els títols acadèmics atorgats per l'Estat a l'hora de superar els problemes d'informació asimètrica? Poseu-ne un exemple concret.

c) Com ajuda Internet a esquivar l'error de mercat que suposa l'asimetria d'informació? Citeu-ne tres exemples concrets.

Recordeu

Avantatges de la lliure competència:

- Estimula la innovació i el progrés tecnològic, com a conseqüència de la recerca de mitjans més eficients per a produir.
- Permet l'accés del públic en general a un major número de béns i serveis, gràcies a la reducció dels preus.
- Fa augmentar els salaris reals dels treballadors a l'abaixar els preus dels béns i serveis. Tot i que els salaris es mantenen iguals, els treballadors gaudeixen de major poder adquisitiu.
- Facilita l'accés al mercat a noves empreses i, per tant, es crea ocupació.

1.5. La inestabilitat dels cicles econòmics

L'economia està subjecta a cicles. Aquest comportament cíclic no és un problema, si cada fase és millor que l'anterior, però el més habitual és que després d'una fase bona en ve una de dolenta. Això és, precisament, el que passa amb les economies de mercat.

Els **cicles econòmics** són fluctuacions de l'activitat econòmica en fases alternes d'expansió i recessió.

Fases del cicle econòmic

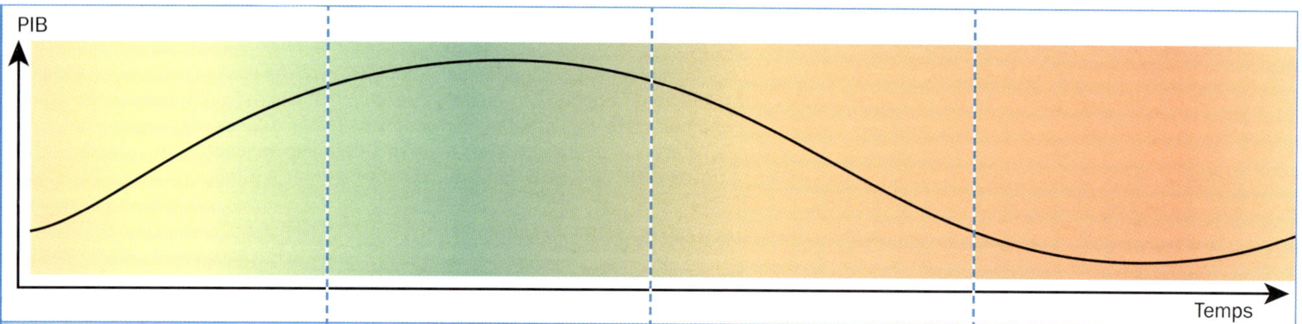

	Expansió	Auge o cim	Recessió	Depressió o fons
Producció (PIB)	↑	↑↑	↓	↓↓
Ocupació	Creixement de les taxes d'ocupació.	Taxes baixes d'atur, proximitat a la plena ocupació.	Creixement de les taxes d'atur.	Atur molt alt.
Empreses i famílies	Creixement de les inversions en equips productius. L'increment de renda propicia la recuperació del consum.	El consum genera més inversions i major consum. Nivells propers a la plena utilització de la capacitat productiva.	Decauen les vendes i el consum, tanquen les primeres empreses.	Infrautilització d'equips, consum i vendes baixes, tancament generalitzat d'empreses.

! Important

A qui prefereix no intervenir (hereus de les idees d'Adam Smith) se'ls denomina **neoliberals,** mentre que els que prefereixen la segona opció es coneixen com a **neokeynesians,** en honor a John Maynard Keynes, el primer economista que va defensar la intervenció de l'Estat per a corregir el mecanisme natural del mercat.

La falta d'estabilitat dels cicles, o **inestabilitat cíclica,** és l'error del mercat més important que hi ha, perquè afecta directament el número i les característiques dels llocs de treball d'un país. El descens de l'activitat econòmica en les fases de recessió incideix sobre el salari, font d'ingressos principal (i moltes vegades, única) per a la majoria de les famílies. Quan arriben les «vaques flaques» i les empreses han de reduir els costos a causa de la disminució de les vendes, el treball o mà d'obra és el primer recurs productiu que se sacrifica.

En època de recessió, el **sector públic** pot adoptar una d'aquestes dues postures:

1. **No intervenir,** confiant que el mercat sortirà per si mateix de la crisi i l'activitat econòmica tornarà a expandir-se.
2. **Intervenir,** consumint o produint béns i serveis. Per mitjà d'aquest tipus d'intervenció, l'Estat fa créixer artificialment els nivells d'activitat econòmica i així compensa la falta de demanda privada de béns i serveis i, al seu torn, estimula amb aquesta actuació famílies i empreses.

ERROR	V. INESTABILITAT DELS CICLES ECONÒMICS	FUNCIÓ DE L'ESTAT	ESTABILITZADORA
INTERVENCIÓ DEL SECTOR PÚBLIC	Suavitzar les transicions entre els cicles econòmics		

Des de la primera i més famosa crisi del sistema d'economia de mercat, la Gran Depressió del 1929, es considera responsabilitat del sector públic, i per tant dels diversos Governs, adoptar mesures que afavoreixen un **desenvolupament sostenible** que, entre altres objectius, suavitzen les fluctuacions dels cicles econòmics o les minimitzen. Aquesta i altres funcions que veurem més endavant configuren el que es denomina **política macroeconòmica.**

La **funció estabilitzadora de l'economia** és el conjunt d'actuacions mitjançant les quals l'Estat mira de suavitzar les transicions entre els diversos cicles econòmics.

Periscopi 4. Les fases del cicle econòmic

Observeu la gràfica següent que mostra l'evolució del PIB espanyol entre els anys 2006-2017.

Reflexioneu:

a) Per què varia el comportament de la gràfica d'un any per l'altre?

b) Quin tipus d'error de mercat il·lustra la primera gràfica?

c) Quina fase de cicle econòmic es va iniciar a Espanya el 2008?

d) Identifiqueu les diverses fases del cicle econòmic.

e) Quin tipus de despesa social creieu que és la que més creix en temps de crisi?

f) Pel que fa a la intervenció de l'Estat espanyol en l'economia, diríeu que és neoliberal o neokeynesiana?

g) Ha recuperat Espanya els nivells de producció previs a les crisis? A quin problema s'enfronta Espanya actualment?

h) Segons la teoria econòmica, en quina fase de cicle es troba Espanya actualment?

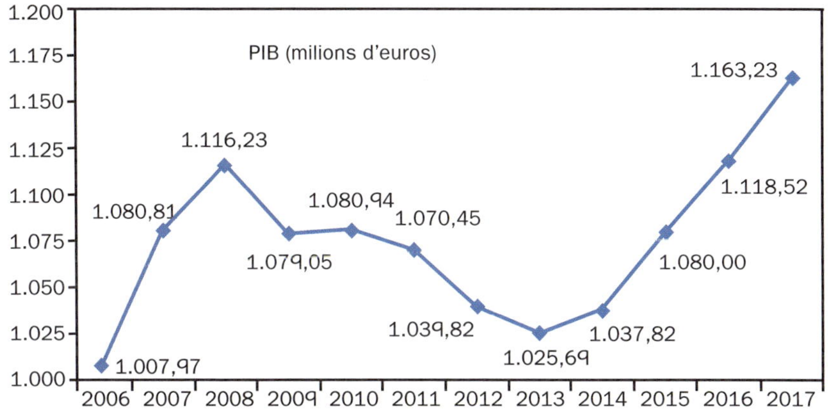

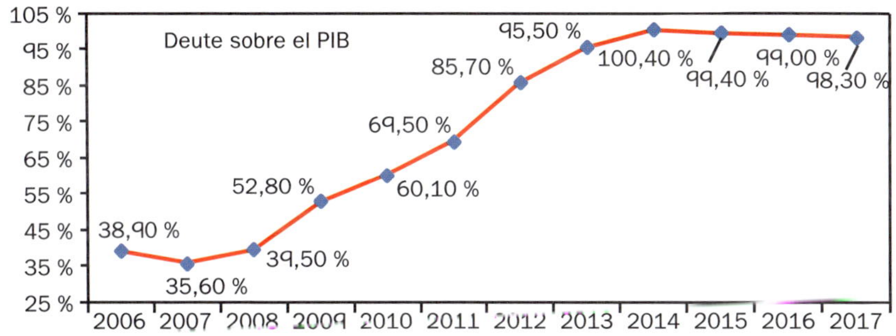

Activitat resolta 3. Reactivació de l'economia

La Gran Depressió del 1929 va sorgir als Estats Units, però els seus efectes es van sentir a tot el món durant la dècada dels anys trenta. Seguint les idees intervencionistes de J. M. Keynes, el sector públic nord-americà va abordar el desenvolupament d'un pla ambiciós de construcció de grans obres públiques civils, anomenat *New Deal*, per a revertir la situació de crisi. Embassaments, carreteres, dessecació de pantans, ponts, etc., són moltes de les obres que es van desenvolupar en aquella època. L'Estat va assumir la contractació dels treballadors i el pagament de les empreses constructores per realitzar nombroses obres que, tot i que no eren «estrictament necessàries», van crear les bases per a la recuperació econòmica del país que arribaria diversos anys després.

En la mateixa època, a Alemanya, país derrotat després de la Primera Guerra Mundial, el sector públic també va intervenir: sota el règim nazi va concentrar les despeses governamentals en la producció d'armament. La construcció d'armes i equips militars a gran escala va propiciar l'auge de les forces armades i la recuperació dels nivells de prosperitat econòmica desconeguts des d'abans de la Primera Guerra Mundial.

a) Què diferencia el tipus d'intervenció realitzada pels dos països?

b) D'acord amb això exposat, descriviu la situació econòmica viscuda per Alemanya en termes de cicle econòmic.

Solució:

a) Els Estats Units van concentrar-se en la despesa civil, mentre que Alemanya va fer-ho en material bèl·lic.

b) Si la referència per a la recuperació econòmica són els nivells previs a la Primera Guerra Mundial, això dona a entendre que en aquell moment va existir un sostre que només es va recuperar després de passar per les tres fases que completen un cicle econòmic (recessió, fons i expansió) més de vint anys després.

Activitats

8. Expliqueu com justifica el sector públic la intervenció que fa per mirar de corregir la distribució desigual de la renda.

9. Quina relació té la funció redistribuïdora de la renda amb els Pressupostos Generals de l'Estat (PGE)?

10. Què són els cicles econòmics? Per què es considera la inestabilitat econòmica un dels errors principals del mercat?

11. Per què creieu que la Unió Europea va promoure la desaparició dels grans monopolis públics dels seus Estats membres? Creieu que la mesura és justa en tots els casos?

12. En una època de recessió econòmica, quines alternatives té el sector públic?

2. La política macroeconòmica

Hem parlat sobre la forma en què l'Estat mira de corregir els errors del mercat. Però, a més d'intentar corregir aquests errors en el present immediat, l'Estat ha d'organitzar l'economia pensant en el futur. Perquè a llarg termini l'Estat mira de créixer econòmicament, incrementant la productivitat o el número de factors de producció, tal com hem estudiat a la Unitat 2.

El conjunt de mesures a través de les quals l'Estat dirigeix l'economia, amb les quals intervé per corregir els errors del mercat i mira d'afavorir el creixement econòmic es coneix amb el nom de **política macroeconòmica.**

Error del mercat	Intervenció de l'Estat	Funció de l'Estat	Temporalitat	Política macroeconòmica
I. Escassetat de béns no rendibles	Subministrar béns públics	Proveïdora		**Conjuntural**
II. Les externalitats (negatives)	Procurar un desenvolupament sostenible	Reguladora		**Conjuntural**
III. La desigual distribució de la renda	Corregir les diferències socioeconòmiques	Redistribuïdora	Curt termini	**Conjuntural**
IV. La competència imperfecta	Defensar la lliure competència	Reguladora		**Conjuntural**
V. La inestabilitat dels cicles econòmics	Suavitzar les transicions entre els cicles econòmics	Estabilitzadora		**Conjuntural**
	Reformar per a millorar la productivitat del país	Afavorir creixement	Llarg termini	**Estructural**

Taula 7.2. Intervencions de l'Estat i polítiques macroeconòmiques.

En funció de la temporalitat mencionada és possible distingir dos tipus de política macroeconòmica: la *conjuntural,* que actua a curt termini, i l'*estructural,* que ho fa a llarg termini.

2.1. La política macroeconòmica conjuntural

La política econòmica conjuntural col·loquialment s'anomena **política macroeconòmica,** tot i que només es refereix a les mesures a curt termini.

La **política macroeconòmica (conjuntural)** és la forma d'intervenció de l'Estat en l'economia a curt termini per a aconseguir uns objectius econòmics relacionats amb la producció, l'ocupació i els preus.

Totes les **polítiques conjunturals** busquen afrontar una situació immediata a **curt termini,** de tal manera que s'espera que seran eficaces en un període de temps curt (per exemple, uns mesos o, com a molt, un any). Són les següents (taula 7.3):

	**Política fiscal**	És l'acció intencionada de l'Estat per a augmentar o disminuir l'activitat econòmica, principalment mitjançant la **recaptació d'impostos** i l'**aplicació de la despesa pública.** Donada la importància d'aquest tipus de política, l'analitzarem detalladament a la Unitat 9.
	**Política monetària**	És el conjunt de mesures que pren el banc central d'una nació amb el fi principal de mantenir l'**estabilitat dels preus** utilitzant com a variables d'actuació la **quantitat de diners** en circulació i el **preu del diner.** Aquesta política l'analitzarem amb més detall a la Unitat 10.
	**Política exterior**	És la intervenció que realitza l'Estat per a regular les transaccions amb altres països o economies com, per exemple, el **tipus de canvi** de la moneda respecte de les monedes d'altres països, les restriccions a les **importacions** o el foment de les **exportacions.**
	**Política de rendes**	Pretén aconseguir l'**estabilitat de preus** controlant la **inflació**. Quan els preus es disparen, l'Estat intenta controlar els preus dels productes més inestables. També pot regular els salaris dels funcionaris o recomanar salaris màxims i mínims a les empreses.

Taula 7.3. Polítiques conjunturals. No obstant això, a Espanya la política exterior i monetària no són gestionades directament donada la pertinença a la Unió Europea des del 1986 i a haver adoptat l'euro com a moneda única.

2.2. La política macroeconòmica estructural

Existeixen un altre tipus de mesures que, sense ser estrictament econòmiques, afavoreixen el creixement de l'economia a llarg termini i que reben en conjunt el nom de **polítiques estructurals.**

Entre altres mesures, destaquen:

- La **modernització o reorganització d'un sector econòmic** mitjançant ajuts per a la reestructuració, inversió en tecnologia, tancament d'empreses públiques poc rendibles, etc.
- La **creació de condicions per al desenvolupament d'un territori** a través de la inversió en infraestructures, transports, incentius per a la creació d'empreses, etc.
- **Nacionalització o privatització d'empreses,** entenent com a tal l'adquisició d'empreses privades o la venda d'empreses públiques al sector privat.
- **Reformes bàsiques,** mitjançant canvis en el sistema educatiu, en la regulació de la competència, en les condicions laborals, en el sistema de pensions, etc.
- La **planificació indicativa,** és a dir, l'elaboració de plans que fixen objectius i prioritats per al futur i orienten les actuacions econòmiques durant diversos anys.

Igual que part de la política conjuntural, en el context de la UE en el qual es troba Espanya, moltes decisions de política estructural les prenen els organismes europeus competents per a afavorir la integració dels països membres.

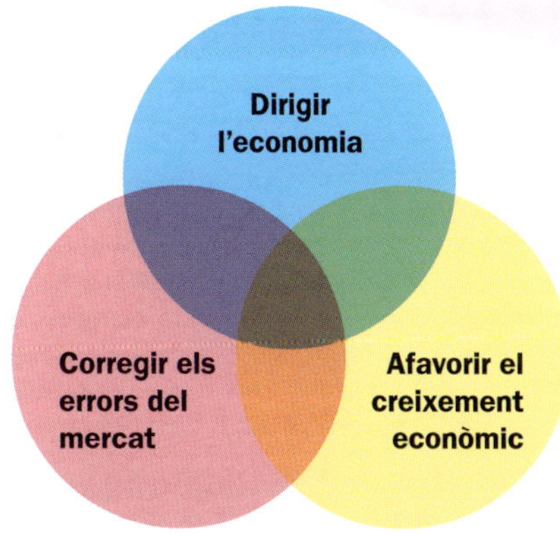

Fig. 7.3. Objectius de la política macroeconòmica.

Activitat resolta 4. Mesures de política estructural

Classifiqueu les decisions següents del Govern indicant el tipus de mesura i de política macroeconòmica:

Vendre Correus al sector privat, congelar el sou als funcionaris, abaixar els impostos, incentivar la creació d'empreses a Ceuta i Melilla, llançar l'Agenda 2030 sobre desenvolupament sostenible, incentivar les exportacions, crear ajuts per a modernitzar la siderúrgia, imprimir més diner.

Solució:

Decisions del Govern	Mesura	Tipus de política
Vendre Correus al sector privat	*Privatització d'empreses*	*Estructural*
Congelar el sou als funcionaris	*Política de rendes*	*Conjuntural*
Abaixar els impostos	*Política fiscal*	*Conjuntural*
Incentivar la creació d'empreses a Ceuta i Melilla	*Desenvolupament d'un territori*	*Estructural*
Llançar l'Agenda 2030 sobre desenvolupament sostenible	*Planificació indicativa*	*Estructural*
Incentivar les exportacions	*Política exterior*	*Conjuntural*
Crear ajuts per a modernitzar la siderúrgia	*Modernització d'un sector*	*Estructural*
Imprimir més diner	*Política monetària*	*Conjuntural*

Fig. 7.4. La nacionalització d'empreses ha de ser feta amb molta precaució. Si s'executa a la força o pagant per sota del valor de mercat, pot ocasionar la marxa d'altres empreses, la fugida de capital cap a l'estranger i la pèrdua de confiança en el Govern.

Periscopi 5. Canvis en el sistema de pensions

Fins el 2012 l'edat de jubilació era de 65 anys. Però cada any a partir del 2013 s'incrementa un mes l'edat necessària, i en dos mesos a partir del 2020. Aquest increment gradual es completarà el 2027, any a partir del qual caldrà tenir 67 anys per a accedir a la jubilació i a la corresponent pensió si s'ha cotitzat el número d'anys mínim que marca la llei.

Reflexioneu:

a) Quin tipus de mesura i en quin tipus de política s'enquadra una reforma del sistema de pensions com aquest?

b) Quin sentit té aquesta mesura en un context en el qual cada vegada preocupa més que no hi hagi diners suficients per a garantir el pagament de pensions en el futur?

Activitats

13. Què distingeix una mesura de política macroeconòmica conjuntural d'una de caràcter estructural?

14. Per què és important per a Espanya controlar directament la política fiscal? Passa el mateix en altres països europeus?

15. Per què la nacionalització d'una empresa pot ocasionar una pèrdua de confiança en el Govern que la fa?

16. Quina relació té la UE amb la política macroeconòmica dels seus països membres?

3. La perspectiva macroeconòmica

Fins ara hem estudiat temes relacionats amb l'activitat econòmica a través del comportament de famílies, empreses i sector públic. Es tractava d'un apropament a l'economia des de la perspectiva de la microeconomia. Tanmateix, a partir d'ara abordarem l'activitat econòmica de manera global mitjançant l'anomenada *macroeconomia*.

La **macroeconomia** estudia el comportament de l'economia en conjunt, és a dir, el resultat de la interacció de famílies, empreses i sector públic.

La macroeconomia s'ocupa de l'economia en conjunt, mentre que la microeconomia estudia el comportament de les parts d'aquest conjunt. El comportament conjunt dels agents econòmics genera unes magnituds, anomenades **variables macroeconòmiques,** que és possible analitzar mitjançant **indicadors econòmics.**

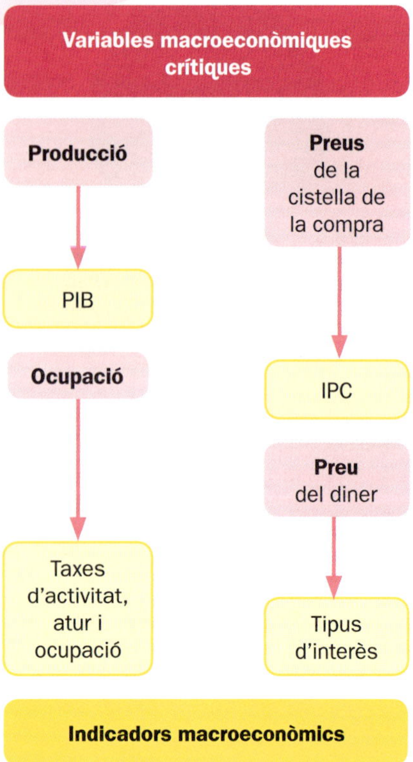

Fig. 7.5. Els indicadors examinen la salut de l'economia mesurant l'evolució de les variables crítiques: la producció, l'ocupació, els preus de la cistella de la compra i el preu del diner.

3.1. Variables macroeconòmiques

Les variables macroeconòmiques que s'han identificat com a claus per a mesurar la marxa de l'economia i influir-hi, sobretot per mirar de reduir al màxim les conseqüències negatives de les males ratxes, són:

- La **producció.** És l'aspecte que més preocupa, perquè té un gran impacte sobre la riquesa i els llocs de treball de qualsevol economia. Una producció més gran implica creixement i, per tant, més empreses que generen llocs de treball. Si empreses i treballadors guanyen més, l'augment del consum i la inversió porta a l'obertura de noves empreses i a més llocs de treball. I així successivament.
- Els **preus (d'anar a comprar).** És una qüestió amb la qual convivim cada dia. Quantes vegades ens hem vist afectats per l'augment del preu d'un bé o d'un servei?
- El **preu del diner (que es demana prestat).** Dins dels preus, n'hi ha un que preocupa fins al punt que se li assigna una categoria pròpia: el preu del diner o, dit d'una altra manera, el que costa demanar prestat. Quantes persones viuen pendents de l'efecte que el canvi del tipus d'interès té sobre la seva hipoteca o préstec variable?
- Els **nivells d'ocupació.** És una de les grans preocupacions econòmiques, tant des del punt de vista del benestar general d'un país com pel de les famílies i persones. Quantes famílies no depenen del salari com a única font de riquesa?

***Periscopi 6.* Les receptes econòmiques no són universals**

Per què no és possible aplicar als països pobres les mesures econòmiques que han funcionat als països rics? A diferència de la medicina, no hi ha receptes universals, i el més normal és que el que funciona en un país no funciona en un altre. A la pràctica, són molts els factors no econòmics de tot tipus (culturals, religiosos, polítics, etc.) que condicionen el creixement econòmic. Per exemple, la dedicació al treball com a font d'autorealització personal ha portat el Japó, un país amb recursos naturals escassos, a ser una de les economies més poderoses del món. Aquesta concepció japonesa del treball deriva del seu peculiar desenvolupament històric, religiós i cultural. Per això, no és un problema per als japonesos treballar de sol a sol, fins el punt que moltes empreses han d'obligar els seus treballadors a fer les vacances.

Reflexioneu:

a) Busqueu a Internet vídeos sobre la cultura i els costums japonesos. Identifiqueu els trets culturals, més enllà de la realització personal a la feina, que poden haver influenciat positivament en el seu desenvolupament econòmic. En el mateix sentit, citeu costums o usos a Espanya que ens han ajudat a desenvolupar l'economia.

b) Un famós economista va afirmar que «es podria calcular la riquesa de qualsevol país només mesurant el percentatge de conductors i vianants que respecten els semàfors». A què creieu que es referia? Hi esteu d'acord?

3.2. Els indicadors econòmics

Els «termòmetres» o **indicadors econòmics** (tals com el PIB, l'IPC, els tipus d'interès o les taxes d'activitat, atur o ocupació) mesuren les variables macroeconòmiques i són de gran utilitat, perquè permeten:

- **Quantificar numèricament** el comportament de famílies, empreses i sector públic.
- **Comparar la situació** de diverses comunitats o països.
- **Orientar la política macroeconòmica** dels Governs, en la mesura en què miren d'influir sobre els indicadors una vegada analitzats.
- **Analitzar l'evolució dels indicadors en el temps:** la comparació en períodes diferents de temps permet valorar-ne la variació. Per això recorrem a la fórmula de la taxa de variació percentual.

Si la inflació està controlada	Si les taxes d'atur baixen	Si hi ha creixement econòmic	Si baixa el preu del diner (que es demana prestat)
• Les pensions de jubilació dels nostres avis no perdran poder adquisitiu. • Les famílies arribaran més fàcilment a fi de mes. • Les empreses no hauran de preocupar-se per oscil·lacions contínues en el preu de les matèries primeres o altres recursos productius.	• Creixeran els ingressos de les famílies. • Augmentarà el consum, i això comportarà un increment de la demanda sobre les empreses i, per tant, aquestes contractaran més treballadors o crearan més ocupació indefinida. • El Govern haurà de pagar menys subsidis d'atur i podrà assignar aquests diners a altres assumptes, com, per exemple, sanitat o educació.	• Augmentarà la producció de béns i serveis i, per tant, els beneficis de les empreses, de tal manera que potser serà el moment d'invertir en borsa. • Els Governs cobraran més impostos i cotitzacions socials, i disposaran, en conseqüència, de més diners per a destinar a infraestructures o a mesures de protecció social. • Les famílies tindran més diners per a gastar, i es guanyarà en qualitat de vida i benestar.	• Serà més fàcil per a famílies i empreses aconseguir un préstec o hipoteca. • Qui té una hipoteca a interès variable pagarà menys. • Creixeran les inversions, perquè a les empreses els compensarà demanar prestat.

Taula 7.4. Els indicadors econòmics també reporten informació útil a famílies i empreses.

Activitat resolta 5. Variables i indicadors econòmics

Relacioneu els titulars següents de premsa econòmica amb les variables macroeconòmiques i els indicadors corresponents:

«La gasolina torna a pujar», «El creixement s'estanca», «L'atur repunta a l'hostaleria», «Baixa el cost de la hipoteca».

Solució:

Titular de premsa	Variable macroeconòmica	Indicador econòmic
«La gasolina torna a pujar»	*Preus (de la cistella de la compra)*	*IPC*
«El creixement s'estanca»	*Producció*	*PIB*
«L'atur repunta a l'hostaleria»	*Ocupació*	*Taxes d'activitat, atur i ocupació*
«Baixa el cost de la hipoteca»	*Preu del diner (del que es demana prestat)*	*Tipus d'interès*

Activitats

17. En què es diferencia l'estudi de la microeconomia del de la macroeconomia?

18. Pel que fa als indicadors econòmics:

a) Quina relació tenen amb les variables macroeconòmiques? Quina utilitat tenen?

b) Quina funció compleixen per al Govern d'un país?

c) Quin tipus de comparacions permeten establir?

Sabieu que...?

Dels **indicadors econòmics** es diu que són com «**termòmetres**» perquè compleixen una funció semblant a la d'aquest instrument mèdic a l'hora de determinar l'estat de salut de les persones. Si el pols, la temperatura o la respiració són signes vitals del cos humà, els de la macroeconomia són, entre altres, la producció, els preus (d'anar a comprar), el preu del diner (que es demana prestat) i l'ocupació.

Errors del mercat	Intervenció de l'Estat	Funció de l'Estat
I. Escassetat de béns no rendibles	Subministrament de béns públics	Proveïdora
II. Les externalitats (negatives)	Procurar un desenvolupament sostenible	Reguladora
III. Distribució desigual de la renda	Corregir les diferències socioeconòmiques	Redistribuïdora
IV. Competència imperfecta	Defensa de la lliure competència	Reguladora
V. La inestabilitat dels cicles econòmics	Suavitzar les transicions entre els cicles econòmics	Estabilitzadora

Polítiques macroeconòmiques

Termini	Tipus	Polítiques
Curt termini	**Conjunturals**	Política fiscal Política monetària Política exterior Política de rendes
Llarg termini	**Estructurals**	Modernització de sectors econòmics Desenvolupament territorial Nacionalització/privatització d'empreses Reformes bàsiques Planificació indicativa

Variables macroeconòmiques	Indicadors econòmics
Producció	PIB
Preus (d'anar a comprar)	IPC
Preu del diner (que es demana prestat)	Tipus d'interès
Nivells d'ocupació	Taxes d'activitat, atur i ocupació

1. És un error del mercat:

a) La competència.

b) La distribució desigual de la renda.

c) L'estabilitat dels cicles econòmics.

d) Dues de les respostes anteriors són correctes.

2. Els béns que aconsegueixen evitar els consumidors paràsits són:

a) Rivals en el consum.

b) No rivals en el consum.

c) Excloïbles.

d) No excloïbles.

3. És característic de les polítiques mediambientals actuals:

a) L'obtenció de compensacions per danys ja produïts.

b) El seu caràcter preventiu.

c) L'establiment de límits mínims de contaminació.

d) Dues de les respostes anteriors són correctes.

4. Per a una empresa, quin és el cost d'oportunitat de pagar una llicència de contaminació?

a) Obtenir majors beneficis, però arriscar-se a ser multada.

b) Augmentar el preu dels seus productes per a traslladar l'augment als consumidors.

c) Els beneficis que perd si és que no augmenta el preu dels seus productes.

d) Contaminar més.

5. En competència perfecta, l'empresa:

a) És única en el mercat.

b) Fixa els preus en connivència amb la competència.

c) Té poder per a fixar els preus.

d) No té poder per a fixar els preus.

6. La funció redistribuïdora de l'Estat té l'origen en el fet que:

a) El mercat reprodueix la desigualtat ja existent.

b) Les despeses de l'Estat han de finançar-se per tota la ciutadania de manera igualitària.

c) El principi d'equitat afavoreix la ciutadania amb major capacitat adquisitiva.

d) Dues de les respostes anteriors són correctes.

7. El que és característic dels cicles econòmics és que:

a) Redueixen el número de llocs de treball d'un país.

b) Sempre hi ha recursos infrautilitzats.

c) A un cicle bo l'acostuma a seguir un de dolent.

d) Els Estats mai participen en la reactivació de l'economia.

8. La política macroeconòmica pensada per a assentar les bases de creixement futur és la:

a) Política fiscal.

b) Política estructural.

c) Política conjuntural.

d) Política estabilitzadora.

9. La funció de l'Estat que suavitza les transicions entre els cicles econòmics és:

a) L'estabilitzadora.

b) La reguladora.

c) La de creixement.

d) Cap de les respostes anteriors és correcta.

10. Quina de les següents afirmacions és falsa?

a) A la pràctica, certes despeses dels PGE van dirigides a redistribuir la renda.

b) Totes les externalitats representen un error de mercat.

c) La taxa de variació percentual permet analitzar l'evolució d'una variable macroeconòmica en el temps.

d) Els mercats tenen dificultat per a proveir béns no rendibles.

Els errors del mercat.

1. Per què a certs béns públics també se'ls denomina «no rendibles»?

2. Què s'entén per *desenvolupament sostenible*? Quina relació té amb les externalitats?

3. Si les mesures de política mediambiental són molt clares respecte dels límits de les emissions contaminants, per què és tan difícil combatre la contaminació?

4. Si per a empreses que ja estan produint i contaminant el cost d'instal·lar un procés respectuós amb el medi ambient és de 75.000 €, quin import de multes imposaríeu a aquestes empreses per contaminar?

5. Per què els impostos unitaris són els més justos en relació amb la contaminació, tot i que també són els més difícils d'aplicar?

6. A grans trets, en què s'assemblen i en què es diferencien els llindars màxims i les llicències de contaminació?

7. Com contribueixen els anomenats *impostos progressius* al sosteniment del sector públic? Quin principi hi ha darrera d'aquest finançament desigual?

8. Com utilitza l'Estat els PGE per a redistribuir la renda?

9. Citeu tres pràctiques habituals contràries a la lliure competència.

10. Descriviu com contribueixen les empreses a recuperar l'activitat econòmica durant la fase d'expansió del cicle econòmic.

11. Pel que fa a les externalitats, què significa que el mercat «no informa correctament» els consumidors sobre els costos reals de producció?

12. Feu una llista amb, almenys, cinc serveis públics i classifiqueu-los d'acord amb els criteris de la taula 7.1.

13. A quins problemes s'enfrontaria l'Administració pública si vol privatitzar una carretera nacional per a millorar el ferm i fer-ne el manteniment? I si vol privatitzar el servei de bombers?

14. En els mercats que funcionen d'acord amb la lliure competència:
    a) Com influeix el número d'empreses en la competitivitat?
    b) Per què són font de progrés tecnològic?
    c) Com es veuen afavorits els treballadors?
    d) Per què augmenta el número de clients potencials?

15. Per què l'asimetria d'informació pot constituir un problema en les relacions comercials?

16. Per a cadascuna de les mesures següents:
    - Construcció d'una autovia.
    - Subvencions per contractació a causa de l'inici d'una crisi econòmica.
    - Modificació de les lleis del salari mínim, establint-ne un augment.
    - Ensenyament universitari gratuït.
    - Rebaixa d'impostos.
    - Jornada laboral de 35 hores per a tots els treballadors.
    - Obligatorietat de l'ús de l'etiqueta ecològica per a vehicles.
    - Sanció econòmica a empreses per pràctiques monopolistes.

    Identifiqueu:
    a) L'error de mercat relacionat.
    b) El tipus de funció (proveïdora, reguladora, estabilitzadora o redistribuïdora) que fa l'Estat.
    c) Intervenció del sector públic.

17. Quin tipus d'error de mercat pretén corregir la intervenció del sector públic en els casos següents?
    a) Augmentar els impostos del gasoil per a vehicles dièsel.
    b) Ampliar la xarxa viària nacional.
    c) Actualitzar les pensions dels jubilats.
    d) Investigar les línies aèries per a pactar els preus.
    e) Construir un passeig marítim.
    f) Incrementar la quantia de les beques d'estudi.
    g) Abaixar els impostos per a reactivar l'economia.
    h) Obligar els bancs a augmentar la informació que proporcionen als clients.

18. Dels parells d'afirmacions següents, raoneu quina de les dues us sembla més correcta. A continuació, defenseu la vostra postura davant un company que opina el contrari:

    Parella d'afirmacions 1:
    a) L'Estat ha d'intervenir en l'activitat econòmica regulant el comportament dels cicles econòmics.
    b) L'Estat ha de limitar al màxim les funcions, i ha de deixar per al mercat la resolució dels problemes derivats del desenvolupament de les activitats econòmiques.

    Parella d'afirmacions 2:
    a) Els impostos contribueixen a la redistribució de la renda.
    b) Els impostos limiten el creixement econòmic, perquè la obligatorietat del pagament desincentiva els agents econòmics més competitius.

La política macroeconòmica.

19. Definiu amb paraules pròpies les diverses polítiques conjunturals.

20. Considereu que aconseguir una feina estable o ben pagada d'aquí a deu anys és un pla de creixement a llarg termini, i com a tal podria ser considerat una política estructural. Quins objectius i prioritats inclouríeu en la vostra planificació indicativa per a aconseguir aquest objectiu? Detalleu-ne també dates, terminis i llocs d'execució.

21. Classifiqueu les decisions següents del Govern en termes de política macroeconòmica (mesura i tipus de política):

a) Crear el Pla 2025 per a la reducció de consum de combustibles fòssils.

b) Restringir la circulació de diner.

c) Reestructurar el sector de les drassanes navals.

d) Incentivar l'exportació de maquinària.

e) Augmentar el sou als funcionaris.

f) Nacionalitzar les línies aèries.

g) Modificar l'IVA.

h) Invertir en infraestructures a les comunitats autònomes que es troben per sota d'un determinat nivell de renda.

22. Com aconsegueixen els països millorar la productivitat?

La perspectiva macroeconòmica.

23. Quines són les variables i els indicadors econòmics que mesuren l'evolució de l'economia?

24. Relacioneu els titulars següents, extrets de la premsa econòmica, amb les variables macroeconòmiques i indicadors estudiats al llarg d'aquesta unitat.

a) «El país surt de la crisi.»

b) «Les hipoteques pugen al febrer.»

c) «Sortir a sopar és, més car que fa un any.»

d) «Descendeix l'atur juvenil.»

25. Argumenteu si les afirmacions següents són veritables o falses:

a) «Tot i l'eficiència del mercat, aquest pot proveir una quantitat de béns inferior a la que demanda el mercat.»

b) «El preu de venda sempre informa del cost real de la producció d'un bé o servei, i deixa un marge raonable de benefici per a l'empresa.»

c) «Les externalitats generen costos que l'Estat ha de mirar d'evitar.»

d) «Des d'un punt de vista econòmic, una despesa elevada en protecció social és un factor que afavoreix el creixement econòmic perquè incentiva els treballadors a incrementar la seva productivitat.»

e) «Les polítiques estructurals busquen l'estabilització de l'economia.»

26. Llegiu aquest text i contesteu les preguntes que es formulen a continuació:

«Al llarg de la història, les etapes que ha travessat la intervenció de l'Estat en l'economia han estat les següents:

- **L'Estat proteccionista.** Al llarg del segle XVIII va ser preponderant la política proteccionista, l'anomenat *mercantilisme*. En aquesta època, s'associava el poder econòmic a l'acumulació de metalls preciosos. No obstant això, les traves que s'imposaven al lliure comerç reduïen l'eficiència i la creació de riquesa.
- **L'Estat no protagonista.** Bàsicament, consisteix en què l'Estat deixa plena autonomia al mercat i així aquest es regula sol, es manté en un paper secundari, cobrint algunes necessitats col·lectives bàsiques que el mercat no satisfà (sanitat, educació, justícia, regulació d'ocupació, ordre cívic, etc.), o aquelles que necessiten grans inversions (ferrocarril, energia elèctrica, subministrament d'aigua, etc.).
- **L'Estat protagonista.** Després de la crisi que va haver-hi durant la Gran Depressió dels anys trenta del segle XX, i de la mà de les teories de l'economista Keynes, l'Estat intervé per evitar les crisis cícliques de l'economia de lliure mercat. En moments de crisi, l'Estat s'ocupa del fet que hi haurà despesa suficient per a compensar la falta de demanda privada de béns i serveis.
- **L'economia mixta.** A l'actualitat, els sistemes econòmics predominants són els de l'economia mixta. Aquest sistema mira de combinar els avantatges del mercat com a assignatari de recursos amb l'equilibri i benestar que aporta la intervenció de l'Estat. Els errors del mercat són els factors que condicionen el grau d'intervenció del sector públic, però en general els plantejaments són dos: el neoliberal, que defensa una intervenció de l'Estat el màxim de reduïda, i el neokeynesià, que abunda precisament en el contrari.»

a) Quina nova funció va atorgar el keynesianisme al sector públic?

b) Com es concreta la intervenció de l'Estat en les èpoques de crisi econòmica?

c) En què es diferencia el sistema d'economia mixta del de planificació centralitzada, estudiat a la Unitat 2?

27. Identifiqueu el tipus de despesa dels PGE per a cadascun dels ítems següents, indicant el beneficiari, si és el cas:

a) Subvenció per conversió de contracte temporal a indefinit.

b) Construcció de ports.

c) Pensió per incapacitat.

d) Despesa en subministraments d'edificis públics.

e) Pagament a funcionaris interins.

f) Subvenció per inversió en I+D+i.

- Escriviu dues idees que tingueu clares i que us semblin fonamentals d'aquesta unitat. Què us ha ajudat a entendre-les?
- Realitzeu dues preguntes sobre aspectes que no us hagin quedat clars d'aquesta unitat.
- Escriviu dos aspectes sobre els quals us agradaria aprofundir en aquesta unitat.

Interpretem... el cicle econòmic

Les variables macroeconòmiques rellevants en una crisi són la **producció,** l'**ocupació** i els **preus,** però cada país presenta particularitats pròpies. Amb els preus controlats, a la zona euro mitjançant la política monetària de la Unió Europea, l'evolució de la producció marca la fase del cicle econòmic que toca viure. Mereixen atenció especial a Espanya les dades de l'atur, que, si ja són preocupants en fases d'expansió, pràcticament es dupliquen en les de recessió.

1. PIB

Espanya ha completat un cicle econòmic superant el nivell de producció del 2008, previ a la crisi.

PIB
En milions d'euros

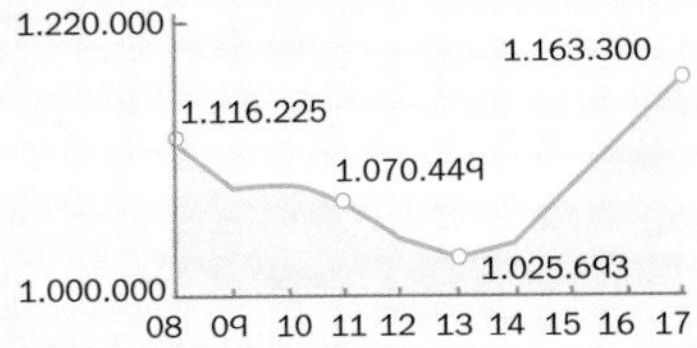

CREIXEMENT ECONÒMIC
%

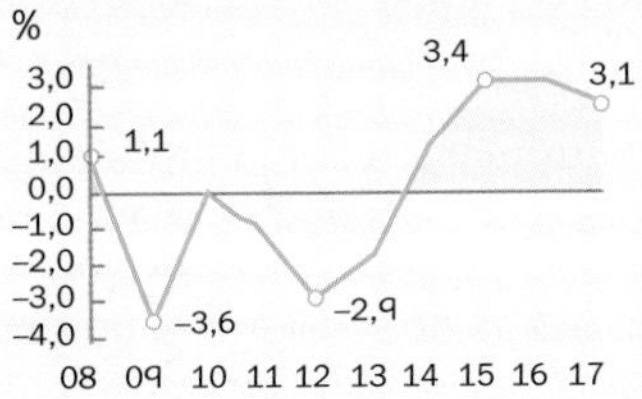

2. CREIXEMENT ECONÒMIC

Després de les caigudes dels primers anys, el creixement positiu del 2014 va marcar el **punt d'inflexió** del cicle.

3. PIB PER HABITANT

Dividint el PIB entre el número d'habitants obtenim aquesta dada, que ens indica que pràcticament s'ha tardat una dècada en recuperar el nivell d'ingressos previ a la crisi.

PIB *PER CÀPITA*
En euros

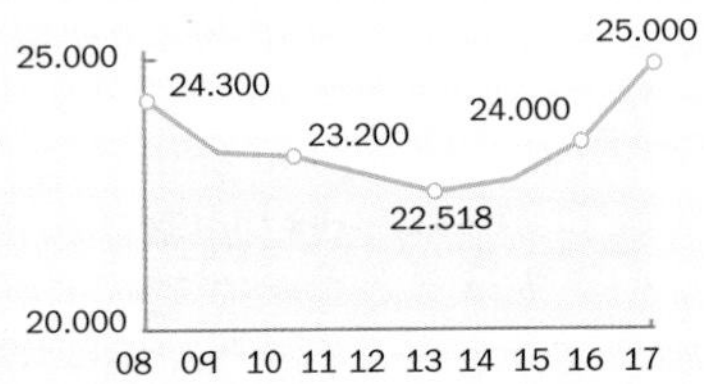

ATUR
Milers

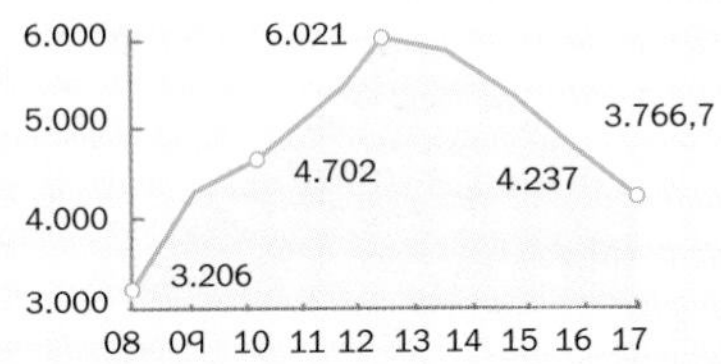

4. NÚMERO DE PERSONES SENSE OCUPACIÓ

Tot i que la producció s'ha recuperat, no ho ha fet l'ocupació, i hi ha més persones a l'atur que quan va començar la crisi. Observeu que la corba és contrària a la del PIB.

5. DEUTE PÚBLIC

Per a sortir de la crisi, Espanya s'ha endeutat per a reactivar l'economia i, tot i que ho ha aconseguit, el preu és altíssim: Espanya deu actualment 98 € per cada 100 que guanya, quan abans de la crisi eren 35 de cada 100.

DEUTE PÚBLIC
En milions d'euros

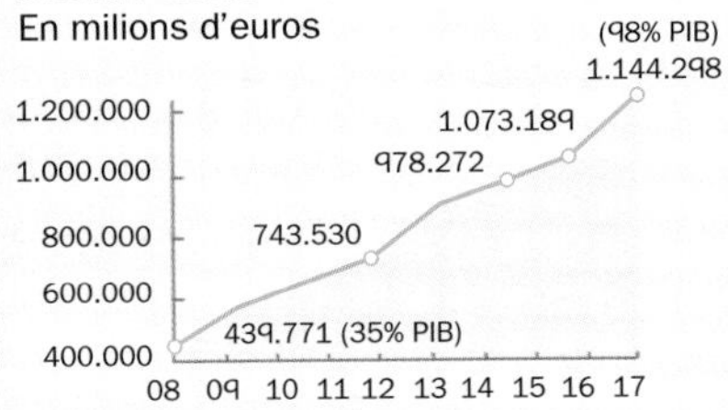

DÈFICIT PÚBLIC
% de PIB

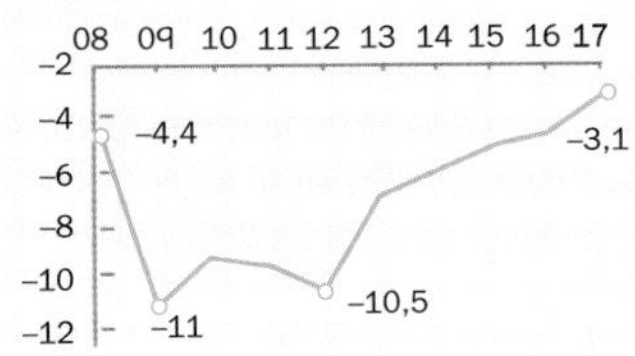

6. DÈFICIT PÚBLIC

Quan un país gasta més del que ingressa incorre en dèficit, i és precisament el que ha passat a mesura que Espanya s'endeutava i s'incrementava el pagament d'interessos.

7. TAXA DE TEMPORALITAT

Mesura la quantitat d'ocupació segons si es té contracte indefinit o no. Amb la recuperació s'ha creat ocupació, però temporal.

TAXA DE TEMPORALITAT
En porcentatge

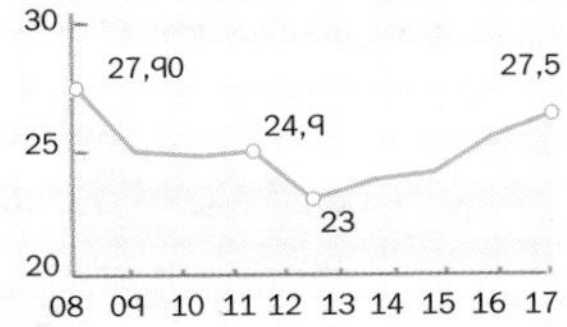

TAXA D'ATUR
En percentatge

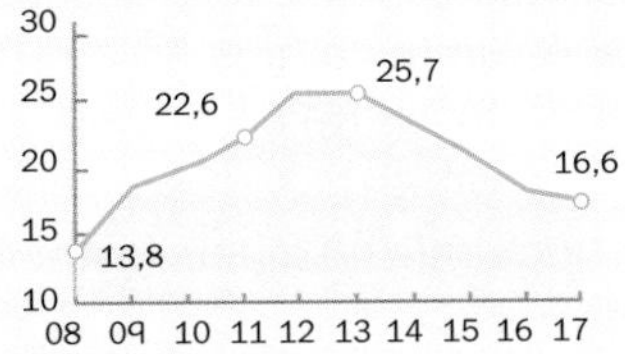

8. TAXA D'ATUR

Reflexa els canvis en la quantitat d'aturats, i també els de la població total que pot i desitja treballar.

Qüestions:

1. Quina relació trobeu entre la gràfica del PIB i la taxa d'atur? I entre la gràfica del PIB i el número d'aturats? Interpreteu els resultats.

2. Quina relació hi ha entre el dèficit públic i el deute públic? I entre el dèficit públic i el PIB?

3. Al començar la crisi, la temporalitat en l'ocupació va començar a descendir. A què creieu que es pot deure?

4. A què es refereix el reportatge quan es parla de *punt d'inflexió* del cicle?

El dilema: prohibició dels dièsel?

Amb la ciutadania cada vegada més conscienciada sobre la gravetat del canvi climàtic i els efectes de la contaminació sobre la salut, algunes grans ciutats espanyoles, com Barcelona o Madrid, estan planejant prohibir parcialment la circulació de cotxes dièsel en els propers anys. En contra d'aquesta «croada contra el dièsel» s'han manifestat la indústria i molt usuaris. Argumenten que destruir gran part de la flota de cotxes suposarà un gran cost per aquelles persones que actualment tenen un dièsel, entre elles, la majoria dels autònoms que fan servir el cotxe per les seves activitats empresarials. A part, subtituir-la per una altra de nova també tindrà un cost ecològic, que no serà possible obtenir bateries elèctriques per reemplaçar tots els cotxes del món i que a més, els cotxes dièsel emeten menys CO_2 que els de gasolina.

El Govern de la vostra localitat s'uneix al debat. La proposta està sobre la taula. Es tracta de prohibir la circulació immediata dels cotxes dièsel anteriors al 2006 perquè són menys eficients energèticament. A més, tots els cotxes no elèctrics, i no importa si són de dièsel o de gasolina, seran prohibits definitivament el 2028.

El debat:

Preneu partit per una de les dues opcions (prohibir la circulació de cotxes dièsel o continuar permetent-la) i argumenteu-la en un grup de cinc companys. La resolució del grup es defensarà en un debat davant d'un altre grup on ha prevalgut l'altra opció.

Proposta de cinema: *El dilema*

Director: Michel Mann.

Repartiment: Al Pacino, Russell Crowe, Christopher Plummer, Diane Venora.

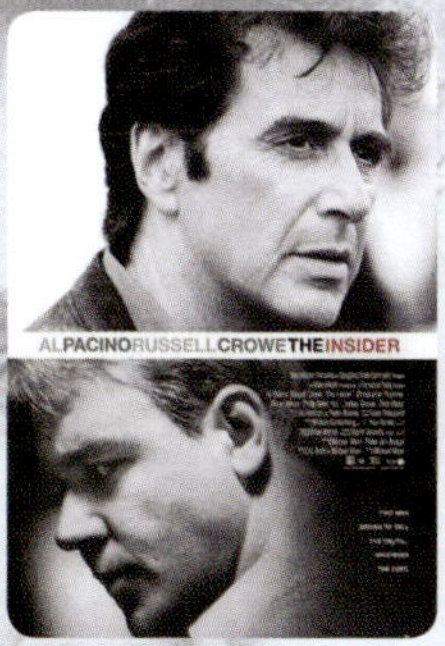

Sinopsi:

La pel·lícula indaga en l'immens poder de les tabaqueres, i en el funcionament de les companyies de televisió, que és controvertit quan els seus interessos financers són els que estan en joc.

Claus de reflexió:

Competència imperfecta, ètica empresarial i errors de mercat.

Qüestions:

1. Quin tipus de mercat formen les tabaqueres?
2. Quin error de mercat està present en els sectors empresarials en els quals es desenvolupa l'acció de la pel·lícula?
3. A quin dilema s'enfronta l'excientífic? I la cadena de televisió?

Vinyeta

8. Indicadors i equilibri macroeconòmic

En aquesta unitat aprendreu

- Creixement i producció.
- L'economia en conjunt.
- El consum.
- La inversió.
- L'estalvi.

Gràcies als indicadors de l'economia sabem el que produeix el país. També quant gasta, consumeix o guanya. El conjunt d'indicadors conforma la Comptabilitat Nacional, i gràcies a ella sabem si l'economia va bé, si funcionen les mesures adoptades o si s'han d'adoptar mesures noves.

Però tot i que es mouen xifres de milers de milions, no deixen de ser només números. Indicadors com el *Producte Interior Brut* (*PIB*) no ens diuen si l'esmorzar és bo o si el vostre mòbil nou té més funcionalitats que l'anterior.

Entre altres coses, el PIB no mesura la qualitat dels productes, el repartiment de la riquesa o si cada dia hi ha més o menys contaminació. En tot cas, el PIB depèn del que estan disposades a gastar les famílies, les empreses i el sector públic.

El *consum* de les famílies, amb dos terços del total de la despesa, representa la partida de despesa més important, seguida de les *inversions empresarials*.

I si les empreses han de produir el que les famílies volen, necessiten finançament, que procedeix de l'estalvi de les famílies.

Què sabeu sobre el PIB?

Què en voleu aprendre?

Sabeu com es calcula el PIB?

Sabeu quins elements componen la demanda agregada?

Sabeu quin paper tenen el consum, la inversió i l'estalvi en l'economia d'un país i en la vostra?

Xifres, rodes i la pensió de l'àvia

Quan sentim a parlar dels milers de milions d'euros i dels percentatges amb els quals s'expressen el PIB i altres indicadors econòmics als mitjans de comunicació, pensem que són molts zeros i que a casa no se senten xifres que en tinguin més de tres o quatre. També ens diuen que l'economia va bé o malament, i una vegada més creiem que això és massa general i té poc a veure amb nosaltres, que ens conformem a trobar una feina que ens permetrà guanyar-nos la vida.

Però tot i ser només xifres, resulta que darrera d'aquests números hi ha les decisions de milions de persones i empreses que influeixen sobre la vida del país i acaben afectant-nos. Si el país creix, augmenta la producció de béns i serveis i, per tant, serà més fàcil trobar aquella feina que busquem, perquè les empreses augmenten les seves plantilles. I si més famílies com la nostra tenen més diners per a gastar, les persones guanyen en qualitat de vida i benestar.

Les empreses venen més, i com que guanyen més, creen ocupació, i fins i tot obren noves empreses. La «roda de l'economia» es posa en marxa: consum crida a inversió, inversió crida a consum (perquè a les empreses és on les famílies guanyen el sou que després utilitzen per a consumir) i així successivament.

A més, com que es cobren més impostos i augmenta el volum de cotitzacions a la Seguretat Social, els Governs tindran més diners per a actualitzar la pensió de l'àvia, pagar l'atur del vostre germà gran i millorar l'educació de la vostra germana petita. Fins i tot hi ha més diners per a subvencionar a qui vol crear una empresa pròpia. Tot això i molt més és el que hi ha darrera les xifres fredes i gegantines del PIB.

Reflexioneu

1. Descriviu amb paraules pròpies en què consisteix la «roda de l'economia».
2. Tot i que el PIB és un indicador molt important, hi ha realitats que poden repercutir sobre el nostre benestar col·lectiu i que no hi apareixen reflectides. En podríeu posar algun exemple?
3. Si els grans números del PIB ens donen tanta informació sobre com seran les nostres vides, per què creieu que la major part de les persones els paren tan poca atenció?

1. Creixement i producció

Recordeu

Sobre l'increment de producció, és a dir, sobre el creixement econòmic dels països i les empreses n'hem parlat a les unitats 2 i 3, respectivament.

Les persones creixen en estatura i els països en producció. La producció dels països es mesura mitjançant el *Producte Interior Brut* (PIB).

El **PIB** és el valor monetari de tots els béns i serveis finals produïts a l'interior d'un país durant un període de temps determinat, generalment un any.

Característica	Segueix un patró monetari	Mesura transaccions sobre béns nous	Només comptabilitza béns finals	Mesura allò produït a l'interior	Fa referència a un interval de temps
Descripció	Permet agrupar i mesurar en euros tots els béns i serveis.	Comptabilitza únicament les transaccions monetàries que impliquen béns i serveis nous.	El valor dels béns intermedis ja ha estat inclòs.	Valora allò produït a l'interior de les fronteres del país objecte d'estudi sense tenir en compte la nacionalitat de l'empresa.	Lapsus de temps constants permeten establir comparacions entre diversos territoris i diversos períodes de temps.
Exemple	No importa si són pomes, portàtils o classes, sinó el seu valor en diners.	No inclou l'intercanvi ni operacions de segona mà.	El preu d'un automòbil ja inclou el del seu motor, volant, seients...	La producció d'una empresa estrangera que opera a Espanya es recull al PIB espanyol.	El lapsus de temps habitual per al càlcul del PIB és l'any natural.

Taula 8.1. Característiques del PIB. Sobre béns finals i intermedis ja n'hem parlat a la Unitat 1.

1.1. Càlcul del PIB

Important

A la pràctica no és tan fàcil calcular el PIB a través dels tres mètodes com a l'Activitat resolta 1. Es tracta d'un exemple molt bàsic, al qual anirem afegint elements i matisos a partir d'ara. Començarem coneixent a fons el mètode més popular per al càlcul del PIB, que és el de la **despesa.**

En una economia de mercat, les empreses ajusten la producció a allò que els agents econòmics estan disposats a pagar. D'aquí es treu que el PIB, que mesura el valor de tots els béns i serveis produïts o adquirits pels agents econòmics d'un país, és un indicador significatiu de la marxa de l'economia.

El PIB pot calcular-se de tres maneres alternatives:

- El **mètode de la despesa**. És la suma d'allò consumit per les famílies, allò invertit per les empreses i allò gastat per l'Administració pública.
- El **mètode de la renda**. És la suma de les rendes (salaris, beneficis, lloguers i interessos percebuts per famílies i empreses a causa de la producció de béns i serveis).
- El **mètode del valor afegit**. S'obté sumant el valor que afegeix cada empresa a la producció de béns i serveis.

Activitat resolta 1. El PIB d'Irlàndia pels mètodes de la despesa, la renda i el valor afegit

A Irislàndia els pesquers venen la pesca per 50 milions d'euros (M€) a la llotja que, al seu torn, els ven per 75 M€ als habitants de l'illa. Tot el diner que circula per aquesta economia suma 75 M€, fruit de la venda dels pesquers i la llotja. Aquesta quantitat es reparteix així: 60 M€ per als salaris dels treballadors i 15 M€ de benefici que es reparteixen els propietaris dels vaixells i de la llotja. Calculeu el valor del que produeix Irislàndia segons els mètodes de la despesa, la renda, les vendes de les empreses i el valor afegit de les empreses. Comenteu els resultats.

Solució:

	Pesquers	Llotja	Consumidors finals	Salaris	Beneficis de les empreses	PIB (producció)
Despesa	---	---	75 M€	---	---	75 M€
Renda	---	---	---	60 M€	15 M€	75 M€
Vendes	50 M€	75 M€	---	---	---	125 M€
Valor afegit	50 M€	25 M€	---	---	---	75 M€

Pel mètode del **valor afegit**, la indústria pesquera va afegir 50 M€ a la producció, mentre que la llotja va afegir 25 M€ (va vendre per 75 M€ el que va comprar per 50 M€).

El procediment que comptabilitza les **vendes** de les empreses per a determinar el valor del que s'ha produït revela la falta d'idoneïtat, a causa que es produeix doble comptabilitat.

El mètode de la despesa

Com que en les economies de mercat es consumeix o es compra tot el que es produeix, el PIB mesura la producció de béns finals sumant totes les **despeses**; és a dir, el valor de totes les compres de béns i serveis finals fetes per totes les famílies, empreses i sector públic a l'interior d'un país durant un any. Tot això sense oblidar que els estrangers compren a l'interior del nostre país, i nosaltres al del seu. Així, el PIB es compon d'una sèrie de valors, anomenats consum (***C***), inversió (***I***), despesa pública (***D***), exportacions (***X***) i importacions (***M***). A aquests valors se'ls anomena *macromagnituds*, perquè són propis de la macroeconomia, i s'utilitzen per a mesurar la realitat econòmica.

! Important

L'expressió «**a preus de mercat**» indica que les compres de béns i serveis incloses al PIB contenen totes les despeses que aquestes impliquen (fins i tot l'IVA i altres impostos).

$$PIB_{pm} = C + I + G + (X - M) \quad ; \quad pm: \text{a preus de mercat}$$

Activitat resolta 2. El PIB d'Econolàndia

A la taula següent podeu veure algunes magnituds econòmiques d'Econolàndia l'any 02 en milions d'euros (M€).

a) Calculeu el valor del PIB_{pm} de l'any 02.

b) Sabent que l'any 01 el PIB_{pm} va ser de 1.240 milions d'euros, quina és la variació que ha experimentat el creixement econòmic?

c) Quin seria el valor del PIB_{pm} d'aquesta economia si de sobte tanca totalment les fronteres a l'exterior?

Despesa pública	100 M€
Consum privat	950 M€
Exportacions	100 M€
Importacions	17 M€
Inversió empresarial	200 M€

Solució:

a) $PIB_{pm} = C + I + D + (X - M)$; $PIB_{pm} = 950 + 200 + 100 + (100 - 17) = 1.333$ M€

b) $$Var_{PIB_{02}-PIB_{01}} = \frac{PIB_{02} - PIB_{01}}{PIB_{01}} \cdot 100 = \frac{1.333 - 1.240}{1.240} \cdot 100 = 7{,}5\ \%$$

El país ha crescut un 7,5 %. Per cada 100 € que es produïen/gastaven en l'any 01, es produeixen/gasten 107,5 € l'any 02.

c) Si desapareix el sector exterior, la fórmula del PIB_{pm} quedaria així:

$PIB_{pm} = C + I + D$; $PIB_{pm} = 950 + 200 + 100 = 1.250$ M€

Periscopi 1. El PIB per habitant o PIB *per capita*

El PIB per habitant, també anomenat PIB *per capita,* és el resultat de dividir el PIB entre el número d'habitants d'un país. El 2017 el PIB per habitant a Espanya va ser de 25.000 € per habitant, que es correspon al 100 % a la figura 8.1. La majoria de les comunitats autònomes queden per sota de la mitjana, però altres la superen.

Reflexioneu:

a) Segons el gràfic, quin va ser el PIB per habitant de la vostra comunitat autònoma?

b) Quin va ser el PIB espanyol total si el número d'habitants era de 46.548.342?

c) Esbrineu l'últim PIB per habitant d'Espanya, també el de la vostra Comunitat Autònoma, i determineu si el nivell de vida general ha millorat o ha empitjorat respecte allò establert a la figura 8.1.

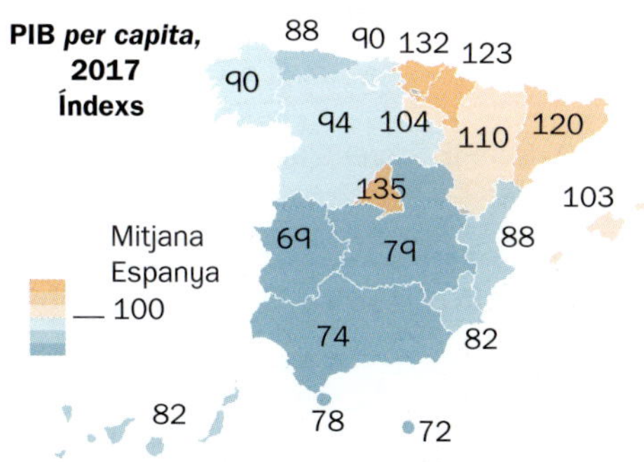

Fig. 8.1. Mapa del PIB per habitant per comunitat autònoma.

Activitats

1. Responeu les preguntes següents en relació amb la figura 8.1:

a) Si al País Basc el PIB per habitant és superior al de la Comunitat Valenciana, això vol dir que el País Basc produeix més?

b) Està millor repartida la renda a la Comunitat de Madrid que a Andalusia?

c) En termes de percentatge i respecte d'un espanyol, què vol dir que un aragonès guanya el 110 %?

2. Indiqueu si el PIB mesura les activitats següents: allò produït per una empresa sueca a Espanya, el volant que forma part d'un cotxe, el voluntariat a una ONG, el contraban de tabac, allò produït per una empresa espanyola a Portugal, un pantaló fabricat a Itàlia però venut a Espanya.

1.2. La Comptabilitat Nacional

El PIB a preus de mercat quantifica el total produït, però són altres macromagnituds les que informen sobre **la manera** de produir del país. Al conjunt de les macromagnituds, PIB inclòs, que registren les activitats econòmiques que fa un país durant un període determinat, se l'anomena *Comptabilitat Nacional*.

La **Comptabilitat Nacional** és el conjunt d'indicadors que registren i informen sobre les diverses activitats econòmiques fetes a l'interior d'un país durant un període determinat.

La Comptabilitat Nacional permet als responsables del Govern comprovar si els resultats de les mesures econòmiques fetes responen a les expectatives, i com corregir possibles desviaments o errors per a establir noves previsions.

Macromagnitud	Abreviatura	Descripció
PIB a cost de factors	PIB_{cf}	És el valor d'allò produït per les empreses sense tenir en compte els impostos indirectes (Ii) que han de cobrar als consumidors finals i les subvencions que han rebut de l'Administració pública (Se).
Producte Nacional Brut a cost de factors	PNB_{cf}	És el PIB «patri», en la mesura que descompta allò produït per les empreses estrangeres a l'interior (rfe) i afegeix allò produït per les empreses nacionals a l'exterior (rfn).
Renda Nacional o Producte Nacional Net	$RN = PNN_{cf}$	Descompta les amortitzacions (Am), el desgast dels equips productius. Conèixer el desgast permet mesurar de quina manera contribueixen els equips productius i quan serà necessari reemplaçar-los.
Renda Personal Disponible	RPD	No és el mateix el que guanyen les famílies que els diners de què disposen realment a causa de la funció redistributiva de l'Estat: impostos directes (Id), beneficis no distribuïts (Bnd), contribucions a la Seguretat Social (Css) i TE (transferències de l'Estat, com pensions, ajuts...).

Taula 8.2. Macromagnituds principals.

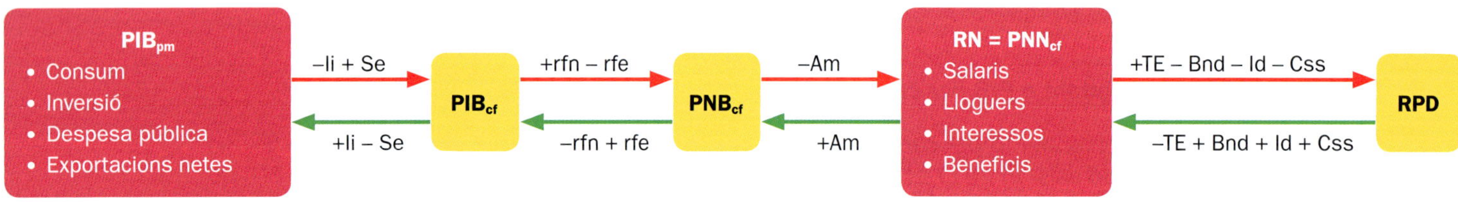

Fig. 8.2. Del PIB a preus de mercat, a la Renda Personal Disponible.

Activitat resolta 3. La Comptabilitat Nacional a la pràctica

	A	B
1	Magnitud	Valor
2	Producció de les empreses nacionals en l'exterior (rfn)	200 M€
3	Producció de les empreses extrangeres en l'interior (rfe)	133 M€
4	Impostos indirectes (Ii)	220 M€
5	Impostos directes (Id)	100 M€
6	Amortitzacions (Am)	75 M€
7	Contribució Seg. Social (Css)	150 M€
8	Subvencions empresarials (Se)	20 M€
9	Beneficis no distribuïts (Bnd)	10 M€
10	Pensions (TE)	40 M€

Fig. 8.3. Macromagnituds d'Econolàndia en M€.

Si el PIBpm total d'Econolàndia és de 1.333 milions d'euros (M€), ajudeu-vos de la figura 8.2. per a calcular, a partir de les macromagnituds recollides a la figura 8.3:

a) El Producte Interior Brut a cost de factors (PIBcf).

b) El Producte Nacional Brut a cost de factors (PNBcf).

c) La Renda Nacional (RN).

d) La Renda Personal Disponible (RPD).

Solució:

a) $PIB_{cf} = PIB_{pm} - Ii + Se = 1.333 - 220 + 20 = 1.133$ M€.

b) $PNB_{cf} = PIB_{cf} + rfn - rfe = 1.133 + 200 - 133 = 1.200$ M€.

c) $RN = PNN_{cf} = PNB_{cf} - Am = 1.200 - 75 = 1.125$ M€.

d) $RPD = RN + TE - Bnd - Id - Css = 1.125 + 40 - 10 - 100 - 150 = 905$ M€.

1.3. Diferència entre PIB nominal i real

Al PIB al qual ens hem referit fins ara se l'anomena **nominal**, i és el resultat de multiplicar la quantitat de béns i serveis finals pels preus que van tenir l'any en qüestió, raó per la qual també s'anomena **PIB a preus corrents**.

Però al comparar la variació del PIB entre dos períodes diferents, pot haver variat la quantitat produïda, el preu o tots dos alhora. Si la quantitat no varia i els preus augmenten, creix el PIB, però això no vol dir que ha augmentat el valor de la producció de béns i serveis. En realitat el que ha passat és que el PIB ha pujat a causa de l'increment dels preus, no perquè ha augmentat el valor de la producció.

Per a solucionar aquest problema, els economistes recorren a un altre indicador, el **PIB real.** Es calcula fent servir també les quantitats de béns i serveis d'un any determinat, però, a diferència del PIB nominal, es multipliquen pels preus de l'any que s'utilitza com a base o referència. D'aquesta manera, s'elimina l'efecte de la pujada dels preus. El procediment, que consisteix a passar el PIB de valors nominals (o a preus corrents) a valors reals (o a preus constants), es coneix com **deflactar,** procediment que consisteix a eliminar l'efecte de la inflació d'una magnitud o valor.

Sabíeu que...?

Per a mesurar el valor de la producció d'un any, només cal calcular-lo comptabilitzant cada bé o servei al preu al qual es va vendre aquell any, però resulta insuficient si volem analitzar l'evolució del PIB entre períodes de temps. Donat que l'economia està subjecta a processos inflacionistes, és necessari eliminar l'efecte de la inflació per a fer comparacions vàlides entre períodes diferents.

El **PIB real** és el PIB nominal deflactat.

Activitat resolta 4. PIB real enfront de PIB nominal

En un país durant els anys 04, 08 i 12, i com a únic producte, es van vendre respectivament 80, 90 i 110 milions de barrils, a 20, 40 i 45 €/unitat. Calculeu per a cada any el PIB nominal, el PIB real respecte de l'any 04 i la variació del PIB real entre els anys 04 i 12.

Solució:

Any	Preu	Quantitat	Total	PIB nominal	PIB real (*)
04	20	80	1.600	1.600	1.600 (80 · 20 €)
08	40	90	3.600	3.600	1.800 (90 · 20 €)
12	45	110	4.950	4.950	2.200 (110 · 20 €)

(*): Respecte de l'any 04, raó per la qual utilitzem com a base el preu d'aquest any (en milions d'€).

Per a calcular la variació real del PIB utilitzem la coneguda fórmula de la variació percentual:

$$Var_{PIB12-PIB04} = \frac{PIB_{12} - PIB_{04}}{PIB_{04}} \cdot 100 \qquad Var_{PIB12-PIB04} = \frac{2.200 - 1.600}{1.600} \cdot 100 = 37,5\,\%$$

Per tant, entre els anys 04 i 12, la variació real del PIB va ser del 37,5 %.

Activitats

3. L'amortització mesura el desgast dels equips productius. Com més desgastats estan, més antiquats estaran, menys productius seran i més a prop estaran de ser reemplaçats. Sabent això, i que el PNN és la macromagnitud que precisament té en compte aquest desgast, per què creieu que és important conèixer el valor que han perdut els equips productius del país?

4. En què es diferencia el Producte Nacional Brut del Producte Interior Brut?

5. Per què es deflacta el PIB nominal? Com es calcula?

6. Al mercat d'Irislàndia es van vendre, el primer any, 500.000 kg de peix a una mitjana de 10 €/kg. El segon any es va vendre la mateixa quantitat de peix, però a 12 €.

a) Calculeu el PIB nominal i el PIB real dels dos anys utilitzant com a base el primer any.

b) Quant han variat els preus entre el primer any i el segon? I el PIB real?

1.4. Limitacions del PIB

Existeixen certes limitacions en quant a l'ús i a la interpretació del PIB. A continuació us en mostrem les cinc més rellevants (fig. 8.4):

1. El PIB **no comptabilitza tots els béns i serveis finals produïts** en una economia. Moltes activitats no són declarades al sector públic i, per tant, no en consta l'existència. El conjunt d'activitats ocultes als ulls de l'Estat s'anomena **economia submergida.**

2. El PIB **tampoc mesura el valor de les activitats en les quals no s'intercanvien béns i serveis per diners.** És el cas del treball domèstic, el treball voluntari o les operacions d'intercanvi. Tot i la importància d'aquestes activitats, el PIB no les considera, perquè no passen pel mercat i, tot i això, per posar-ne només un exemple, podeu imaginar com funcionarà qualsevol economia en la qual no existeix el treball domèstic?

3. El PIB, igual que altres indicadors econòmics, **no informa de les externalitats**, és a dir, no reflecteix tots els beneficis ni costos socials derivats de l'activitat econòmica, com la generalització dels avenços tecnològics (positiva) o la contaminació (negativa).

4. El PIB **no mesura la distribució de la riquesa entre els habitants.** Fins i tot si calculem el PIB *per capita* (és a dir, el PIB d'un país dividit entre el número total dels seus habitants) per a obtenir una mesura del benestar de la població, no coneixerem el repartiment real, perquè tals indicadors estableixen un terme mig, només. Tot i que el PIB *per capita* pot ser relativament alt, a la pràctica el resultat pot ser una distribució molt desigual, és a dir, que alguns són molt rics i molts altres, molt pobres.

5. El PIB **no mesura la qualitat dels béns i serveis produïts.** Les xifres del PIB només són això, números, que no tenen en compte si el que es produeix són aliments, llibres, armes o qualsevol altra cosa. Això impedeix comparar la qualitat de la producció entre les diverses èpoques. Un **exemple** senzill: a mitjans dels anys noranta els mòbils eren grans, pesats i només s'hi podien fer trucades telefòniques, però el seu preu rondava els 1.000 € al canvi actual. Avui en dia es poden fer moltes més coses amb els mòbils, però els únics que valen tants diners són els mòbils intel·ligents (*smartphones*) de gamma alta, i només alguns. És a dir, fa 20 anys qualsevol mòbil sumava molt més al PIB que avui, tot i que les prestacions que proporcionaven al principi eren molt limitades. Per altra banda, el PIB tampoc és indicador que la producció és duradora en el temps. Per exemple, el PIB dels països productors de petroli és molt elevat a causa de la carestia d'aquesta matèria primera però, per si soles, les xifres del PIB no indiquen que es tracta d'un recurs cridat a esgotar-se, com així és.

Fig. 8.4. Limitacions del PIB com a indicador econòmic.

Nivell IDH	Lloc IDH 2013		IDH 2017	Esperança de vida en néixer (anys)	Mitjana de formació (anys)	Variació de lloc entre 2008/2013
Molt alt	1	Noruega	0,953	82,3	17,9	=
	3	Austràlia	0,939	83,5	16,2	–1
	5	Alemanya	0,936	81,2	17,0	=
	28	Espanya	0,891	83,3	17,9	+2
Alt	54	Bahames	0,807	75,8	12,8	–3
	89	Perú	0,750	75,2	13,8	–15
Mitjà	110	Paraguai	0,702	73,2	12,7	–2
	130	Índia	0,640	68,8	12,3	+4
Baix	149	Nepal	0,574	70,6	12,2	–4
	189	Nigèria	0,354	60,4	5,4	–1

Taula 8.3. No tot és PIB. Entre altres coses, el PIB no mesura la qualitat de vida, raó per la qual existeixen índexs alternatius que incorporen variables com ara l'educació o l'esperança de vida. Precisament són aquestes variables, a més d'un PIB homogeneïtzat en funció del poder adquisitiu, les que integren l'**Índex de Desenvolupament Humà (IDH),** un indicador alternatiu elaborat pel Programa de les Nacions Unides per al Desenvolupament (PNUD). Reprendrem l'IDH a la Unitat 14.

Reflexioneu

Com es mesuren les sensacions? I els sentiments? A l'economia li passa igual: no pot mesurar allò que no pot traduir en números. El **treball domèstic** o el voluntariat són dos dels pilars del benestar de qualsevol societat i, tot i això, no són valorables econòmicament.

Activitat resolta 5. Càlcul de les macromagnituds d'Irlàndia

Si l'any 03 la RPD d'Irlàndia va ser de 38 milions d'euros (M€), ajudeu-vos de la figura 8.5 per a calcular, a partir de les magnituds de la taula 8.4:

a) El Producte Nacional Brut a cost de factors (PNBcf).

b) El Producte Interior Brut a cost de factors (PIBcf).

c) El Producte Interior Brut a preus de mercat (PIBpm).

d) El PIB nominal dels anys 01, 02 i 03, i la variació del PIB nominal de l'any 03 respecte de l'any 02 d'acord amb les dades de la figura 8.5.

e) El PIB real dels anys 02 i 03, d'acord amb les dades de la figura 8.5.

RPD	Renda Personal Disponible	38
rfn	Flota Irislàndia a l'exterior	15
rfe	Flota estrangera a Irislàndia	20
Ii	Impostos indirectes	15
Id	Impostos directes	22
Am	Desgast de vaixells i naus	11
Css	Contribució Seguretat Social	6
Se	Subvencions a la flota	12
Bnd	Beneficis no distribuïts	0
TE	Pensions	10

Taula 8.4. Dades macroeconòmiques d'Irislàndia (en M€).

Solució:

a) $PNN_{cf} = RPD - TE + Bnd + Id + Css = 38 - 10 + 0 + 22 + 6 =$
$= 56$ M€.
$PNB_{cf} = PNN_{cf} + Am = 56 + 11 = 67$ M€.

b) $PIB_{cf} = PNB_{cf} - rfn + rfe = 67 - 15 + 20 = 72$ M€.

c) $PIB_{pm} = PIB_{cf} + Ii - Se = 72 + 15 - 12 = 75$ M€.

d) Variació del PIB nominal entre els anys 03 i 02 (fig. 8.5).

$$\text{Var N}_{PIB03-PIB02} = \frac{PIB_{03} - PIB_{02}}{PIB_{02}} \cdot 100 = \frac{75 - 59{,}5}{59{,}5} \cdot 100 = 26\%$$

e) PIB real els anys 02 i 03: veure la figura 8.5.

	A	B	C	D	E	F	G	H
1							Solució *d)*	Solució *e)*
2	Any	Preu	Milions Tm	Preu	Milions Tm	Total	PIB nominal	PIB real (*)
3	1	9	4	4	4	52	52	52
4	2	10	4,25	4	4,25	59,5	59,5	55,25
5	3	10	5	5	5	75	75	65
6							(*) Preus de l'any 01	

Fig. 8.5. Evolució de quantitats i preus de la producció d'Irislàndia.

Periscopi 2. Índexs alternatius al PIB

L'Índex de Desenvolupament Humà, IDH, és només un de tants indicadors alternatius al PIB. Existeixen altres índexs alternatius que també posen l'èmfasi en factors menys econòmics, com per exemple la felicitat o l'ecologia. Però la felicitat és una cosa relativa i els beneficis mediambientals són difícils de mesurar, a més d'incerts i a llarg termini.

Reflexioneu:

a) Busqueu a Internet un indicador alternatiu al PIB. Redacteu un text explicant el seu funcionament i comenteu algun dels seus resultats. Per què us sembla adequat aquest indicador?

b) Inventeu el vostre propi índex alternatiu al PIB i mesureu el seu valor per a tres països: l'Equador, Espanya i Dinamarca. Per a construir-lo, consulteu les dades que necessiteu al web del Banc Mundial (https://datos.bancomundial.org/indicador). Quines variables heu decidit utilitzar? Quins percentatges els heu assignat en la vostra fórmula? Quin nom original li heu posar al vostre índex?

Activitats

7. Fa 20 anys els televisors eren grans «caixes» amb definició d'imatge mitjana i en els quals només es podien veure canals de televisió i costaven el doble que els actuals. Utilitzeu aquest exemple per a explicar que el PIB no mesura la qualitat de la producció.

8. Per què l'economia submergida és un problema que afecta tothom?

9. Expliqueu les utilitats i limitacions del PIB per càpita.

2. L'economia en conjunt

A la Unitat 7 hem analitzat les polítiques macroeconòmiques del Govern i les variables crítiques de l'economia. En aquesta unitat hem aprofundit en el coneixement del PIB i en com es mesura a través de la Comptabilitat Nacional. Les variables crítiques, entre elles el PIB, es veuen influenciades per les polítiques macroeconòmiques, però també per les anomenades **forces internes del mercat**.

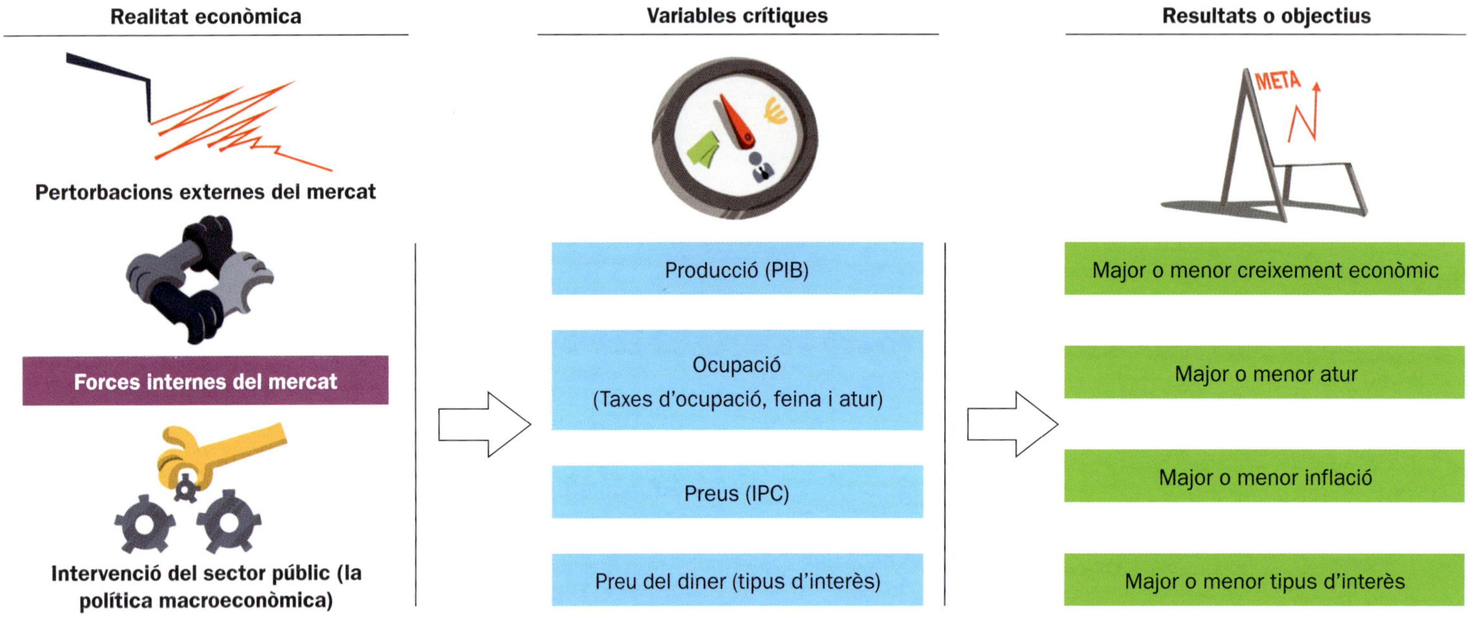

Fig. 8.6. Sobre la realitat econòmica d'un país influeixen les pertorbacions externes al mercat, les forces internes del mercat i les polítiques econòmiques de qualsevol economia: producció, ocupació i preus.

Sabíeu que...?

Ja a l'any 1936, John Maynard Keynes va argumentar a l'obra *La teoria general de l'ocupació, l'interès i el diner* el següent:
«Els principals errors de la societat econòmica en la qual vivim són la incapacitat que té per a oferir plena ocupació, i l'arbitrària i poc equitativa distribució de la riquesa i de la renda».

A Internet

El web de referència a Espanya per a conèixer la situació macroeconòmica és www.ine.es, de **l'Instituto Nacional de Estadística (INE).** A l'àrea de premsa d'aquest web es publiquen les dades i informes oficials, i els criteris que s'han seguit per a elaborar-los.

Les **forces internes del mercat**, és a dir, el comportament dels agents econòmics en un país, queda reflectit en les corbes d'oferta i demanda d'aquella economia. Es diu que aquestes corbes són **agregades** perquè en totes dues magnituds apareixen sumades o agregades a les demandes i ofertes individuals de tots els agents econòmics, tant nacionals com estrangers, que operen a l'interior d'un país.

Les **forces internes del mercat** estan determinades pel comportament dels agents econòmics en un país, i s'expressen mitjançant el lliure joc de l'oferta i la demanda agregades.

No s'han de confondre aquestes magnituds agregades amb l'**oferta i la demanda** que hem estudiat a la Unitat 4. Llavors es tractava d'analitzar el comportament dels mercats específics, per exemple, el dels automòbils o el dels electrodomèstics. En canvi, l'**oferta i la demanda agregades** no expliquen com funciona un mercat aïllat, sinó com funciona el conjunt de mercats d'una economia, és a dir, es tracta de l'oferta i la demanda microeconòmica de béns i serveis en general, «agregant» o sumant les quantitats individualment ofertes o demandades pels agents econòmics. Igualment, s'agreguen també tots els preus per a establir un *nivell mitjà*.

El **nivell mitjà de preus** és la mitjana ponderada dels preus del conjunt de béns i serveis d'una economia.

En el mercat macroeconòmic coincideixen demandants (empreses, famílies, sector públic i sector exterior) i oferents (empreses, que poden ser nacionals o estrangeres) amb els plans de despesa i producció respectius. És difícil modificar a curt termini la capacitat productiva d'un país i, per tant, la seva oferta agregada, però no passa el mateix amb la demanda agregada. Aquesta, subjecta com està al comportament i a les expectatives dels agents econòmics, pot canviar d'un moment a l'altre. Per tant, i per tal que les empreses puguin ajustar la producció al que desitja el mercat, resulta molt útil conèixer la demanda agregada, és a dir, quants diners i en quins béns i serveis estan disposats a gastar els agents econòmics.

2.1. La demanda agregada i la corba que l'explica

Donat un nivell mitjà de preus, la *demanda agregada* representa la despesa total que estan disposats a realitzar els agents econòmics, tant nacionals com estrangers, a l'interior del país.

La **demanda agregada** és la despesa total que, per a un nivell mitjà de preus determinat, realitzaran en una economia les famílies, les empreses i el sector públic, tenint present, a més, el saldo net d'exportacions.

$$DA = C + I + G + (X - M)$$

La representació gràfica de la demanda agregada és la **corba de la demanda agregada** (fig. 8.7), que mostra les diverses quantitats de producte que els agents econòmics estan disposats a adquirir per a cada nivell de preus. La demanda agregada augmenta a mesura que baixen els preus, i viceversa. El *nivell mitjà de preus* és el que motiva una major o menor demanda agregada per part dels agents econòmics. Altres factors que condicionen la despesa o demanda agregada són la quantitat de diners que circulen per l'economia, el nivell de renda dels agents econòmics i els impostos que estableix el sector públic.

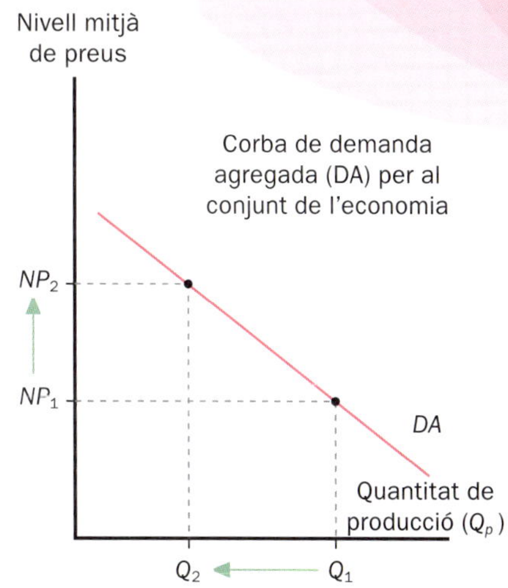

Fig. 8.7. Representació gràfica de la funció de la demanda agregada.

2.2. L'oferta agregada i la corba que l'explica

Per altra banda, els factors que influeixen sobre l'*oferta agregada* són:

- **El nivell mitjà de preus.** És el factor principal. Si baixen els preus dels béns i serveis que venen, les empreses tenen menys incentius i, en conseqüència, ofereixen menys producte al mercat. I al revés.
- **Els costos de producció**. Quan augmenta el preu dels recursos que fan servir les empreses per a produir, els beneficis baixen i les empreses disminueixen la producció per a reduir costos. I viceversa.
- **Les expectatives empresarials**. El número d'unitats que les empreses ofereixen al mercat també pot dependre de les expectatives, cosa que al seu torn condiciona els objectius empresarials. Per exemple, a la Xina, un país amb 1.400 milions d'habitants, que a l'actualitat s'està obrint a l'economia de mercat, les expectatives són fabuloses. En canvi, quines poden ser les expectatives a un país que es veu constantment sacsejat per problemes socials o polítics?

L'**oferta agregada** descriu la quantitat de producció que estarien disposades a vendre les empreses per a un nivell de preus i uns costos de producció determinats.

La **corba de l'oferta agregada** mostra les diverses quantitats de producció que els agents econòmics estan disposats a adquirir per a cada nivell mitjà de preus. L'oferta agregada augmenta amb els preus, i viceversa. Observeu amb deteniment la forma de la corba de l'oferta agregada (fig. 8.8). El seu pendent es fa més pronunciat a mesura que la capacitat productiva s'apropa al ple rendiment. És a dir, per molt que puja el preu i, per tant, les expectatives empresarials d'obtenir majors beneficis, arriba un moment en el qual a les empreses els resulta molt difícil incrementar la producció perquè ja estan en màxims de capacitat productiva. En conseqüència, i tot i que pugen els preus, les empreses no poden oferir major quantitat de producte al mercat.

Recordeu

Els **costos de producció** venen donats per la suma dels costos dels recursos productius i de la tecnologia feta servir (és a dir, la forma de combinar aquests recursos).

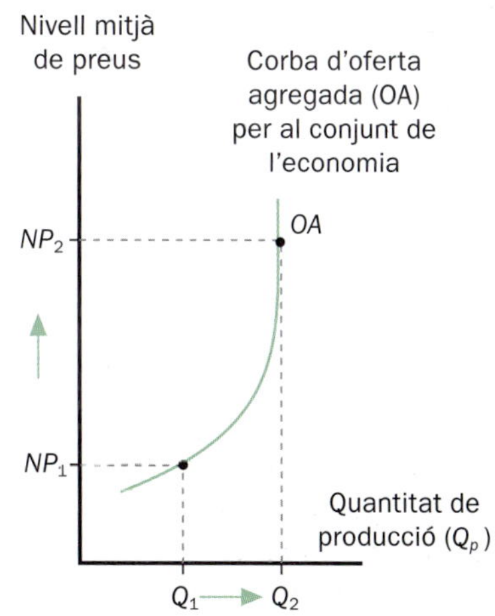

Fig. 8.8. Representació gràfica de la funció de l'oferta agregada. Els factors que hi influeixen són el nivell mitjà de preus, els costos de producció i les expectatives empresarials.

Activitats

10. Quina diferència hi ha entre la demanda agregada i la demanda microeconòmica estudiada a la Unitat 4?

11. En què es diferencia la corba de l'oferta agregada de la corba de l'oferta microeconòmica?

12. Per què a les empreses els interessa conèixer l'evolució de la demanda agregada?

13. Expliqueu com condiciona el nivell mitjà de preus la demanda i l'oferta agregades?

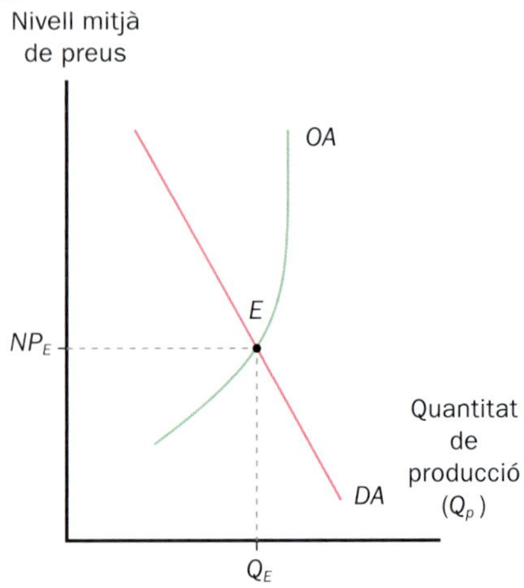

Fig. 8.9. L'equilibri macroeconòmic.

2.3. L'equilibri macroeconòmic

La forma i el comportament de les corbes de l'oferta i la demanda agregades són els mateixos que els que hem estudiat a la Unitat 4 sobre la demanda i l'oferta microeconòmiques. En situacions d'**excés d'oferta**, les empreses han de reduir els preus per a donar sortida a la producció emmagatzemada, i viceversa: si hi ha **excés de demanda**, el preu i la quantitat produïda augmentaran per satisfer el mercat. Al final, l'**equilibri del mercat** macroeconòmic (és a dir, no el d'un producte en particular, sinó el de tot el mercat de béns i serveis d'un país) s'aconsegueix quan coincideixen els plans de compradors i empreses, és a dir, on es tallen les corbes de demanda agregada (DA) i d'oferta agregada (OA) (fig. 8.9). Els desplaçaments de les corbes d'oferta agregada i de demanda agregada a causa del comportament d'empreses, consumidors i sector públic alteren el nivell de producció, ocupació i preus, de tal manera que una vegada que s'aconsegueix l'*equilibri macroeconòmic* acostumen a constatar-se dos aspectes fonamentals:

a) **Existeixen recursos ociosos.** A la pràctica, la producció acostuma a estar molt per sota del que és desitjable a causa de l'existència de recursos ociosos com, per exemple, la mà d'obra a l'atur.

b) **L'estabilitat aconseguida és temporal.** Per molt satisfactori que és l'equilibri aconseguit, se sap que l'economia està subjecta a un comportament cíclic que alterna èpoques d'expansió i recessió, de tal manera que tard o d'hora arribaran les «vaques flaques».

A causa d'aquestes característiques de l'equilibri macroeconòmic és inevitable una major o menor intervenció de l'Estat en l'economia.

L'**equilibri macroeconòmic** és el resultat conjunt de la interacció de les forces internes del mercat, les polítiques macroeconòmiques del Govern i les pertorbacions incontrolables i imprevisibles externes al mercat.

Activitat resolta 6. PIB i demanda agregada

Donat que tenen fórmules iguals, són el mateix la demanda agregada i el PIB?

Solució:

No; la demanda agregada és el valor dels béns i serveis finals que estan disposats a comprar els agents, mentre que el PIB és el valor del que realment és comprat. És a dir, la demanda agregada parla d'expectatives de despesa i el PIB de fets consumats, i per tant, d'allò gastat efectivament. El que passa és que en una economia de mercat, on en general les empreses estan disposades a produir tot allò que demanden els agents econòmics, la quantitat de béns i serveis que es demanda tendeix a ser la mateixa que la que es produeix, una vegada que les empreses ajusten la producció a allò que demanden els agents econòmics. De manera que, en fer-ne el càlcul, el resultat és el mateix per a les dues magnituds. Aquesta és la raó per la qual els dos conceptes, quantitat demandada i produïda, s'utilitzen moltes vegades com a sinònims en macroeconomia.

Periscopi 3. Descomposició del PIB espanyol

En aquesta taula teniu el PIB real espanyol del 2017, a preus de mercat del 2010, en milions d'euros.

Components del PIB segons la demanda	Valor amb base de preus del 2010	Components del PIB segons l'oferta	Valor amb base de preus del 2010
Consum privat	658.488	Agricultura	31.335
Despesa pública	227.699	Indústria	190.375
Inversió	246.141	Construcció	64.751
Exportacions	400.216	Serveis	771.006
Importacions	366.225	Impostos nets	108.852

Reflexioneu:

a) Calculeu el valor del PIBpm segons l'oferta i la demanda. Quin valor obteniu en tots dos? Per què?

b) Per què per a calcular el PIB segons l'oferta a preu de mercat li sumem el valor dels impostos indirectes?

c) Sabent que els turistes que van venir a Espanya van consumir per valor de 51.587 milions d'euros, quina va ser l'aportació que van fer al PIB?

Impostos nets = Impostos indirectes (Ii) –
– Subvencions empresarials (Se)

3. El consum

Tal com hem vist a l'apartat anterior, és la demanda agregada dels agents econòmics la que pressiona sobre l'oferta agregada que realitzen les empreses. En conseqüència, resulta lògic analitzar detingudament com actuen els components de la demanda agregada per comprendre els motius que porten els agents econòmics a gastar més o menys. El component principal d'aquesta macromagnitud és el *consum privat* i, en segon lloc, la *inversió empresarial.* El **consum privat** acostuma a ser el major component de la demanda agregada en els països desenvolupats on, en general, representa de mitjana dos terços sobre el total de la demanda agregada. Al·ludeix a la despesa de les famílies o consumidors en les tres categories de béns següents:

- Béns duradors: televisor, cotxe...
- Béns peribles: aliments, roba, medicaments...
- Serveis: transports, educació, comunicació, sanitat...

Quan parlem de consum, fem referència a la **despesa de les famílies** o **consumidors en béns finals** que no seran utilitzats per a produir altres béns. Per exemple, la vostra despesa en un ordinador portàtil s'anota a consum (C), però l'ordinador portàtil d'una empresa s'utilitza indirectament per a produir altres béns, així que s'anota a inversió empresarial (I).

La taula 8.5 recull els factors principals que condicionen les **decisions de consum** per part de les famílies.

La renda disponible de cada any	És el factor que més influeix en el consum d'un país. A més renda disponible, major consum, i viceversa. La demanda de consum depèn del volum de la renda. Fins i tot en el cas de rendes molt baixes, existeix certa demanda de consum, el que s'anomena **consum autònom,** perquè fins i tot qui no té gairebé res ha de consumir alguna cosa per a sobreviure.
La renda permanent	És el nivell de renda que percebria una llar una vegada eliminades les influències temporals o transitòries, com seria el cas d'uns beneficis o pèrdues imprevistos. Si la variació a la renda sembla duradora (per exemple, un ascens laboral), es tendeix a consumir una gran part de l'augment de la renda. Però si la pertorbació és aïllada, com per exemple, un premi de loteria, els plans de consum no patiran una alteració significativa.
La hipòtesi del cicle vital	Suposa que les persones estalvien per uniformar la quantitat de consum al llarg de tota la vida. Així, molts aspiren a tenir una renda suficient per a jubilar-se amb tranquil·litat. Per això es tendeix a estalviar per , quan arribarà la jubilació, completar la pensió oficial, inferior al sou que s'obté a l'estar laboralment en actiu.
Efecte riquesa	Suposem que dos consumidors guanyen a l'any el mateix, però un té 100.000 € al banc i l'altre no té estalvis. Amb independència del sou, el primer disposa de riquesa addicional per a consumir, i el segon no. Aquesta circumstància, que relaciona el consum i la riquesa, s'anomena **efecte riquesa.**

Taula 8.5. Factors que condicionen el consum.

Activitats

14. Com es relacionen els cicles de l'economia amb l'equilibri macroeconòmic? Per què és inevitable la intervenció de l'Estat a l'economia tot i que moltes vegades l'equilibri macroeconòmic és satisfactori?

15. Per què el consum de les famílies és la clau de l'activitat econòmica dels països desenvolupats?

16. Indiqueu com es veuen afectats els plans de consum davant les situacions següents:

a) Un premi a la loteria nacional.

b) L'increment de l'edat de jubilació fins els 70 anys.

c) Aprovar una oposició a la funció pública després de diversos anys a l'atur.

d) Ser contractat indefinidament després d'un temps amb contractes temporals.

Reflexioneu

Consumim de manera raonable?

A pesar que les associacions de consumidors recomanen demanar prestat només en cas de necessitat, tenint en compte els interessos i la capacitat d'estalvi, les estadístiques mostren que els espanyols vivim molt endeutats. Els crèdits per a cotxes, viatges, etc., ens fan oblidar la prudència. Cal tenir en compte que les circumstàncies personals o laborals poden empitjorar en el temps: pèrdua de feina, reparacions imprevistes, accidents, etc.

Fig. 8.10. Gaudir de la vida o estalviar? Renunciar a consumir en el present perquè estalviar compensarà en el futur o consumir en el present perquè no se sap el que depararà el futur? És més una qüestió d'actitud davant la vida que una altra cosa però, en termes estrictament econòmics, la realitat demostra que són més rics els països que aconsegueixen estalviar.

4. La inversió

La *inversió empresarial* és, per volum, l'altre gran component de la demanda agregada.

> **Recordeu**
>
> Sobre la diferència entre béns de consum i de capital ja vam parlar a la Unitat 1.

Des del punt de vista de les empreses, **invertir** consisteix a adquirir béns (de capital) que satisfan indirectament necessitats humanes perquè contribueixen a la producció futura, és a dir, perquè serveixen per a produir altres béns.

La inversió empresarial exerceix dues funcions importants en qualsevol economia:

a) **«Atrau» la demanda**, és a dir, contribueix a augmentar-la quan les empreses adquireixen els béns d'inversió o capital d'altres empreses. Això, al seu torn, afecta la producció i l'ocupació del conjunt de l'economia a curt termini. La inversió en aquest tipus de béns té per objecte ampliar la dotació d'equips o reemplaçar aquells que s'han desgastat o han quedat antiquats (obsolets).

b) **Eleva la capacitat productiva** instal·lada al país mitjançant l'acumulació de béns de capital (carreteres, maquinària, edificis, equips...) i, per tant, fomenta el creixement econòmic a llarg termini.

A. Tipus d'inversió

La inversió de les empreses comprèn quatre grans categories:

La inversió en planta i equip	La construcció	La propietat intel·lectual	La variació d'existències
És la destinada a adquirir béns duradors que contribueixen al desenvolupament de les activitats econòmiques de les empreses durant diversos anys, tant **tangibles** (màquines, ordinadors, elements de transport, edificis, instal·lacions...) o **intangibles** (aplicacions informàtiques, prospeccions mineres, concessions administratives...).	És la suma d'allò invertit en béns i equips destinats específicament a la construcció (grues, formigoneres, camions...), en habitatges i obra civil (infraestructures, com ponts, carreteres, ports...). Realment, és la **inversió en planta i equip** de les empreses constructores, però se li assigna categoria pròpia donats els seus volum i importància.	En general es tracta de les **patents** amb origen en els processos de R+D+I i dels drets d'autor.	**Emmagatzemar la producció** en lloc de vendre-la és una altra forma d'inversió, perquè així les empreses s'asseguren la disponibilitat de productes llestos per a vendre o consumir en períodes posteriors al de la producció. Aquesta és una pràctica habitual en previsió de vendes futures o a l'inici d'una fase econòmica d'expansió.

B. Factors que condicionen la inversió

Els factors més importants que condicionen la inversió són els següents:

Ingressos associats al cicle	Els costos		La capacitat productiva utilitzada	Les expectatives futures
	El preu del diner	Els impostos		
Convé invertir sempre que es generen ingressos addicionals que ajuden l'empresa a vendre més, cosa que acostuma a estar lligada a la fase de cicle econòmic en la qual es troba el país. Per exemple, si augmenta la demanda del mercat de béns de consum, les empreses respondran invertint en planta i equip (béns de capital) per augmentar la producció. En canvi, si aquesta demanda és baixa, les empreses tenen poca necessitat de produir més, per la qual cosa la demanda d'inversió també serà baixa.	Quan s'inverteix amb diner prestat cal plantejar-se quin és el preu del diner, és a dir, el **tipus d'interès**. Si els tipus d'interès dels préstecs són alts, serà menor el número d'inversors que generen la rendibilitat suficient per a pagar els corresponents interessos.	Com que són una despesa, els impostos redueixen el benefici empresarial. Qualsevol empresa ha de tenir present que una part dels seus guanys, en cas d'obtenir-los, anirà destinat al pagament d'impostos. En conseqüència, com més alts són els impostos menor és el número d'inversions que proporcionen la rendibilitat suficient.	La capacitat d'una empresa està en funció de les instal·lacions productives de les quals disposa per a satisfer la demanda. Quan les instal·lacions estan a ple rendiment, la falta de capacitat per a satisfer la demanda del mercat propiciarà la inversió. En canvi, si existeixen equips i recursos ociosos, possiblement no serà necessari fer cap inversió.	La **confiança** és fonamental. Si, per exemple, les empreses temen un empitjorament de la situació econòmica en un país determinat a causa dels conflictes polítics, probablement aplaçaran la decisió d'invertir allà, tot i que en aquell moment els beneficis podrien semblar assegurats. En canvi, si els indicadors econòmics apunten a una estabilitat o recuperació, possiblement s'interpretarà com un bon moment per a invertir.

C. L'efecte multiplicador de la inversió

La inversió produeix un efecte *multiplicador* en la producció del país. Quan una empresa adquireix nous equips, la decisió desencadena un efecte dominó sobre l'economia en general: noves inversions suposen més producció, més renda disponible, més consum i noves inversions. L'augment de la despesa i la producció estarà molt relacionada amb la propensió de treballadors i empresaris a consumir major quantitat de béns i serveis quan disposaran de més renda, els primers via salaris i els segons via beneficis.

La **propensió marginal al consum (PMC)** és la quantitat addicional de béns i serveis que consumeixen les persones quan disposen de més renda, i s'expressa en percentatge.

Com més alta serà la propensió a consumir, més es deixaran sentir els efectes de la inversió en el conjunt de l'economia, i viceversa.

El **multiplicador de la inversió** és l'increment total de la renda que experimenta el conjunt de l'economia quan augmenta la inversió.

L'increment total de la renda que origina un augment en cadena de la inversió és quantificable mitjançant l'expressió següent:

$$\text{Increment total de la renda} = \text{Inversió inicial} \cdot \frac{1}{1 - \text{PMC}}$$

Fig. 8.11. Autovia al seu pas per una zona urbana.
Les infraestructures són necessàries per al desenvolupament econòmic dels països perquè possibiliten la realització de qualsevol activitat o el funcionament dels centres urbans. Ports, autovies, aeroports o línies fèrries d'alta velocitat són inversions de futur.

Activitat resolta 7. L'efecte multiplicador a la pràctica

En un país la propensió marginal al consum del qual és del 90 %, l'empresa A compra una grua per 1.000 € a l'empresa B. Aquesta estalvia el 10 % dels euros rebuts per la venda i amb la resta adquireix de l'empresa C nova maquinària, que li permetrà produir més grues. L'empresa C estalvia el 10 % dels euros rebuts per la venda, i amb la resta adquireix ordinadors per a poder fabricar més maquinària. I així successivament.

a) Representeu gràficament l'efecte en cadena de la inversió sobre aquesta economia.

b) Calculeu l'increment total de la renda que experimenta aquesta economia.

Solució:

a) La representació gràfica seria la següent:

b) $\Delta \text{ Renda} = 1.000 \cdot \frac{1}{1 - 0{,}90} = 10.000 \text{ €}$

Periscopi 4. El multiplicador al segle XXI

El model del multiplicador aplicat a la inversió va ser desenvolupat per Keynes a la dècada dels anys trenta, i és vàlid també per a moltes altres variables de l'economia, com, per exemple, les despeses de l'Estat o les explotacions. Aquestes idees van ser portades a la pràctica amb èxit durant la segona meitat del segle XX, però ara ja estan en desús.

Reflexioneu:

a) Com va propiciar l'auge de les multinacionals al segle XXI la pèrdua de vigència del model del multiplicador?

b) En tot cas, com podria afectar el multiplicador de la inversió la falta de confiança de les empreses en el futur de l'economia?

Activitats

17. Quin paper fan les famílies en les inversions empresarials?

18. Aquest llibre està protegit de còpia pels drets d'autor. Expliqueu de quina manera aquests formen part de la inversió empresarial igual que passa amb un cotxe o amb un llum de peu.

19. Determineu el comportament de la inversió per a cadascun dels casos següents:

a) Instal·lacions a ple rendiment quan no existeixen recursos ociosos.

b) Augment de béns de consum.

c) Augment d'impostos.

d) Fase d'expansió de l'economia.

e) Descens del preu del diner.

5. L'estalvi

Emparentada amb el consum i la inversió trobem una tercera magnitud que no forma part de la demanda agregada i que és vital en l'evolució de qualsevol economia: l'*estalvi.*

L'**estalvi de les famílies** és la part de renda disponible que no es consumeix, de tal manera que l'estalvi és igual a la renda disponible menys el consum.

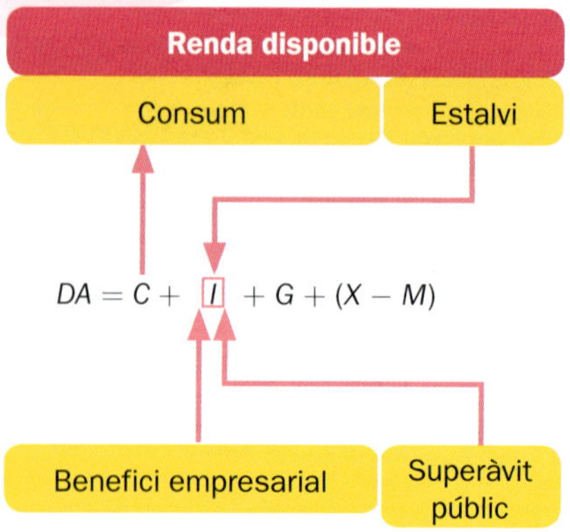

Fig. 8.12. Relació entre la renda disponible de les persones i la demanda agregada. El volum de l'estalvi condiciona el de la inversió empresarial.

En general, i amb independència del país, és l'estalvi de les famílies, conjuntament amb els beneficis de les empreses i el superàvit públic, el que fa possible la **inversió empresarial**, tant en el país propi com a l'estranger. Efectivament, famílies, empreses i sector públic actuen com a oferents de diner en el mercat de capitals, com podem apreciar a la figura 8.12.

5.1. El cicle de la inversió

L'estalvi acostuma a ser fonamental per a iniciar l'anomenat **cicle d'inversió,** tot i que les empreses també poden autofinançar-se per a portar a terme les inversions (fig. 8.13).

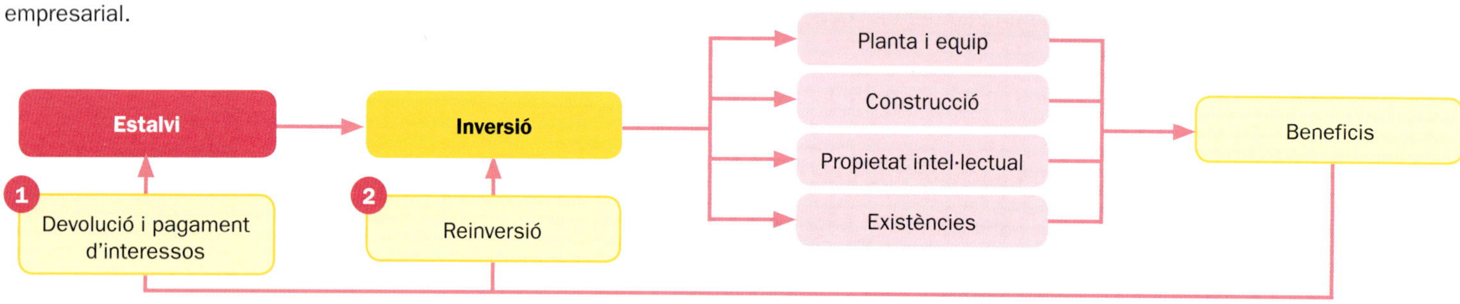

Fig. 8.13. Cicle de la inversió. Les empreses aconsegueixen els diners que necessiten per a invertir a través de recursos aliens (1) o propis (2). Els beneficis obtinguts possibiliten noves inversions (2) així com tornar/pagar l'ús de recursos aliens (1).

5.2. Els països enfront de l'estalvi

Els països que són capaços de renunciar al consum present per estalviar i després invertir, tendeixen a créixer ràpidament en producció i nivell de salaris, i són els que aconsegueixen els anomenats *miracles econòmics*. En canvi, els que estalvien poc, inverteixen poc en planta i equip, de manera que presenten taxes de productivitat i salaris molt més baixos que els que no ho fan.

Miracle econòmic és el nom amb el qual es coneixen els processos de creixement econòmic fora del que és normal.

Lògicament, tant el consum com l'estalvi estan condicionats per la renda que rep cada persona. A major nivell de renda, major serà el percentatge destinat a estalviar, i viceversa. Les famílies amb rendes baixes es veuen obligades a destinar gairebé tots els seus ingressos a cobrir les necessitats que tenen i, per tant, estalvien menys.

En qualsevol cas, cal assenyalar que les famílies prenen les decisions en relació amb el seu RPD, de manera que l'Estat pot provocar un augment o una disminució del consum amb mesures tals com alterar els impostos o variar les retencions a compte de l'IRPF.

! Important

Alguns motius de les famílies per a estalviar són:

- Millorar el nivell de vida futur.
- Augmentar el patrimoni familiar.
- Assegurar la jubilació.
- Fer front a possibles despeses.

***Periscopi 5.* Les locomotores econòmiques**

A l'efecte de l'arrossegament o de la dependència respecte d'una unitat propulsora és al que es refereixen els economistes quan diuen que un país o un sector és una «locomotora econòmica». S'utilitza aquesta expressió perquè són moltes les empreses o «vagons» que depenen exclusivament de la salut de sectors determinats. La paraula *locomotora* també s'aplica a la primera potència econòmica d'un grup de països.

Reflexioneu:

a) Quins sectors creieu que actuen com a *locomotores* de l'economia espanyola? Repassa el que has estudiat a l'apartat 6 de la Unitat 3, sobre sectors econòmics.

b) Quins països creieu que actuen com a locomotores de la UE? I a nivell mundial?

5.3. Propensió marginal a consumir i estalviar

Com que s'ocupa d'analitzar el comportament de l'economia en conjunt, la macroeconomia concedeix gran importància a com respon el consum privat davant les variacions de la renda. Però les persones no consumim immediatament la nostra renda, sinó que en reservem una part per a consumir en el futur.

Com que el que no es consumeix s'estalvia, la **propensió marginal a l'estalvi (PME)** serà la quantitat addicional que estalvien les persones quan disposen d'una unitat addicional de renda.

Cada euro de renda personal disponible es divideix entre consum i estalvi. Als països desenvolupats, la **propensió marginal al consum (PMC)** acostuma a estar entre el 90 % i el 98 % i, per tant, la PME, entre el 10 % i el 2 %. En canvi, als països en vies de desenvolupament la PMC arriba pràcticament al 100 %.

Renda personal disponible = Consum + Estalvi

$$PMC = \frac{\text{Increment del consum}}{\text{Increment de la renda}} \cdot 100 = \frac{\Delta C}{\Delta Y} \cdot 100$$

$$PMA = \frac{\text{Increment de l'estalvi}}{\text{Increment de la renda}} \cdot 100 = \frac{\Delta A}{\Delta Y} \cdot 100$$

Per cada euro de què disposen, les persones destinen un percentatge determinat al consum i la resta l'estalvien, d'aquí que:

PMC + PMA = 1

Activitat resolta 8. Propensió marginal al consum a la pràctica

Donat un país en el qual la propensió marginal a consumir (PMC) és del 80 %:

a) Si la renda augmenta de 1.000 € a 1.500 € indica els increments de la renda, consum i estalvi així com la PMC i la PME.

b) En cas de seguir augmentant la renda, què creieu que passaria amb la PMC?

Solució:

a)

Renda (Y)		Consum (C)		Estalvi (A)		PMC	PMA
Y	ΔY	C	ΔC	A	ΔA	$\frac{\Delta C}{\Delta Y} \cdot 100$	$\frac{\Delta A}{\Delta Y} \cdot 100$
1.000	500	800	400	200	100	$\frac{400}{500} \cdot 100 = 80\%$	$\frac{100}{500} \cdot 100 = 20\%$
1.500		1.200		300			

b) Disminuiria la propensió marginal a consumir (PMC). Això és així perquè, sobrepassats certs nivells, les necessitats de consum estan més que cobertes, i és possible destinar major proporció de la renda a l'estalvi, que és precisament el que passa als països rics.

! Important

L'import de les inversions acaba derivant cap als treballadors i empresaris en forma de salaris i beneficis respectivament, que en gasten una part i n'estalvien la resta. En conseqüència, l'**efecte multiplicador de la inversió** s'alimenta a si mateix. D'aquí la importància de l'estalvi per a elevar, via inversions, la capacitat productiva del país.

Fig. 8.14. El costum d'hipotecar-se per adquirir habitatge, a diferència de la majoria de països europeus, on el més habitual és llogar-la, és el responsable del component principal del deute en les llars espanyoles. A Espanya, a partir de 2014 va tornar a augmentar el preu de l'habitatge després de diversos anys de caiguda a causa de la crisi immobiliària.

Activitats

20. Quina part de la vostra paga setmanal estalvieu? Si és una quantitat fixa, assenyaleu quin és el vostre PMC i el vostre PME.

21. A casa vostra, algú estalvia per algun dels motius citats al requadre *Important* de la pàgina anterior? Per quin dels motius assenyalats a la citada taula iniciaríeu vosaltres un pla d'estalvi?

22. Quina relació existeix entre l'estalvi, el consum i la inversió empresarial?

23. Per què les famílies amb rendes baixes no estalvien més per poder sortir de la situació en la qual es troben?

24. En que consisteix el cicle de la inversió?

MAPA CONCEPTUAL

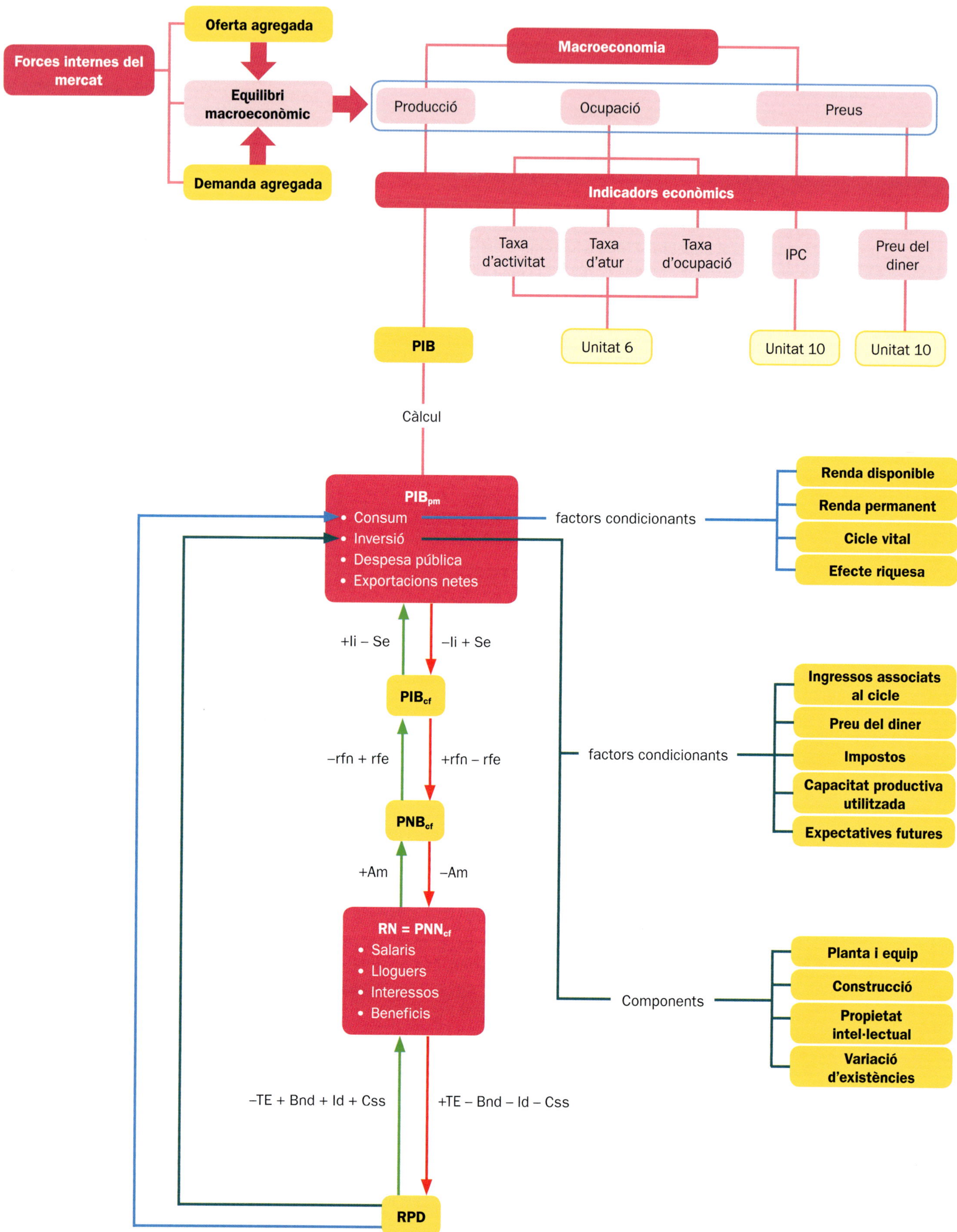

1. Quin dels mètodes següent no resulta vàlid per a calcular el PIB?

a) El mètode de les vendes.

b) El mètode de la despesa.

c) El mètode de la renda.

d) El mètode del valor afegit.

2. Quina o quines de les partides següents són necessàries per a calcular la diferència entre el PIBcf i el PIBpm?

a) Les amortitzacions.

b) Els impostos indirectes.

c) Les subvencions empresarials.

d) Dues de les respostes anteriors són certes.

3. La Renda Nacional és:

a) El que guanya el país abans de descomptar els beneficis no distribuïts, les contribucions a la Seguretat Social i les transferències de l'Estat.

b) El PNNcf.

c) El resultat de descomptar les amortitzacions al PNBcf.

d) Totes són certes.

4. El PIB real és:

a) Un PIB «aprimat» d'inflació.

b) La RN.

c) Una altra manera d'anomenar el PIBcf.

d) Totes són correctes.

5. És una limitació del PIB que:

a) Informa de les externalitats positives.

b) Només mesura la qualitat dels béns tecnològics.

c) Comptabilitza activitats declarades.

d) Dues de les respostes anteriors són certes.

6. La demanda agregada i el PIB acaben coincidint perquè:

a) El nivell mitjà de preus és el mateix.

b) Un expressa expectatives de despesa, i l'altre el que s'ha gastat efectivament.

c) Els dos expressen l'equilibri macroeconòmic.

d) Tenen en compte les activitats empresarials.

7. El criteri pel qual les persones tendeixen a uniformar la quantitat de consum al llarg de tota la vida és:

a) La renda disponible de cada any.

b) La renda permanent.

c) La hipòtesi del cicle vital.

d) L'efecte riquesa.

8. És funció principal de la inversió empresarial:

a) Elevar la capacitat productiva.

b) Atraure l'oferta.

c) Incrementar els preus.

d) Dues de les respostes anteriors són certes.

9. La magnitud que condiciona la quantitat d'estalvi per part de les famílies és:

a) La RPD.

b) La inversió empresarial.

c) El consum.

d) Dues de les respostes anteriors són certes.

10. Quina de les afirmacions següents és falsa?

a) Pel que fa a la RPD, el que no es consumeix, s'estalvia.

b) L'efecte multiplicador de la inversió origina un augment en cadena de la inversió en el propi país on neix.

c) A l'hora d'invertir, les empreses han de tenir en compte l'efecte dels impostos sobre els seus guanys.

d) Un factor que condiciona el consum pot ser la riquesa estalviada.

Creixement i producció.

1. Donada la taula següent amb magnituds econòmiques de l'any 02 en milions d'euros (M€):

Despesa estatal	2.000 M€
Consum famílies	6.500 M€
Estalvi privat	650 M€
Exportacions	3.000 M€
Importacions	1.007 M€
Inversió empresarial	2.000 M€
Impostos	1.500 M€

a) Calculeu el valor del PIBpm de l'any 02.

b) Si l'any 01 el PIBpm va ser de 12.310 milions d'euros, quina és la variació que ha experimentat la producció?

2. Quina és la finalitat de la Comptabilitat Nacional?

3. Per què no coincideixen el PIBcf amb el PIBpm?

4. Per què la Renda Personal Disponible no coincideix amb el que guanyen els ciutadans?

5. Donada la taula següent en milions d'euros (M€):

Beneficis empresarials	2.000 M€
Impostos indirectes	1.600 M€
Consum famílies	6.000 M€
Subvencions oficials	600 M€
Exportacions	1.000 M€
Importacions	300 M€
Salaris	5.000 M€
Despesa pública	1.300 M€
Lloguers	1.000 M€
Interessos	2.000 M€
Inversió empresarial	3.000 M€

a) Calculeu el valor del PIBpm i el PIBcf.

b) Per què coincideix el PNN a cost de factors amb la RN?

6. Un país produeix taronges i llimones. Durant els anys 01, 02 i 03 es van vendre, respectivament, 100.000, 120.000 i 150.000 quilos de taronges a 1, 1,20 i 1,50 €/quilo, mentre que les vendes de llimones en aquells tres anys ascendien a 60.000, 70.000 i 80.500 quilos, venuts a 0,80, 0,90 i 1,10 €/quilo. En els anys ressenyats, calculeu:

a) La producció per a cadascun dels diversos productes.

b) El PIB nominal.

c) El PIB real respecte de l'any 01.

d) La variació del PIB real entre els anys 01 i 03.

7. Donada la taula següent en milions d'euros (M€):

PIB_{pm}	90.000 M€
Impostos directes (IRPF)	11.600 M€
Cotitzacions a la Seguretat Social	10.900 M€
Renda de factors nacionals a l'estranger	16.000 M€
Amortitzacions	12.000 M€
Renda de factors estrangers en territori nacional	12.000 M€
Impostos indirectes	8.000 M€
Subvencions oficials	2.000 M€

a) Calculeu el PNBpm, el PNNpm, i la RN.

b) Quina és la renda per habitant si el territori té 700.000 habitants?

8. L'únic empresari autònom d'un país compra els propis productes per 1.210 € (IVA del 21 % inclòs). Sabent que l'IVA és un impost indirecte, a quant ascendeix el PIBpm d'aquest país? I el PIBcf?

9. Hi ha algun cas pel qual un país podria no créixer a pesar d'augmentar el seu PIB?

10. Suposeu que a Econolàndia només hi ha dues empreses: una que produeix farina amb el mateix blat que planta i recol·lecta, i una altra que produeix pa. La farinera ven el seu producte a la panificadora per 20 milions d'euros, i aquesta, al seu torn, ven pa per 50 milions d'euros als consumidors finals, que compren el pa. Tots els diners que circulen per aquesta economia sumen 50 milions d'euros, fruit de les vendes de la farina i el pa.

Aquesta quantitat es reparteix així: 40 milions d'euros per a pagar els salaris dels treballadors i 10 milions de benefici que es reparteixen els propietaris de les empreses de farina i de pa.

Calculeu el valor del que produeix aquesta economia pels mètodes de la despesa, la renda, les vendes de les empreses i el valor afegit. Comenteu els resultats.

11. Per què no és vàlid sumar les vendes de les empreses per a calcular el PIB? Poseu-ne un exemple.

12. Contesteu les preguntes següents relacionades amb la Comptabilitat Nacional:

a) Què són els béns de capital? Com influeixen en la Comptabilitat Nacional?

b) En què creieu que s'assemblen i es diferencien la Comptabilitat Nacional i l'empresarial?

c) Expliqueu com afecten a la Comptabilitat Nacional els impostos directes i indirectes.

L'economia en conjunt.

13. Què és el nivell mitjà de preus?

14. Per què es torna més pronunciat el pendent de la corba de l'oferta agregada a mesura que un país incrementa la producció?

15. De quins factors depenen els moviments o desplaçaments de la corba de la demanda agregada? I els de la corba de l'oferta agregada?

16. Per què la demanda agregada i el PIB acaben per expressar les mateixes xifres?

17. Raoneu quines repercussions tindrien sobre el PIB els fets següents:

a) Un abaratiment dels processos de producció.

b) Un increment del nivell mitjà de preus a causa de la inflació.

c) Un descens de la despesa pública.

d) Un augment de les exportacions.

e) Un descens en el cost de les matèries primeres.

f) Una baixada del preu del diner.

g) Un increment de les importacions.

h) Un augment del preu del petroli.

i) Una baixada d'impostos.

j) Una disminució de la inversió de béns d'equip.

18. Representeu gràficament la variació de la corba de la demanda agregada com a conseqüència de l'augment de la despesa d'algun dels agents econòmics. Com afecta aquest canvi l'equilibri macroeconòmic si l'oferta agregada no varia?

El consum. La inversió. L'estalvi.

19. Per què es considera que la variació d'existències és una forma d'inversió?

20. Pel que fa a l'estalvi:

a) Si el que és recomanable és estalviar entorn un 10 %, compliu o no aquest objectiu?

b) Per a quin tipus d'emergències us agradaria disposar d'estalvis?

c) Teniu un compte bancari en el qual dipositeu els estalvis?

d) Tot i que no practiqueu l'estalvi amb regularitat, hi ha alguna cosa per la que creieu que val la pena estalviar?

21. Per què la inversió empresarial és important per a aconseguir el creixement econòmic a llarg termini?

22. Com es relacionen consum i riquesa?

23. Quina ha estat la inversió inicial que ha donat lloc a un increment total de la despesa de 23.000 € en una economia en la qual la propensió marginal a l'estalvi és del 7 %?

24. En un país la propensió marginal al consum del qual és del 95 %, una empresa demanda béns d'inversió per valor de 40.000 €.

a) Calculeu quin seria l'increment total de la despesa que experimenta aquesta economia.

b) Suposeu que, com a màxim, s'ha de pagar un impost del 10 % en cadascuna de les compres o adquisicions, com afectaria aquesta mesura del sector públic a la despesa total?

25. Relacioneu els titulars següents extrets de la premsa econòmica amb conceptes econòmics estudiats al llarg d'aquesta unitat:

a) «L'alta inflació mina el PIB».

b) «Segueix augmentant el preu de l'habitatge nou».

c) «Segueix sense aflorar el treball en negre».

d) «L'economia s'estanca».

e) «L'economia creix un mes més gràcies a la confiança de les empreses».

26. Raoneu la veracitat o falsedat de les afirmacions següents:

a) La Renda Nacional és el que guanya un país després de descomptar els impostos directes i les cotitzacions socials.

b) El PIB real sempre és major que el PIB nominal.

c) Els avenços tecnològics afavoreixen el desplaçament de la corba de l'oferta agregada cap a l'esquerra.

d) Com més desenvolupat és un país, més alta acostuma a ser la propensió marginal a estalviar.

e) Un increment de la despesa pública pot generar un augment de la despesa molt superior en el conjunt de l'economia d'un país.

27. Analitzeu si, en general, augmenten o disminueixen el consum, la inversió i l'estalvi amb els fets següents:

a) Disminueix el nivell mitjà de preus.

b) Augmenta el preu del diner.

c) Milloren les expectatives de futur.

d) El Govern aprova una baixada d'impostos.

e) La inflació augmenta un 5 %.

- Escriviu dues idees clares i que us semblen fonamentals d'aquesta unitat. Què us ha ajudat a comprendre-les?
- Feu dues preguntes sobre aspectes que no us hagin quedat clars de la unitat.
- Escriviu dos aspectes sobre els quals us agradaria aprofundir en aquesta unitat.

Interpretem... els Comptes Nacionals

En general, els Comptes Nacionals són presentats des de la perspectiva de la despesa i del valor afegit. L'anàlisi de l'aportació dels sectors empresarials és determinant: se'n mesura l'evolució i quins són els que lideren les baixades i pujades principals per a actuar en conseqüència. Una altra anàlisi fonamental és la que es realitza sobre la capacitat del país per a finançar-se, tant a nivell global com individual.

PIB REAL A PREUS DE MERCAT 2017

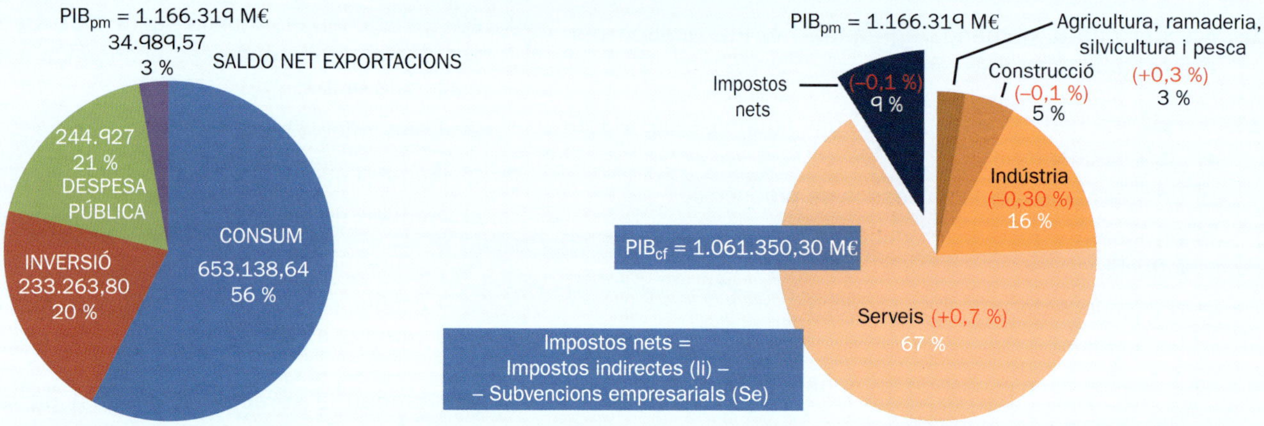

El PIBpm mesura el que s'ha produït a través de la despesa de famílies, empreses i sector públic mentre que el PIBcf ho fa a través de la producció de les empreses. Les dues magnituds s'igualen eliminant l'efecte de la intervenció del sector públic sobre l'economia: $\mathbf{PIB_{pm} = PIB_{cf}}$ **+ Impostos nets.**

ESTALVI I CAPACITAT O NECESSITAT DE FINANÇAMENT

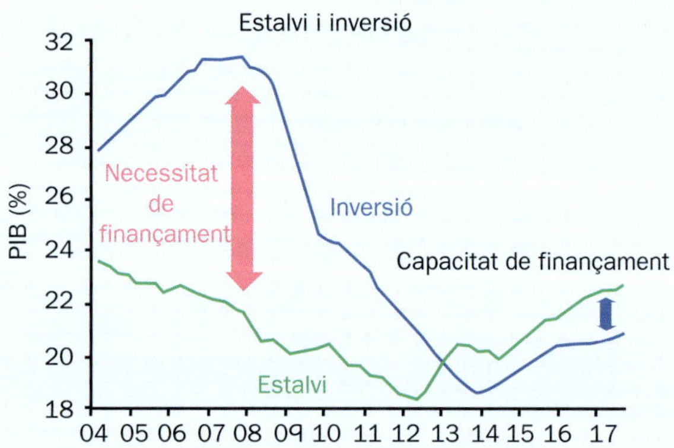

Capacitat (+) o necessitat (–) de finançament

Milions d'euros

Sector	2017	2018	Diferència
Llars	–3.063	17.544	–20.607
Administracions públiques	–36.233	–50.401	14.168
Institucions financeres	28.139	22.289	5.850
Societats no financeres	34.238	34.397	–159
Total	**23.081**	**23.829**	**–748**

L'estalvi és la part de la renda disponible que no es consumeix. La capacitat d'estalvi, mesurada com a percentatge del PIB, va tocar fons el 2012 i actualment es troba en un camí ascendent fins el punt que és capaç de finançar la inversió. En el gràfic de la dreta es mostren la capacitat o necessitat de finançament individualitzat.

Qüestions:

1. Qui són els qui «atrauen» el PIB a Espanya? I quin és el sector empresarial que més aporta al PIB?
2. A quant ascendeix la intervenció del sector públic espanyol en l'economia?
3. Quina va ser l'aportació de la construcció al PIB el 2016?
4. Per què creieu que va descendir el nivell d'inversió a partir del 2008?
5. Què ha passat amb la capacitat de finançament de les famílies entre el 2016 i el 2017? I amb la de les Administracions públiques?

El dilema: treballar en negre, sí o no?

Espanya és un dels països amb major economia submergida de la Unió Europea i cada treball il·legal costa a les arques de l'Estat impostos i cotitzacions que serveixen per a pagar professors, pensions, carreteres, subsidis d'atur i un llarg etcètera.

Defraudar és il·legal però si ho fa un de cada cinc espanyols és perquè hi ha qui entén que en determinats casos està justificat. Perquè en negre no només treballa el lampista que fa una reparació sense factura, sinó també l'immigrant que no aconsegueix un treball legal, el pare de família nombrosa que no pot accedir a un treball mal pagat sense perdre la pensió d'invalidesa o un estudiant per a pagar-se els estudis.

El debat:

Preneu partit per una de les dues opcions (treballar en negre no està justificat en cap cas o sí que ho està en funció de les circumstàncies de cadascú) i argumenteu-la en un grup de cinc. La resolució del grup es defensarà en un debat davant un altre grup on ha prevalgut una altra opció.

Proposta de cinema: *Que bonic és viure*

Director: Frank Capra

Reparto: James Stewart, Donna Reed, Lionel Barrymore, Thomas Mitchell.

Sinopsi:

Una intervenció divina concedeix una segona oportunitat a un home que pretenia suïcidar-se de manera que la família podria cobrar una assegurança de vida.

Claus de reflexió:

Limitacions del PIB.

Qüestions:

1. Identifiqueu el context històric en el qual es desenvolupa l'acció de la pel·lícula?
2. Quina ciutat sembla més puixant econòmicament, Pottersville o Bedford Hills? En quina preferiríeu viure?
3. Amb quines limitacions del PIB relacionaríeu la pel·lícula?

Vinyeta

9. Els comptes de l'Estat

En aquesta unitat aprendreu

- La política fiscal.
- Els Pressupostos Generals de l'Estat.

Més professorat a les escoles, més jutges als jutjats, més policia al carrer, més llits als hospitals, més participació en missions humanitàries... els Estats necessiten ingressos amb els quals atendre els serveis i les prestacions que demanda la ciutadania. Aquests ingressos provenen fonamentalment dels *impostos* que es recapten.

Però fins i tot els Estats han d'ajustar-se a un pressupost, fins i tot si tenen molts milers de milions. Aquest pressupost, o concretament els *Pressupostos Generals de l'Estat,* expressa cada any les prioritats del Govern en matèria econòmica i social.

Els Estats, en consonància amb les societats democràtiques i solidàries que els nodreixen, *redistribueixen la riquesa* per aconseguir una societat més justa que, per exemple, cuida la gent gran o ajuda els qui pateixen una mala ratxa laboral.

Què sabeu sobre els Pressupostos Generals de l'Estat?

Què en voleu aprendre?

Sabeu en què consisteix la política fiscal?
Sabeu què significa la redistribució de la renda?
Coneixeu la diferència entre dèficit i deute públic?

Aa

Impostos, rodes i eleccions

Quants diners ha de recaptar l'Estat a través dels impostos? En què ha de gastar-los? Aquestes són les dues grans qüestions que ha de resoldre la política fiscal.

Si, per exemple, el Govern decideix gastar més o abaixar els impostos, hi haurà més diners a les butxaques de les famílies, de manera que consumiran més. Com que hi ha més consum, les empreses invertiran en produir més i, per a això, contractaran més treballadors, amb la qual cosa l'atur descendirà. És la roda de l'economia en marxa, la cara amable de la política fiscal, anomenada *expansiva* perquè incrementa els nivells de producció i ocupació. La gent està contenta mentre els Governs construeixen infraestructures que milloren les comunicacions, rep millors serveis públics o, simplement, quan té més diners per a gastar.

Tanmateix, res és gratuït. És possible que, reduint els impostos o augmentant la despesa, l'Estat no pugui cobrir el seu pressupost i s'hagi d'endeutar. Els deutes públics d'avui els pagaran les ciutadanes i els ciutadans de demà, com vosaltres. Així que, si l'economia no creix, tard o d'hora arribarà el moment de la política fiscal *restrictiva*, caracteritzada per les pujades d'impostos i la disminució de la despesa pública. Les persones tenen menys diners i consumeixen menys, i les empreses disminueixen la inversió: és la cara amarga de la política fiscal.

Als Governs no els agrada quan arriba aquest moment. És comprensible, perquè mentre les polítiques fiscals expansives fan guanyar eleccions, les restrictives les fan perdre...

Reflexioneu

1. Com resumiríeu la política fiscal en poques paraules?
2. Si el Govern inicia una política fiscal expansiva, com us afectaria a vosaltres personalment? Poseu-ne exemples concrets. I si inicia una política restrictiva?
3. Per què diem que després d'una política fiscal expansiva ve una política fiscal restrictiva si l'economia no creix? Què passaria si l'economia creix suficientment?

abc Vocabulari

Discrecional. Que es realitza a voluntat.

Tipus impositiu. Percentatge que s'aplica sobre una quantitat determinada per a calcular l'impost que s'ha de pagar.

1. La política fiscal

Amb la política exterior i monetària en mans de la UE, la *política fiscal* és l'instrument principal dels països que la integren per a intervenir en les economies pròpies.

La **política fiscal** és l'actuació del sector públic mitjançant la recaptació i la redistribució posterior dels ingressos públics per a aconseguir els objectius perseguits per l'Estat.

Són les grans variables de l'economia (producció, preu i ocupació), a través dels corresponents indicadors (PIB, IPC preu del diner i taxes d'ocupació), les que determinen quant és possible **ingressar** (principalment, mitjançant la recaptació d'impostos) i quines **despeses** són necessàries per a aconseguir els objectius de l'Estat. Però no tot són números: a l'hora d'aplicar la política fiscal també entren en consideració factors com la reacció de la població davant les decisions que es prenen (els Governs estan sotmesos a influències polítiques) o quines mesures contra el frau s'aplicaran.

Donada la descentralització de l'Estat espanyol, la implicació de les comunitats autònomes, els Ajuntaments i la Seguretat Social és decisiva per a aconseguir una adaptació millor de la política fiscal a les necessitats de la ciutadania i els territoris.

Els instruments dels quals disposen els Governs per a aconseguir els objectius econòmics són les *polítiques fiscals discrecionals* i els *estabilitzadors automàtics*.

1.1. Polítiques fiscals discrecionals

! Important

Les **polítiques discrecionals** s'executen a **voluntat del Govern,** mentre els **estabilitzadors automàtics** actuen en funció de la **fase del cicle econòmic.**

Les **polítiques fiscals discrecionals** són aquelles que apliquen els Governs quan volen influir intencionadament sobre els ingressos o despeses intencionadament. És a dir, es tracta de les polítiques fiscals que són activades per iniciativa pròpia de l'Estat, perquè no estan reglades.

En general, les polítiques fiscals discrecionals pretenen mantenir el **ritme de l'activitat econòmica** i es tornen molt importants en els temps de crisis, perquè és quan acostumen a contribuir a evitar caigudes brusques del nivell de producció de béns i serveis.

Les polítiques fiscals discrecionals **principals** són les següents (fig. 9.1):

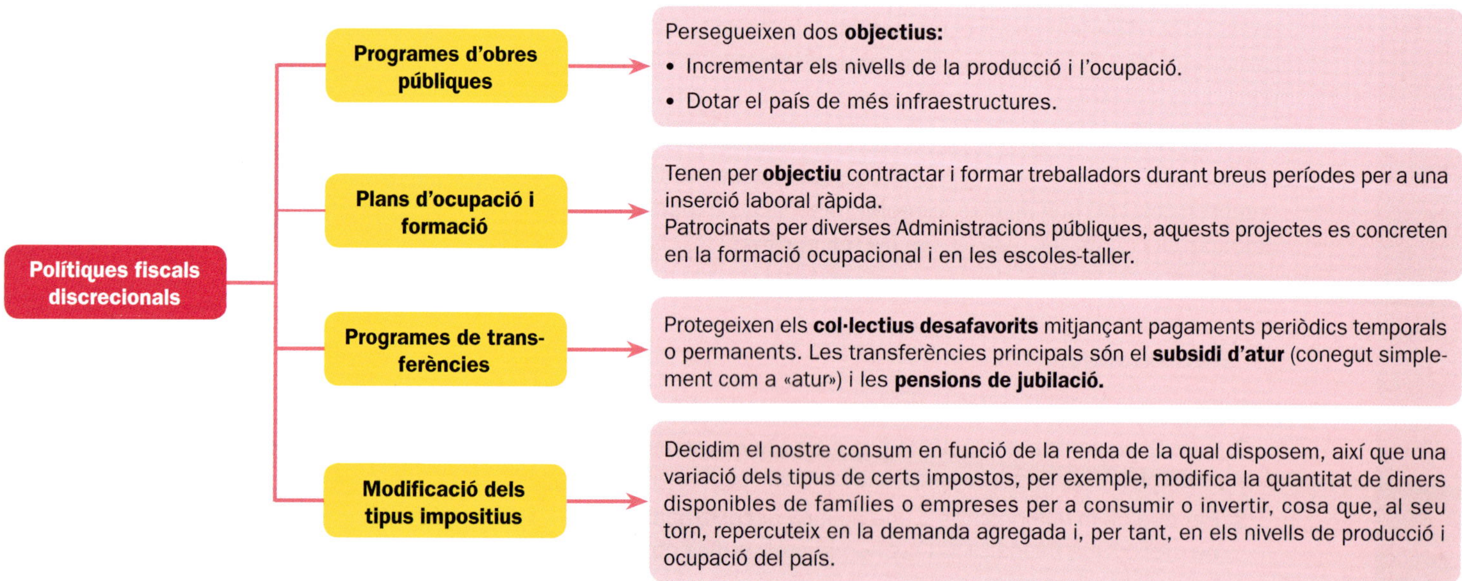

Fig. 9.1. Polítiques fiscals discrecionals principals.

A la pràctica, les polítiques discrecionals tarden a fer efecte i no sempre es posen en pràctica encertadament. A més, quan es produeix l'efecte desitjat, és difícil dir fins a quin punt obeeix a les polítiques que s'han aplicat, perquè hi influeixen multitud de factors. Per això, s'utilitzen també els anomenats **estabilitzadors automàtics.**

... estabilitzadors automàtics

...**ilitzadors automàtics** són els ingressos o les despeses públiques que augmenten ...minueixen alhora que el nivell de producció d'un país. Amb l'ús dels estabilitzadors automàtics, les transicions entre les fases dels cicles econòmics d'expansió i recessió són més breus i menys traumàtiques. Els estabilitzadors automàtics **principals** són els següents (taula 9.1):

Els impostos proporcionals	No varien a mesura que ho fa el nivell de renda perquè el **tipus impositiu** és sempre **el mateix**. L'Impost sobre Societats (IS) o l'Impost sobre el Valor Afegit (IVA) són dos exemples d'impostos proporcionals.
Els impostos progressius	Són aquells el **tipus impositiu** dels quals **puja** gradualment al mateix temps que augmenta el nivell de renda. Per exemple, l'Impost sobre la Renda de les Persones Físiques (IRPF).
Les cotitzacions socials	Consisteixen en les aportacions que els treballadors i les empreses fan a la **Seguretat Social** a canvi de la protecció que aquest organisme brinda.
Els subsidis d'atur	Són **ajuts econòmics** concedits per l'Estat per a cobrir les necessitats socials i econòmiques derivades d'una situació d'atur forçós.

Taula 9.1. Els estabilitzadors automàtics.

No obstant això, resulten **més eficaços** els impostos progressius que els proporcionals, perquè el tipus impositiu dels progressius augmenta segons ho fan els ingressos, cosa que permet una actuació més selectiva sobre els diversos trams de renda.

Activitat resolta 1. Impostos progressius i proporcionals

En els impostos progressius, com l'IRPF, el tipus impositiu varia a mesura que creix la renda. En canvi, en impostos proporcionals, com l'IS, el tipus impositiu és el mateix, amb independència de la quantia del benefici obtingut.

La Betlem guanya 25.000 € l'any i tributa per l'IRPF, mentre que Betlems S. A. obté aquesta mateixa quantitat en forma de beneficis, però tributa per l'IS. Suposant que aquestes són les úniques dades disponibles:

a) Calculeu quant haurien de pagar la Betlem i Betlems S. A. en concepte d'impostos, d'acord amb les despeses de la taula 9.2.

	Trams de renda	Tipus
IRPF	Entre 1 i 10.000 €	10 %
	Entre 10.001 i 20.000 €	15 %
	Entre 20.001 i 30.000 €	25 %
IS	Benefici	25 %

Taula 9.3. Tipus impositius de l'IRPF i l'IS.

b) Per què els impostos progressius permeten una actuació més eficaç que els proporcionals?

Solució:

a) **Betlem.** Descomponem la renda de la Betlem en tants trams com necessitem per a arribar a l'import total:

	Renda	Tipus	Import
Entre 1 i 10.000 €	10.000 €	10 %	1.000 €
Entre 10.001 i 20.000 €	10.000 €	15%	1.500 €
Entre 20.001 i 30.000 €	5.000 €	25%	1.250 €
	25.000 €	**Total**	**3.750 €**

Betlems S. A. No hi ha trams. Apliquem directament el tipus impositiu sobre la renda total.

Benefici	Tipus	Import
25.000 €	25%	**6.250 €**

b) Si, per exemple, el Govern vol afavorir certes rendes o cobrar més impostos a altres, podria modificar selectivament un o alguns trams de l'IRPF. En canvi, amb els impostos proporcionals, el tipus impositiu és el mateix, tant per a Betlems S. A., que té 25.000 € de beneficis, com, per exemple, per a una empresa que en té 250.000 €.

Activitats

1. Per què la política fiscal és l'instrument principal de l'Estat per a invertir en la pròpia economia?

2. Com influeix la variació del tipus impositiu dels impostos sobre la capacitat adquisitiva de les famílies i les empreses?

3. Pel que fa a la manera d'operar, què diferencia les polítiques fiscals discrecionals dels estabilitzadors automàtics?

4. Què diferencia el tipus impositiu dels impostos proporcionals del tipus dels impostos progressius?

1.3. Tipus de política fiscal

És possible distingir dos **tipus de política fiscal** en funció dels seus efectes sobre l'economia: la *política fiscal expansiva* i la *política fiscal restrictiva* (taula 9.3).

La **política fiscal expansiva** actua augmentant la despesa pública (1), i per tant les empreses incrementen la producció per a respondre a la despesa del Govern i contracten més personal; i per altra banda, reduint els impostos (2), amb la qual cosa augmenta la quantitat de diners disponibles i així les famílies consumeixen i les empreses inverteixen.

La **política fiscal restrictiva** actua en sentit contrari, reduint la despesa pública (3) i augmentant els impostos (4).

Expansiva	Despesa pública (1) ↑ Impostos (2) ↓	Renda ↑	Consum Inversió ↑	Demanda agregada ↑	Producció Ocupació Preus ↑
Restrictiva	Despesa pública (3) ↓ Impostos (4) ↑	Renda ↓	Consum Inversió ↓	Demanda agregada ↓	Producció Ocupació Preus ↓

Taula 9.2. Polítiques fiscals (expansiva i restrictiva) en acció.

> **! Important**
>
> Si les polítiques són adequades, no tenen per què influir sobre els preus, però no és el més habitual. La **política fiscal expansiva** acostuma a venir acompanyada d'**inflació**, i la restrictiva, d'**estancament** dels preus i, de vegades, de **deflació**. La baixada de preus constitueix un problema important per a l'economia perquè consumidors i empreses deixen de consumir o invertir confiant que els preus seran més barats en el futur que en el present, de tal manera que l'activitat econòmica encara s'alenteix més.

1.4. Política fiscal i cicles econòmics

Els impostos s'**adapten automàticament** a la fase del cicle econòmic. En fases d'**expansió econòmica**, augmenta la producció i, en conseqüència, l'ingrés en concepte d'impostos (com l'IVA), i viceversa. També en les fases d'expansió hi ha més persones en actiu, cosa que implica una cotització major i, per tant, a més de pagar la sanitat i les pensions, s'acumula excedent per a pagar els subsidis d'atur quan arribarà la **fase de recessió**. Arribada aquesta, els subsidis d'atur procuren minimitzar la precària situació econòmica de qui forçosament es troba aturat.

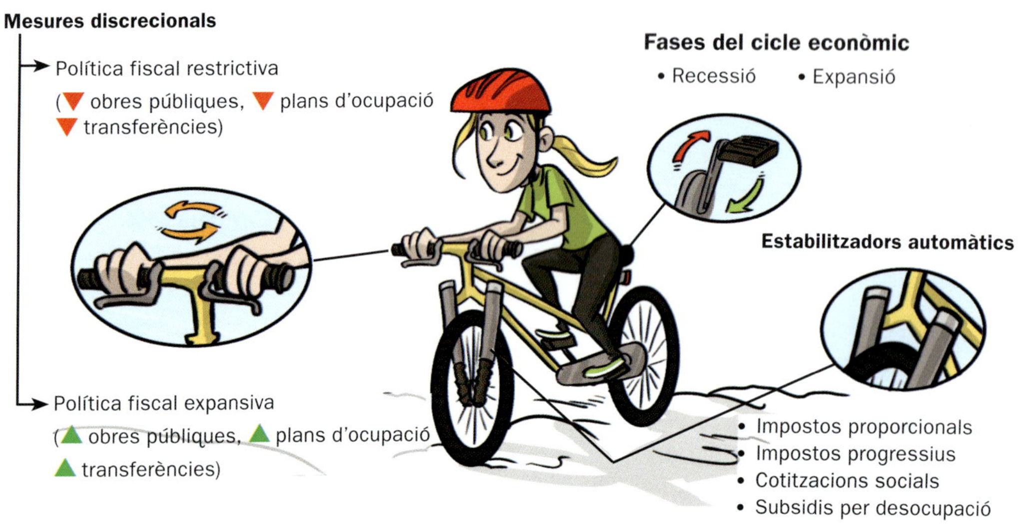

Fig. 9.2. La política fiscal en relació amb els cicles econòmics. És possible identificar el comportament d'ingressos i despeses públiques en les diferents fases del cicle econòmic.

> ***Reflexioneu***
>
> Quan, per exemple, demanem reduir les llistes d'espera a la sanitat, quan volem més jutges amb els quals s'agilitzarà la justícia o més policia al carrer, en última instància li demanem a l'Estat un **augment dels impostos** per a atendre les nostres demandes o una **millor redistribució de la despesa** ja existent.

> **Activitats**
>
> **5.** Dels estabilitzadors automàtics es diu que funcionen «com un amortidor», tant quan l'economia va bé com quan va malament. Què es pretén dir en realitat amb això?
>
> **6.** Com influeix una política fiscal restrictiva sobre la producció, l'ocupació i els preus?
>
> **7.** Què passa quan el Govern augmenta la despesa pública?
>
> **8.** Com contribueix un treballador a «estabilitzar l'economia» quan cobra l'atur després de diversos anys de cotitzar mentre treballava?

Activitat resolta 2. La corba de Laffer

Al contrari que l'augment de la despesa pública, l'augment dels impostos constitueix un fre per a l'activitat econòmica, és a dir, implica descensos tant en el consum de les famílies com de la inversió empresarial. En canvi, tots dos augmenten si els impostos disminueixen.

En el primer cas, baixa la recaptació, mentre que, en el segon, augmenta. Per als Governs, el dilema és clar: compensa abaixar impostos i sacrificar la recaptació a canvi d'incrementar l'activitat econòmica o és preferible augmentar els impostos i recaptar més a costa de l'activitat econòmica? El que seria ideal és trobar el punt just d'impostos per a optimitzar les dues variables. Aquest punt ideal va ser descrit per l'economista Arthur Laffer en una gràfica que porta el seu nom (fig. 9.3).

a) Quines són les conseqüències indesitjades d'abaixar els impostos? I les d'augmentar-los?

b) Per què els Governs no miren d'encertar el tipus impositiu mitjà òptim que marca la corba de Laffer?

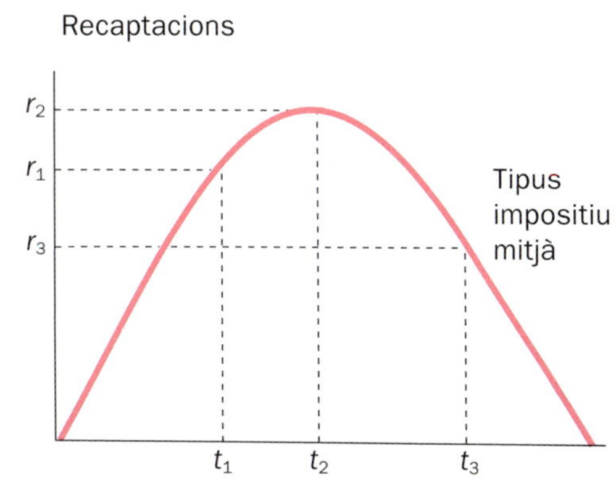

Fig. 9.3. Corba de Laffer. Relació entre el volum de recaptació i el tipus mitjà dels impostos d'un país.

Solució:

a) La baixada d'impostos pot suposar una caiguda dels ingressos públics. Però també l'augment dels impostos pot ocasionar una menor recaptació, perquè es desincentiva l'activitat productiva i es fomenta el frau fiscal.

b) Si, per exemple, un Govern augmenta els impostos un any per tornar-los a baixar al següent (si és que no ha encertat) i tornar-los a apujar un tercer any (perquè llavors sí que pensa que el context és adequat per a l'augment), crearia més problemes que els que pretén resoldre. Per una banda, instal·laria un clima d'inestabilitat que dificultaria els plans de les famílies i empreses i, per una altra, deixaria el país en una incertesa constant en la mesura que seria impossible predir si per al proper any hi hauria augment o baixada d'impostos. Si un Govern s'atreveix a afrontar tals decisions durant tres anys no només semblaria que no sap gaire bé el que es fa, sinó que a més hauria d'assumir els costos polítics, donat que és molt impopular un augment dels impostos.

Periscopi 1. Quant costa sostenir els serveis públics?

La **pressió fiscal** és el resultat de dividir els ingressos que obté l'Estat en forma d'impostos i cotitzacions socials entre el PIB, és a dir, la relació que existeix entre el que un país paga per a sostenir l'Estat i el que produeix/guanya aquest país.

$$\text{Pressió fiscal} = \frac{\text{El que costa sostenir l'Estat}}{\text{El que guanya/produeix el país}} \cdot 100 =$$

$$= \frac{\text{Ingressos per impostos i cotitzacions dels treballadors}}{\text{PIB}} \cdot 100$$

Si preguntem a la nostra mare, al nostre pare o a les nostres amistats, segurament coincidiran en què es paguen molts impostos. Hauríem obtingut la mateixa resposta en qualsevol altre país. Poc importa que ho preguntem als francesos que, comparativament, en paguen més que nosaltres, o als irlandesos, que en paguen menys. Les persones contribuents són iguals a tot arreu del món: saben que han de sacrificar un percentatge dels seus ingressos en concepte d'impostos, però, com que no sempre en reben directament els beneficis, no tenen gens clar si se'ls està donant un bon ús. En tot cas, els impostos progressius (com, per exemple, l'IRPF, on el tipus impositiu és més gran com més gran és la capacitat econòmica del contribuent) són els que permeten recaptar més diners entre les capes socials més afavorides i després redistribuir-los millor entre les persones més desafavorides.

Reflexioneu:

a) A Espanya el 2017 la pressió fiscal va ser del 33,9 %. Com s'interpreta aquest percentatge?

b) Si a Espanya la pressió fiscal és menor que a França i altres països europeus, per què els espanyols es queixen dels impostos que paguen?

c) Quin tipus de política fiscal s'associa a una pressió fiscal menor?

d) Quins efectes té sobre el consum i la inversió una pressió fiscal menor? I sobre la redistribució de la renda?

2. Els Pressupostos Generals de l'Estat

La política fiscal reflecteix els seus plans de despesa i ingressos en un **pressupost.** En el cas d'Espanya els instruments de la política fiscal es materialitzen en els *Pressupostos Generals de l'Estat (PGE),* una relació detallada de les previsions de les despeses i dels ingressos que realitzarà la Hisenda pública durant l'any corresponent. Aquest pressupost ha d'estar en consonància amb el **pla econòmic de l'Estat,** en què es detallen els objectius econòmics i les previsions sobre l'evolució del conjunt de l'economia.

Els **Pressupostos Generals de l'Estat (PGE)** són les previsions de despeses i ingressos d'un país d'acord amb les actuacions, plans i fonts de finançament de l'Estat.

! Important

Les comunitats autònomes mouen pressupostos similars en estructura i partides als PGE, però, en tot cas, són molt importants les transferències (corrents o de capital) procedents de l'Administració central a causa de les competències transferides.

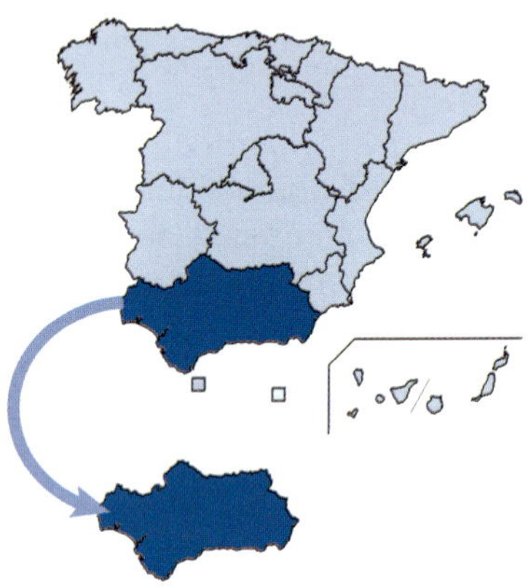

En els apartats següents analitzarem els **tipus d'ingressos i despeses generals** que apareixen recollits en un pressupost estatal, i les conseqüències econòmiques que es deriven per a un país si aquest gasta més del que ingressa. Una relació esquemàtica de les **partides del pressupost** podria ser la que veiem a la taula 9.4.

Ingressos	Despeses
Cotitzacions socials	**Corrents**
Tributs	• Compra de béns i serveis. • Pagament a funcionàries i funcionaris.
• Impostos. • Taxes.	
Altres ingressos	**Inversió**
• Transferències corrents. • Ingressos patrimonials. • Alienació de béns d'inversió. • Transferències de capital.	Infraestructures. **Transferències i subvencions**

Taula 9.4. Hi ha altres criteris per a classificar els PGE, però segurament aquest és el més senzill: els ingressos en funció de l'origen i les despeses en funció de com es gasta.

2.1. Les despeses públiques dels PGE

La **despesa pública** és el conjunt de despeses fetes per l'Administració pública. Pel que fa a l'Estat, i segons **com gasta,** podem classificar les despeses públiques en: *despeses corrents, despeses d'inversió* i *transferències i subvencions* (taula 9.5).

	Descripció	Exemples
Despeses corrents	Són les despeses generals destinades a proporcionar a la societat **serveis públics** tals com: la sanitat, l'educació, la justícia, la defensa nacional i molts altres.	Salari de les persones que tenen una funció pública. Compres de béns i serveis a empreses privades.
Despeses d'inversió	Són els destinats a mantenir i ampliar la capacitat productiva del país. Gairebé tota la despesa es concentra en **infraestructures.**	Construcció de carreteres, hospitals, centres educatius, aeroports, ports, etc.
Transferències i subvencions	L'Estat obté recursos en forma d'impostos, cotitzacions socials, etc., i després els transfereix a persones o empreses més necessitades. Quan les destinatàries dels ajuts són les persones, les denominem transferències i quan són les empreses, les denominem **subvencions**.	**Transferències:** pensions per jubilació o invalidesa, beques d'estudi, subsidis d'atur, etc. **Subvencions:** per creació d'empreses, per inversió en béns de capital, per creació de llocs de treball, etc.

Taula 9.5. Classificació de les despeses públiques dels PGE.

Qui gasta	Estat, comunitats autònomes, entitats locals, Seguretat Social
Com es gasta	Despeses reals, inversió, transferències i subvencions
On es gasta	Justícia, pensions, sanitat...

Taula 9.6. Classificació de les despeses públiques dels PGE.

Periscopi 2. Interpretació i evolució de les partides de despesa

La classificació de les despeses que acabem d'estudiar és la més senzilla, però també la més generalista. Un altre criteri consisteix a classificar les despeses en funció del seu destí, és a dir, per polítiques o per **serveis bàsics.** Alguns són:

Polítiques	Pressupost 2017 Milions de €	Pressupost 2017 % del total	Pressupost 2018 Milions de €	Pressupost 2018 % del total	Variació 2017-2018 (%)
Justícia	1.726	0,5	1.781	0,5	3,2
Defensa	7.561	2,2	8.067	2,3	6,7
Seguretat ciutadana	7.912	2,3	8.418	2,4	6,4
Política exterior	1.522	0,4	1.581	0,4	3,9
Serveis públics bàsics	**18.721**	**5,4**	**19.847**	**5,6**	**6,0**
Pensions	139.647	40,5	144.834	40,9	3,7
Altres prestacions econòmiques	13.512	3,9	14.388	4,1	6,5
Serveis socials	2.408	0,7	2.512	0,7	4,3
Foment de l'ocupació	5.499	1,6	5.716	1,6	3,9
Atur	18.318	5,3	17.712	5,0	–3,3
Accés a l'habitatge	474	0,1	473	0,1	–0,2
Gestió i administració: Seguretat Social	4.096	1,2	3.467	1,0	–15,4
1. Actuacions de protecció i promoció social	**183.954**	**53,3**	**189.102**	**53,4**	**2,8**
Sanitat	4.093	1,2	4.251	1,2	3,9
Educació	2.524	0,7	2.600	0,7	3,0
Cultura	803	0,2	838	0,2	4,4
2. Producció de béns públics de caràcter preferent	**7.420**	**2,1**	**7.689**	**2,1**	**3,6**
Despesa social (1 + 2)	**191.374**	**55,4**	**196.791**	**55,5**	**2,8**

Les diverses partides s'expressen en forma de percentatge respecte del total del pressupost i també respecte del percentatge de variació en relació amb l'any anterior. D'aquesta manera, és possible conèixer amb rapidesa el pes que té cada partida sobre el total i també l'evolució de cada partida d'any en any.

El pes de cada partida permet establir comparacions entre els pressupostos de diferents països. L'evolució de les partides d'un any per l'altre revela les intencions i prioritats del Govern.

Reflexioneu:

a) Quina és la partida que s'emporta la major part del pressupost? I la que menys?

b) Quina va ser la variació en educació entre els dos anys? A quant ascendiria la despesa en educació el 2019 si el Govern manté el mateix percentatge d'increment?

c) Quina política ha estat la prioritària si mirem l'increment experimentat respecte de l'any anterior?

d) Què revela la disminució de la partida assignada a l'atur?

e) Identifiqueu quines despeses són reals i quines són de transferència.

Reflexioneu

A Espanya, un dels objectius fonamentals (probablement, el més important) és mantenir la protecció que actualment presta l'Estat del benestar a través de la **Seguretat Social,** fonamentalment en forma de **subsidis** i **pensions per jubilació.** Avui en dia preocupa molt que en el futur potser no es podran afrontar.

Els diners amb els quals es paguen aquestes pensions tenen l'origen en les cotitzacions de treballadores i treballadors en actiu. A l'actualitat, la UE té quatre treballadors per cada jubilat, però aquest número es reduirà a dos l'any 2050. Segons les estimacions, al ritme actual de descens de la natalitat i d'increment de l'esperança de vida, el volum recaptat amb aquestes cotitzacions obligaria l'Estat espanyol a gastar-se el doble en pensions, cosa que faria la situació difícilment sostenible.

Activitats

9. En què es diferencien les despeses corrents de les despeses d'inversió? I les transferències de les subvencions?

10. Classifiqueu les partides següents de despeses extretes dels Pressupostos Generals de l'Estat:

a) La construcció d'un nou pavelló esportiu al vostre institut.

b) Els salaris dels professors.

c) Les compres a empreses privades de material administratiu d'un sol ús per a la secretaria.

d) Una subvenció pública a una empresa per contractació de personal.

e) La pensió de jubilació d'un professor.

2.2. Els ingressos públics dels PGE

El sector públic necessita uns recursos, denominats **ingressos públics,** per a portar a terme les diverses funcions que té encomanades. En concret, l'Estat compta amb les vies següents per a obtenir-los: *cotitzacions socials, tributs* i *altres ingressos.*

> ***Recordeu***
>
> Els **impostos** i les **taxes** són tributs, pagaments exigits per l'Administració a la població i a les empreses amb la finalitat d'obtenir els recursos necessaris per a finançar la despesa i controlar l'activitat econòmica del país.

- **Cotitzacions socials.** Són les quantitats que les persones afiliades a la Seguretat Social paguen perquè, en situacions de necessitat, elles i les famílies tindran dret a cobertura: malaltia, invalidesa, jubilació, atur, etc. A Espanya, en els últims anys ha augmentat el volum de cotitzacions socials, i s'espera que, en el futur, la quantia d'aquesta partida s'igualarà amb allò recaptat en concepte de tributs.
- **Tributs.** Dins dels PGE, són els ingressos públics més importants, perquè suposen pràcticament la meitat del que es recapta. En funció de si els contribuents reben o no alguna cosa a canvi, podem classificar-los així (taula 9.7):

Impostos						Taxes
Els impostos són pagaments exigits per les Administracions pels quals el contribuent no rep res a canvi, és a dir, no proporcionen un benefici immediat a qui els paga.						Són pagaments a canvi de la utilització d'un servei públic o d'una activitat que proporciona un benefici directe a l'usuari (l'entrada a una exposició pública, la matrícula d'una universitat pública, etc.)
Directes			Indirectes			
Recauen sobre el que es guanya o sobre el que es posseeix (ingressos personals, beneficis empresarials i propietats). Tenen en compte la situació econòmica de la persona o empresa als quals afecten.			Graven determinats actes, com la transmissió de béns o el consum, independentment de la situació econòmica de les persones o empreses a les quals afecten.			
IP	IRPF	IS	ITP/AJD	IVA	IE	
Recau sobre les propietats de particulars.	Recau sobre les rendes dels recursos productius (salari, lloguers i interessos).	Recau sobre el benefici de les empreses.	El paguen particulars que compren béns a altres particulars.	Recau sobre el consumidor final de béns i serveis.	Recau sobre béns específics, com, per exemple, l'alcohol, la gasolina o el tabac.	

Taula 9.7. Tributs de l'Estat espanyol. **IP** (Impost sobre el Patrimoni), **IRPF** (Impost sobre la Renda de les Persones Físiques), **IS** (Impost sobre Societats), **ITP/AJD** (Impost sobre Transmissions Patrimonials i Actes Jurídics Documentats). **IVA** (Impost sobre el Valor Afegit), **IE** (Impostos Especials)

- **Altres ingressos.** La importància que tenen segons el volum de recaptació és significativament menor en comparació amb la resta d'ingressos públics. Els més rellevants són els següents (taula 9.8):

Transferències corrents	Ingressos patrimonials	Alienació i inversions	Transferències de capital
No es materialitzen en projectes d'inversió i procedeixen d'entitats tals com Trànsit, la Seguretat Social o l'**FSE.**	Es tracta de les rendes que proporcionen els béns de l'Estat, com els beneficis de les empreses públiques, com Altadis, Renfe o Correos.	Són ingressos que deriven de la venda de béns propietat de l'Estat, com, per exemple, les empreses públiques. Empreses importants, com Repsol, Telefónica o Iberia, al principi eren públiques i, posteriorment, es van privatitzar.	Procedeixen de fons estructurals de la UE i el seu destí és finançar projectes d'inversió, com és per exemple el cas del **Feder.**

Taula 9.8. Altres ingressos públics. L'**FSE** (Fons Social Europeu) i el **Feder** (Fons Europeu de Desenvolupament Regional) són fons de la UE els objectius principals dels quals són la creació d'ocupació i les inversions en les regions més desafavorides de la UE, respectivament.
Els projectes d'inversió, a diferència dels restants, són els que es materialitzen en béns de capital, és a dir, infraestructures, instal·lacions, maquinària, etc.

Activitats

11. Quins trets caracteritzen els impostos directes enfront dels indirectes? Què diferencia els impostos de les taxes?

12. Per què l'Impost sobre les begudes alcohòliques es classifica com un impost indirecte?

13. Quina relació existeix entre el fet i la base imposable dels tributs?

Elements comuns dels tributs

Tots els tributs tenen en comú els elements següents:

- **Subjecte passiu.** Persona obligada al pagament del tribut.
- **Fet imposable.** És el motiu que dona lloc a l'obligació de pagar el tribut.
- **Base imposable.** És la quantificació econòmica del fet imposable.
- **Base liquidable.** És el resultat d'aplicar a la base imposable les *reduccions* que permet la llei.
- **Quota íntegra.** És el resultat d'aplicar el *tipus impositiu* a la base liquidable (si no és que es tracta d'una quantitat fixa).
- **Quota líquida.** És el resultat d'aplicar a la quota íntegra les *deduccions* que permet la llei.
- **Quota diferencial.** És el resultat de descomptar *retencions* i aplicar *multes* a la quota líquida si és que correspon. El resultat és en contra (pagament) o a favor del contribuent (devolució).

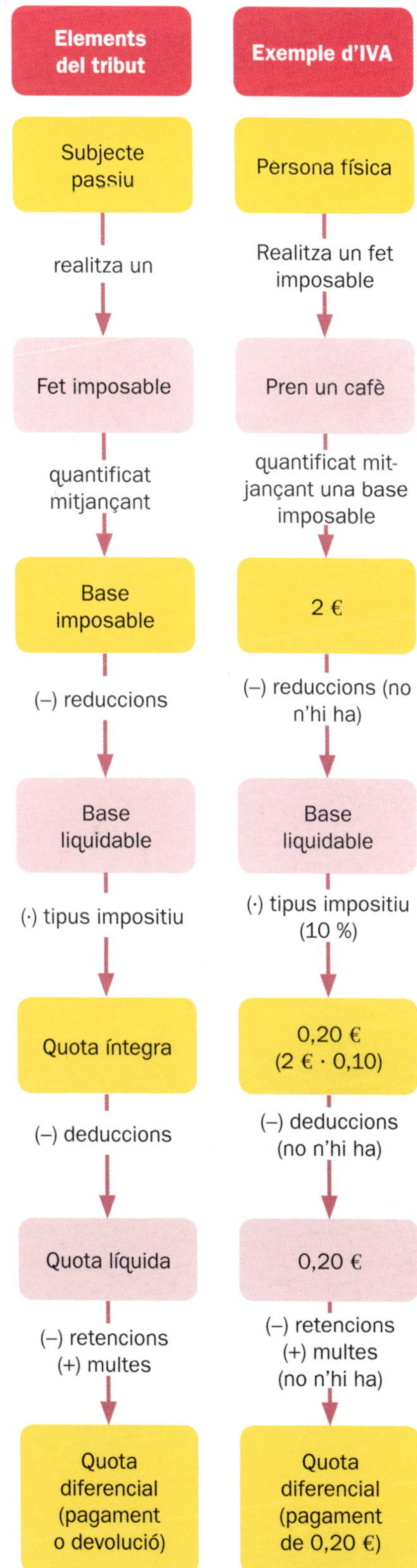

Fig. 9.4. Relació entre els diversos elements dels tributs i identificació d'elements tributaris d'IVA per a una persona física.

Activitat resolta 3. Elements tributaris de l'IVA

Realitzeu un esquema que mostrarà la vinculació que existeix entre els diversos elements dels tributs. Identifiqueu els elements tributaris que, com a particulars o persones físiques, paguem quan consumim un cafè valorat en 2 € a la terrassa d'una cafeteria. Tipus d'IVA de l'hostaleria: 10 %. No són aplicables reduccions, deduccions, retencions ni multes.

Solució:

La resposta es recull a la figura 9.4, al marge.

Periscopi 3. El paraigües de la Seguretat Social

La Seguretat Social és com un fons que proporciona prestacions a tota la població. Els cotitzadors principals d'aquest «pot» són les empreses i la població treballadora, però no només se'n beneficien ells. En funció de les persones beneficiàries, és possible distingir tres grups de prestacions: *universals, contributives* i *socials.*

Prestacions	Beneficiaris
Universals	Tota la població
Contributives	Cotitzadors
Socials	Persones en risc d'exclusió

Prestacions i beneficiaris de l'Estat del benestar espanyol. Els cotitzadors (la població treballadora) es beneficien de les prestacions contributives sempre que l'aportació de les quotes que fan a la Seguretat Social acumula un període mínim de temps.

El finançament per a totes aquestes prestacions procedeix, per una banda, de les cotitzacions socials de la població treballadora i, per una altra, dels impostos que paguem totes les persones.

Reflexioneu:

a) Tenint en compte qui són els beneficiaris, indiqueu el grup de prestacions al qual pertanyen: la sanitat, el subsidi d'atur, l'educació, la pensió per jubilació i els menjadors socials.

b) En general, cada vegada és més gran el termini necessari de cotització per a accedir a una prestació contributiva. Per què creieu que és així?

2.3. La redistribució de la renda

No tot el que figura a les despeses públiques constitueix despesa pròpiament dita. Les transferències i subvencions es comptabilitzen com a despeses, però en realitat, és diner que el sector públic:

1. **Recapta** a través dels impostos que paguen les persones amb major capacitat econòmica.
2. **Transfereix** directament a les persones i empreses més necessitades d'acord amb criteris fixats a l'avançada.

Sense aquesta intervenció per part del sector públic, el mercat accentuaria les diferències entre qui té més i qui té menys. L'Estat assumeix, prenent com a base el **principi d'equitat**, la responsabilitat de mitigar el desequilibri del mercat que suposa l'existència de la distribució desigual de la renda.

La *funció redistribuïdora de la renda* és un punt bàsic en la política de despesa pública de qualsevol país. L'aplicació d'impostos progressius o la revaloració de les pensions més baixes són mesures que contribueixen a un repartiment més igualitari de la renda.

La **funció de redistribució de la renda** és com es coneix el procés mitjançant el qual l'Estat torna a distribuir, d'acord amb el **principi d'equitat,** fons que prèviament van ser assignats pel mercat a ciutadans amb capacitat econòmica alta.

Vocabulari

Principi d'equitat. Principi que afirma que el sosteniment de les despeses que possibiliten l'acció correctora de l'Estat ha de ser finançat per tots els ciutadans d'acord amb la capacitat econòmica que tenen.

Recordeu

Com hem vist a la Unitat 7, l'Estat pot mirar de pal·liar alguns errors del mercat. I mitjançant la redistribució de la renda, una de les funcions més importants del sector públic, es corregeix l'error de mercat o desequilibri que suposa la distribució desigual de la renda.

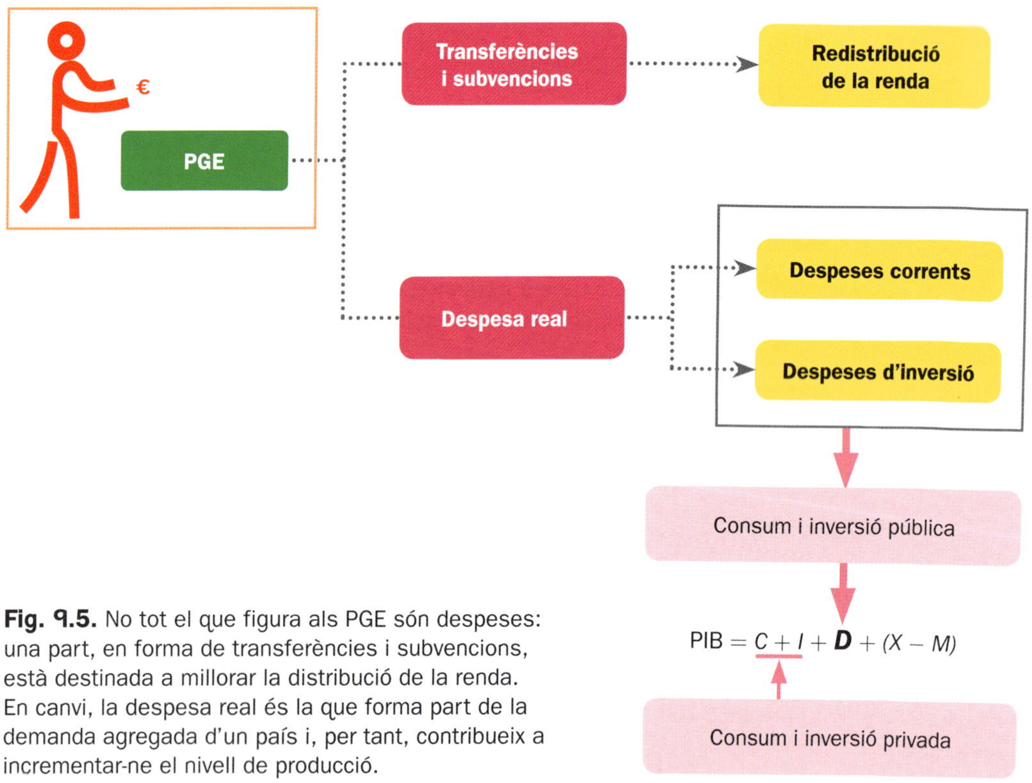

Fig. 9.5. No tot el que figura als PGE són despeses: una part, en forma de transferències i subvencions, està destinada a millorar la distribució de la renda. En canvi, la despesa real és la que forma part de la demanda agregada d'un país i, per tant, contribueix a incrementar-ne el nivell de producció.

Tal com hem vist al llarg de la unitat, un dels factors més rellevants dels PGE és la quantia, perquè revela els objectius del Govern en matèria pressupostària: una gran despesa pública contribueix a expandir l'economia (política fiscal expansiva), al contrari que una contenció (política fiscal restrictiva), els efectes de la qual estudiarem a la taula 9.3.

Existeix un segon factor que cal tenir en compte: **el saldo pressupostari,** o diferència entre ingressos i despeses, que veurem en el proper apartat.

Activitat resolta 4. Despeses reals i de transferència en l'educació pública

El sector públic gasta anualment més de 7.000 € per cada alumne de Batxillerat i a alguns els concedeix, a més, beques d'estudis.

a) Expliqueu quin tipus de despesa efectua el sector públic espanyol en termes de despesa real i de transferència.

b) En el mateix sentit que la pregunta anterior, expliqueu el tipus de despesa que suposen per al sector públic les despeses en educació i les beques d'estudis.

Solució:

a) Pel que fa a les beques d'estudis, i en la mesura que la concessió de les beques es basa en qualificacions acadèmiques passades, el sector públic espanyol no rep res a canvi, però sí en la despesa per alumne (l'educació dels ciutadans), de tal manera que estaríem davant d'una transferència i d'una despesa real, respectivament.

b) A canvi de la despesa en educació que fa l'Estat, els ciutadans gaudim de millor formació, que revertirà en una productivitat major i en una aportació futura major al sector públic en forma d'impostos i cotitzacions socials. En canvi, en el cas de les beques d'estudis, el sector públic es limita a redistribuir la renda: actua com a intermediari, posant en una banda el que treu a l'altra. La concessió de les beques pressuposa que qui les rep es formarà millor, tot i que no n'hi ha cap garantia.

Periscopi 4. L'indicador de la desigualtat s'anomena Gini

L'índex de Gini mesura les desigualtats econòmiques dins d'un país segons el repartiment dels ingressos entre la població. La diagonal de perfecta igualtat (vegeu el gràfic) representa un repartiment perfecte: el 20 % de la població rep el 20 % dels ingressos, el 40 % de la població rep el 40 % dels ingressos, i així successivament fins arribar al 100 %. Quan la diagonal es converteix en una corba (anomenada de Lorenz), augmenta la desigualtat segons creix l'àrea A i disminueix l'àrea B, i viceversa. Per a cada país, l'índex de Gini està entre el 0 i l'1. Números propers al 0 indiquen que la riquesa està més repartida, i per tant, l'àrea A és molt més petita que la B. En el cas extrem contrari, amb un país on l'índex de Gini és igual a 1, coincidiria amb la línia de total desigualtat en el gràfic, i significaria que una sola persona té tots els diners del país i no existeix l'àrea B.

ÍNDEX DE GINI

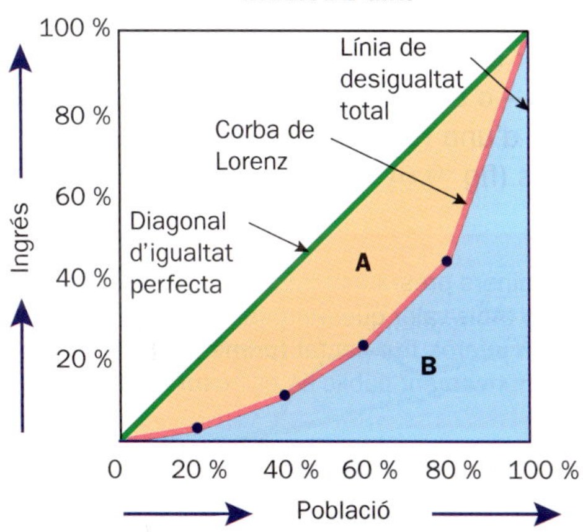

Font: Eurostat.

ÍNDEX DE GINI: ESPANYA I LA ZONA EURO

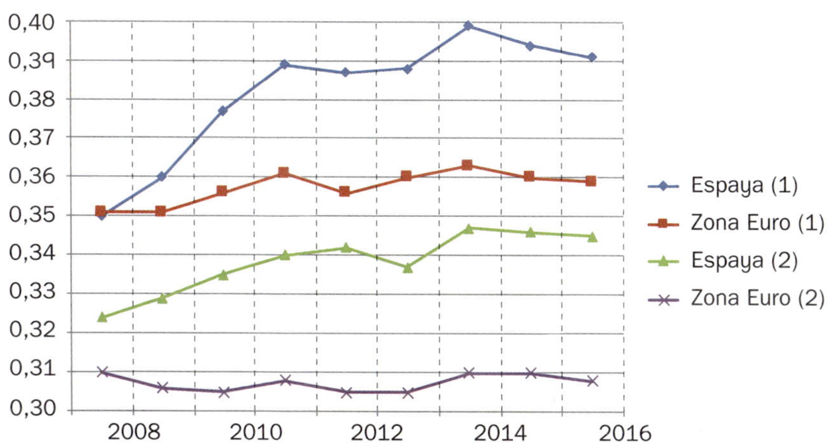

Reflexioneu:

a) Respecte la desigualtat, quines conclusions és possible establir per a Espanya i la zona euro?

b) Si la sèrie (1) indica el que rep la renda disponible després d'impostos més pensions i la sèrie (2), el mateix, però afegint la resta de les prestacions socials, com, per exemple, atur, incapacitat o habitatge, què es pot deduir sobre el nivell de protecció social?

Activitats

14. Com es relacionen els PGE amb els errors de mercat i amb la redistribució de la renda?

15. Poseu exemples de despesa pública que contribueixen a incrementar el PIB en contraposició a les despeses de transferència.

16. Quines dues variables del PGE són les que indiquen el tipus de política fiscal que vol aplicar el Govern d'un país?

17. Què vol dir l'índex de Gini si és de 0,45 als EUA, 0,35 a Espanya i 0,27 a França?

MAPA CONCEPTUAL

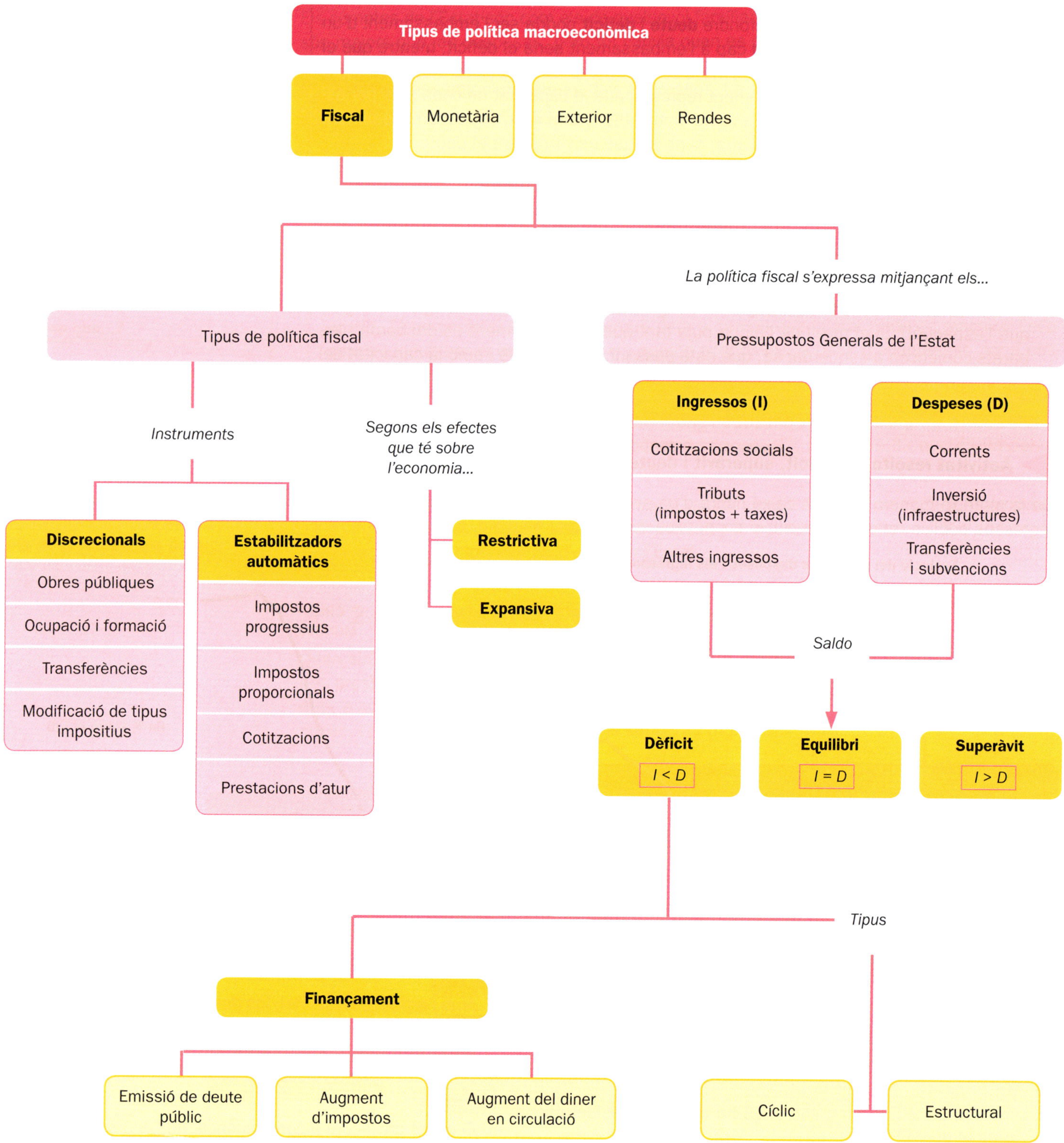

1. Són polítiques fiscals discrecionals:

   a) Els plans de formació.

   b) Els impostos progressius.

   c) L'increment del tipus impositiu dels impostos proporcionals.

   d) Dues de les respostes anteriors són correctes.

2. Els subsidis d'atur actuen com a estabilitzadors perquè:

   a) Són independents del cicle econòmic.

   b) Són menors quan l'economia entra en expansió.

   c) Són més grans quan l'economia entra en recessió.

   d) Dues de les respostes anteriors són correctes.

3. Augmentar la despesa pública constitueix una política fiscal:

   a) Expansiva.

   b) Restrictiva.

   c) Monetària.

   d) Cap de les anteriors és certa.

4. Quan obtenim un benefici directe pel pagament d'un tribut, ens trobem davant:

   a) D'un subsidi.

   b) D'un impost directe.

   c) D'una taxa.

   d) D'un impost proporcional.

5. Encara que figuren com a tals a l'apartat de «Despeses públiques», no són una despesa pròpiament dita sinó transferències.

   a) Els salaris de funcionàries i funcionaris.

   b) Les beques d'estudis.

   c) La construcció de carreteres.

   d) Dues de les respostes anteriors són correctes.

6. Són partides que tenen un efecte especial de redistribució de la renda:

   a) L'IRPF.

   b) L'IVA.

   c) Les prestacions d'atur.

   d) Les subvencions a les empreses.

7. Si un país sense atur arrossega un cicle de diversos anys amb dèficit públic, probablement aquest dèficit és:

   a) Cíclic.

   b) Estructural.

   c) Permanent.

   d) Crònic.

8. Per a finançar el dèficit públic, països com Espanya poden:

   a) Emetre deute públic.

   b) Augmentar el diner en circulació.

   c) Abaixar els impostos.

   d) Dues de les respostes anteriors són correctes.

9. El possible efecte indesitjat com a resultat d'augmentar el diner en circulació pot ser:

   a) L'increment del dèficit públic.

   b) L'encariment del deute públic.

   c) L'augment dels impostos.

   d) L'augment dels preus.

10. Quina de les afirmacions següents és falsa?

    a) Tots els impostos són tributs, però no tots els tributs són impostos.

    b) Els impostos progressius permeten una actuació més selectiva que els proporcionals.

    c) Una política fiscal restrictiva pot ocasionar un estancament dels preus.

    d) Els augments d'impostos sempre estimulen l'esforç de les empreses per a guanyar més.

EXERCICIS

La política fiscal.

1. A quin instrument de política fiscal discrecional pertanyen les mesures següents adoptades per l'Estat?
   a) Construcció d'un hospital.
   b) Augment del tipus impositiu de l'IRPF.
   c) Cursets de formació per a treballadors en actiu.
   d) Pagament del subsidi d'atur.
   e) Ampliació d'un aeroport.
   f) Baixada del tipus impositiu a les pimes.
   g) Augment de les pensions de jubilació.

2. Què vol dir que a Alemanya la pressió fiscal és del 49 %?

3. Què passaria si l'Estat no mira de millorar la distribució de la renda?

4. Quan el Govern decideix disminuir la despesa pública o augmentar els impostos:
   a) Com es denomina aquest tipus de política fiscal?
   b) Quins efectes en cadena es produeixen a l'economia?
   c) Per què pot arribar a ser un problema si s'estanquen o disminueixen els preus?

5. Si precisament és en temps de crisi quan les despeses socials són més necessàries, per què es fan llavors altres tipus de despeses, com, per exemple, el desenvolupament de programes d'obres públiques?

Els Pressupostos Generals de l'Estat.

6. Digueu a quin grup de despesa (corrent, inversió o transferències i subvencions) pertanyen les mesures següents adoptades per l'Estat:
   a) Pagament de les pensions de viudetat.
   b) Construcció d'obres públiques.
   c) Despesa en material sanitari.
   d) Beques d'estudis.
   e) Subvenció per a creació d'ocupació.
   f) Contractació de funcionaris.
   g) Subsidi d'atur.
   h) Ajut a la creació d'ocupació.

7. De quina manera manifesten els Pressupostos Generals de l'Estat quines àrees són prioritàries per al Govern?

8. Emparelleu al vostre quadern els conceptes del primer bloc amb les definicions del segon:

Dèficit públic	Situació de desequilibri pressupostari en la qual les despeses públiques són menors que els ingressos obtinguts.
Impostos directes	Part del pressupost que s'utilitza per a redistribuir la renda i que no genera contraprestació, com, per exemple, un subsidi o una prestació.
Impostos indirectes	Impostos que graven la renda de les famílies o de les empreses.
Taxa	Mitjans i instruments que utilitza l'Estat per a intervenir en l'activitat econòmica i mirar d'aconseguir els objectius que es proposa.
Política econòmica	Tribut lligat a l'ús o gaudi de determinats béns i serveis públics.
Superàvit públic	Impostos que graven el consum portat a terme pels individus.
Transferència	Situació pressupostària en la qual els ingressos públics són menors que les despeses públiques.

9. Amb quins tributs de la taula 9.7 de la unitat relacionaríeu els fets o operacions següents?
   a) Proveir-se en una gasolinera.
   b) L'obtenció de renda en forma de lloguers o interessos per part d'un particular.
   c) Consumir un refresc en una terrassa.
   d) L'obtenció de beneficis per part d'una empresa.
   e) Viatjar en un autobús públic urbà.
   f) La firma davant del notari de la compra d'un pis.
   g) La possessió de nombroses propietats immobiliàries.

10. Què és el deute públic? Quin és el cost d'oportunitat per a un país que ha de finançar-se amb deute públic?

11. Per què els països són molt cautes a l'hora de finançar les activitats que porten a terme mitjançant l'emissió de diner?

12. A la majoria dels països rics, els impostos sobre les rendes més altes ronden el 50 %. Per què creieu que aquest percentatge no és més alt? Raoneu la resposta.

13. Per què els Governs prefereixen augmentar els impostos en les fases expansives del cicle econòmic?

14. Creieu que la política fiscal aconsegueix sempre una millor distribució de la renda? Quina relació té la capacitat econòmica de les persones amb la redistribució que efectua l'Estat?

15. Els impostos s'adapten per a suavitzar les transicions entre els cicles d'expansió i recessió de l'economia. Expliqueu com es comporten per a aconseguir aquest efecte.

16. Imagineu que sou el proper Ministre o Ministra d'Economia i teniu com a objectiu aconseguir una redistribució de la renda millor. A quin problema us enfrontareu si només podeu modificar el tipus impositiu dels impostos proporcionals?

17. Raoneu la veracitat o falsedat de les afirmacions següents:

a) El dèficit pressupostari no té per què ser negatiu per a l'economia.

b) La política fiscal expansiva pot ocasionar inflació.

c) La diferència principal entre els impostos i les taxes és que en els primers les persones contribuents reben alguna cosa a canvi, mentre que en els segons, no.

d) La despesa pública que figura als PGE és un dels components de la demanda agregada.

e) Una baixada de la despesa pública pot motivar que perdeu el vostre lloc de treball.

f) El dèficit zero, en la mesura que no es gasta més del que s'ingressa, sempre és beneficiós.

18. Raoneu per què acostumen a ser notícia d'actualitat els titulars relacionats amb els temes que hem vist en aquesta unitat didàctica:

a) «El Govern abaixa el tipus impositiu a les pimes.»

b) «Tornen a augmentar els impostos del tabac.»

c) «Augmenta la pressió fiscal a Espanya.»

d) «El Govern incrementa la despesa per a recuperar l'economia.»

e) «Les noves emissions de deute públic llastren els PGE.»

19. Investigueu a Internet:

a) Després d'esbrinar quines són les partides de despeses i ingressos principals dels PGE de l'any en curs, poseu-vos al lloc de la Ministra d'Economia i:

- Comenteu d'on procediran els ingressos, posant especial atenció en els més importants.
- Argumenteu davant els vostres companys i companyes les raons que han impulsat el Govern a incrementar o disminuir determinades partides de despeses.
- Emuleu el Congrés dels Diputats, i defenseu els PEG davant els companys que sostenen crítiques i opinions contràries.

b) Busqueu informació als mitjans de comunicació sobre els diversos programes d'obres públiques que s'estan desenvolupant a la vostra comunitat autònoma..

20. La Carla guanya 32.000 € a l'any i tributa per l'IRPF, mentre que New Deal S. A. obté la mateixa quantitat en forma de beneficis, però tributa per l'IS. Suposant que aquestes són les úniques dades disponibles, calculeu quant haurien de pagar la Carla i New Deal S. A. en concepte d'impostos d'acord amb la taula següent:

	Trams de renda	Tipus
IRPF	Entre 1 i 18.000 €	15 %
	Entre 18.001 i 30.000 €	20 %
	Entre 30.001 i 48.000 €	25 %
IS	Benefici	25 %

21. Poseu dos exemples que deixaran clara la diferència entre les despeses corrents i d'inversió, per una banda, i les transferències i subvencions, per una altra.

22. Dins del capítol «Altres ingressos», que pertany al seu torn a la categoria d'«Ingressos públics», en quina categoria classificaríeu els ingressos següents per a l'Estat?

a) Fons de la UE per a carreteres en determinades regions d'Espanya.

b) La venda o privatització de Correos.

c) La recaptació de les multes de Trànsit.

d) Els beneficis de la xarxa ferroviària de l'AVE.

e) Fons de la UE per a cursets de formació a Espanya.

23. A finals de l'any 1, Peninsulàndia va entrar en crisi i es va veure obligada a emetre deute públic per valor de 30.000 milions d'euros a un 5 % d'interès anual, amb el qual va realitzar inversions, l'any 2, i va aconseguir 230.000 milions d'euros d'ingressos l'any 3. Aquell any mateix va utilitzar el superàvit per a pagar el deute públic.

Interpreteu l'evolució del deute i el superàvit dels diferents anys partint d'un pressupost equilibrat de 200.000 milions d'euros l'any 1.

Pressupostos Generals		
Any	Ingressos	Despeses
1	200.000 €	200.000 €
2	200.000 €	228.500 €
3	230.000 €	200.000 €

- Escriviu dues idees clares i que us semblen fonamentals d'aquesta unitat. Què us ha ajudat a comprendre-les?
- Feu dues preguntes sobre aspectes que no us han quedat clars de la unitat.
- Escriviu dos aspectes sobre els quals us agradaria aprofundir en aquesta unitat.

Interpretem... els Pressupostos Generals de l'Estat

Cada any, els PGE es presenten per al debat i l'aprovació. Certs comptes de l'Estat interessen tots els anys, perquè revelen l'evolució de partides tan importants com els ingressos o perquè indiquen si l'Estat es preocupa més per l'educació i menys per la defensa, per posar un exemple. Altres comptes, en canvi, només són objecte d'atenció especial l'any que experimenten alguna novetat important respecte d'anys anteriors. Per exemple, el **2018,** any al qual corresponen les dades de més avall, l'**actualització de les pensions** va suposar l'increment més gran de la història d'Espanya en aquesta matèria.

1. PARTIDES PRINCIPALS

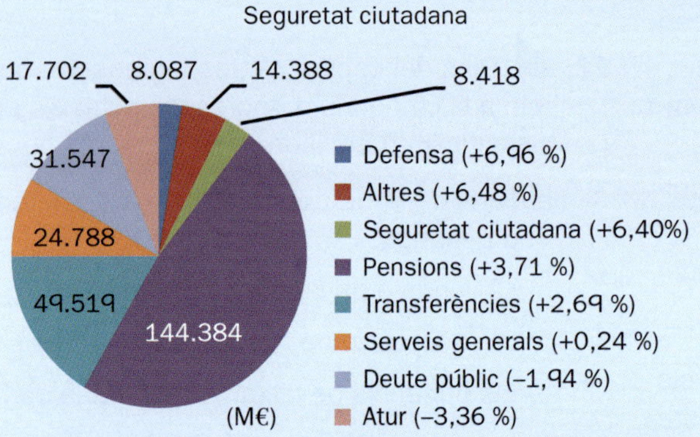

«Creix la quantia assignada gairebé en totes de les partides principals.»

2. DESPESES QUE AUGMENTEN

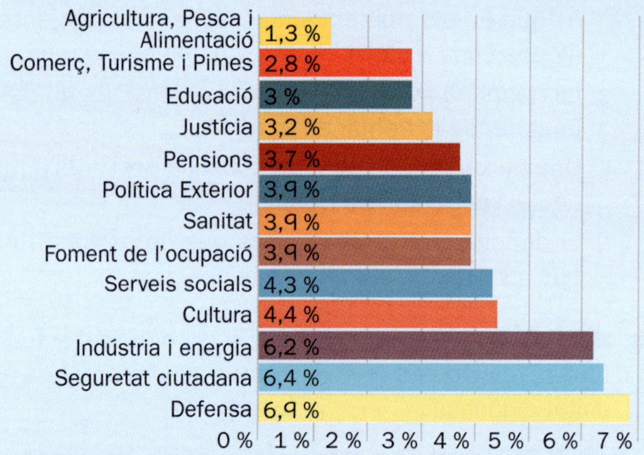

«Creix la pràctica totalitat de la despesa en totes les partides.»

3. INVERSIÓ A LES COMUNITATS AUTÒNOMES

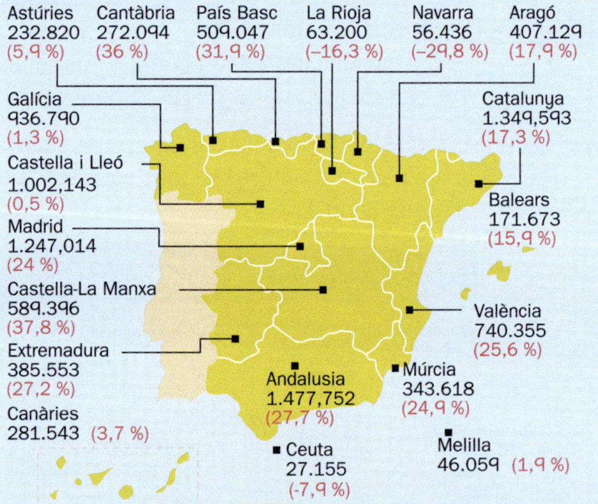

«Inversions més grans a quasi totes les comunitats autònomes.»

4. INGRESSOS PER IMPOSTOS

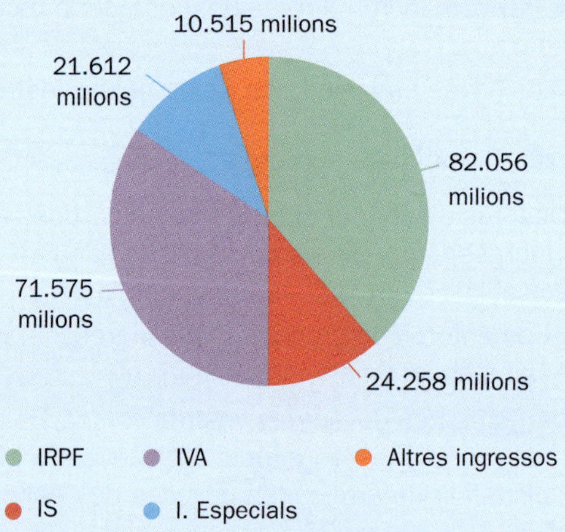

«L'IRPF segueix sent la font principal d'ingressos.»

Qüestions:

1. Què vol dir que les pensions s'emporten el 40 % dels PGE?
2. Pel que fa als ingressos per impostos, quin percentatge suposa l'IRPF sobre el total?
3. Determineu quina va ser la inversió de l'any 2017 a la vostra comunitat autònoma.
4. Quina seria la inversió el 2019 a la vostra comunitat autònoma si el Govern manté el mateix percentatge de l'increment que el 2018?

42% 10:30 AM

El dilema: amnistia fiscal?

El 2012 es va aprovar una llei que permetia a tothom qui tenia diner negre o ocult en paradisos fiscals la possibilitat de regularitzar-lo pagant únicament un 10 % de la quantitat aflorada. Aquesta llei va ser declarada inconstitucional pel Tribunal Constitucional, però els noms dels qui es van acollir a aquesta amnistia fiscal estan protegits per les lleis, que assignen un caràcter reservat a aquesta informació, amb algunes excepcions, com la col·laboració amb les autoritats en el que fa referència a la investigació o persecució de delictes.

Els qui sempre han pagat els seus impostos a temps i de la manera adequada consideren injust que aquells que els han evadit s'aprofitin de rebaixes per a legalitzar allò il·legal. En conseqüència, han demanat que es facin públics els noms dels amnistiats perquè, com a mínim, recaigui sobre ells el refús social.

I és que fins i tot se sospita que, entre els incomplidors, figuren polítics, empresaris i famosos. La lògica dels que opinen que la llista d'amnistiats ha de seguir sent anònima apel·la a la credibilitat de les institucions públiques. No és just que l'Estat incompleixi allò promès, argumenten, perquè aquestes persones, d'haver sabut que els seus noms sortirien a la llum, probablement no s'haurien acollit a l'amnistia.

El debat:

Preneu partit per una de les dues opcions (concedir o no amnistia fiscal) i argumenteu-la en un grup de cinc. La resolució del grup es defensarà davant un altre grup on ha prevalgut l'altra opció.

Proposta de cinema: *John Q.*

Director: Nick Cassavetes.

Repartiment: Denzel Washington, Robert Duvall, James Woods, Anne Heche, Kimberly Elise.

Sinopsi:

Michael, el fill del John, està greument malalt. Sense diners ni recursos per a un tractament mèdic adequat, el John mirarà desesperadament de salvar-lo.

Claus de reflexió:

Estat del benestar, model sanitari, costos d'oportunitat, dilemes morals.

Qüestions:

1. Qui paga els tractaments mèdics en el sistema sanitari que mostra la pel·lícula? I al sistema espanyol?
2. Quina crítica fa, en realitat, la pel·lícula?
3. A la vida real, hi ha més persones que necessiten un trasplantament que òrgans disponibles. Això ha fomentat, en alguns països, el sorgiment de mercats d'òrgans. Per què creieu que la venda d'òrgans humans és il·legal?

Vinyeta

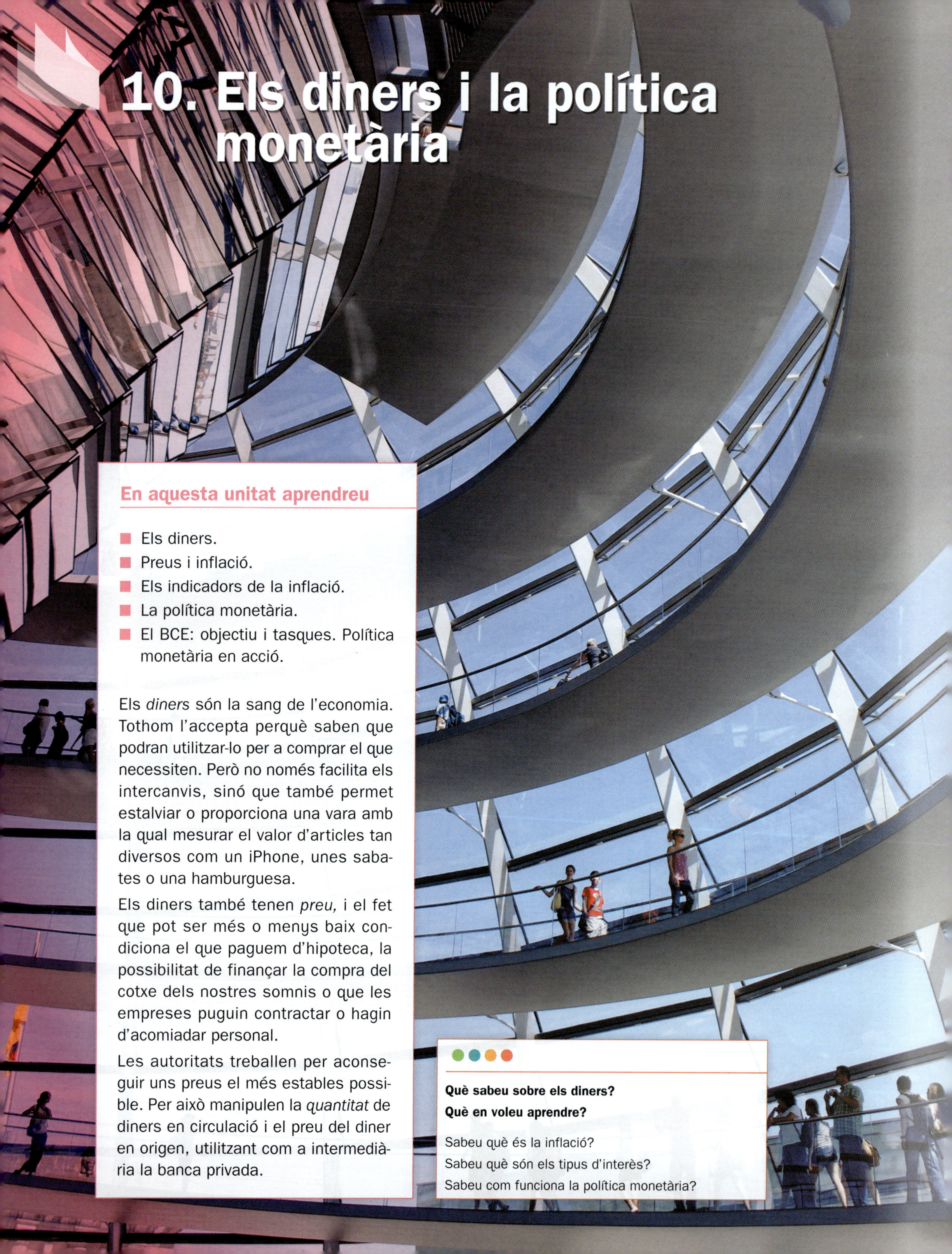

10. Els diners i la política monetària

En aquesta unitat aprendreu

- Els diners.
- Preus i inflació.
- Els indicadors de la inflació.
- La política monetària.
- El BCE: objectiu i tasques. Política monetària en acció.

Els *diners* són la sang de l'economia. Tothom l'accepta perquè saben que podran utilitzar-lo per a comprar el que necessiten. Però no només facilita els intercanvis, sinó que també permet estalviar o proporciona una vara amb la qual mesurar el valor d'articles tan diversos com un iPhone, unes sabates o una hamburguesa.

Els diners també tenen *preu,* i el fet que pot ser més o menys baix condiciona el que paguem d'hipoteca, la possibilitat de finançar la compra del cotxe dels nostres somnis o que les empreses puguin contractar o hagin d'acomiadar personal.

Les autoritats treballen per aconseguir uns preus el més estables possible. Per això manipulen la *quantitat* de diners en circulació i el preu del diner en origen, utilitzant com a intermediària la banca privada.

Què sabeu sobre els diners?
Què en voleu aprendre?

Sabeu què és la inflació?
Sabeu què són els tipus d'interès?
Sabeu com funciona la política monetària?

Papers de colors, confiança i intercanvi

Tots utilitzem diners a la nostra vida quotidiana, i tanmateix poques vegades parem atenció en com de sorprenent és aquest fet. Milions de persones treballant nit i dia per tot arreu del món per a guanyar trossos de paper que no tenen cap valor per ells mateixos.

Això sí, són papers de colors amb uns dibuixos i gravats molt cuidats i elaborats, perquè la falsificació ha de ser evitada si volem aconseguir el compliment de la funció que li hem assignat. El fet que qualsevol no pot generar diner legal determina que aquest és un bé escàs, i és precisament l'oferta limitada el que confereix un valor als bitllets que utilitzem. El diner no valdria per a res si cadascú el pogués pintar a casa seva. I així confiem en aquests papers de colors, i màgicament els entreguem a qualsevol i ens serveix a canvi un refresc o ens dona la clau d'un cotxe.

I és que aquest és el secret dels diners: la *confiança*. Perquè si no la tenim, si la gent no accepta els diners com a mitjà de canvi, si no creiem que els diners serveixen per a comprar coses, llavors tot el comerç internacional, els mercats, les empreses, els bancs... tot perdria la seva raó de ser, i caldria tornar a utilitzar la permuta com a sistema d'intercanvi. A la pràctica, prescindir dels diners tal com els hem concebut avui en dia seria com retrocedir sis-cents anys d'història i tornar a l'Edat Mitjana.

I ara, quan mireu un bitllet, mireu-lo bé, perquè amb veu imperceptible us estarà dient: «Tot el vostre món depèn de la confiança que teniu en mi».

Reflexioneu

1. Mireu d'imaginar quins efectes tindria sobre l'economia si un Govern una mica peculiar pren les mesures següents:

a) A partir d'ara els diners consistiran en tovallons.

b) En tot el país hi haurà tants bitllets com habitants, ni un més.

c) Tots els bitllets tindran valors diferents; un serà de 4,25 €, un altre de 11,38 €, i no hi haurà dos bitllets iguals en tot el país.

2. A partir d'aquest text, creieu que històricament va ser fàcil per a la humanitat arribar a tenir els diners en forma de bitllets? Per què? Quines formes de diners diríeu que s'utilitzaven antigament?

3. Imagineu que governeu una societat on només circulen monedes d'or. Com aconseguiríeu implantar la utilització de bitllets superant la desconfiança de la gent?

1. Els diners

! Important

A la Unitat 11 estudiarem detalladament tant la creació de diner bancari com els bons.

Els *diners* són una eina extraordinària que simplifica els intercanvis i evita els inconvenients de l'intercanvi ancestral. Tenir alguna cosa que tothom accepta com a forma de pagament ha propiciat que els països i les persones ens especialitzem fins a extrems inimaginables. I és que els diners simplifiquen els intercanvis perquè tothom sap que, al seu torn, podran utilitzar-los per a comprar el que necessiten.

Els **diners** són un mitjà de canvi o de pagament i cobrament universal.

Els diners compleixen **tres funcions bàsiques** (taula 10.1):

Funció 1. Mitjà de canvi	Funció 2. Unitat comuna de compte	Funció 3. Dipòsit de valor
Gràcies als diners es va superar l'intercanvi i és possible el comerç a gran escala. Tant persones com països hem pogut especialitzar-nos per a ser més productius.	Tot és valorable en diners. Expressar el valor de béns i serveis sota una unitat de mesura comuna permet establir comparacions i agrupacions que d'altra manera no seria possible.	Els diners són un mitjà imperible emmagatzemable que permet aplaçar la decisió d'utilitzar-los. Però el seu valor disminueix amb el pas del temps a causa de la **inflació,** tal com estudiarem.

Taula 10.1. Funcions dels diners.

1.1. Tipus de diners

Sabíeu que...?

«El Banc d'Espanya pagarà al portador la quantitat de mil pessetes.» Aquesta és la fórmula que apareixia als bitllets antics. Demostra que eren títols de crèdit que permetien al seu posseïdor fer-los efectius davant l'emissor, que en aquest cas era el Banc d'Espanya.

En temps passats els diners posseïen valor en si mateixos (or, plata, cervesa, sal, coure...) o consistien en resguards d'or dipositat en un lloc segur. Avui en dia, els diners que utilitzem tenen el seu valor sobre la base de la *confiança.* És el que anomenem *diner fiduciari.*

El **diner fiduciari** (del llatí *fiducia* o confiança) es basa en la confiança que tenim les persones a poder utilitzar-lo com a mitjà de canvi generalment acceptat per tothom.

Com a diner de confiança avui en dia s'accepten generalment els **tipus** següents: *diner legal, diner bancari* i *altres actius líquids en mans del públic (OAL)* (taula 10.2):

Diner legal	Són els bitllets i monedes de curs legal emesos pels bancs centrals dels diferents països. Espanya és un dels països de la Unió Europea (UE) enquadrats a la **zona euro** que han adoptat l'euro com a moneda, per la qual cosa l'organisme que emet i controla la quantitat de diner circulant és el **Banc Central Europeu (BCE).**
Diner bancari	És el que, d'alguna manera, només existeix virtualment, perquè «es troba al banc». Quan dipositem el diner legal en un banc o caixa, aquest desapareix físicament i reneix com a diner bancari. • **Dipòsits a la vista o d'estalvi.** Si bé fa anys aquests dos tipus de dipòsit (també anomenats, respectivament, *comptes corrents* i *llibretes d'estalvi*) presentaven diferències pel que fa a disponibilitat i tipus d'interès, a l'actualitat l'oferta de productes bancaris és tan àmplia i dinàmica que costa diferenciar entre un compte corrent i una llibreta d'estalvis. En general, els dos dipòsits permeten als titulars disposar immediatament de diners, tant en efectiu com mitjançant la utilització de xecs o targetes magnètiques. • **Dipòsits (o imposicions) a termini fixe.** Són aquells el titular dels quals, a canvi d'una remuneració, es compromet a mantenir-los durant un termini determinat, de tal manera que no pot disposar-ne sense incórrer en una penalització. Dins de l'àmbit bancari, aquest tipus de dipòsits són els que més interessos generen per als clients d'aquestes entitats.
Altres actius líquids en mans del públic (OAL)	Són dipòsits no bancaris que poden recuperar-se en un termini breu i el risc dels quals és pràcticament nul. L'actiu principal dels OAL són els **bons públics,** valors garantits pels organismes públics que rendibilitzen un interès fixe.

Taula 10.2. Tipus de diner.

***Periscopi 1.* Criptomonedes: els diners del futur?**

Les *criptomonedes* són monedes virtuals que poden ser intercanviades i amb les quals es pot operar com amb qualsevol altra moneda tradicional, però que no han estat emeses ni estan controlades per Governs o institucions financeres. Són generades digitalment per particulars, o «miners», que les obtenen com a recompensa per la desencriptació d'algoritmes complexos.

Fig. 10.1. El *bitcoin,* la criptomoneda més popular.

Reflexioneu:

a) Segons els tipus de diner que acabem de veure, en quin classificaríeu les criptomonedes?

b) Invertiríeu els vostres estalvis en criptomonedes? Per què?

1.2. Agregats monetaris

A nivell macroeconòmic, per a un millor estudi de la quantitat de diner que circula per una economia, s'estableixen agrupacions en funció del *grau de liquiditat*. Aquestes agrupacions s'anomenen *agregats monetaris*.

Un **agregat monetari** és una magnitud que agrupa diverses classes de diner.

Els agregats monetaris que s'utilitzen per a analitzar l'**oferta monetària**, és a dir, el diner que circula per una economia, són els que recull la figura 10.2.

A la categoria més gran de l'oferta monetària, que engloba totes les altres, se la coneix popularment com a *alps* (d'ALP, *actius líquids en mans del públic*). Els agregats monetaris són utilitzats pel Banc Central com a referències per a establir objectius per al conjunt de l'economia.

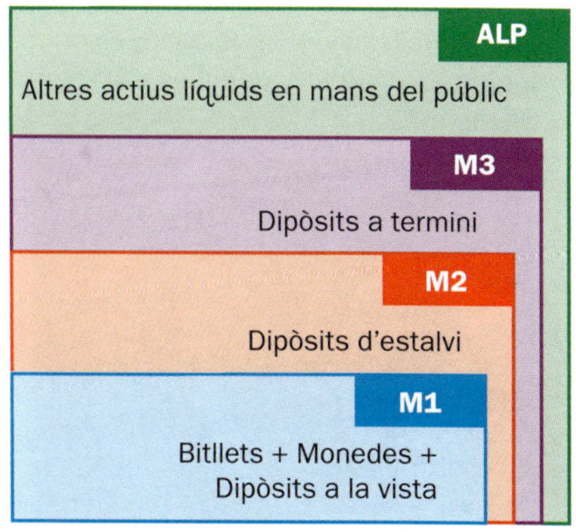

Fig. 10.2. Agregats monetaris.

1.3. El tipus d'interès

Quan una persona o una empresa (bancs, caixes d'estalvi, etc.) presten diners **(capital)** a algú, aquest queda obligat a tornar-los juntament amb uns **interessos**, és a dir, pagant per aquell préstec que ha obtingut. Com que actualment els préstecs s'efectuen només en diners, es diu que l'interès és el preu de demanar prestat diners, raó per la qual a l'interès també se l'anomena popularment **preu del diner.**

L'**interès o preu del diner** és el cost de llogar diners.

Les persones que presten, o prestadors, entenen que els compensa renunciar a gastar en el present una determinada quantitat de diners, perquè en el futur podran disposar de major quantitat de diners, quan es produirà la devolució del préstec.

Els **factors** a tenir en compte per a fixar el tipus d'interès són:

- **Risc de l'operació.** Quan es concedeix un préstec, sempre existeix la possibilitat de no devolució, de manera que caldrà tenir presents les característiques del sol·licitant en la fixació del tipus d'interès. Com major és la **solvència** demostrada, més fàcil serà aconseguir la concessió d'un préstec. En aquest sentit, resulta contradictori perquè són precisament aquells que menys el necessiten els que tenen més fàcil l'accés a un préstec.
- **Liquiditat.** La capacitat dels actius per a convertir-se en diner legal sense perdre gairebé cap part del seu valor també és un factor que s'ha de tenir present. Com més líquid és un actiu, menys interessos genera, i viceversa, perquè està penalitzada la disponibilitat per part del prestatari.
- **Duració del préstec.** Com més llarg és el període de concessió d'un préstec, més difícil és predir l'escenari en el qual el prestatari haurà de fer front a la devolució. En conseqüència, com més dura, més alt serà el tipus d'interès que exigirà el prestador.

! Important

No confonguis el **preu del diner** «al carrer» (el que costa als particulars els préstecs de la banca privada) amb el **preu oficial del diner** (el que costen els préstecs que l'autoritat monetària concedeix a la banca privada).

Sobre aquesta important diferència tornarem a l'Apartat 4 d'aquesta unitat.

Activitats

1. La sal o el blat van funcionar com a diners en algunes èpoques de la història. Per què creieu que no va arribar a consolidar-se l'ús d'aquestes mercaderies com a diners?

2. Disposeu de 50 € per a passar un dia al centre comercial. Podeu estalviar els diners o gastar-los en veure una pel·lícula o convidar a dinar als vostres amics i amigues (que costa el doble que el cinema). Quines funcions compleixen els diners en cadascuna de les alternatives?

3. Expliqueu per què a un funcionari públic li és més fàcil aconseguir un préstec que a un treballador eventual.

Vocabulari

Liquiditat. Capacitat dels actius per a fer-se efectius, és a dir, per a convertir-se en diner de curs legal sense perdre part del seu valor.

Solvència. Capacitat que es té per a afrontar pagaments. Quanta més renda o més riquesa es té, més solvent s'és.

Sabíeu que...?

En economia, es coneixen amb el nom d'***espiral*** els processos del tipus «cercle viciós», que condueixen a increments constants de les variables implicades.

2. Preus i inflació

El valor del diner varia amb el temps en la mesura en la qual canvia el que podem adquirir amb la mateixa quantitat de diners. Quan, de forma generalitzada i contínua en el temps, augmenta el nivell de preus que existeix en un país, es produeix el fenomen que anomenem *inflació*. A la pràctica la inflació suposa la pèrdua de valor del diner a causa de l'increment dels preus.

La **inflació** és el creixement generalitzat i continu dels preus d'una economia.

No obstant això, a vegades el nivell de preus disminueix en lloc de créixer. Llavors es parla de **deflació** o inflació negativa. També és un problema, perquè acostuma a indicar estancament de l'economia: poques vendes, poca demanda, poques inversions...

2.1. Causes de la inflació

Com que la inflació implica el creixement simultani del preu de béns, serveis i recursos productius, i l'augment d'uns preus empeny els altres en un **cercle viciós**, resulta veritablement difícil determinar quina branca industrial o quin recurs productiu és l'origen d'una escalada de preus. Segons l'origen podem fer la classificació següent:

- **Inflació monetària**. És la que sorgeix quan augmenta la quantitat de diners en circulació.
- **Inflació de demanda.** L'origen de la inflació es troba en un excés de demanda.
- **Inflació de costos.** El problema sorgeix pel cantó de l'oferta que fan les empreses.

A. Inflació monetària

Una causa de la inflació és de tipus **monetari,** és a dir, la que es produeix a causa de la circulació d'una quantitat excessiva de diner. Sobre aquest tipus d'inflació en parlarem posteriorment, quan tractarem sobre la **política monetària europea,** que és competència del BCE, juntament amb l'emissió de moneda per a tota la zona euro de la UE, a la qual pertany Espanya (fig. 10.3).

Fig. 10.3. Inflació monetària a causa de l'excés de diner en circulació.

Periscopi 2. Tipus d'inflació

En funció de la intensitat de la inflació, és possible distingir entre deflació (< 0 %), inflació moderada (3 % aproximadament), inflació galopant (10 %-99 %) i hiperinflació (> 100 %). Aquest últim tipus és el més preocupant: la gent confia tan poc en els diners, que els gasten immediatament abans de perdre més valor, cosa que, al seu torn, genera més i més inflació. La hiperinflació s'associa a moments de crisi generalitzada de l'economia.

Reflexioneu:

a) Busqueu a Internet un cas d'hiperinflació històrica. On i quan es va produir? Investigueu com van evolucionar els preus d'alguns béns o serveis en aquella època.

b) Busqueu a Internet la foto d'un bitllet amb el major número de zeros possibles. Als països on existeix hiperinflació és habitual eliminar zeros dels bitllets cada cert temps. Per què creieu que es procedeix d'aquesta manera?

c) En una espiral hiperinflacionista, el vostre veí decideix gastar tots els seus diners comprant llenties i emmagatzemant-les. Què creieu que pretén en fer això?

Fig. 10.4. La hiperinflació no és un fenomen que pertany al passat, sinó que actualment és el problema econòmic principal en molts països.

B. Inflació de demanda

Si els agents econòmics d'un país demanden més del que les empreses poden produir, sembla una situació d'escassetat o excés de demanda (recordeu el que hem estudiat a la Unitat 4), de tal manera que, fins i tot si es dona el cas que les empreses arriben a produir tot el que es demanda, és inevitable que els preus pujaran mentre dura l'escassetat.

L'**augment de la demanda** pot tenir el seu origen en qualsevol dels tres agents que participen en l'economia (famílies, empreses i sector públic) i provocarà **inflació** si no està compensat per disminucions en la demanda dels altres dos (taula 10.3):

A les empreses	En el sector públic	A les famílies
Una millora en les expectatives empresarials pot produir un augment de la demanda dels béns de capital que les empreses necessiten per a produir més.	Si el Govern decideix millorar les infraestructures del país i augmentar les despeses en hospitals i carreteres, començarà a demandar tots els béns i mitjans de producció que necessita per fer-ho.	Quan decideixen estalviar menys i gastar més, augmenta la demanda dels béns i serveis que desitgen consumir.

Taula 10.3. Inflació de demanda.

C. Inflació de costos

Hi ha **cinc teories** que miren d'explicar la inflació a partir dels **costos,** això és, el que els costa a les empreses la utilització dels factors productius (taula 10.4):

Per l'encariment dels recursos naturals	Per l'espiral salaris-preus	Per l'espiral salaris-salaris	Pel poder de mercat	Per variacions en el preu del diner
L'augment dels preus dels recursos bàsics com les matèries primeres o l'energia encareix tot el procés productiu. En aquests casos, el més normal és que els empresaris traslladen al preu de venda dels seus productes les pujades experimentades en els costos de producció.	Quan un o diversos col·lectius de treballadors comencen a percebre salaris superiors als que els correspondrien realment en relació amb el que produeixen, la resta de perceptors de rendes augmenten els preus.	D'acord amb allò citat en el punt anterior, els treballadors d'altres sectors volen mantenir la posició relativa salarial respecte de qui ha aconseguit millores, així que miraran d'obtenir les mateixes millores.	En molts mercats hi ha grans empreses amb cert poder monopolista capaces d'incrementar els preus dels seus productes per sobre del que determinaria un mercat en lliure competència.	Amb poques excepcions, en la majoria de préstecs, l'interès varia segons un criteri o índex establert prèviament que es revisa cada cert temps. Si en una d'aquestes revisions l'índex puja, augmentaran els interessos. En cas d'inflació, aquelles empreses que han demanat diners prestats per a adquirir béns de capital, veuran incrementats els interessos que han de pagar i, per tant, els seus costos, de tal manera que en molts casos es veuran obligades a apujar els preus per a mantenir els marges que els permetran obtenir beneficis i seguir en el mercat.

Taula 10.4. Inflació de costos.

En qualsevol cas, l'encariment de les retribucions de qualsevol recurs productiu generarà una reacció en cadena, que acabarà per estendre's més enllà de les fronteres nacionals, a causa de l'important pes específic que tenen les importacions en qualsevol economia. Aquesta és la raó per la qual es considera fonamental el control de la inflació en la zona euro, perquè en un gran mercat internacional com és la Unió Europea, la inflació d'un país pot acabar contagiant la resta de països.

Activitats

4. Quines conclusions extrauríeu del fet que els productes no varien de preu d'un any per l'altre.

5. Identifiqueu el tipus d'inflació que poden generar les situacions següents:

a) La moda pels productes italians.

b) Un augment del cost de la producció de la farina.

c) L'acaparament de mantega per part dels magatzems per abastir els mercats.

d) L'augment del salari de tots els treballadors un 20 %.

e) L'emissió de diner sense control per part de les autoritats monetàries.

2.2. Conseqüències de la inflació

Recordeu

El **valor del diner** es mesura amb relació als béns que es poden adquirir amb ell **(poder adquisitiu).** I aquest valor es deteriora amb el pas del temps a causa de la inflació.

Les conseqüències principals d'una inflació elevada són la *pèrdua de poder adquisitiu* i la *incertesa* que es genera.

A. La pèrdua de poder adquisitiu

El **poder adquisitiu** és el que es pot comprar amb una certa quantitat de diners. Si els preus creixen més ràpid que els nostres ingressos, llavors perdrem poder adquisitiu i qualitat de vida. No obstant això, la inflació no afecta de manera igual tots els individus o grups.

Grups perjudicats

Pensionistes	L'actualització de les pensions que efectua i paga el sector públic acostuma a estar per sota de l'augment del cost real de la vida.
Treballadors	Aquells el sou dels quals no augmenta al mateix ritme que la inflació hauran de treballar més hores per a poder consumir el mateix que abans de l'augment. A més, si la inflació es trasllada als costos de les empreses i aquests no poden recuperar els increments augmentant el preu dels seus productes, probablement hauran d'acomiadar personal i augmentarà l'atur.
Estalviadors	Les persones o entitats que van prestar diners al seu dia (*prestadors*) veuran disminuïda la recompensa que en trauran pel fet d'haver renunciat a consumir en el moment que van prestar els diners. Quan els serà retornat el *principal del préstec* (la quantitat prestada) més els interessos, la quantitat de béns que podran consumir serà menor.
Empreses exportadores de productes nacionals	L'increment en els preus dels productes nacionals resta competitivitat a les empreses exportadores en relació amb els productes estrangers i probablement veuran reduïdes les vendes en els mercats internacionals.

Grups beneficiats

Deutors	El valor d'un deute es quantifica en determinades quantitats fixes. Si disminueix el valor del diner, també es reduirà el valor del deute i resultarà més senzill reunir la quantitat acordada.
Estat	L'Administració pública sempre paga a crèdit, és a dir, es compromet a fer el pagament en un determinat termini de temps. Mentre no salda el deute, els diners que deu perden valor a causa de la inflació.
Empreses importadores de productes estrangers	L'increment dels preus en un país per sobre de l'augment de preus en un altre (**inflació diferencial**) afavoreix la importació de béns estrangers amb les mateixes funcions i característiques, però més barats que els productes nacionals.

Periscopi 3. **La variació de la capacitat adquisitiva**

Allò rellevant en els diners és la quantitat i la qualitat dels béns i dels serveis que podem adquirir amb ells. Al mateix temps, aquesta quantitat de béns i serveis que adquirim dependrà del preu que aquests tenen i del nivell de la nostra capacitat adquisitiva. Relacionant, en períodes diferents, el preu dels béns i dels serveis amb el del nivell de salaris, podem veure com canvia el cost de la vida.

Si els salaris creixen tant com els preus, les persones mantindran el seu poder adquisitiu, però no acostuma a ser així. La diversa variació de preus i salaris modifica la capacitat adquisitiva. Si, per exemple, ompliu en el vostre quadern la taula següent amb les dades d'aquest any, podrem determinar si resulta més car o més barat beure una Coca-Cola®, prendre una aspirina o llegir un diari que en l'any 1976.

	1976	% SMI	«El vostre any d'anàlisi»	% SMI d'aquest any
Diari	0,06 € (10 ptes.)	(0,06/68,52) · 100 = 0,09 %		
Litre de Coca-Cola®	0,20 € (33 ptes.)	(0,20/68,52) · 100 = 0,29 %		
Caixa d'aspirines Bayer®	0,10 € (16 ptes.)	(0,10/68,52) · 100 = 0,15 %		
Salari mínim interprofessional (SMI)	68,52 € (11.400 ptes.)			

Variació de la capacitat adquisitiva entre el 1976 i el vostre any d'anàlisi.

Reflexioneu:

Per què creieu que uns béns canvien més de preu que altres? Citeu un bé actual que creieu que d'aquí a 50 anys serà molt més car i un altre que creieu que serà més barat, almenys en termes relatius. Per què creieu que els preus canviaran d'aquesta manera?

B. La incertesa

Els preus actuen com un sistema de senyals en l'economia. Si canvien contínuament, no transmeten la informació que consumidors i empreses necessiten per a decidir què i quant consumir o produir. La impossibilitat de fer prediccions sobre quins productes o recursos productius quedaran afectats per la inflació i en quina mesura, farà que famílies i empreses preferiran no arriscar en les despeses o inversions. I quan ho faran, augmentarà el número de situacions en les quals els resultats no es correspondran amb les expectatives i, per tant, la inseguretat serà el clima predominant. Com més alta és la taxa d'inflació, major serà la sensació d'inseguretat.

Fig. 10.5. No és un problema si existeix una mica d'inflació, però sí que ho és quan els preus augmenten més de pressa que els salaris.

Activitat resolta 1. Salaris, deutes i capacitat adquisitiva

La Lluïsa guanyava 1.500 € al mes l'any passat, però el seu sou ha augmentat un 4 % el gener d'aquest any, fins als 1.560 € al mes, en virtut d'una clàusula de revisió salarial entre els sindicats i l'empresa. Les clàusules de revisió salarial tenen com a finalitat revisar els salaris i abonar la diferència quan la inflació real supera la prevista.

a) A principis de l'any passat, el Joan va prestar 500 € a la Lluïsa i van acordar el pagament per aquest any. En relació amb el que guanya, quin esforç li hauria suposat a la Lluïsa tornar el préstec l'any passat? I aquest?

b) En relació amb la pregunta anterior, en quins col·lectius afectats per la inflació cal enquadrar el Joan i la Lluïsa? Com es veurà afectada l'empresa on treballa la Lluïsa si al país de destí principal de les exportacions la inflació va ser del 2 %? Expliqueu en cada cas si els perjudica o beneficia la inflació.

c) Si a la Lluïsa li tornen a augmentar el sou un 4 % l'any que ve, però al final la inflació torna a ser del 3 %, com li quedarà afectada la capacitat adquisitiva?

Solució:

a) L'esforç econòmic d'afrontar un pagament o un deute es mesura en relació amb el que es guanya:

	Any passat		Any present		
Deute de la Lluïsa	500 €	33,3 %	500 €	32 %	Pagar el deute l'any passat li hauria suposat a la Lluïsa el 33,3 % del salari mensual. En canvi, aquest any li suposa només el 32 %.
Sou de la Lluïsa	1.500 €		1.560 €		

b) Al Joan (prestador) li perjudica la inflació, perquè amb els 500 € que li tornarà la Lluïsa (deutora) aquest any podrà comprar un 4 % menys de coses que amb aquesta quantitat mateix l'any passat. La Lluïsa hi surt guanyant. Tanmateix, l'empresa exportadora on treballa la Lluïsa en surt perjudicada: els costos al seu país han augmentat un 4 %, mentre el preu que cobrarà a l'estranger només ho farà un 2 %.

c) Si li augmenten el sou un 4 %, la Lluïsa rebrà 1.622,40 € [1.560 + (1.560 · 0,04)]. Però com que els preus hauran augmentat un 3 %, l'increment real del seu salari i, per tant, de la capacitat adquisitiva, serà només de l'1 % (4 % – 3 %).

Activitats

6. Com és possible que la inflació beneficiï a qui importa vedella escocesa però perjudiqui a qui exporta vedella gallega?

7. Sabeu que la inflació pot generar incertesa en l'economia. Citeu tres exemples en els quals la inestabilitat en els preus genera incertesa.

8. En relació amb l'Activitat resolta 1:

a) Elaboreu una definició de les clàusules de revisió salarial amb paraules pròpies.

b) Què passaria amb la capacitat adquisitiva de la Lluïsa si al final la inflació de l'any que ve és de l'1 %?

3. Els indicadors de la inflació

Els indicadors de la inflació mesuren l'evolució dels preus al llarg del temps. Entre els indicadors de preus, el més utilitzat per a mesurar el nivell general de preus d'un país és l'*Índex de preus de consum* (*IPC*).

L'**IPC** és una mesura ponderada dels preus dels béns que acostuma a consumir una família mitjana per regla general.

Sabíeu que...?

La **ponderació** d'un article en l'IPC fa referència a la proporció de despesa destinada a un article concret.

A l'IPC se'l denomina popularment «**cistella de la compra**» perquè és una recopilació del que sol gastar habitualment una família mitjana.

3.1. Mesura de la inflació

A Espanya, l'IPC el calcula l'**Institut Nacional d'Estadística (INE).** Els paràmetres que serveixen per a obtenir l'IPC es fixen analitzant minuciosament els hàbits de consum dels ciutadans i són revisats cada cert número d'anys. Els hàbits de consum s'estudien a través de l'*Enquesta de Pressupostos Familiars.*

L'**Enquesta de Pressupostos Familiars (EPF)** permet conèixer la despesa en consum de les llars a Espanya, i de la distribució d'aquest entre les diverses parcel·les de consum (grups bàsics de consum).

Amb les dades obtingudes mitjançant l'EPF, l'INE confecciona l'anomenada *«cistella de la compra»*, una selecció de productes agrupats per categories (taula 10.5).

La **cistella de la compra** és una selecció de productes representatius de la despesa dels espanyols en cada grup bàsic de consum.

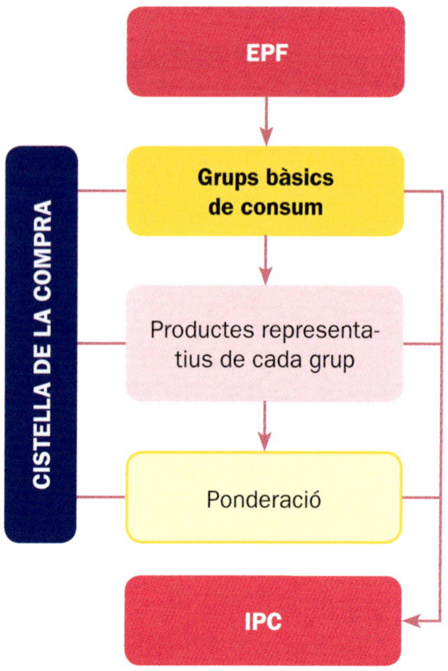

Fig. 10.6. Procés de construcció de l'IPC.

Grup	2016	2017	Variació (%)
01. Aliments i begudes no alcohòliques	18,74	19,77	5,5 %
02. Begudes alcohòliques i tabac	2,77	3,02	9 %
03. Vestit i calçat	7,60	6,73	–11,4 %
04. Habitatge	12,51	13,30	6,3 %
05. Parament de la llar	6,14	5,88	–4,2 %
06. Medicina	3,40	3,96	16,4 %
07. Transport	15,60	14,67	–5,9 %
08. Comunicacions	3,44	3,60	4,6 %
09. Oci i cultura	7	8,52	21,7 %
10. Ensenyament	1,59	1,68	5,6 %
11. Hotels, cafès i restaurants	11,60	12,12	4,5 %
12. Altres béns i serveis	9,61	6,75	–29,8 %
Total	**100**	**100**	

Taula 10.5. Ponderacions dels grups que integren la cistella de la compra espanyola.

Periscopi 4. Salaris, inflació i productivitat

Després de diversos anys de creixement ininterromput de l'economia espanyola, empresaris i sindicats han acordat fomentar revisions salarials del 2 % anual com a mínim, i tendir a un 1 % addicional condicionat a objectius tals com la productivitat (obtenir més / millor producció amb les mateixes / menys hores treballades) o els beneficis empresarials.

Reflexioneu:

a) Què significa que la productivitat laboral puja un 1 %? Si la productivitat puja un 1 % i els salaris un 2 %, què significa això per a l'empresa?

b) Ara imagineu que la productivitat i els salaris pugen un 2 %. Però la inflació puja un 3 %. Quines repercussions tindria per als treballadors?

c) Els salaris han d'augmentar segons la inflació o segons la productivitat? Raoneu la resposta.

La **productivitat** dels treballadors acostuma a estar relacionada amb la formació, la qualificació i l'experiència.

3.2. Evolució de la inflació

A partir de l'IPC es calcula la inflació, que s'expressa mitjançant un percentatge o taxa:

$$\text{Taxa de variació de preus} = \frac{(IPC_2 - IPC_1)}{IPC_1} \cdot 100$$

La **taxa d'inflació** és la variació, mesurada en percentatge, que experimenta l'IPC respecte del període de temps anterior.

Activitat resolta 2. Confecció de la cistella de la compra

Com que l'IPC inclou fins a 489 productes, crearem un índex simplificat que ens ajudarà a comprendre el seu funcionament. Així, elaborem una cistella molt senzilla que conté refrescos, pizza, bitllets d'autobús i llibres.

Com que aquests quatre productes són una part de les compres típiques dels estudiants, a aquest conjunt de béns l'anomenarem «cistella de l'estudiant». En aquesta taula s'indiquen els preus en euros dels productes de la «cistella de l'estudiant» per a dos anys diferents, i el consum en unitats de cada producte.

Calculeu l'Índex de Preus de l'Estudiant (IPE) d'acord amb els preus i les quantitats adquirides per als dos anys.

Solució:

Amb la suma dels totals obtenim el cost de la cistella per als anys concrets, en aquest cas, 01 i 02. Utilitzem les sigles IPE per denotar l'import de cadascuna de les cistelles. En conseqüència, el cost de la cistella de l'any 01 (IPE01) s'eleva a 100 € i a 115 € en el 02 (IPE_{02}) i la taxa d'inflació ha sigut del 15 %: [(115 – 100)/100] · 100.

Cistella de l'estudiant

	Refrescos	Pizza	Autobús	Llibres
Consum	20 u.	6 u.	10 u.	1 u.
Preus any 01	1,1 €	7 €	1,2 €	24 €
Preus any 02	1,2 €	8 €	1,5 €	28 €

IPE

Producte	Consum	Any 01		Any 02	
		P/u	P_{total}	P/u	P_{total}
Refrescos	20 u.	1,1 €	22 €	1,2 €	24 €
Pizza	6 u.	7 €	42 €	8 €	48 €
Bitllets de bus	10 u.	1,2 €	12 €	1,5 €	15 €
Llibres	1 u.	24 €	24 €	28 €	28 €
Cistella de l'estudiant (P)		**100 €**		**115 €**	
		IPE_{01}		IPE_{02}	

Activitats

9. Quina relació té la cistella de la compra amb l'IPC? Com es confecciona la cistella de la compra?

10. Per què és necessari ponderar les despeses que les famílies destinen a cada grup bàsic de consum?

11. D'acord amb les dades que es mostren a la taula 10.5:

a) Quins grups concentren les despeses principals dels espanyols?

b) Citeu productes que creieu que pertanyen als grups mencionats en la resposta anterior.

12. A partir de l'Activitat resolta 2, suposeu que l'any 02 el valor de la cistella és el següent: refrescos 1,3 €, pizza: 5 €, bitllets d'autobús: 1,2 €, llibres: 30 €. Utilitzant aquestes noves dades, calculeu un nou IPE per a l'any 02, i també la taxa de variació de la cistella entre els anys 01 i 02.

3.3. Limitacions de l'IPC

Com a indicador de la variació dels preus de consum d'un país, l'IPC presenta certes **limitacions** (taula 10.6):

Certs béns i serveis són qüestionables.	La cistella de béns espanyola segueix sense incloure alguns béns i serveis, com les despeses derivades de la compra d'un habitatge, concepte que, en canvi, sí que tenen en compte molts països europeus. Per altra banda, sí que inclou les ofertes i les rebaixes, perquè tenen un impacte important sobre els preus en determinats mesos de l'any.
Es desvirtua amb el pas del temps.	A l'utilitzar un any base com a referència, com més llunyà és l'any considerat, més es desvirtuarà la representativitat dels béns que integren la cistella, a causa de l'aparició de nous béns i serveis o del canvi dels hàbits de consum. El termini de revisió és cada cinc anys i les properes revisions seran el 2021 i el 2026.
No té en compte variacions en la qualitat dels béns.	A la pràctica, és molt difícil determinar quins augments de preus responen a increments de qualitat.
Discussió sobre la representativitat de l'EPF.	Les dades de l'IPC tenen el seu origen en l'EPF, com hem vist a la unitat 6, una enquesta sobre els pressupostos de famílies considerades representatives de totes les famílies espanyoles, però no està clar, o almenys resulta discutible, fins a quin punt ho són.

Taula 10.6. Limitacions de l'IPC.

3.4. Altres tipus d'inflació

L'IPC espanyol, calculat conforme al pressupost i a les preferències de les famílies espanyoles, difereix sensiblement dels IPC d'altres països europeus, per la qual cosa cal homogeneïtzar els criteris abans de fer comparacions. Així, es comptabilitzen les partides **rellevants** de cada EPF entenent com a tals aquelles que superen l'1 ‰ del total de la despesa de la cistella de la compra nacional. En cada Estat membre ha estat necessari fer ajustos particulars mitjançant la inclusió o l'exclusió d'articles de consum per a aconseguir la comparabilitat desitjada. L'IPC així calculat s'anomena *IPC harmonitzat*.

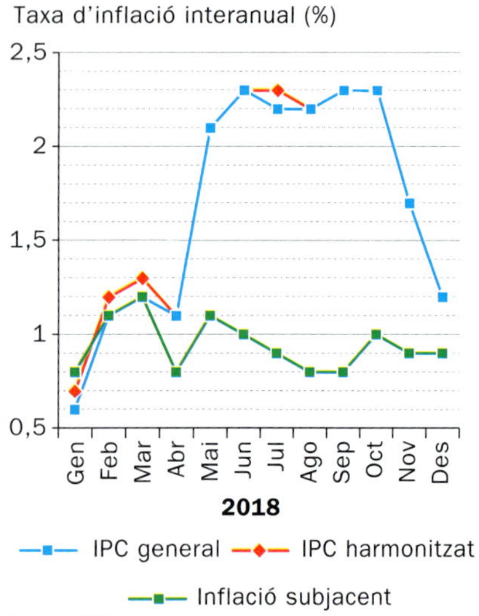

Font: INE

Fig. 10.7. Evolució de l'IPC l'any 2018. Per al càlcul de la **inflació subjacent** és habitual prescindir dels serveis administrats (gasolina, electricitat i gas domèstic), dels concertats (transport local i exterior o telefonia) i dels agropecuaris. El normal és que la inflació subjacent sigui inferior a la general (considera menys productes) i mostri un comportament més suau, amb menys alts i baixos. L'**harmonitzada** acostuma a mostrar una tendència similar a la inflació general.

> L'**IPC harmonitzat (IPCH)** és un indicador estadístic l'objectiu del qual és proporcionar una mesura comuna de la inflació que permet realitzar comparacions internacionals.

L'IPCH és molt important en relació amb la UE, perquè és el referent vàlid per a comparar la inflació de diversos països de la zona euro i determinar, per exemple, quins països estan portant a terme de manera exitosa polítiques en matèria de contenció de preus.

Una altra inflació de la qual s'acostuma a parlar als mitjans de comunicació és la *subjacent* o bàsica. Aquest tipus d'inflació, que no té en compte els components més inestables, com certs productes agrícoles o energètics, com el petroli, s'utilitza per a mesurar l'evolució dels preus a llarg termini. No té en compte aquells béns i serveis els preus dels quals difereixen de la tendència general de la resta dels genèrics que formen el sistema general de preus d'una economia. Per exemple, els bitllets d'autobús públic no segueixen la tendència general en la mesura que són fixats per corporacions locals, de tal manera que no formarien part de'hipotètic Índex de Preus a l'Estudiant Subjacent que hem fet servir a l'Activitat resolta 2.

> La **inflació subjacent** o bàsica permet preveure l'evolució dels preus a llarg termini.

Activitats

13. Poseu un exemple que deixi clar que l'IPC no serveix per a mesurar la qualitat dels béns i serveis.

14. En què es diferencia la inflació general de la subjacent?

15. Per què s'utilitza l'IPC harmonitzat? Per què és important en el cas d'Espanya?

4. La política monetària

Hi ha un preu que preocupa especialment i és el del propi diner. El diner no neix en la banca privada, sinó en els bancs centrals. És el banc central de cada país el que emet el diner i posteriorment el deixa o el presta a la banca privada. El tipus d'interès d'aquest tipus de préstec és la base de tots els tipus d'interès d'un país; s'anomena **interès bàsic** i es coneix popularment com el *preu oficial del diner*.

El **preu oficial del diner** és el tipus d'interès bàsic al qual el banc central de cada país presta diner a la banca privada.

Fig. 10.8. Seu del Banc Central Europeu a Frankfurt. L'objectiu del Banc Central Europeu és l'estabilitat de preus a la zona euro, definida pel Consell de Govern com una inflació propera, però inferior, al 2 %. A diferència d'altres organismes com, per exemple, la Reserva Federal dels EEUU, el BCE no té objectius com el creixement econòmic o la plena ocupació.

A més del preu del diner, els bancs centrals fixen la quantitat de diner que presten. En definitiva, controlen dues variables:

- **El preu oficial del diner al qual concedeixen els préstecs.** Com més baix és l'interès, major número de préstecs es concediran, i viceversa.
- **La quantitat de diner en circulació.** Com més préstecs es concedeixen, més diner circularà per l'economia, i viceversa.

Controlar el preu del diner i la quantitat de diner que circula per una economia són les variables fonamentals sobre les quals incideixen les autoritats monetàries per a aconseguir els coneguts **objectius macroeconòmics** de *creixement*, *estabilitat dels preus* i *plena ocupació*. Al conjunt de mesures que modifiquen aquestes variables se les anomena *política monetària*.

La **política monetària** és el conjunt de mesures adoptades per l'autoritat monetària (el banc central de cada país o el BCE en el cas dels països de la zona euro) per a aconseguir els objectius macroeconòmics perseguits mitjançant la variació de la quantitat de diner en circulació, i també de l'alteració del preu oficial del diner.

Dirigida pel Govern i executada pel banc central, la política monetària és de les més importants en qualsevol país. En el cas d'Espanya i els països que utilitzen l'euro, la política monetària s'estableix en el marc de la Unió Europea, i el banc central que l'executa és el **Banc Central Europeu (BCE).**

Activitat resolta 3. Control del diner en circulació

Per a cadascun dels casos descrits a la primera columna, indiqueu com procediria el BCE per augmentar o disminuir la quantitat de diner en circulació, també denominada oferta monetària.

Solució:

		Preu oficial del diner	Número de préstecs
Diner en circulació	↑	↓	↑
Diner en circulació	↓	↑	↓

Activitats

16. Per què diferenciem entre un preu oficial del diner i un altre que no ho és?

17. Quina relació té la quantitat de préstecs que concedeix el banc central d'una economia amb la del diner en circulació?

18. Què implica que Espanya formi part del SEBC i l'Eurosistema?

6.3. Efectes sobre l'economia

Les decisions de la política monetària única són adoptades pel Consell de Govern del BCE, i l'execució és portada a terme pels bancs centrals dels països que formen part de la zona euro. Bàsicament, les **decisions de política monetària** versen sobre dues qüestions fonamentals:

- La quantitat de diner en circulació.
- El preu del diner.

Si s'augmenta la quantitat de diner en circulació o es baixa el preu del diner, estem davant una **política monetària expansiva.** Pel contrari, si es disminueix la quantitat de diner en circulació o s'augmenta el preu del diner, estarem davant un tipus de **política monetària restrictiva** (fig. 10.11).

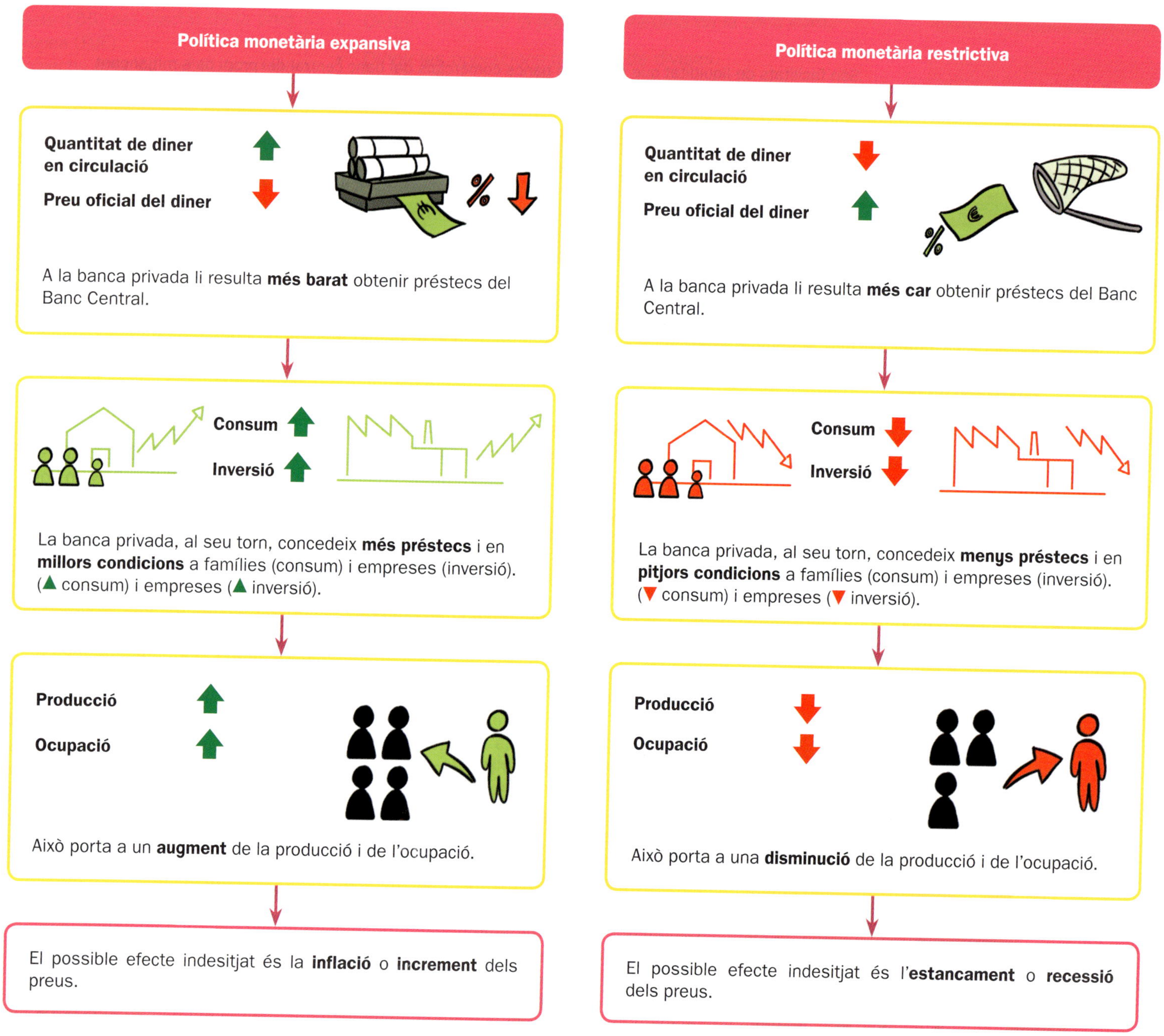

Fig. 10.11. Polítiques monetàries (expansives i restrictives) en acció. El possible efecte indesitjat és la repercussió sobre el nivell general de preus.

Periscopi 6. La política monetària en la pràctica

Quan l'economia va bé, els instruments convencionals són suficients per a conduir la política monetària cap als objectius desitjats. Però en temps de crisi, el més habitual no funciona i tot és urgent. Mentre la política monetària restrictiva és l'habitual en temps de bonança, a causa del fet que conté la inflació, la política monetària expansiva acostuma a utilitzar-se per a combatre les crisis, perquè reactiva el consum i la inversió.

Com que és conegut que augmentar el diner en circulació acostuma a provocar inflació, el que és habitual és abaixar el preu oficial del diner. Si no hi ha marge per abaixar-lo, s'imposa emetre diner mirant de no descontrolar la inflació. Però precisament perquè als països desenvolupats el preu oficial del diner ronda el 0 %, es va fer necessari recórrer constantment a l'emissió de diner per a estimular l'economia amb mesures d'expansió quantitativa (QE) o de tipus intervencionista. Al segle XXI, aquests plans d'estímuls o intervencions (injeccions de liquiditat, en definitiva) han estat la mesura principal per a combatre la crisi en tot el món, tot i que amb diversos matisos, donades les característiques de cada economia.

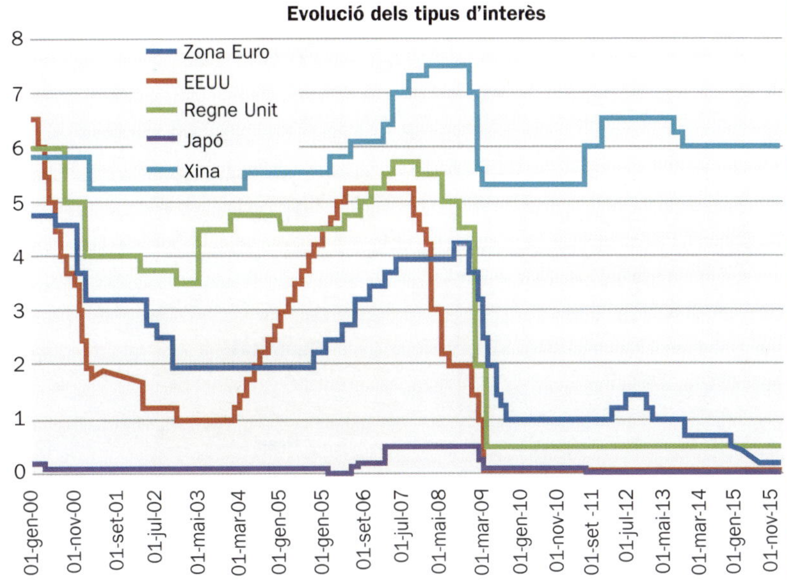

Fig. 10.12. Evolució del preu oficial del diner als països desenvolupats.

	EUA i Regne Unit	Japó	UE	Espanya (UE)
Problema	Hipoteques escombraria.	Deflació de preus a causa del baix consum intern.	Preu elevat del deute públic dels països membres.	Esclat de la bombolla immobiliària i fallida de les caixes.
QE o intervenció	El banc central actua com a prestador d'última instància per a rescatar la banca privada.	Préstecs molt beneficiosos a particulars i subvencions a les importacions.	Compra de deute públic.	El banc central actua com a prestador d'última instància per a rescatar o reorganitzar la banca privada.
Intenció	Evitar el pànic bancari i la fallida del sistema financer.	Estimular el consum i la inversió al país.	Evitar la fallida del país.	Evitar el pànic bancari i la fallida del sistema financer.

Taula 10.8. Plans d'estímul o intervencions per part de les autoritats monetàries a les principals economies mundials.

Reflexioneu:

a) Llegiu atentament la taula 10.8 i guieu-vos per la fila «Intenció» per mirar de determinar què passaria si els plans d'estímul no funcionen en cadascun dels quatre casos citats.

b) Per què a Espanya l'esclat de la bombolla immobiliària va afectar els bancs?

c) Què significa: «Espanya va rescatar la majoria dels bancs i caixes d'estalvi»? Quins costos té fer-ho?

Quins riscos té no fer-ho?

d) En el cas del Japó, quina era la intenció de concedir préstecs a particulars en condicions molt beneficioses?

e) Examineu ara algun dels altres problemes als quals les polítiques monetàries van mirar de fer front i compareu-lo amb el problema espanyol. En què s'assemblen? En què són diferents?

f) Grècia, un país de l'eurozona, va haver de ser rescatada quan els tipus d'interès del deute públic es van disparar. Per què creieu que va ser necessari fer-ho?

Activitats

21. Suposeu que el preu oficial del diner a la UE és de l'1 %. Com es forma aquest preu? En quin cas la banca privada concediria un préstec a un particular per sota d'aquest tipus d'interès? Per què?

22. Com injecten o retiren liquiditat de les economies els bancs centrals dels països de la Unió Europea?

23. Quins efectes tindria sobre l'economia d'un país una política monetària que pretén alentir el creixement econòmic? Raoneu la resposta i, a continuació, representeu-la mitjançant una gràfica.

MAPA CONCEPTUAL

- **Diner**
  - **Funcions**
    1. Mitjà de canvi
    2. Unitat de compte comú
    3. Dipòsit de valor
  - **Tipus**
    - Legal
    - Bancari
    - OAL
  - **Quantitat**
    - Agregats monetaris
      - M1, M2, M3, ALP
  - **Preu**
    - Tipus d'interès

- **Inflació**
  - **Causes**
    - Monetària
    - De demanda
    - De costos
  - **Conseqüències**
    - Pèrdua del poder adquisitiu
      - ▼ **Grups perjudicats:**
        - Pensionistes
        - Treballadors
        - Estalviadors
        - Empreses exportadores de productes nacionals
      - ▲ **Grups beneficiats:**
        - Deutors
        - Estat
        - Empreses importadores de productes estrangers
    - Incertesa
  - **Indicador**
    - IPC
      - Cistella de la compra
      - IPC general / IPC harmonitzat / Inflació subjacent

- **Política monetària**
  - **BCE**
    - Estabilitat dels preus
  - **Tipus**
    - **Expansiva**
      - ▲ Quantitat de diner en circulació
      - ▼ Preu oficial del diner
        - ▲ Consum
        - ▲ Inversió
        - ▲ Producció
        - ▲ Ocupació
        - ▲ Preus
    - **Restrictiva**
      - ▼ Quantitat de diner en circulació
      - ▲ Preu oficial del diner
        - ▼ Consum
        - ▼ Inversió
        - ▼ Producció
        - ▼ Ocupació
        - ▼ Preus

1. El diner actual es basa en:

a) El valor que tenen el paper dels bitllets i el metall de les monedes.

b) La confiança.

c) L'or que l'empara i que està dipositat al Banc Central de cada país.

d) Són certes *b)* i *c)*.

2. Quin dels factors següents incrementa el tipus d'interès d'un préstec?

a) Molta liquiditat.

b) Una duració llarga.

c) Poc risc.

d) Totes són certes.

3. És una causa d'inflació:

a) Un augment de l'oferta.

b) Un descens dels costos de producció.

c) Situacions puntuals d'escassetat.

d) Escassetat de diner en circulació.

4. No es tracta d'un grup perjudicat per la inflació en el propi país:

a) Empreses importadores.

b) Pensionistes.

c) Estalviadors.

d) Treballadors.

5. L'IPC es desvirtua a mesura que s'allunya de l'any base utilitzat com a referència perquè:

a) No mesura la qualitat dels béns.

b) Inclou béns que no formen part de l'EPF.

c) Amb el temps apareixen nous hàbits de consum.

d) No inclou béns que sí que inclouen altres països europeus.

6. L'indicador que permet realitzar comparacions internacionals és:

a) La inflació subjacent.

b) L'IPC europeu.

c) L'IPC harmonitzat.

d) L'IPC general.

7. Quina de les afirmacions següents és falsa?

a) L'Euríbor acaba per condicionar el que paguem per la hipoteca.

b) Les operacions de mercat obert són exclusives de la política monetària expansiva.

c) La política monetària restrictiva pot venir acompanyada d'estancament dels preus.

d) El BCE defineix i executa la política monetària de la zona euro.

8. Pel que fa a la política monetària expansiva, no és cert que:

a) Afecta els preus.

b) Augmenta la inversió per part de les empreses.

c) Disminueix el consum de les famílies.

d) Suposa abaixar el preu oficial del diner.

9. L'instrument de política monetària que obliga els bancs a immobilitzar certa quantitat de diner és:

a) Les facilitats permanents.

b) El mecanisme de reserves mínimes.

c) Les operacions de mercat obert.

d) L'expansió quantitativa.

10. És una variable de política monetària:

a) La quantitat de diner en circulació.

b) El diner legal.

c) El preu del diner al carrer.

d) Cap és certa.

El diner

1. El diner afavoreix l'especialització de països i persones. De quina manera?

2. Quina funció del diner es veu perjudicada per la inflació?

3. En què es diferencien el diner legal i el bancari? Quins tipus de diner bancari coneixeu? Poseu un exemple de cadascun.

4. Quins són els criteris que té present un prestador bancari quan concedeix un préstec? Expliqueu en què consisteix cadascun.

5. El diner ha tingut diferents formes al llarg de la història. La forma més primitiva va ser el *diner mercaderia*, el va seguir el *diner paper* i ha culminat a l'actualitat amb el *diner fiduciari* o de confiança. Busqueu a Internet un exemple de cada forma de diner, el seu context històric, i els avantatges i inconvenients de cadascuna.

6. En relació amb els agregats monetaris:
   a) Quin és el criteri per a establir les diverses agrupacions?
   b) Per què s'utilitzen aquests agregats?
   c) Si s'estima que un agregat monetari ha de ser estable per a proporcionar informació fiable, raoneu quin agregat monetari creieu que utilitza el BCE principalment com a referència per a prendre decisions.

Preus i inflació

7. Tindria sentit si un prestador només exigeix com a pagament d'interessos l'equivalent a l'augment de la inflació?

8. Com perjudica la inflació a una empresa que té un saldo pendent de cobrament de l'Administració pública?

9. Per què a certs processos de l'economia se'ls anomena *espirals*?

10. Imagineu que heu dipositat 100 € en un compte bancari pel qual us han pagat 3 € d'interessos després d'un any.
    a) Heu mantingut la capacitat adquisitiva dels vostres estalvis si la inflació ha estat del 2 %?
    b) I si la inflació ha estat del 5 %?

11. Identifiqueu el tipus d'inflació que poden generar les situacions següents:
    a) L'augment del preu del petroli.
    b) Un fort augment dels salaris de tancaments metàl·lics a Madrid a causa de la pressió sindical.
    c) L'increment de la construcció d'obres públiques per part del Govern.
    d) Un increment en la demanda dels equips de les constructores a causa del repunt dels preus dels pisos.
    e) Un augment del preu del diner.

12. Si la inflació anual va ser del 6 %, expliqueu com es veuen afectades les persones i empreses següents:
    a) Un jubilat la pensió del qual es va actualitzar un 7 %.
    b) Sabaexport S. A., empresa que exporta sabates a la UE, on la inflació mitjana va ser del 2 %.
    c) El Joan, funcionari públic el sou del qual està congelat.
    d) Un client d'una caixa d'estalvis, que té dipositats els estalvis al 4 % d'interès.
    e) El Vàzquez, un morós que va retardar 12 mesos el pagament d'un deute de 10.000 €.

13. Fins l'Edat Mitjana, la religió prohibia el pagament d'interessos, perquè el temps (i per tant la generació d'interessos en el temps) només pertanyia a Déu. Si presteu 50 € a un amic i tarda sis mesos a tornar-vos-els:
    a) Quin és el perjudici per a vosaltres si la inflació durant aquest període ha estat del 2 %?
    b) Per què el vostre amic en surt beneficiat?
    c) Què justifica a l'actualitat el cobrament d'interessos per prestar diners?

Els indicadors de la inflació

14. De quina manera estan relacionats l'IPC i la taxa de variació dels preus?

15. Donada la següent cistella de la compra d'un estudiant:

Denominació	Despesa (%)	Cistella any 1	Cistella any 2
Aliments	55 %	4.000 €	4.100 €
Llibres	40 %	800 €	1.000 €
Transport	5 %	100 €	120 €

Calculeu l'Índex de Preus de l'Estudiant (IPE) per als anys 1 i 2, i també la taxa de variació de la cistella entre els dos anys.

16. Raoneu per què acostumen a ser notícia d'actualitat els titulars relacionats amb els temes següents:
    a) L'actualització de les pensions dels jubilats.
    b) La variació de l'IPC respecte del mes o de l'any anterior.
    c) L'augment de preu del petroli.
    d) La variació de l'Euríbor.
    e) La variació del preu oficial del diner.
    f) L'actualització del salari mínim interprofessional (SMI).

17. En un país de la Unió Europea el salari mínim mensual el 2012 era de 600 €, mentre que a l'actualitat és de 800 €. En funció dels següents preus de productes de l'any 2012, determineu si a l'actualitat ha augmentat o ha baixat el poder adquisitiu per a un ciutadà d'aquest país.

	Llaminadures	iPhone	Moto	Hamburguesa
2012	0,60 €	1.000 €	600 €	1 €
Actual	1 €	800 €	1.000 €	2 €

18. La clàusula de revisió salarial estableix que les condicions econòmiques pactades no pateixen pèrdua de poder adquisitiu si l'IPC és superior als increments percentuals dels salaris pactats. Si un treballador sense clàusula de revisió salarial guanyava 1.000 € al mes l'any passat i ha pactat un augment de 40 € al mes per al present any:

a) Ha negociat bé l'augment si l'IPC ha pujat un 5 %? Per què?

b) Quin sou hauria d'haver pactat per no perdre capacitat adquisitiva?

c) Com actuen les clàusules de revisió salarial per a protegir la capacitat adquisitiva dels treballadors?

19. La Marta ha buscat informació sobre dades d'inflació publicades per l'INE en diversos mitjans de comunicació: Antena 1 ha dit que la inflació mensual d'abril de l'any era d'un quart de punt, Tele 2 ha xifrat l'acumulada anual d'aquest mateix any en dos punts i 3Tube ha afirmat que la interanual ascendia al 4 %.

Representeu en un diagrama de línia temporal l'interval al qual es refereix cada informació i expliqueu l'aparent contradicció entre les notícies sobre la inflació. (En llenguatge econòmic un quart de punt equival a 0,25 % i un punt és igual a un 1 %).

20. Investigueu a Internet quina ha estat l'evolució a Espanya dels indicadors següents durant l'últim any:

a) La inflació general.

b) La inflació subjacent.

c) El preu oficial del diner.

d) Interpreteu si els resultats obtinguts són favorables per a la marxa de l'economia espanyola.

La política monetària. El BCE: objectiu i tasques

21. Un dels objectius principals és controlar la inflació? A què creieu que es deu?

22. Quins indicadors utilitza el SEBC per a decidir la política monetària? Quines són les funcions d'aquest organisme?

23. Sobre quines variables actua el BCE per a influir sobre l'economia de la zona euro?

24. Busqueu una notícia relacionada amb el BCE o el preu del diner i comenteu els possibles efectes per a les famílies i empreses espanyoles.

Política monetària en acció

25. Descriviu com manipularia el BCE els instruments de política monetària convencional per a augmentar la quantitat de diner en circulació per al conjunt de la UE.

26. Quin tipus de mesures adoptaríeu per a frenar la inflació si sou els responsables de política monetària?

27. Com afecta el mecanisme de reserves mínimes a la quantitat de diner en circulació?

28. Quins són els efectes en cadena d'una política monetària restrictiva a la zona euro?

29. Raoneu la veracitat o falsedat de les afirmacions següents:

a) «Qualsevol cosa pot ser utilitzada com a diner, si és acceptada per tothom.»

b) «El preu del diner al carrer és el mateix per a totes les persones.»

c) «El valor del diner no té relació amb el nivell general dels preus.»

d) «La inflació perjudica d'igual manera els prestadors i els prestataris, perquè en aquest cas el diner perd valor per a tothom.»

e) «Una variació en el preu oficial del diner sempre crea inflació.»

f) «La modificació de les reserves mínimes per part del BCE influeix sobre el consum, la inversió i la despesa pública.»

30. En grup, i sobre continguts de la unitat, haureu de proposar i elaborar una llista de tres preguntes de tipus test de quatre opcions (amb només una opció correcta) el màxim de difícils possible, que hauran de ser revisades pel professor. Una vegada aprovades dues preguntes per grup, el professor les agruparà totes i les distribuirà per a ser contestades en secret i per separat per cadascun dels grups. El guanyador serà el grup que més respostes encertarà.

31. Quina relació existeix entre el número de préstecs concedits pel BCE i el preu oficial del diner?

32. Feu un esquema que il·lustrarà una operació de mercat obert de la UE on intervenen el BCE, la banca privada i les empreses/famílies. Preu oficial del diner: 1 %. Preu del diner de la banca privada: 5 %.

- Escriviu dues idees clares i que us semblen fonamentals d'aquesta unitat. Què us ha ajudat a comprendre-les?
- Feu dues preguntes sobre aspectes que no us han quedat clars de la unitat.
- Escriviu dos aspectes sobre els quals us agradaria aprofundir en aquesta unitat.

Interpretem… la inflació

Cada mes l'INE publica dades relatives a la inflació i ràpidament els mitjans de comunicació tenen pressa per portar-les als seus titulars per a informar l'opinió pública. Tanmateix, no sempre és fàcil interpretar-les. Ara veurem per què.

LA INFLACIÓ EN ELS MITJANS DE COMUNICACIÓ

Índex general

	Variació mensual	Variació acumulada	Variació interanual
Setembre	0,3	2,2	3,6

Tal com s'expressa la inflació en els diversos mitjans de comunicació, sembla que no parlen del mateix país. L'INE publica les dades de setembre, però després cada mitjà de comunicació les explica d'una manera diferent. Per a Cuatro la inflació ha augmentat tres dècimes. Per a Telecinco la inflació és del 2,2 %, mentre que La Sexta parla d'un 3,6 %. Com és possible? En realitat, cap d'ells menteix. El secret rau en el fet que parlen de diversos intervals de temps: mentre Cuatro es refereix a la inflació d'un sol mes, Telecinco abraça la de vuit mesos i La Setxa, la de dotze mesos.

Aclarit el ball de mesos, cal parar atenció als termes: és habitual expressar la inflació en ***dècimes*** quan el percentatge en qüestió no arriba a l'1 %. Per altra banda, s'anomena ***interanual*** la taxa d'inflació que mesura la variació total des del mateix mes de l'any passat a l'actual i ***acumulada***, la que fa referència als mesos que han transcorregut de l'any en curs.

cuatro	5	laSexta
Un mes	Nou mesos	Dotze mesos
«En el passat mes de setembre els preus van pujar tres dècimes.»	«De l'inici d'any fins ara els preus han pujat un 2,2 %.»	«La taxa interanual va ascendir al 3,6 % fins el setembre.»
Al passat mes de setembre els preus van pujar un 0,3 %.	**La inflació acumulada des de gener a setembre és d'un 2,2 %.**	**En un any, els preus han pujat un 3,6 %.**

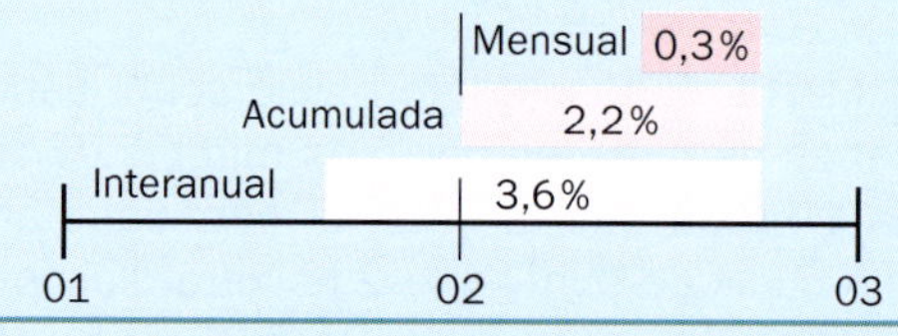

Titulars i termes equivalents sobre l'IPC.

RESPONSABLES POSITIUS I NEGATIUS DE LA INFLACIÓ

Parcel·les amb major repercussió positiva a la taxa mensual de l'IPC

	Taxa mensual (%)	Repercusió
Alimentació		
Pa i cereals	0,2	0,006
Altres parcel·les		
Electricitat	2,5	0,087
Paquets turístics	3,3	0,060
Carburants i lubricants per a vehicles personals	0,4	0,024
Restauració	0,1	0,010

Parcel·les amb major repercussió negativa a la taxa mensual de l'IPC

	Taxa mensual (%)	Repercusió
Alimentació		
Llegums i hortalisses	−0,9	−0,016
Fruites	−0,2	−0,005
Altres parcel·les		
Peces de vestir	−1,3	−0,051
Calçat	−1,2	−0,017
Combustibles líquids	−2,3	−0,013

Darrere les dades de l'IPC s'amaguen les variacions de preu de centenars de productes amb comportaments dispars: uns baixen, altres pugen i altres es mantenen.

A més d'aquesta heterogeneïtat de comportaments cal assenyalar un altre aspecte: no tots els articles tenen la mateixa força a l'hora d'influenciar l'IPC. La intensitat amb la qual un preu influeix en l'IPC s'anomena «**repercussió**», i depèn de la ponderació que aquest bé o servei té a la «cistella de la compra» que utilitzem per a calcular la inflació. Com més diners hi gastem, major serà.

Per exemple, l'electricitat ha augmentat un 2,5 % però, a causa de la seva ponderació a la cistella de la compra, la repercussió a la cistella mitjana dels espanyols és del 0,087 %.

Qüestions:

1. Si avui és 1 de març i la inflació ha augmentat a raó de dues dècimes els últims 12 mesos, expresseu en forma de percentatge la inflació mensual, la inflació corresponent a aquest any i la inflació interanual.
2. Quant valdrà ara un litre de gasolina que valia 1 € abans de les dades exposades?
3. A la taula s'observa que els preus de l'electricitat han augmentat un 2,5 %, menys que els dels paquets turístics, que han arribat a un 3,3 %. Tanmateix tenen major repercussió a l'IPC, 0,087 enfront 0,060. Per què passa això?

El dilema: liquiditat o austeritat?

Quan el 2008 va començar la gran crisi econòmica del segle XXI, i es va accentuar el 2010 a causa de la ineficàcia d'injectar liquiditat al sistema, la UE i els EUA van optar per camins divergents. Mentre que els EUA van continuar amb els plans d'estímuls i l'augment de la despesa pública, la UE va optar per estrènyer el cinturó i la restricció de despeses. El 2015, els EUA havien millorat els índexs d'atur, mentre que la UE seguia estancada amb problemes que evidenciaven l'existència d'una regió econòmica massa heterogènia i que funcionava a «dues velocitats»: tot i que a Alemanya l'atur rondava el 7 %, aquesta xifra es triplicava a Grècia i a Espanya. En conseqüència, la UE va canviar de rumb i el 2015 va emetre les polítiques d'expansió monetària i els programes d'inversió portats a terme pels EUA des del 2010.

El debat:

Preneu partit per una de les dues opcions (la que van seguir els EUA o la que va seguir la UE) i argumenteu-la en un grup de cinc. La resolució del grup es defensarà en un debat davant un altre grup on ha prevalgut l'altra opció.

Proposta de cine: *Els falsificadors*

Director: Stefan Ruzowitzky.

Repartiment: Karl Markovics, August Diehl, Devid Striesow.

Sinopsi:

Durant la Segona Guerra Mundial, l'Alemanya nazi concep un pla diabòlic per a enfonsar les economies dels seus enemics. Per això es valdrà dels millors experts i falsificadors jueus. Basada en fets reals.

Claus de reflexió:

Funcions del diner, tipus de diner, diner fiduciari, política monetària i inflació.

Qüestions:

1. Com pretenien els nazis crear inflació en les economies dels seus enemics?
2. Pel que fa als efectes, amb quin tipus de política monetària té similitud el pla nazi?
3. Per què els jueus boicotegen el resultat de la feina que fan? Hauríeu fet com ells en cas d'estar al seu lloc? Argumenteu en un sentit o en l'altre.

Vinyeta

11. El sistema financer. La borsa

En aquesta unitat aprendreu

- El sistema financer.
- Els intermediaris financers bancaris.
- Els productes financers.
- Els mercats o borses de valors.

El *sistema financer* és el pont necessari entre estalvi i inversió. Perquè famílies i empreses puguin portar a la pràctica els seus plans de consum i inversió necessiten intermediaris que, prèvia captació de l'estalvi, financin els seus projectes.

Aquests *intermediaris* dinamitzen l'economia amb els seus productes i serveis: des de dipòsits bancaris fins assegurances de vida, passant per hipoteques, accions, bons públics o fons d'inversió. Els intermediaris imprescindibles són els *bancs* i les *borses de valors* que, a més, mesuren el pols a la situació econòmica.

Són tan importants que, quan els bancs són imprudents o les borses es desplomen, es desfermen crisis econòmiques mundials que ocasionen la pèrdua de milions de llocs de treball, el tancament de milers d'empreses i l'empobriment general de països i societats.

Què sabeu sobre el sistema financer?
Què voleu aprendre'n?

Sabeu com funcionen els bancs?

Sabeu quina relació tenen la liquiditat, el risc i la rendibilitat?

Què sabeu sobre la borsa?

Bombolles, bancs i orelles

«Sigues temorós quan els altres són cobdiciosos i cobdiciós quan els altres són temorosos» és un dels lemes de capçalera de Warren Buffet, una de les majors fortunes del planeta. Però la història està plena d'exemples de persones que s'han arruïnat invertint en el mateix que moltes altres persones, a pesar que semblava que s'embarcaven en la millor inversió de la seva vida. És el fenomen que anomenem *bombolla*.

Passa un cop i un altre, tot i que se'n coneixen els símptomes: massa gent compra alguna cosa que sembla que és una molt bona inversió, però com que al final tothom té allò mateix, preval l'excés d'oferta i la bombolla esclata i deixa víctimes per tot arreu. Però no només això, sinó que a més, la majoria dels inversors que aspiren a guanyar molt s'arrisquen amb els diners que no són seus.

Durant els segles XIX i XX, els bancs es van consolidar com els principals prestadors i, indirectament, com a còmplices de les majors crisis conegudes. Els bancs són copartíceps de la formació de bombolles: igual que els seus clients, creuen que les inversions són excel·lents, i per això deixen els diners, convençuts que els recuperaran i que tots hi sortiran guanyant. Accions en la dècada dels vint, accions tecnològiques en el canvi de mil·lenni, hipoteques del segle XXI... si l'ésser humà és l'únic animals que ensopega dues vegades amb la mateixa pedra, quan es tracta d'inversions amb perspectives excel·lents, la humanitat ensopega fins a dir prou.

Conseqüentment, per no ser la víctima de la bombolla especulativa, cal desconfiar quan els bancs ofereixen condicions massa avantatjoses a tothom per a invertir en alguna cosa. Perquè quan tothom té aquella cosa, ja no serà tan desitjable tenir-la, i per tant baixarà de preu. És igual si són accions o cases. De sobte, valdran molt menys del que se n'ha pagat i tots (sí, tu també) estarem endeutats.

Reflexioneu

1. Si tothom alhora vol comprar alguna cosa, per exemple, or, què passaria amb el seu preu?
2. Suposeu que un company o companya de classe ha comprat or per a especular y guanyar diners, i per a poder fer-ho ha demanat diners prestats al banc. Quin risc corre? Quin risc corre el banc si la garantia de pagament no és el propi or?
3. Què podria passar si milions de persones i desenes de bancs estan fent el mateix que vostre company o companya i el seu banc?

1. El sistema financer

Famílies i empreses necessiten diners amb els quals portar a la pràctica els seus plans de consum i inversió. Quan es disposa d'estalvis, no hi ha cap problema, però la major part de les vegades qui estalvia no és el mateix que qui inverteix. I des de sempre han estat necessaris **intermediaris** que transvasen els diners entre els primers i els segons. El conjunt d'aquests intermediaris constitueix el *sistema financer* (fig. 11.1).

El **sistema financer** és l'estructura composta per un conjunt d'intermediaris que, regulat per organismes públics, canalitzen l'estalvi de recursos cap al finançament del consum familiar, la inversió empresarial i la despesa pública.

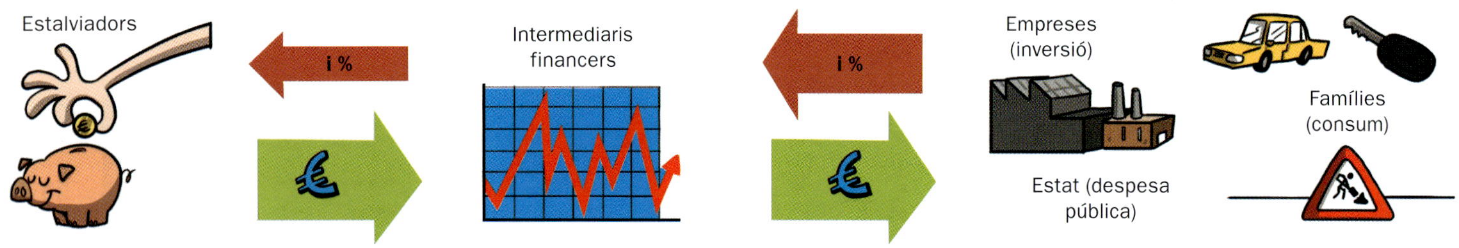

Fig. 11.1. Funcionament del sistema financer. Els intermediaris financers canalitzen l'estalvi, regulats pels organismes públics competents.

1.1. Els intermediaris financers

Els *intermediaris financers* són institucions especialitzades en la mediació entre estalviadors i inversors. Existeixen dos tipus d'intermediaris financers:

- Els **bancaris,** que capten l'estalvi i presten els diners a qui ho necessita.
- Els **no bancaris,** que també capten l'estalvi, però que en lloc de prestar els diners, ofereixen un ampli ventall de serveis (taula 11.1).

Intermediaris financers no bancaris	Finalitat	Funcionament
Financeres de consum	Facilitar compres o consum.	El **pagament a terminis** és l'opció escollida per aquelles persones que no poden pagar al comptat les compres o plans de consum.
Asseguradores	Cobrir riscos.	La **pòlissa d'assegurances** és un contracte pel qual l'assegurador s'obliga, a canvi del cobrament d'una *prima,* a indemnitzar, dins dels límits pactats, un dany que pateix l'assegurat.
Fons d'inversió	Invertir col·lectivament.	Els fons d'inversió inverteixen en **cistelles de valors**, en lloc d'invertir en un únic valor. D'aquesta manera aconsegueixen *diversificar el risc.*
Fons de pensions	Complementar la jubilació.	Els fons de pensions privades o mutualitats complementen les pensions públiques per jubilació que paga la Seguretat Social.
Societats mediadores en el mercat del diner	Operar i gestionar valors.	Quan actuen per compte aliè s'anomenen **agències de valors** (*brokers*) i quan ho fan per compte propi són **societats de valors** *(dealers).*
Borses de valors	Negociar valors.	Les borses faciliten la negociació de valors de manera continuada, ordenada i competitiva, i els més importants són els **valors de renda fixa** i **variables**.
Societats de capital de risc (SCR)	Ajudar a empreses amb potencial alt.	Les societats de capital de risc (SCR) aporten capital temporalment a empreses naixents, habitualment de sectors tecnològics. Un cop aquestes empreses creixen i s'estabilitzen, les SCR es retiren a canvi d'un benefici.
Leasing	Llogar equips amb opció de compra.	L'empresa de *leasing* lloga els equips a canvi d'una quota mensual, i al final del contracte ofereix a l'empresa arrendadora l'opció de comprar l'equip a un preu pactat des de l'inici.
Factoring	Anticipar liquiditat assumint el risc d'impagament de factures de tercers.	L'empresa de *factoring* compra la titularitat de factures no vençudes a altres empreses per un import inferior al nominal. Obté el benefici al cobrar l'import nominal de la factura arribant el venciment, tot i que ha de comptar amb cert percentatge d'impagats.

Taula 11.1. Serveis que presten els intermediaris financers no bancaris (ombrejats, els serveis exclusius per a empreses).

1.2. La regulació del sistema financer

Protegir els estalviadors i garantir la seguretat en els serveis que ofereixen els intermediaris justifica la necessitat, per part de les Administracions Públiques, de regular, supervisar i controlar el sistema financer. Aquestes funcions les exerceix el Ministeri d'Economia a través de les següents entitats:

- El **Banc d'Espanya:** Supervisa el sistema bancari i constitueix el braç executor del nostre país de la política monetària dictada pel Banc Central Europeu (BCE).
- La **Comissió Nacional del Mercat de Valors (CNMV):** Supervisa els mercats de valors i els intermediaris financers que participen.
- La **Direcció General d'Assegurances (DGS):** Supervisa l'activitat asseguradora.

Sabíeu que...?

Tot i la denominació, el **Banc d'Espanya** no actua com un *banc* de cara al públic, sinó com un «cap» de bancs.

A la direcció web **www.bde.es** podeu trobar molta informació sobre aquest organisme públic tan important.

Periscopi 1. La importància del sistema financer

El sistema financer és, a la pràctica, un mercat de l'estalvi. Agents econòmics que tenen més diners dels que han d'utilitzar fan arribar els seus estalvis a altres que necessiten més diners dels que disposen. I ho fan a través de la compravenda d'actius financers. L'estalviador «compra» un actiu financer: el demandant d'estalvi «el ven». Així, gràcies al sistema financer, l'estalviador no es limita a guardar els seus diners «en un mitjó», sinó que es converteix en un **inversor**, perquè, comprant aquests actius financers, mira de rendibilitzar els seus estalvis.

I si els dipòsits bancaris són l'instrument d'estalvi més conegut i fet servir pel públic en general, cada any els **fons d'inversió col·lectius** (fons d'inversió i fons de pensions en conjunt) guanyen terreny. Els fons d'inversió col·lectius agrupen milions de petits inversors de tot el món, mouen bilions d'euros cada any i operen en qualsevol part del món.

La importància dels fons d'inversió col·lectius és tanta que manegen sumes de diners que superen diverses vegades el que guanyen en un any països de la dimensió d'Espanya o Alemanya. Els fons d'inversió col·lectius són manejats per gestories que inverteixen en cistelles de valors amb major o menor risc d'acord amb el perfil dels seus inversors. I perquè tot flueixi sense sobresalts, els organismes públics estableixen les regles del joc i vetllen pel bon funcionament del sistema.

Reflexioneu:

a) Ets un inversor si guardes els teus diners sota el llit per que ningú te'ls prengui? Per què?

b) Imagineu que obriu la vostra caixa amagada plena de diners. Què pot fer per vosaltres un fons d'inversió col·lectiu?

c) Els fons d'inversió poden arribar a ser molt poderosos. Per a examinar aquest fet, escolliu un dels dos temes d'investigació següents i realitzeu una presentació a classe.

- Com ajuden a finançar els fons d'inversió les campanyes electorals dels candidats presidencials nord-americans?
- Busqueu un gran fons d'inversió internacional: qui són els estalviadors?; quin tipus d'actius financers compren preferentment?; qui dirigeix el fons?

Activitats

1. En què es diferencien els intermediaris financers bancaris dels no bancaris?

2. Heu comprat alguna vegada alguna cosa a terminis a casa vostra? Expliqueu amb un exemple el funcionament de les financeres de consum. Si és necessari, acudiu a una superfície comercial per buscar informació sobre la compra a terminis de, per exemple, un televisor.

3. Quin tipus de contracte d'assegurances coneixeu? Com protegeixen aquests contractes el patrimoni de les persones?

4. Tot i que va néixer en el món empresarial, el *leasing* ha acabat per funcionar també en alguns serveis per a particulars, com, per exemple, el *leasing* de cotxes. Expliqueu el seu funcionament si us decidíssiu per aquesta fórmula per a gaudir d'un automòbil.

2. Els intermediaris financers bancaris

Sabíeu que...?

Amb el nom de **bancs de temps** han sorgit iniciatives socials que entenen que les habilitats de les persones són bens d´intercanvi. Els clients del banc dipositen els seus talents i els intercanvien per altres que necessiten. Així, per exemple, es poden intercanviar serveis informàtics per classes d´anglés.

Fem servir la denominació de **bancs** o **banca privada** per referir-nos a la totalitat dels intermediaris financers bancaris, és a dir, als *bancs* pròpiament dits, a les *caixes d'estalvi* i a les *cooperatives de crèdit.* A més de la funció tradicional de salvaguardar físicament els diners dels seus clients, els bancs porten a terme dues **funcions** fonamentals en el conjunt de l'economia:

a) Intermediació entre qui estalvia i qui necessita diners.

b) Creació de diners sense emetre'ls físicament, procés que es coneix amb el nom de *multiplicació del diner bancari.*

2.1. La intermediació bancària

L'activitat bancària no ha variat substancialment en els dos últims segles. No tots els dipòsits bancaris són retirats alhora pels clients. A més, el més habitual és que les operacions es compensen durant el mateix dia: mentre unes persones retiren diners, altres els dipositen. Aquesta **intermediació** entre les persones que dipositen o estalvien diners i les persones que els necessiten segueix sent avui la principal activitat bancària (fig. 11.2).

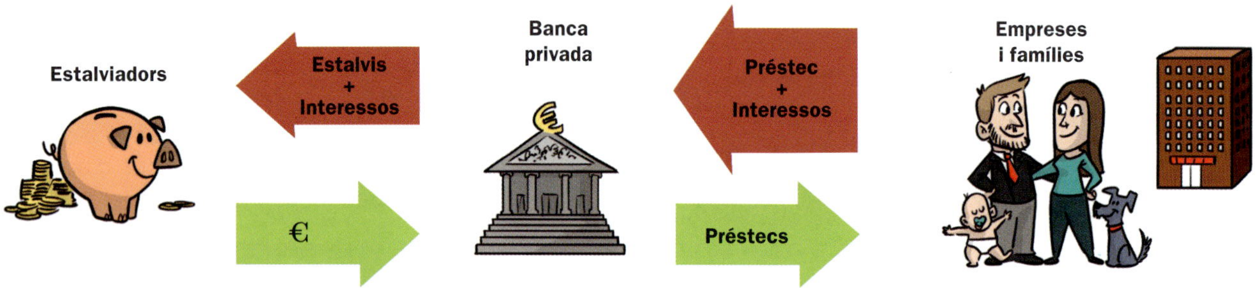

Fig. 11.2. Funcionament de l'activitat bancària. Perquè la intermediació reporti algun benefici, el tipus d'interès que paguen als estalviadors ha de ser inferior al que cobren dels prestataris.

A més, a la pràctica, aquesta activitat es veu afavorida pel fet que els bancs no necessiten disposar del 100 % dels dipòsits rebuts en forma de reserves inactives (reserves 100 %), amb la qual cosa poden utilitzar la major part dels diners dels dipòsits per a realitzar inversions i mantenir només una part o fracció dels diners en concepte de reserves de seguretat, anomenades **reserva fraccionària,** per a fer front a la possible retirada dels dipòsits.

A l'actualitat, els bancs mantenen les reserves fraccionàries en efectiu o en el *banc central* de cada país. Pel que fa al percentatge, depèn del que estimi prudent el banquer, tot i que la llei obliga a mantenir inactiu un percentatge mínim dels dipòsits anomenat *coeficient legal de caixa*.

El **coeficient legal de caixa** és el percentatge de diners que, per imposició del banc central, han de mantenir inactius com a reserva fraccionària les diverses entitats del sistema bancari.

! Important

El **coeficient legal de caixa,** també anomenat **coeficient mínim de reserves,** és la variable amb la qual el BCE maniobra per a executar el mecanisme de reserves mínimes de la política monetària de la UE, tal com hem vist a la Unitat 10.

El **banc central** és una entitat pública i independent del govern que, entre altres funcions, controla i supervisa el funcionament del sistema bancari.

Tot i que el més habitual és que existeix un banc central per país, pot donar-se el cas excepcional que actua per a un grup de països, com és el cas de la Unió Europea (UE). Aquest banc «director» europeu és el **Banc Central Europeu (BCE).** Competeix al BCE establir el percentatge, anomenat *coeficient legal de caixa,* per a tots els països de la zona euro, i qualsevol altra reserva addicional, que serveix per a controlar la quantitat de diners que hi ha en circulació i la defensa de l'interès general.

Activitat resolta 1. Intermediació dels bancs a la pràctica

Realitzeu un esquema que mostrarà la relació entre estalviadors i prestataris (el que rep un préstec) que estableix l'activitat bancària d'intermediació. Per a tal efecte, utilitzeu les següents dades: coeficient legal que marca el banc central (20 %), tipus d'interès que reben estalviadors (2 %) i bancs (6 %). Els dipòsits bancaris dels estalviadors són, en total, 10 €, dels quals 8 € són prestats pels bancs a qui els necessiten.

Solució:

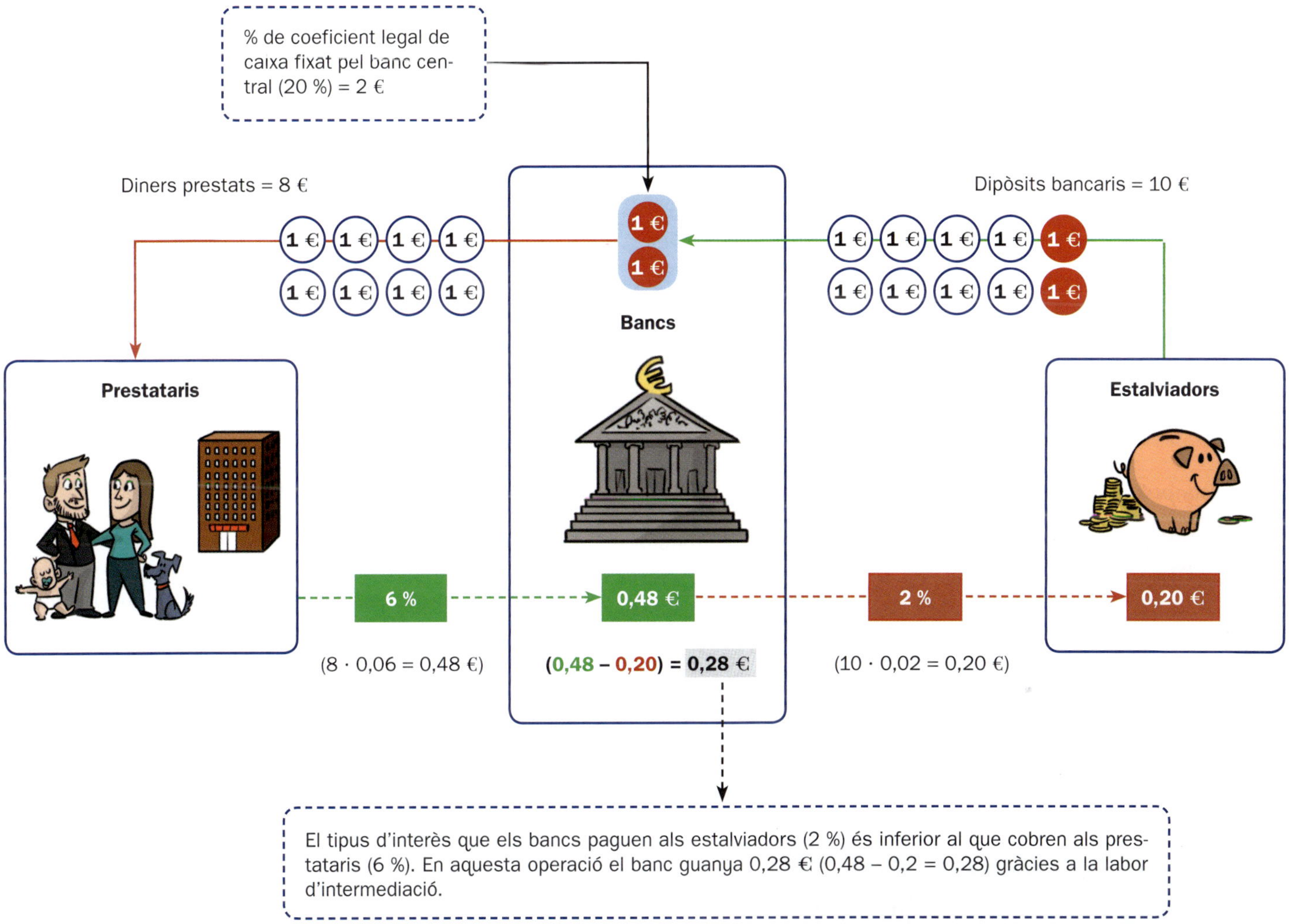

Activitats

5. Què és la reserva fraccionària? Descriviu amb paraules pròpies què és el que expressa aquest concepte a la pràctica.

6. Repasseu la Unitat 10 i contesteu les següents preguntes:

a) Quina relació té el coeficient legal de caixa amb la política monetària?

b) Quin tipus de política monetària practica el BCE quan augmenta el coeficient legal de caixa? I quan el disminueix?

c) Descriviu, per a cadascuna de les polítiques monetàries que heu identificat a l'apartat anterior, els seus efectes sobre el conjunt de l'economia.

7. Quina diríeu que és la funció bancària principal per a les famílies avui en dia i en què consisteix?

8. Indiqueu fins a quin punt estan relacionats els següents serveis bancaris amb la intermediació financera.

a) Retirada de fons mitjançant targetes de dèbit o crèdit.

b) Contractació d'assegurances de la llar.

c) Custòdia de diners, títols i pertinences en caixes de seguretat.

d) Pagament d'impostos i multes.

e) Concessió d'hipoteques.

2.2. La creació de diner bancari

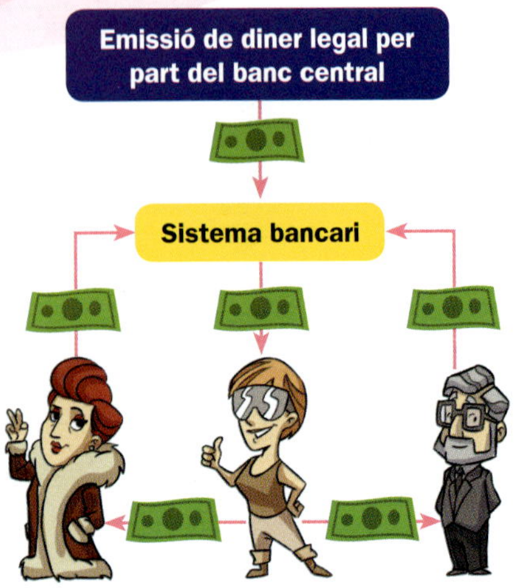

Fig. 11.3. Creació de diner bancari. El sistema bancari, al concedir préstecs, multiplica el diner legal rebut perquè físicament no arriba a sortir del banc, sinó que es mou pels comptes bancaris mitjançant anotacions en compte.

Els bancs tenen capacitat per si sols per a concedir préstecs o fer inversions, tenint en compte que no poden prestar ni invertir més del que han rebut dels seus dipositants, coeficient legal apart.

Tanmateix, tot i que cap banc pot prestar més diners del que li permet la capacitat que té, el sistema bancari en conjunt sí que pot fer-ho. Quan els prestataris dels bancs ingressen els diners en altres bancs creen un efecte dominó on el conjunt de dipòsits excedeix de molt el diner legal ingressat (fig. 11.3). Això és el que es coneix com *multiplicació del diner bancari.*

La **multiplicació del diner bancari** consisteix en l'increment de diner legal dins del sistema bancari al realitzar un dipòsit inicial.

$$\Delta \text{ Diner bancari} = \text{Dipòsit inicial} \cdot \frac{1}{\text{Coeficient de caixa}}$$

No obstant això, l'**efecte dominó** que generen els prestataris dels bancs pot trencar-se en qualsevol moment: els diners rebuts per algun dels prestataris poden no retornar al sistema bancari. Hi haurà prestataris que prefereixen tenir-los a mà a la llar o senzillament gastar-los. Quan una part del diner legal es dirigeix cap a destins que no són els dipòsits bancaris, l'efecte del multiplicador bancari es redueix de manera considerable.

Periscopi 2. El pànic bancari

L'últim gran pànic bancari es va iniciar el 2007 amb l'esclat de la crisi de les hipoteques escombraria als Estats Units. Les autoritats bancàries nord-americanes van actuar amb rapidesa, tot assumint el control d'alguns bancs per a evitar que el pànic s'estengués a altres.

La transformació dels bancs en bancs de reserves fraccionàries en va portar molts a fer fallida. Quan la rendibilitat de les inversions no responia a les expectatives previstes i el banc es veia incapaç de cobrir els dipòsits dels seus clients, van ser moltes les persones que van perdre els seus estalvis.

El problema que hi ha quan un banc realitza inversions arriscades no és tan important com quan el pànic s'estén a tot el sistema bancari quan algun banc presenta problemes de liquiditat; perquè quan un dipositant té problemes per a recuperar els seus diners, els altres dipositants temen pels seus i es presenten en massa a retirar-los. I no importa si les inversions que ha realitzat el banc són adequades o prudents. Cap banc, prudent o no, pot suportar una demanda massiva i instantània de dipòsits.

Per exemple, en el pànic bancari de 1929 que va precedir la Gran Depressió, només als Estats Units van caure en fallida... més de 4.000 bancs! Les Administracions Públiques van haver d'intervenir en l'activitat bancària, i van crear un organisme, el banc central, amb competències en matèria de control i supervisió del sistema bancari. A l'actualitat, els pànics bancaris són més estranys perquè les autoritats actuen ràpidament per a recuperar la confiança dels clients dels bancs. A més, existeix una assegurança subscrita per tots els bancs que garanteix el reintegrament d'una part dels dipòsits.

Reflexioneu:

a) Un dia us desperteu i veieu per la finestra que el caixer del Banc Just, on guardeu els estalvis, té una fila enorme de gent nerviosa mirant de retirar els seus diners. Què pensaríeu? Què faríeu?

b) Ara poseu-vos al lloc del banquer. A la vostra oficina, llegiu al diari que el Banc Just està a la ruïna. Vosaltres sabeu que la notícia és falsa. Però llavors arriba un client per treure tots els seus diners del vostre banc. Després n'arriba un altre, i un altre... Mireu de convèncer-los, però és inútil. Tancaríeu el banc al públic? Per què?

c) Per últim, imagineu que sou empresaris que necessiteu renovar un crèdit per a pagar l'anterior que venç en uns dies. Aneu al Banc Just a última hora del matí. Descriviu què passaria.

d) Investigueu a internet i citeu les raons per les quals hagin succeït tres pànics bancaris al llarg de la història.

Activitat resolta 2. La creació de diner bancari

En un país en el qual el coeficient de caixa que s'aplica al sistema bancari és del 10 %, la Marissa diposita 2.000 € en bitllets de curs legal al banc A. El banc A dedueix el 10 % legal per a reserves, i la resta la presta a la Beatriu, que l'utilitza per a pagar un deute pendent al Carles, que diposita els diners al banc D. El banc D dedueix el 10 % per a reserves, i la resta la deixa al Sr. Estévez, que fa servir els diners per a pagar l'última lletra del televisor a Formosa, S.A., diners que aquesta empresa diposita al banc G. Aquest banc dedueix el 10 % per a reserves, i la resta la presta a l'Honorat, que fa servir el que li han deixat per a pagar el primer termini d'un cotxe Isuzu. El concessionari diposita aquests diners al banc J. I així successivament.

Vocabulari

Coeficient de liquiditat.

Percentatge dels dipòsits bancaris que els clients prefereixen tenir de forma física. A la pràctica aquest coeficient es comporta igual que el *coeficient de caixa,* restant efecte al multiplicador del diner bancari.

a) Calculeu el diner bancari creat a partir del dipòsit de la Marissa i representeu gràficament l'efecte en cadena.

b) Calculeu l'increment total de diner bancari que experimenta el sistema bancari d'aquesta economia si tots els prestataris ingressen, alhora, els diners en un banc.

c) Quin seria l'increment si tots els prestataris, en comptes de dipositar la totalitat dels diners en el banc, retenen un 5 % per a atendre les despeses més directes que tenen?

Solució:

a) Concloent, els 2.000 € inicials de diner legal han creat, en només aquests quatre bancs, diner bancari per valor de 6.878 € (2.000 + 1.800 + 1.620 + 1.458) i 687,80 € (200 + + 180 + 162 + 145,8) en concepte de dipòsits i reserves, respectivament.

b) Per a calcular la totalitat de diner bancari que es podria arribar a crear en el sistema recorrem a la fórmula:

$$\Delta \text{ Diner bancari} = \text{Dipòsit inicial} \cdot \frac{1}{\text{Coeficient de caixa}} =$$

$$= 2.000 \cdot \frac{1}{0{,}10} = 20.000 \text{ €}$$

c) Si els prestataris retenen un 5 % per a les despeses pròpies, la quantitat que no entraria en aquest procés de la multiplicació del diner bancari ascendiria al 15 %; és a dir, el 10 % del coeficient de caixa i un 5 % més en el que podríem anomenar, per exemple, el **coeficient de liquiditat (CL).**

$$\Delta \text{ Diner bancari} = \text{Dipòsit inicial} \cdot$$

$$\cdot \frac{1}{\text{Coeficient de caixa} + \text{Coeficient de liquiditat}} =$$

$$= 2.000 \cdot \frac{1}{0{,}10 + 0{,}05} = 13.333{,}33 \text{ €}$$

Activitats

9. Suposem que en un país on el coeficient legal de caixa que s'aplica al sistema bancari és del 5 %, es produeixen dipòsits bancaris per valor de 5.000.000 €.

a) Calculeu l'increment total de diner bancari que experimenta el sistema bancari d'aquesta economia si tots els prestataris (els que reben els diners) ingressen, al seu torn, els diners en un banc.

b) Quin seria l'increment si tots els prestataris en lloc de dipositar la totalitat dels diners, retenen un 4 % per a atendre les despeses pròpies més directes?

3. Els productes financers

Els productes financers són títols que:

- Són emesos per empreses i governs que necessiten finançament per a les activitats que fan.
- Són comprats per inversors que presten els seus diners a canvi d'un interès o de drets valorables en diners.

Els productes representats mitjançant títols suposen:

- Un **actiu** o mitjà del manteniment de la riquesa per a qui els posseeixen, perquè podran convertir-los en diners en el futur.
- Un **passiu** o obligació de pagament per a qui ha de pagar-los en el futur.

Fig. 11.4. Existeix una relació inversa entre la rendibilitat i la liquiditat o el risc: a major liquiditat o major seguretat, menys rendibilitat i viceversa.

3.1. Característiques dels productes financers

Els productes financers es diferencien segons tres variables (fig. 11.4):

- La **liquiditat,** entenent-la com la capacitat per a convertir-se en diners. És el factor prioritari per a qui vol tenir a mà els diners.
- El **risc,** factor que té present la probabilitat d'aconseguir menys diners dels esperats, i fins i tot de perdre'ls.
- La **rendibilitat,** entesa com la capacitat de generar beneficis addicionals sobre la inversió inicial.

Classe 1	Dipòsits i plans de previsió assegurats.
Classe 2	Instruments que es comprometen a tornar el 100 % d'allò invertit.
Classe 3	Compromís de tornar el 100 % de 3 a 5 anys.
Classe 4	Compromís de tornar el 100 % de 5 a 10 anys.
Classe 5	Compromís de tornar el 100 % d'aquí a més de 10 anys, o el 90 %.
Classe 6	Accions, renda fixa privada, cèdules.

Fig. 11.5. Semàfor del risc. L'alt grau de complexitat assolit pels productes financers en relació amb els coneixements del públic en general va ser assenyalat com una de les causes de les crisis econòmiques esdevingudes al segle XXI. Per a millorar la qualitat de la informació, des del 2012 és obligatori classificar els productes financers conforme al seu risc.

Activitat resolta 3. Característiques dels dipòsits bancaris

L'Anna té dipositats 100 € en un compte corrent al banc A. Expliqueu els elements que identifiquen el dipòsit bancari a la vista de l'Anna com un producte financer, així com la liquiditat, el risc i la rendibilitat.

Solució:

El dipòsit bancari de l'Anna al banc A				
Representa		Presenta les següents característiques		
Un actiu	Un passiu	Liquiditat	Risc	Rendibilitat
Per a l'Anna	Per al banc A	És màxima, perquè l'Anna sempre pot accedir al seu dipòsit.	Classe 1. Gairebé inexistent, perquè estan protegits per l'Estat fins a 100.000 €.	Molt baixa

3.2. Renda fixa i renda variable

Els productes financers principals per a captar diners són els valors de *renda fixa* i els valors de *renda variable.*

A. Valors de renda fixa o bons

Els productes de renda fixa paguen una rendibilitat establerta a l'avançada i tornen els diners invertits en un termini determinat. També són anomenats **bons sobirans** o **bons de l'Estat** perquè les principals emissions les realitzen els països. Popularment s'anomena *bons* a tots els valors de renda fixa (taula 11.2), tot i que en rigor únicament haurien de rebre aquest nom els valors de renda fixa a tres i cinc anys.

Els **bons** són títols representatius del percentatge de deute d'un organisme públic o d'una empresa que rendeixen al seu posseïdor els interessos fixos pactats.

Les Comunitats Autònomes i les empreses també poden emetre aquest tipus de valors, però són menys freqüents i es tracta d'inversions més arriscades, en la mesura que les garanties de pagament que pot proporcionar una Comunitat Autònoma són menors que les que pot aportar un Estat.

Nom	Termini	Classe
Lletres del Tresor	3, 6, 9 i 12 mesos	2/6
Bons	3 - 5 anys	3/6
Obligacions	5 - 10 anys	4/6
	15 i 30 anys	5/6

Taula 11.2. Terminis de les emissions dels valors de renda fixa de l'Estat espanyol i la classificació conforme al semàfor del risc.

Sabíeu que...?

També hi ha emissions de valors de renda fixa per part d'empreses privades que ofereixen rendibilitat superior a la dels organismes públics, tot i que són més arriscades perquè manquen de garantia pública.

B. Valors de renda variable o accions

A diferència de la renda fixa, la renda variable no ofereix una rendibilitat preestablerta i el termini de la inversió no té data límit. Qui compra valors de *renda variable* o *accions* es converteix en soci propietari d'una empresa o negoci en la proporció corresponent i, en conseqüència, no existeix un termini de devolució associat als diners que inverteix. A canvi de l'aportació de diners, l'inversor adquireix **drets de vot** i gestió en l'empresa, i també **econòmics**, concretament a participar en el repartiment de **dividends** (beneficis) quan n'hi ha.

Les **accions** són títols representatius del percentatge de propietat d'una empresa que atorguen al seu posseïdor drets econòmics i de gestió.

Activitats

10. Ordeneu els següents productes financers per liquiditat, risc i rendibilitat:

a) Accions.

b) Lletres del Tresor.

c) Dipòsits bancaris a la vista.

d) Obligacions del Tresor.

11. Com pot ser que el que per a una persona és un actiu per a una altra és un passiu? Feu servir un exemple per a explicar-ho.

12. Quins drets té un inversor al comprar accions d'una empresa? I el que compra bons?

Reflexioneu

Peix al cove?

L'elecció entre renda variable o fixa acostuma a dependre del perfil de l'inversor. Qui desitja assumir major risc però també majors beneficis, arribat el cas, es decantarà per les accions. En canvi, els qui prefereixen assegurar un mínim guany (i dormir tranquils a la nit) preferiran la seguretat que proporcionen les diverses modalitats de la renda fixa.

Grans beneficis potencials però alt risc en el primer cas. Pocs beneficis però assegurats en el segon.

4. Els mercats o borses de valors

Els mercats de productes financers, popularment anomenats *borses de valors,* posen en contacte a estalviadors amb empreses i organismes públics que necessiten diners per a les seves activitats. En aquests mercats s'intercanvien tota classe de productes financers, els principals dels quals són els valors de renda fixa, o *bons*, i els valors de renda variable, o *accions*.

Els **mercats o borses de valors** són mercats especialitzats en la compravenda de productes financers, principalment bons i accions.

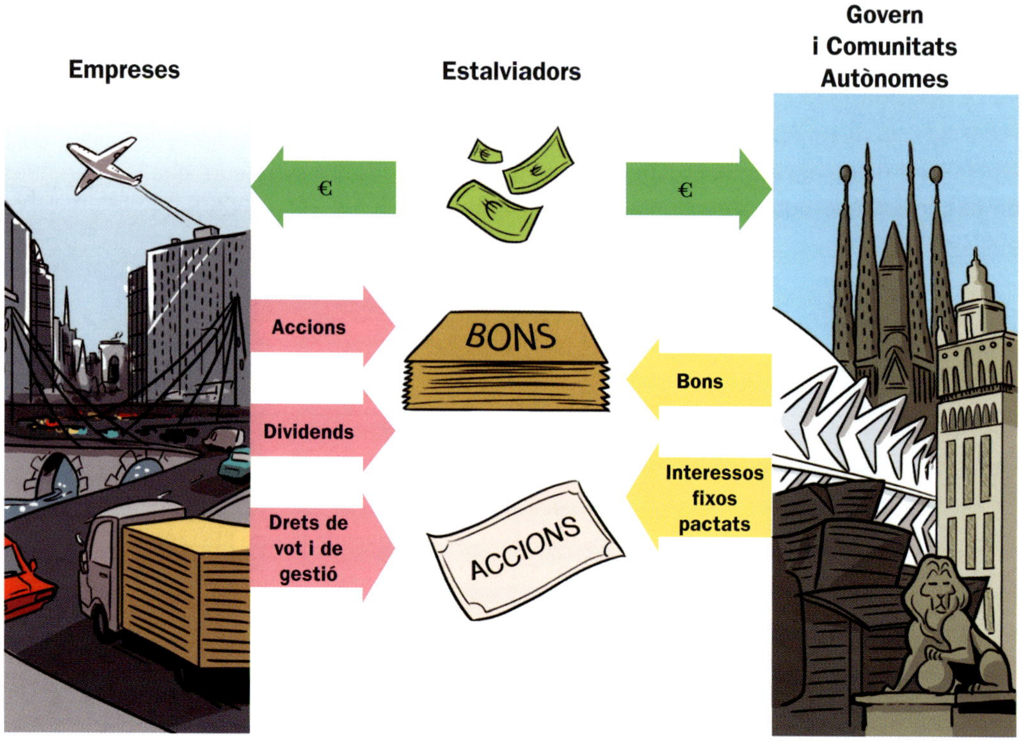

Fig. 11.6. Els mercats de valors canalitzen l'estalvi cap a les empreses i els organismes públics.

4.1. Emissió i negociació

Els productes financers, representats per títols, neixen en el *mercat primari*, o *d'emissió*, i després s'intercanvien en el *secundari*, o *de negociació* (fig. 11.7). Les **societats mediadores** (les agències i societats de valors, els *brokers* i els *dealers*, respectivament) són les úniques facultades per a operar en els mercats primaris o secundaris de productes financers.

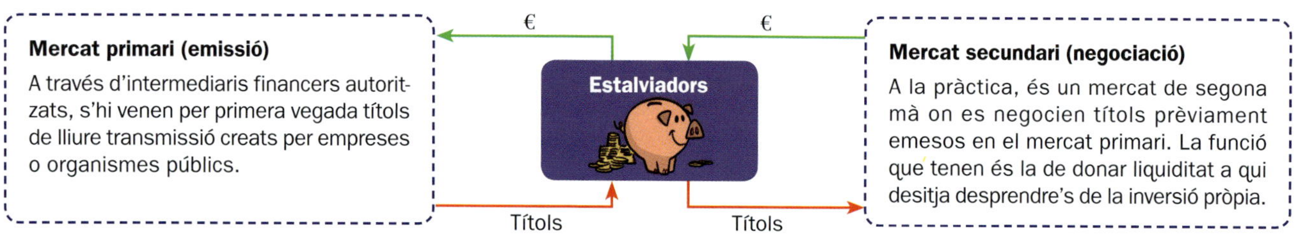

Fig. 11.7. Els mercats primaris i secundaris compleixen amb la funció important de donar liquiditat als estalviadors/inversors.

Ara que ja hem vist com s'organitzen i s'estructuren els mercats o borses de valors, analitzarem les característiques pròpies de cada mercat financer segons el títol que s'hi negocia: per una banda, el *mercat de bons,* i per una altra, el d'*accions*.

4.2. Els mercats de bons

Si les empreses són les protagonistes del mercat d'accions, els Estats ho són en els mercats de bons. I no és un escenari menor, tot i tractar-se de mercats menys mediàtics i, en principi, menys volàtils en els preus que els mercats d'accions. I diem «en principi» perquè alguns països han fet fallida i altres han estat a punt de fer-ho a causa dels alts tipus d'interès que van arribar a haver de pagar pels seus bons. Per a entendre les característiques del mercat de bons, hem de familiaritzarnos amb els següents conceptes:

- Les causes de la variació dels **tipus d'interès** entre les diverses emissions de deute sobirà.
- La **prima de risc,** o risc de país, que permet establir comparacions entre diferents deutes sobirans.

Sabíeu que...?

Si vols saber més sobre el deute sobirà espanyol pots accedir a **www.tesoro.es.**

TesoroPúblico

A. Els tipus d'interès

Si un inversor compra un bo de 100 € a un 2 %, arribat el venciment l'inversor rebrà els 100 € pagats més 2 € d'interessos. Els organismes públics (d'ara endavant, els països) com que són els emissaris majoritaris del deute sobirà, fixen el tipus d'interès de les emissions pròpies. Però no ho fan lliurement: han de fer-ho a preus de mercat, perquè ningú paga en el mercat primari per alguna cosa que pot aconseguir més barata en el mercat secundari (fig. 11.8).

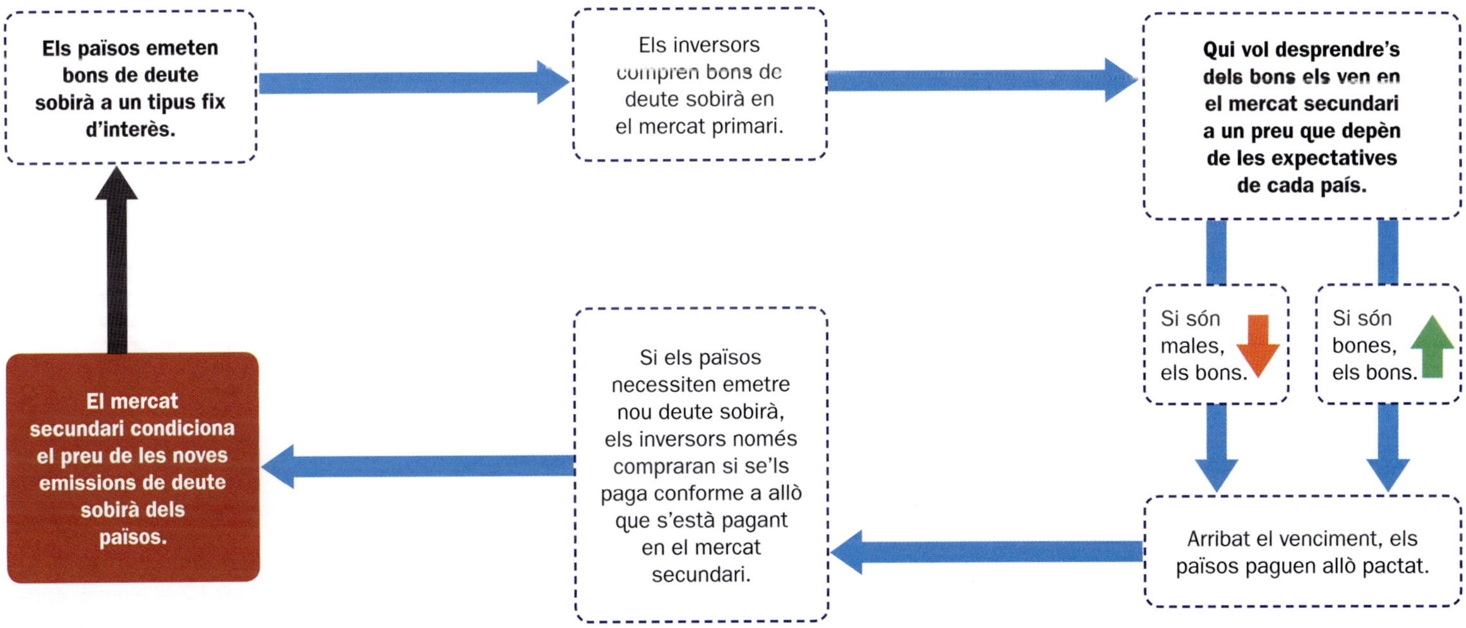

Fig. 11.8. Funcionament dels mercats de bons.

Periscopi 3. **Les bombolles especulatives**

El terme 'bombolla' té el seu origen en la pujada especulativa que va envoltar la sortida a borsa de les accions d'una nova companyia naviliera al segle XVIII que tenia el monopoli del comerç amb l'Amèrica espanyola. Tot i la seva escassa rendibilitat (només era possible enviar un vaixell a l'any), les accions van augmentar com l'escuma a causa de les expectatives creades, i al fet que tenia el suport del Govern anglès. Quan van sorgir altres companyies no protegides que també prometien grans beneficis, el Govern anglès les va il·legalitzar mitjançant l'anomenada «Acta de la Bombolla», en al·lusió a la condició marítima d'aquella companyia, les accions de la qual van augmentar i van disminuir espectacularment en només uns mesos. D'aquí que posteriorment s'ha anomenat «bombolles» aquests i altres fenòmens especulatius.

Reflexioneu:

Busqueu a Internet algunes grans bombolles especulatives de la història, així com el producte que les va causar.

B. La prima de risc, o risc de país

La prima de risc mesura el risc d'impagament dels bons de deute sobirà d'un país en comparació amb els bons del país considerat més segur del mercat.

! Important

Al comprar bons de països de la Unió Europea, en lloc dels bons alemanys «segurs», els inversors assumeixen major risc a canvi d'un major tipus d'interès.

La **prima de risc**, també coneguda com a *risc de país,* és el sobrecost que se li demana al deute sobirà d'un país en comparació amb el d'un altre, considerat el de menor risc del mercat.

A la Unió Europea, la prima de risc és el sobrecost que exigeixen els inversors per a comprar bons d'Espanya i de la resta de països de la UE, en comptes dels bons alemanys, sobre els quals no existeix dubte en quant al seu reembossament, donada la fortalesa de l'economia pròpia.

Al tractar-se d'un diferencial, no importa únicament la debilitat dels bons dels països de la UE, sinó també la fortalesa dels bons de deute alemany. La prima de risc es calcula en punts per diferència entre la rendibilitat dels bons del país en qüestió i la rendibilitat dels bons alemanys.

Per exemple, si la rendibilitat del bo alemany és de l'1,1 % i la del bo espanyol és del 3,5 %, la prima de risc és de 240 punts (3,5 % – 1,1 % = 350 – 110).

Activitat resolta 4. Funcionament del mercat de bons

El Carles ha comprat per valor de 100 € un bo emès per Espanya en el mercat primari amb venciment a tres anys. Tot i això, dos anys després el seu valor en el mercat secundari s'ha reduït a 98 € i la Beatriu aprofita l'oportunitat per a comprar-li el bo a el Carles.

La taula següent recull les dades de compra de deute sobirà d'Espanya del Carles i la Beatriu:

	Mercat primari			Mercat secundari	
País	Valor bons	Interès	Comprador	Valor bons	Compradora
Espanya	100 €	4 %	Carles	98 €	Beatriu

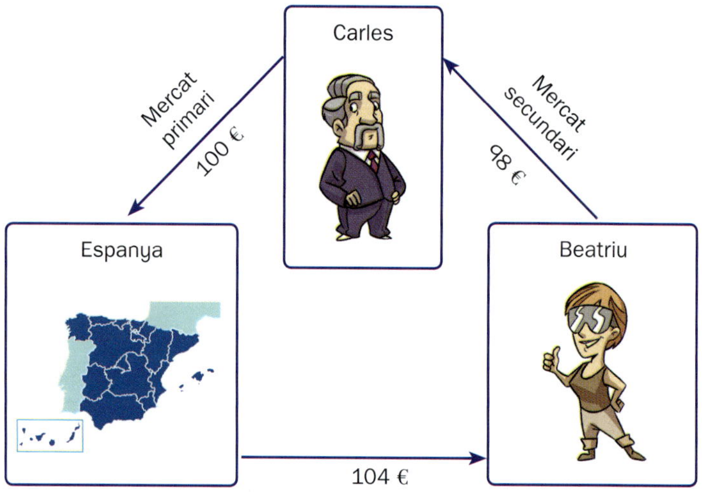

a) Quants diners guanyarà la Beatriu al comprar el bo del Carles? I quina serà la seva rendibilitat?

b) Quin seria el tipus d'interès mínim que hauria d'oferir Espanya si volgués realitzar una nova emissió de bons en l'any 3?

c) Si el Carles ven el bo que va comprar per 100 € a la Beatriu per 98 €, no està perdent diners?

d) Si l'interès del bo alemany està a l'1,40 % en el moment de l'emissió, i a l'1,85 % al moment en què el va comprar la Beatriu, i també quan Espanya va realitzar la segona emissió en l'any 3, determineu la prima de risc en els dos casos.

Solució:

a) Si la Beatriu compra el bo del Carles per 98 euros al principi de l'any 3, un any després rebrà 4 € d'interessos i els 100 € de devolució del principal del bo, perquè el termini de venciment ha finalitzat.

En total, la Beatriu obtindria un benefici de (100 + 4) – 98 = = 6 €. La rendibilitat sobre la inversió seria de 6/98·100 = = 6,12 %

b) Si Espanya realitza una nova emissió de bons en l'any 3, hauria d'oferir una rendibilitat mínima del 6,12 %. En cas contrari, la gent, com la Beatriu, preferiria comprar els bons en el mercat secundari i ningú compraria les noves emissions.

c) No, no els perd. És cert que en Carles va comprar el bo per 100 € i el va vendre per 98. I que aquell any el bo vencia i li corresponia cobrar 104 € (4 d'interessos i 100 de devolució del principal). Però és que, si el Carles utilitza els 98 € de la Beatriu en comprar nous bons de l'any 3, el rendiment és del 6,12 %. I per tant cobraria 98 + (98·0,0612) = 104 € al seu venciment. Així que, en certa manera, es troba igual que abans.

d) Si el bo alemany cotitzava a 1,40 % en l'any 1, la seva prima de risc respecte dels bons emesos per Espanya seria de: 4 % – 1,40 % = 2,60 % o 260 punts bàsics. Amb les noves dades, en l'any 3 aquesta prima hauria augmentat a: 6,12 % – 1,85 % = 4,27 % o 427 punts bàsics.

Periscopi 4. Les agències de qualificació

Standard & Poor's, Moody´s i Fitch Ratings (les tres agències qualificadores principals a l'actualitat) van néixer a principis del segle XX per a qualificar emissions privades o públiques en mercats tan diversos com França, el Japó o l'Argentina. El seu paper ha acabat sent fonamental per al desenvolupament dels mercats financers perquè qualifiquen amb la mateixa vara de mesurar les diverses alternatives d'inversió. Tots els valors o títols són analitzats conforme a criteris objectius, com, per exemple, solvència, situació dels països, evolució de l'economia, etc. Les qualificacions van des de l'*AAA* (seguretat i confiança màximes) fins a la *C* (desconfiança total).

S&P Global Ratings	FitchRatings	Moody's	Risc	Tipus d'inversió
AAA	AAA	Aaa	La qualitat més alta	Inversió
AA	AA	Aa	Alta qualitat	Inversió
A	A	A	Forts	Inversió
BBB	BBB	Baa	Qualitat mitjana	Inversió
BB, B	BB, B	Ba, B	Especulatius	Escombraria
CCC, CC, C	CCC, CC, C	Caa, Ca, C	Altament especulatius	Escombraria
D	D	C	En condició d'impagament	Escombraria

Reflexioneu:

a) Busqueu la qualificació creditícia del deute d'Espanya i de la vostra Comunitat Autònoma al web de **https://datosmacro.expansion.com.** Per a buscar dades dins d'una pàgina concreta a través del buscador Google, introduïu els termes «site:datosmacro.expansion.com calificación crediticia» més el nom de la vostra Comunitat Autònoma. Quina qualificació creditícia tenen? Què significa? A la part inferior del web podreu veure una taula amb el significat de cada qualificació per a cada agència de risc.

b) Escolliu ara un país del món el nom del qual comença per la primera lletra del vostre nom. Quina qualificació creditícia té? Formuleu en forma de notícies econòmiques tres raons per les quals alguna agència qualificadora li ha assignat aquesta qualificació.

c) Què passa quan les agències de qualificació de risc s'equivoquen?

d) Qui qualifica les agències de qualificació?

Activitats

13. La taula següent recull el tipus d'interès que ofereixen els bons a 10 anys en diversos països, així com la qualificació que atorga l'agència Standard & Poor's a aquests instruments de deute.

País	Tipus d'interès del bo a 10 anys	Qualificació (S&P)
Alemanya	0,35 %	AAA
Espanya	1,44 %	A–
França	0,69 %	AA
Grècia	4,47 %	B+
Mèxic	7,94 %	BBB+
Argentina	18,24 %	B+

A partir de les dades anteriors:

a) Calculeu les primes de risc dels països respecte d'Alemanya.

b) Creieu que existeix alguna relació entre la prima de risc i la qualificació atorgada per Standard & Poor's als bons? Raoneu la vostra resposta.

14. Definiu amb paraules pròpies què són els bons i les accions.

15. Quina és la raó per la qual una prima de risc d'un país de la Unió Europea, com per exemple l'espanyola, és més o menys alta?

4.3. Els mercats d'accions

Els productes financers estrella de les borses són els valors de **renda variable**. Aquest és, amb diferència, el mercat més dinàmic, però també el més volàtil. Diàriament milers de milions d'euros i d'accions canvien de mans i el seu preu pot créixer com l'escuma o desplomar-se. Com a resultat d'aquestes interaccions, varien els següents factors que veurem a continuació:

- Els preus o **cotitzacions de les accions**.
- Els índexs borsaris o indicadors de l'evolució de les borses.

A. Cotització de les accions

El preu de les accions, o cotització, fluctua segons la llei de l'oferta i la demanda. Quan hi ha **excés de demanda**, els preus pugen, i viceversa: quan hi ha **excés d'oferta**, els preus baixen.

Els **factors** que condicionen la predominança de la demanda o de l'oferta en la cotització de les accions són (taula 11.3):

Cotització de les accions		Expectatives de rendibilitat		Preu del diner		Evolució de l'economia	
		Bones	Males	Baixa	Puja	Bona	Mala
↑ Excés de demanda (pugen els preus de les accions)	↓ Excés d'oferta (baixen els preus de les accions)	↑	↓	↑	↓	↑	↓

Taula 11.3. Factors principals que condicionen el preu o cotització de les accions en la mesura en la qual influeixen sobre l'oferta i la demanda.

Per a operar en les borses espanyoles de valors, el més habitual és fer-ho a través d'un sistema informàtic anomenat popularment *mercat continu.*

El **mercat continu** o SIBE (Sistema d'Interconnexió Borsari Espanyol) és un sistema d'interconnexió informàtic entre les *quatre borses espanyoles* (Madrid, Barcelona, Bilbao i València) que possibilita la negociació de certs valors a través de terminals d'ordinador en temps real.

Sabíeu que...?

La inestabilitat de les borses de valors ha impulsat l'auge dels **fons d'inversió lliures** o no mobiliaris.

Us sorprendria saber que alguns dels fons més rendibles dels últims anys són els especialitzats en vins? Per citar només un exemple, la caixa de Château Ausone de 2010 cotitza a 2.486 €. Vins espanyols com el Pingus o el Vega Sicilia encara estan lluny d'aquestes cotitzacions, però cada any escalen posicions.

Periscopi 5. Relació entre els mercats de valors i les inversions empresarials

A les borses de valors, les empreses emeten accions a canvi de diners i de la cessió d'un percentatge de propietat sobre elles. Quan procedeixen d'aquesta manera perden autonomia, perquè cedeixen un percentatge de propietat als nous propietaris, però obtenen els diners que necessiten per a les activitats pròpies.

No obstant això, les inversions, normalment en béns de capital, poden tardar diversos anys en donar els seus fruits, si és que al final en donen. Per als inversors podria ser un inconvenient esperar diversos anys per a recuperar els seus diners. Però gràcies als mercats secundaris, aquests poden revendre la participació a altres que sí que poden esperar. A l'existir una quantitat permanent i raonable d'inversors interessats, les inversions empresarials poden fructificar, i amb això dinamitzar la producció i l'ocupació.

Majors beneficis per a les empreses i més salaris per als treballadors incrementen el consum de les famílies i estimulen noves inversions empresarials.

Reflexioneu:

a) L'empresa La Molinera, S. A. decideix emetre noves accions per a aconseguir diners. Imagineu que sou milionaris i decidiu comprar-les totes. A algun dels antics accionistes sembla que no li agrada gaire la vostra operació. Per què podria ser?

b) Què passaria amb la cotització en Borsa d'aquesta empresa si durant diversos anys opta per no repartir dividends per a seguir creixent?

c) Ara imaginem que el govern decideix prohibir el mercat secundari. En què us afecta a vosaltres?

Activitats

16. Establiu una analogia entre els mercats d'emissió i negociació d'accions i la compra de cotxes nous i usats.

17. Quins factors condicionen la pujada o baixada del preu de les accions en les borses?

B. Índexs borsaris

Un *índex borsari* mesura l'evolució d'un conjunt de valors representatius, entenent com a tals aquells valors amb **alt grau de liquiditat.** I quan un índex mesura l'evolució del conjunt de valors representatius d'una borsa de valors, estem davant d'un *índex borsari general.*

Un **índex borsari general** és un indicador de l'evolució d'un mercat en funció del comportament de les cotitzacions dels títols més representatius, escollits segons el seu grau de liquiditat.

Sabíeu que...?

Un valor es considera molt **líquid** si molts dels seus títols canvien de mans en cada sessió. Això implica que és fàcil vendre'l i, per tant, convertir-lo en diners amb rapidesa.

Com que són representatius d'un conjunt de valors importants, els índexs borsaris generals són els **termòmetres** de la situació en els mercats de valors. De fet, quan es diu que la borsa puja o baixa, s'està fent referència a si han prevalgut els desitjos de compra o els de venda dels valors que formen part dels índexs borsaris generals.

A Espanya, l'índex borsari general és l'**IBEX–35,** que representa les 35 empreses més importants de la borsa espanyola segons el volum de contractació que experimenten dia a dia i, per tant, al seu grau de liquiditat.

Índexs borsaris	Descripció
DOW JONES	El Dow Jones és l'indicador de mercat més conegut al món, tant per ser el més antic, com perquè reflecteix el mercat accionari dels Estats Units, on cotitzen les multinacionals més importants del planeta. L'empresa Dow Jones & Company l'elabora i el publica al *Wall Street Journal.*
EURO STOXX 50	Elaborat també per l'empresa Dow Jones, el Dow Jones Euro STOXX és un índex borsari basat en l'evolució de més de 300 companyies que operen als països de l'eurozona. El DJ Eurostoxx 50 és el mateix, però només fa referència a 50 societats.
nasdaq 100	És l'anomenat **índex de valors tecnològics.** En aquest cas, la selecció no depèn només de la liquiditat dels valors, sinó també del **sector** en el qual operen les companyies: són empreses d'alta tecnologia, de mida mitjana i amb alt potencial de creixement.

Taula 11.4. Índexs borsaris principals. Altres també rellevants, i segons els països, són: DAX (Alemanya), CAC-40 (França), FOOTSIE-100 (el Regne Unit) i NIKKEI (el Japó).

Recordeu

Un **índex general borsari** fa referència als valors més característics d'una determinada borsa.

Activitats

18. Quan els mitjans de comunicació anuncien que les borses «han tancat amb descensos», què és el que realment baixa?

19. Per què l'IBEX-35 és la referència de la borsa de valors espanyola?

20. Raoneu per què titulars com els següents acostumen a ser notícia d'actualitat:

a) «La variació del preu del diner castiga la borsa.»

b) «El preu del deute sobirà de Grècia dispara les alarmes.»

c) «Les qualificadores es van equivocar amb Islàndia.»

d) «Diverses empreses aplacen la sortida a borsa a causa de la situació econòmica.»

e) «Wall Street obre a la baixa.»

21. Avui en dia a les borses és habitual suspendre la cotització d'un valor quan baixa massa en una sola sessió. Per què creieu que es fa?

MAPA CONCEPTUAL

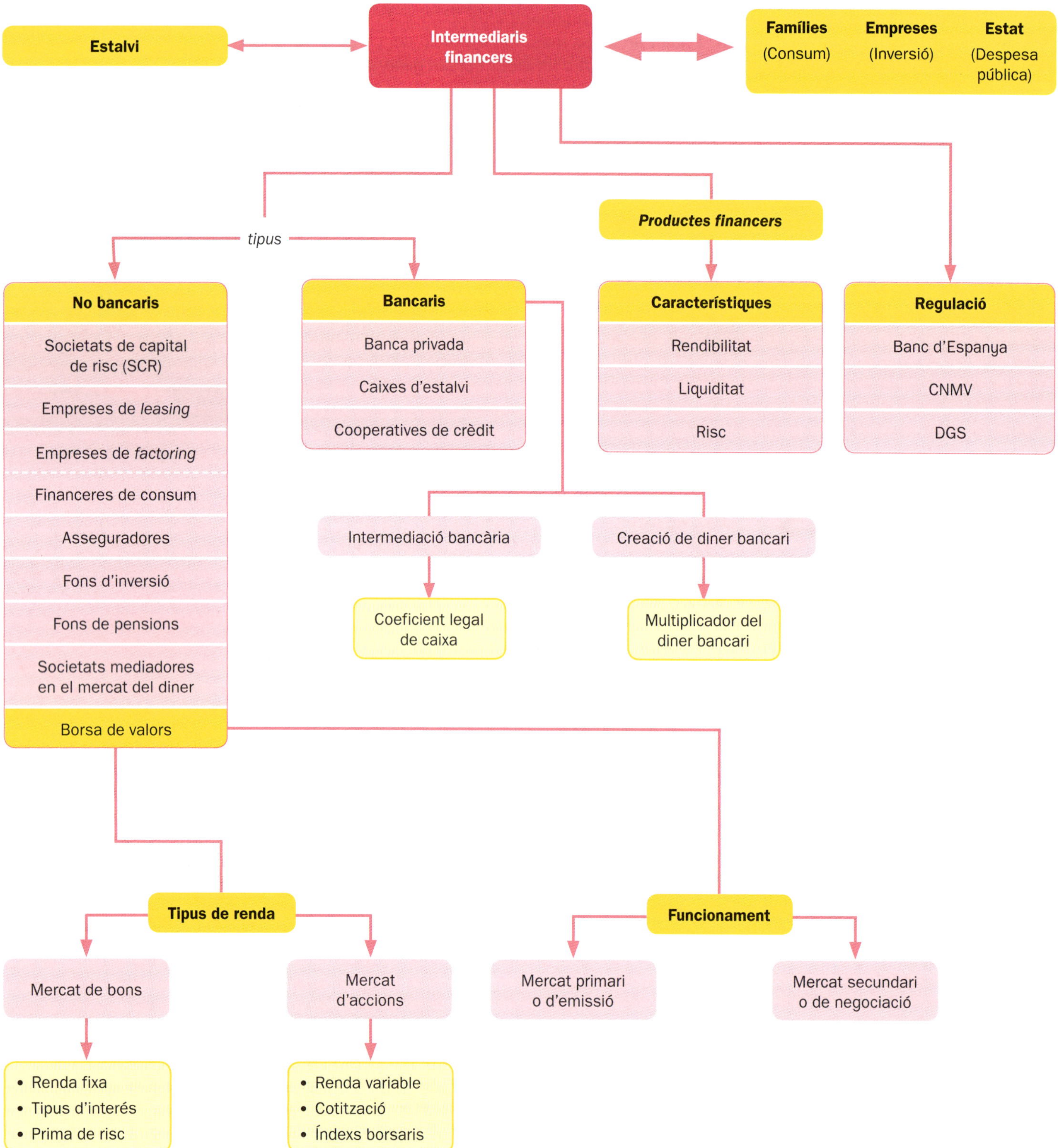

1. La funció principal del sistema financer és:

a) Regular el seu funcionament.

b) Proporcionar liquiditat.

c) Canalitzar l'estalvi.

d) Assegurar la rendibilitat.

2. El coeficient legal de caixa està relacionat amb:

a) La política monetària.

b) El Banc d'Espanya.

c) La prima de risc.

d) Són certes *a)* i *b)*.

3. La prudència d'un banc per a atendre els dipòsits dels seus clients ve determinada per:

a) Els intermediaris financers no bancaris.

b) La reserva fraccionària.

c) El que marca el BCE.

d) Cap de les anteriors és certa.

4. A l'hora d'escollir un producte financer, el factor determinant per a qui desitja recuperar els seus diners amb rapidesa és:

a) La rendibilitat.

b) La liquiditat.

c) El risc.

d) La convertibilitat.

5. Quina de les següents afirmacions és verdadera?

a) Els bons converteixen el seu posseïdor en prestatari d'un país.

b) Les accions rendeixen un dividend variable cada any.

c) El sistema de reserves fraccionàries del Banc d'Espanya pot crear diner bancari.

d) Les empreses de *factoring* venen les factures pròpies i són altres qui les cobren.

6. El mercat que proporciona liquiditat de manera que els inversors recuperen allò invertit es coneix com:

a) Mercat primari.

b) Mercat secundari.

c) Mercat terciari.

d) Mercat de bons.

7. El que permet establir comparacions entre les emissions de deute sobirà de diversos països és:

a) El tipus d'interès.

b) L'índex borsari.

c) El preu oficial del diner.

d) La prima de risc.

8. Les accions d'una empresa pugen quan:

a) Baixa el preu del diner.

b) L'evolució de l'economia és dolenta.

c) Les expectatives de rendibilitat de l'empresa són dolentes.

d) Cap de les anteriors és certa.

9. El criteri que determina la inclusió d'un valor en un índex borsari és:

a) La rendibilitat.

b) La importància.

c) La liquiditat.

d) La volatilitat.

10. El que és rellevant de les cistelles de valors dels fons d'inversió és:

a) Que estan formats per una selecció de diferents valors.

b) Que són menys arriscats que les accions.

c) Que diversifiquen el risc.

d) Totes són certes.

El sistema financer.

1. Tenint en compte que a Espanya destinem part de les nostres nòmines a la Seguretat Social per tenir dret a una jubilació procedent de l'Estat, per què els fons de pensions privats tenen un desenvolupament important?

2. Per què diem que el Banc d'Espanya no és un banc pròpiament dit?

3. Una empresa té 10.000 € en concepte de drets pendents de cobrament materialitzats en diverses factures. Quines conseqüències implicaria vendre els seus drets de cobrament a una empresa de *factoring* que cobra el 20 % pels seus serveis?

4. Una empresa finança diversos dels seus vehicles de transport mitjançant el sistema de *leasing.* Expliqueu en què consisteix aquest sistema.

Els intermediaris financers bancaris.

5. Quina relació té el Banc Central Europeu amb la quantitat de reserves que mantenen inactiva els bancs de la Unió Europea?

6. Ajudeu-vos de l'Activitat resolta 1 per a realitzar un esquema amb la intermediació del banc A entre estalviadors i prestataris d'acord amb les dades següents:

- Diners dels estalviadors dipositats al banc A: 100 €.
- Reserva fraccionària: 20 %.
- Coeficient legal que marca el banc central: 30 %.
- Tipus d'interès que reben els estalviadors: 1 %.
- Tipus d'interès que rep el banc A pels seus préstecs: 5 %.
- Diner prestat pel banc A: 70 €.

7. Com afavoreix la reserva fraccionària l'execució de l'activitat bancària?

8. Per què creus que al procés de creació de diner bancari se l'anomena també «expansió múltiple dels dipòsits»?

9. El banc A li ha concedit al Pere una hipoteca de 80.000 € per adquirir un habitatge. En comptes de donar-li els diners en efectiu, el banc A obre un compte bancari a nom del Pere amb els 80.000 €, import que el Pere transfereix al compte bancari de la Diana, la venedora. Al seu torn, el banc B, que és amb el qual treballa la Diana, dedueix aquests diners del seu compte, perquè ella els devia per un préstec personal.

Descriviu com ha canviat la situació econòmica del Pere i de la Diana tot i que no s'ha creat diner físic en cap cas.

10. Suposem que en un país on el coeficient legal de caixa que s'aplica al sistema bancari és del 6 % es produeixen dipòsits bancaris per valor de 6.000.000 €.

a) Calculeu l'increment total de diner bancari que experimenta el sistema bancari d'aquesta economia si tots els prestataris (els que reben els diners) ingressen, al seu torn, els diners en un banc.

b) Quin seria l'increment si tots els prestataris, en comptes de dipositar tots els diners, retenen un 5 % per a atendre les despeses pròpies més directes i converteixen un altre 5 % en dòlars?

11. A quant han ascendit els dipòsits realitzats en el sistema bancari d'un país si l'increment del diner bancari ha estat de 100 milions d'euros i el coeficient legal de caixa és d'un 4 %? I si els usuaris de bancs i caixes retenen, a més, un 2 % per a les despeses en efectiu?

Els productes financers.

12. Descriviu, per a cadascun dels següents intermediaris, quin tipus de producte financer o inversió creen quan capten els diners dels estalviadors:

a) Borsa de valors.

b) Bancs.

c) Fons d'inversió.

d) Asseguradores.

13. Expliqueu el tipus de relació que existeix entre la rendibilitat i la liquiditat dels productes financers. I entre rendibilitat i risc? Amb quin dels parells de conceptes citats associaríeu la renda fixa i la renda variable?

14. Elaboreu una taula en dues columnes en la qual queden definides les diferències entre les obligacions i les accions.

15. Classifiqueu de major a menor liquiditat els valors següents:

a) Bons del Tresor Espanyol.

b) Accions de renda variable d'Inditex.

c) Dipòsit bancari a termini fix a Caixabank.

d) Accions d'una nova empresa coreana amb alt valor de creixement.

e) Bons del Banc de Santander.

f) Participacions en un fons d'inversió de renda variable.

16. Reformuleu l'activitat anterior utilitzant com a criteri el risc i, després, utilitzant com a criteri la possible rendibilitat.

17. Per què els préstecs dels clients són un actiu per als bancs on estan dipositats?

Els mercats o borses de valors

18. Quines fases travessa el títol-acció d'una empresa des que aquesta l'emet per a captar finançament fins que cotitza conforme a la llei de l'oferta i la demanda en la borsa de valors?

19. Quina funció compleix el mercat secundari de la borsa de valors per a qui no pot esperar a recollir els beneficis de la inversió?

20. Per què els fons de valors són una bona alternativa per a qui no vol assumir gaire riscos?

21. Llegiu el text següent i després contesteu les preguntes:

La dècada dels anys vint del segle XX va ser testimoni del fabulós auge dels mercats de valors, on tothom comprava i venia accions. Es feien fortunes milionàries d'un dia a l'altre i tots volien provar sort en les borses. Com que per a poder obtenir grans beneficis es requeria la inversió de grans quantitats, i no tothom podia desemborsar-les en efectiu, la majoria de les compres s'efectuaven amb préstecs bancaris, i les accions acabades de comprar quedaven com a garantia de pagament. La gent firmava gairebé a cegues els préstecs per a adquirir les accions. Què podia importar pagar un interès del 15 % anual si les accions podien augmentar aquest percentatge mateix en un sol dia? Amb el temps, les accions van arribar a estar sobrevalorades, és a dir, no es corresponia el que se'n pagava amb els beneficis que podien obtenir les empreses en qüestió. Els inversors estaven pagant preus molt alts per les accions. No pensaven en els beneficis que podien obtenir les empreses, sinó en el que podien obtenir ells mateixos venent les accions a un preu més alt. Es va formar així el que es coneix amb el nom de *bombolla especulativa*, un procés en el qual els preus pugen sense parar a causa de l'excés de demanda (no perquè augmenten els possibles beneficis que poden repartir les empreses), que acaba amb un ajustament brusc dels preus quan el mercat s'adona que ha viscut un miratge. Efectivament, amb els preus pels núvols, va arribar un moment en el qual la gent volia vendre, però ningú comprava. El preu va començar a baixar, però seguien sense aparèixer compradors. Davant el temor de majors baixades, altres accionistes van posar a la venda els seus títols i el preu de les accions va caure encara més. En molt pocs dies, el valor de les accions es va desplomar i es van comptar per milions els inversors que es van trobar totalment arruïnats.

a) Per què els compradors d'accions no van pensar que podien baixar de valor?

b) Quina va ser la responsabilitat del sistema bancari en els esdeveniments narrats?

c) Creieu que el sistema d'admetre les accions adquirides com a garantia de pagament dels préstecs concedits per a comprar-les segueix sent el més utilitzat avui en dia? Per què?

d) En què consisteix una bombolla especulativa? Descriviu com evoluciona el preu d'una acció quan es produeix aquest fenomen.

e) Pregunteu al vostre banc quin és el procediment per a adquirir accions a la borsa espanyola.

22. Raoneu la veracitat o falsedat de les següents afirmacions:

a) Els fons d'inversions proporcionen més rendibilitat que les accions.

b) Tots els productes financers, com per exemple els dipòsits bancaris, poden ser utilitzats com a mitjans de pagament.

c) A l'emetre accions, les empreses obtenen diners amb els quals desenvolupen les activitats, tant en el mercat primari com en el secundari.

d) Els països assignen als seus bons el tipus d'interès que més els convé.

e) Les expectatives econòmiques acostumen a ocasionar la baixada dels preus de cotització de les accions als mercats de valors.

23. Imaginem que la taula següent ens dona informació sobre l'emissió de deute sobirà de l'any 1 per part de Portugal i a tornar en 10 anys.

Mercat primari			
País	Valor bons (€)	Interès	Comprador any 1
Portugal	200	3 %	João

A partir de la taula anterior, determineu:

a) La rendibilitat de la inversió per al João.

b) El João va vendre els seus bons a l'Amaral en el mercat secundari per 198 € durant l'any 2. Quina és la rendibilitat per a l'Amaral?

c) Si a l'any 2 Portugal necessita realitzar una segona emissió de bons, quin seria el tipus d'interès mínim d'aquesta nova emissió?

d) Si l'interès del bo alemany està a l'1,50 % en el moment de l'emissió i a l'1,35 % en el moment de la segona emissió per part de Portugal a l'any 2 al seu límit mínim, quina seria la prima de risc en tots dos casos?

- Escriviu dues idees clares i que us semblen fonamentals d'aquesta unitat. Què us ha ajudat a comprendre-les?
- Feu dues preguntes sobre aspectes que no us hagin quedat clars de la unitat.
- Escriviu dos aspectes sobre els quals us agradaria aprofundir en aquesta unitat.

Interpretem... les notícies de la Borsa

ÍNDEXS DE LA BORSA

Ibex 35 (última sessió)

– 0,32 % (1) 10.230,60 (– 32,9) (2)

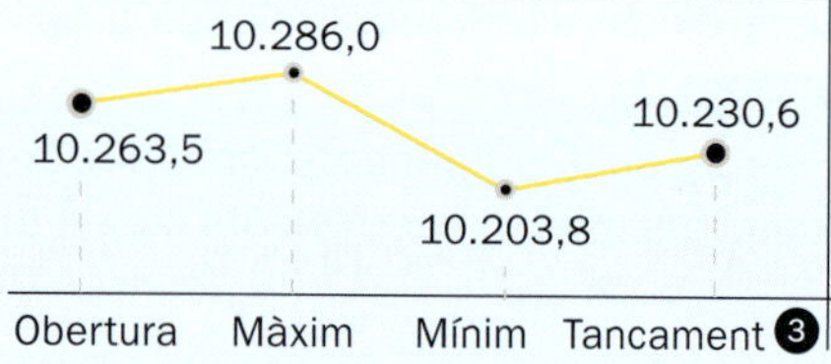

Dow Jones (última sessió)

– 0,10 % 17.672,60 (– 19,10)

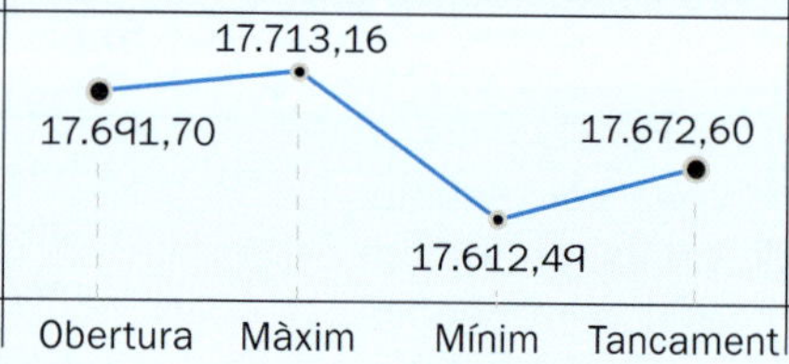

General de Madrid (última sessió)

0,33 % 962,36 (3,26)

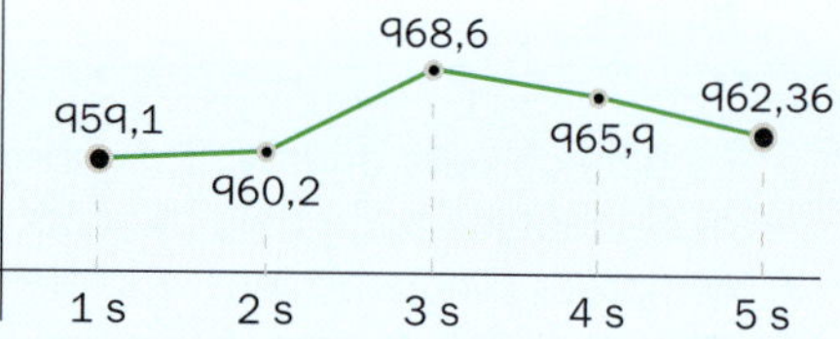

1. *Variació en percentatge respecte de l'obertura de la sessió.* **2.** *Variació en punts respecte de l'obertura de la sessió.* **3.** *Evolució de l'índex al llarg de la sessió.*

LES MAJORS PUJADES	%	€	LES MAJORS BAIXADES	%	€	ELS MÉS CONTRACTATS	*Efectiu* (4)	*Títols* (5)
Cementos Portland	18,10	0,760	Urbas	–5,88	–0,001	Santander	723.101.169,94	137.218.323
Natraceutical	5,26	0,011	Fersa	–3,25	–0,020	Telefónica	562.909.527,05	48.325.206
Adveo	4,38	0,520	Inmobiliaria del Sur	–3,25	–0,210	BBVA	418.750.566,35	55.979.441
GAM	4,35	0,010	Amper	–2,78	–0,010	Iberdrola	221.815.960,07	47.206.785
eDreams Odigeo	3,80	0,087	Meliá	–2,60	–0,255	Inditex	166.918.972,39	8.975.855
Vidrala	3,51	1,390	Nicolás Correa	–2,50	–0,030	Repsol	150.165.617,95	11.432.372
Lingotes Especiales	3,14	0,140	Codere	–2,38	–0,010	Caixabank	106.711.565,17	33.461.356
Realia	2,68	0,015	Ezentis	–2,27	–0,016	Sabadell	75.128.131,64	32.326.338

4. *Valoració en euros dels títols que han canviat de mans al llarg de la sessió.* **5.** *Número de títols que han canviat de mans al llarg de la sessió.*

MERCAT CONTINU

(6) Nominal	Títol	Última (7) cotització	(8) Anterior	Variació diària (9) €	%	Ahir (10) Mín	Màx.	Rendibilitat del dividend (11)	PER (12)
0,01	Abengoa	2,837	2,852	–0,015	–0,525	2,753	2,877	3,82 %	13,81
3,00	Abertis	17,485	17,600	–0,115	–0,653	17,230	17,690	4,01 %	19,8
1,00	Acciona	61,800	61,570	0,230	0,373	60,580	62,300	0,82 %	22,93
0,50	ACS	31,195	30,970	0,225	0,726	30,765	31,225	3,77 %	12,95
0,01	Amadeus	33,510	33,500	0,010	0,030	33,340	33,700	2,27 %	20,16
1,00	Arcelor Mittal	8,690	8,590	0,100	1,164	8,460	8,699	0,00 %	0
0,50	Banco Popular	4,079	4,105	–0,026	–0,633	3,915	4,097	2,87 %	11,66
0,50	Banco Santander	2,390	2,349	0,041	1,745	2,320	2,393	3,12 %	15,44
0,49	BBVA	6,048	6,094	–0,046	–0,754	5,912	6,140	4,65 %	11,24

6. *Valor que representa els diners aportats pels propietaris en el moment de l'emissió en el mercat primari.* **7.** *Cotització del títol al tancament de la sessió (17:00 h).* **8.** *Cotització del títol en l'obertura de la sessió (9:00 h).* **9.** *Variació experimentada pels títols en percentatge i euros al llarg del dia.* **10.** *Valors de cotització mínims i màxims assolits pel valor al llarg de la sessió.* **11.** *És el percentatge que s'espera que l'empresa pagarà en termes de dividend en relació amb el preu de l'acció (per exemple, un 6,96 % vol dir que s'espera un pagament de 6,96 € de dividends per cada 100 invertits).* **12.** *És el preu de l'acció entre el benefici net (per exemple, si el preu d'una acció és de 30,93 € i el benefici net [després d'impostos] és de 2,38 €, el seu PER serà 13).*

Qüestions:

1. Sabent que heu de mesurar les variacions en valors percentuals, quina de les dues borses ha variat més, l'IBEX 35 o el Dow Jones?

2. Què costa més, una acció del Santander, o una d'Abengoa?

3. Si teniu accions d'una empresa de les que apareixen a la taula del mercat continu, amb quina hauríeu guanyat més diners aquest any? Basant-vos només en aquestes dades, quina inversió té millors expectatives per al futur? Per què?

El dilema: rescat o fallida?

El 2015, cinc anys després d'un primer rescat de 110.000 milions d'euros i tres anys després d'un segon de 130.000 milions d'euros, la incertesa econòmica generada a Grècia per la paralització de les negociacions per a un tercer rescat es va fer insostenible. El Govern grec va haver d'aplicar un «corralito» bancari i va plantejar un referèndum, que es va celebrar el 5 de juliol. La consulta va donar com a resultat un refús rotund a les condicions de rescat proposades per la Unió Europea i les institucions internacionals mundials. Però només uns dies després, el Govern grec va acceptar un tercer rescat de 86.000 milions d'euros, que incloïa retallades i reformes molt més exigents que les refusades en la consulta del 5 de juliol. L'acord no va acontentar ningú. A Grècia va dividir el poble entre qui entenia com un mal menor el rescat i qui entenia que Grècia havia de sortir de l'euro o de la Unió Europea. A la UE també hi havia divisió: molts països entenien que no es podia confiar en qui ja havia dilapidat dos rescats i que era preferible declarar en fallida Grècia.

El debat:

Preneu partit per una de les quatre opcions (països de la UE que donen suport al rescat, països de la UE contraris al rescat, poble grec i Govern grec) i argumenteu la vostra posició en un grup de cinc. La resolució del grup es defensarà en un debat davant un altre grup on hagi prevalgut una altra opció.

Proposta de cinema: *Wall Street*

Director: Oliver Stone

Repartiment: Michael Douglas, Charlie Sheen, Daryl Hannah

Sinopsi.

Bud Fox és un agent de borsa d'origen humil que arriba a convertir-se en l'estret col·laborador de Geeko, un especulador sense escrúpols que s'ha enriquit en poc temps.

Claus de reflexió.

Ètica en els negocis, funció de la borsa, economia especulativa, transparència en els mercats i informació privilegiada.

Qüestions:

1. Què opineu dels valors de Geeko? I dels de Bud? Amb quin dels dos faríeu negocis?
2. Bud s'enfronta primer a la possibilitat que el seu pare pot perdre la companyia i, després, pot passar molt de temps a la presó. Què hauríeu fet al seu lloc?
3. Quines diferències trobeu entre el context social de la pel·lícula i el vostre?

Vinyeta

12. El comerç internacional

En aquesta unitat aprendreu

- El comerç internacional.
- El lliure comerç.
- El proteccionisme.
- La balança de pagaments.
- El mercat de divises.

Carn argentina, mòbils xinesos, joguines canadenques... el *comerç internacional* obre les portes a una gran varietat de béns i serveis procedents de totes bandes del món i al seu torn, els productes espanyols són coneguts arreu del planeta. Tots els països miren d'*especialitzar-se* perquè així els seus productes seran més competitius i valorats als mercats internacionals però les regles no són iguals per a tothom. Els països rics i les multinacionals juguen amb avantatge perquè la riquesa i el poder que tenen els permet dominar els mercats i imposar les condicions que volen. És per això que molts països restringeixen l'entrada de productes estrangers mitjançant *mesures proteccionistes*.

Els països registren les transaccions amb la resta del món mitjançant la *balança de pagaments* i paguen les importacions en la moneda del país exportador. I aquestes *divises o monedes estrangeres* també són mercaderies en elles mateixes: varien de valor en funció de l'oferta i demanda respecte d'altres divises.

Què sabeu sobre el comerç internacional?
Què en voleu aprendre?

Sabeu què és l'avantatge comparatiu?
Quins arguments coneixeu a favor del lliure comerç?
I del proteccionisme?
Coneixeu el funcionament del mercat de divises?

12_El comerç internacional

Samarretes, aranzels i llocs de feina

L'existència d'aranzels o «impostos a la importació» eleva el preu dels productes importats i, indirectament, el dels productes nacionals.

Si, per exemple, una samarreta del país veí arriba a la frontera valent 40 € i se li posa un aranzel del 10 %, qui importa pagarà l'«impost» de 4 € i posteriorment traslladarà aquest import a la samarreta per a recuperar l'aranzel pagat a la frontera. Així, el preu de la compra de la samarreta per a l'importador podria arribar a pujar fins els 44 €.

Suposem que els fabricants locals són capaços de posar a la venda una samarreta similar per 41 €. Si no existeix l'aranzel, aquests productors es veurien en l'obligació de ser més competitius en prestacions o preu per a poder competir amb les samarretes estrangeres, però, en lloc d'això, es troben que no hi ha problema si augmenten el preu fins i tot fins als 43,99 €.

Explica l'etiqueta del producte nacional que en realitat podríeu adquirir una samarreta similar per 40 € però que els 3,99 € restants són pràcticament un «impost»? Podríem pensar que els beneficis de l'existència d'aranzels resulten palpables només per als fabricants locals de samarretes. També es podria argumentar que els 4 € per samarreta pagats pels estrangers a la duana, en la mesura que són ingressos públics, seran destinats a serveis públics; o que alguns dels fabricants locals de samarretes que incrementen injustificadament el preu fins 43,99 € aprofitaran per a crear llocs de treball. Tanmateix, tot això és molt relatiu.

Reflexioneu

1. Per què resulten perjudicats els consumidors quan existeixen aranzels?
2. Imagineu ara que eliminem els aranzels sobre les samarretes per a afavorir els nostres consumidors, però el nostre país veí i soci comercial principal incrementa els de les sabatilles al doble per a afavorir les indústries locals pròpies.
   a) Com afectaria aquesta mesura a les nostres empreses? I a les del país veí?
   b) Tindria algun efecte sobre les famílies del nostre país? I sobre els consumidors del nostre país veí?
   c) Si sou el president o presidenta del Govern, què faríeu en aquesta situació?

1. El comerç internacional

Cap país disposa dins de les fronteres pròpies de tots els béns i serveis que necessita. Per aquest motiu els països comercien els uns amb els altres, per a obtenir aquells béns i serveis de què no disposen.

Aquesta carència o escassetat té l'origen en els diversos **costos de producció** entre els països o en les **preferències de consum** que tenen (taula 12.1):

Factors		Diferències	Exemples
Costos de producció	Dotació de recursos	Diferències climàtiques que condicionen la producció de béns i serveis.	Cafè (Colòmbia), turisme (Espanya), soja (Brasil), cotó (Índia), blat (Xina).
		Diferències de matèries primeres que propicien especialització.	Fusta (Canadà), petroli (Kuwait), diamants (Sudàfrica), gas (Rússia).
		Diferències en la dotació de capital o treball.	Aeronàutica (EUA), roba (El Salvador), manufactures (Mèxic), robòtica (Japó).
	Tecnologia	Diferències en mètodes de producció basats en la innovació o l'experiència.	Informàtica (EUA), automòbils (Corea del Sud), aerogeneradors (Dinamarca).
Preferències dels consumidors	Cada país, en funció de les peculiaritats socials i econòmiques que té, importa aquells béns que la producció nacional no satisfà adequadament, tant perquè no en disposa o perquè l'oferta resulta insuficient.		El 90 % de les pel·lícules exhibides als cinemes espanyols són dels Estats Units.

Taula 12.1. Factors que expliquen el comerç internacional.

En les operacions de **comerç internacional** es distingeix entre qui entrega i qui rep els béns i serveis.

L'**exportador** és qui entrega béns i serveis a un país estranger, mentre que l'**importador** és qui els rep.

En funció de si l'operació d'exportació-importació es realitza dins o fora del mateix territori duaner, podem diferenciar entre *comerç exterior* i *internacional.*

El **comerç exterior** és el que es dona en un mateix **territori duaner,** una zona geogràfica en la qual existeix lliure circulació de mercaderies i que no té per què coincidir necessàriament amb les fronteres polítiques d'un país.

Aquesta distinció és important, perquè a l'actualitat els països tendeixen a agrupar-se en blocs de comerç. És el cas, per exemple, d'Espanya i els països europeus que pertanyen a la Unió Europea, que, entre altres qüestions, formen un únic **territori duaner** enfront de la resta del món (fig. 12.1).

El **comerç internacional** està integrat pels béns i serveis que intercanvia un territori duaner amb la resta del món.

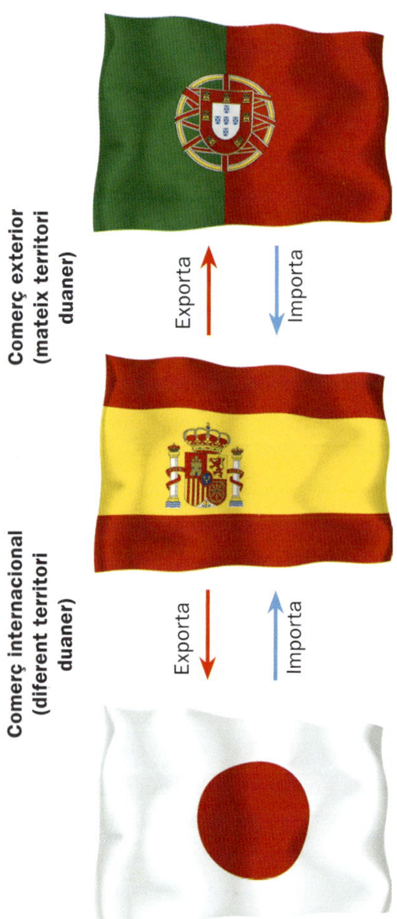

Fig. 12.1. Diferències entre comerç internacional i comerç exterior.

Activitats

1. En general, per què comercien els països? Quan es diu que un país importa mercaderies? I quan diem que les exporta?
2. Com es tornen els països més productius?
3. Com s'explica que avui en dia als mercats tot l'any hi ha fruita que abans només hi era quan n'era la temporada?
4. En Joan produeix càntirs. Per què no ha aconseguit vendre'ls a escala internacional si és el millor del món en el seu camp?

1.1. La teoria de l'avantatge comparatiu

A tothom li interessa especialitzar-se en activitats que generen la major riquesa possible. Però quan es tracta de països, no n'hi ha prou amb això, sinó que a més cal especialitzar-se en allò que és valuós als mercats internacionals, perquè, en cas contrari, ningú voldrà comerciar amb aquest país. Si una persona o país és bo en la producció de certs béns, té avantatge. Però si, igualment, és millor que els altres, té *avantatge comparatiu*.

Segons la **teoria de l'avantatge comparatiu,** els països s'especialitzaran en béns i serveis que produeixen millor que els altres.

Sabíeu que...?

Els països, igual que les persones, van descobrir fa diversos segles els avantatges que implicava **especialitzar-se** en produir aquells recursos en els quals superen els altres o en l'obtenció dels quals són relativament més hàbils o competents.

Activitat resolta 1. Els beneficis de l'avantatge comparatiu

Imagineu que a Espanya s'elaboren 8 peces de ceràmica o 2 camises per cada hora de treball, i a França es fabriquen 3 peces de ceràmica o 1 camisa en el mateix temps. Si a Espanya i a França es treballen 4 i 12 hores respectivament:

a) Determineu la producció resultant per als dos països repartint les hores de treball igual entre ceràmiques i camises.

b) Quina és la relació d'intercanvi camises /ceràmiques a Espanya? I a França?

c) Identifiqueu quina seria la producció si els dos acorden comerciar i s'especialitzen en un sol producte.

d) Demostreu els avantatges que porta l'especialització.

Solució:

a) Repartint les 4 hores, a Espanya s'elaboren 16 ceràmiques en 2 hores i 4 camises en unes altres 2 hores. A França reparteixen també les 12 hores disponibles: 18 ceràmiques en 6 hores i 6 camises en les altres 6 hores (*vegeu fila A*).

b) A Espanya s'intercanvia 1 camisa per cada 4 ceràmiques. A França la relació és d'1 camisa per cada 3 ceràmiques.

c) Si els dos països comercien, i Espanya s'especialitza en ceràmiques i França en camises, podrien fabricar 32 ceràmiques (Espanya) i 12 camises (França) (*vegeu fila C*).

d) Amb el comerç, tots hi surten guanyant: Espanya en té prou amb entregar a França 3 ceràmiques per a obtenir 1 camisa, mentre que al seu propi territori n'ha d'entregar 4. Alhora, França també se'n beneficia, perquè a Espanya obté 4 ceràmiques a canvi d'1 camisa. Si França entrega 5 camises a Espanya, obté a canvi 20 ceràmiques (4 per cada camisa), i se'n queda 7 (12 produïdes – 5 entregades). Si Espanya entrega a França 15 ceràmiques, obté 5 camises (1 cada 3 ceràmiques), i se'n queda 17 (32 produïdes – 15 entregades) (*vegeu fila D*). El resultat final és que els dos hi guanyen, comparant la situació abans (*vegeu fila B*) i després del comerç (*vegeu fila D*).

		França		Espanya		
		Ceràmica	Camises	Ceràmica	Camises	
Sense comerç	Produeix	18	6	16	4	*(A)*
	Té	18	6	16	4	*(B)*
Amb comerç	Produeix	0	12	32	0	*(C)*
	Té	20	7	17	5	*(D)*

Producció de peces de ceràmica i camises, a França i Espanya, per hora i treballador, amb i sense comerç.

Periscopi 1. L'avantatge comparatiu entre els treballadors

L'Ainhoa és advocada i té d'ajudant el Màrius, que s'ocupa dels papers i de portar l'agenda del despatx. El Màrius acaba d'acabar la carrera i estava a l'atur, raó per la qual ha acceptat treballar com a ajudant de l'Ainhoa fins adquirir experiència. En el seu dia, l'Ainhoa també va ser ajudant i era molt més competent que el Màrius, fins al punt que ella feia el treball en la meitat de temps que ell. L'Ainhoa té avantatge com a advocada i ajudant, però el Màrius té avantatge comparatiu com a ajudant: ell no renuncia a res per ser-ho (l'alternativa era estar a l'atur), mentre que l'Ainhoa hauria de renunciar a més (la diferència entre el que cobra com a advocada i el que cobraria com a ajudant). L'Ainhoa i el Màrius guanyen 60 i 10 € / hora, respectivament.

Reflexioneu:

a) Si l'Ainhoa és més competent fent la feina del Màrius, per què no l'acomiada?

b) En quin cas li compensaria a l'Ainhoa tornar a treballar d'ajudant?

c) Expliqueu per què els dos surten guanyant en la relació laboral que tenen.

1.2. El comerç internacional a l'actualitat

Tot i que és la teoria que explica millor els avantatges del comerç internacional, l'**avantatge comparatiu** va ser formulat el segle XIX, i a la pràctica presenta limitacions importants. L'existència de costos de transport, barreres comercials, diverses monedes, la mobilitat del capital entre països o la diferenciació de productes són factors que distorsionen o n'impedeixen l'aplicació. A l'actualitat hi ha dues teories més recents que amplien la teoria de l'avantatge comparatiu amb la intenció d'explicar les diferències que existeixen entre països a l'hora de comerciar internacionalment (fig. 12.2):

Model de Heckscher-Ohlin — Té en compte les diverses dotacions de factors de producció dels països, i també el preu de la producció en els mercats internacionals.

- **Diferències en els factors de producció** → Gràcies als recursos tecnològics intensius en capital, els països rics tenen avantatge comparatiu en productes amb alt valor tecnològic, com maquinària i manufactures. En canvi, l'avantatge dels països pobres acostuma a descansar en el sector primari, de tal manera que generalment exporten matèries primeres o productes amb escàs valor afegit.
- **Diferències de preu de la producció** → En els mercats internacionals, el preu de les matèries primeres és, en general, significativament inferior al de la maquinària i les manufactures.

Nova teoria del comerç — Té en compte la competència imperfecta o desigual, que es deriva del fet que per a les multinacionals dels països rics és més fàcil aconseguir les economies d'escala, i també dominar els mercats internacionals a causa de posicions de privilegi.

- **La competència imperfecta** → Gràcies a la posició de privilegi que els atorga haver estat les primeres o a la mida que han acumulat, les multinacionals dels països rics dominen determinats sectors d'activitat i imposen les condicions en els mercats internacionals.
- **Les economies d'escala** → Els processos de fabricació massiva de productes amb un elevat valor afegit atorguen avantatge a les multinacionals dels països rics, les quals produeixen a un cost inferior al de les noves empreses que tracten de competir amb elles.

Fig. 12.2. Teories que amplien l'avantatge comparatiu.

Periscopi 2. L'asimetria del comerç internacional

Les exportacions principals del Marroc són tèxtils, components electrònics, fertilitzants, fruites cítriques i vegetals; les seves importacions principals són petroli cru, equips de telecomunicacions, blat, gas i electricitat.

Reflexioneu:

a) A l'hora de comerciar internacionalment, amb quins inconvenients s'enfronta el Marroc?

b) El Marroc té com a veïns Algèria i Mauritània. Tanmateix, gairebé tot el comerç el fa amb Espanya i França. Per què creieu que passa això?

c) D'acord amb la teoria de Heckscher-Ohlin, els països tendeixen a especialitzar-se en aquells béns per a la producció dels quals tenen factors productius més abundants. En el cas del Marroc, quins serien aquests factors?

d) Al Marroc només una de quatre dones pertany a la població activa (la meitat que a Espanya). I tanmateix moltes d'elles tenen estudis universitaris. Com afavoriria l'economia i el comerç del Marroc la incorporació de més dones al mercat laboral?

Activitats

5. Pel que fa a les teories de Heckscher-Ohlim i a la nova teoria del comerç:

a) Com millora la primera la teoria de l'avantatge comparatiu a l'hora d'explicar les diferències internacionals en matèria de comerç internacional? I la segona?

b) En definitiva, qui són els beneficiats segons la primera teoria? I en la segona?

6. Per què s'ha quedat antiquada la teoria de l'avantatge comparatiu?

2. El lliure comerç

A les economies globalitzades d'avui en dia, el **lliure comerç** es concreta en l'absència de barreres comercials entre els països, la qual cosa permet portar a la pràctica la idea sobre la qual es fonamenta la teoria de l'avantatge comparatiu: quan un país produeix béns i serveis en els quals no té avantatge comparatiu, està malbaratant recursos, perquè podria obtenir aquests mateixos béns i serveis a un preu menor en el mercat internacional. En aquest cas estalviaria recursos, que podrien destinar-se a augmentar el consum d'aquest o d'altres béns. Partint d'aquesta reflexió, els **arguments a favor** del lliure comerç serien els següents:

- ✓ **La millora del preu i la qualitat dels productes**. Com a conseqüència de l'entrada al mercat nacional de competidors estrangers, les empreses del país hauran de tornar-se més eficients si no volen perdre quota de mercat. Tot això afavorirà que els preus baixaran, i augmentarà la qualitat i les prestacions dels productes. Per exemple, això és el que va passar a Espanya en pràcticament totes les àrees des de l'entrada a la Unió Europea.
- ✓ **La major varietat i quantitat de béns i serveis**. Sense el comerç internacional, determinats productes no existirien o serien escassos. Un cas molt il·lustratiu és el petroli, el recurs energètic per excel·lència, però que falta a molts dels països més desenvolupats, Espanya inclosa.
- ✓ **L'assoliment d'economies d'escala.** Aconseguir les economies d'escala exigeix mercats molt amplis perquè es necessita augmentar la producció i les vendes per a reduir els costos. En els últims anys, la reducció de barreres aranzelàries ha afavorit l'ampliació dels mercats i, per tant, la creació d'empreses més grans que arriben amb més facilitat a les economies d'escala.
- ✓ **El major aprofitament dels factors de producció**. A l'especialitzar-se en aquells béns que saben fer millor que la resta dels països i que són apreciats en el mercat internacional, els països es tornen més productius i augmenten les possibilitats de producció. Alhora, això redunda en l'increment dels nivells d'ocupació i riquesa. Un exemple és el cas d'Espanya per als temes del turisme o el calçat.

Fig. 12.3. Productors de cafè de comerç just a Colòmbia. Com que el lliure comerç afavoreix els països més rics, perquè estan en posició d'imposar les condicions que volen als més pobres, han aparegut moviments solidaris com el comerç just.

Periscopi 3. Economies d'escala i comerç internacional

Inditex, Freixenet, Iberdrola, Lladró o Seat són algunes de les empreses que aprofiten amb èxit les economies d'escala donades les característiques dels seus processos productius. A l'obrir-se als mercats mundials, poden vendre més. Al vendre més, poden créixer, i al créixer, poden produir més barat i reduir preus. En això consisteixen les economies d'escala.

Reflexioneu:

a) Escolliu una de les marques mencionades i busqueu a Internet una foto d'un dels seus productes en un país estranger, el més exòtic que trobeu.

b) Què creieu que hauria pogut passar si hipotèticament aquestes empreses no es globalitzen i no s'obren als mercats mundials?

c) Si les economies d'escala, que normalment s'assoleixen mitjançant processos d'internacionalització, són tan beneficioses, per què no hi ha més empreses que hi accedeixen?

Recordeu

Hem estudiat com els països es tornen més productius i creixen econòmicament a la Unitat 2.

Activitats

7. Citeu i expliqueu breument els arguments a favor del lliure comerç.

8. Als anys seixanta del segle XX Espanya va descobrir el seu potencial per al turisme, que definitivament va enlairar-se amb l'adhesió a la UE el 1986, i amb l'entrada en circulació de l'euro el 2002. Avui en dia és una referència mundial en el sector, amb desenes de milions de visitants l'any. Expliqueu, en termes de lliure comerç, com ha arribat a convertir-se el turisme en font d'ocupació i riquesa per a Espanya.

3. El proteccionisme

Com hem vist, el lliure comerç porta a fer que cada país s'especialitzi a produir allò per al que té recursos més abundants. En els països subdesenvolupats hi ha escassetat de mà d'obra qualificada i de maquinària tecnològica avançada, per la qual cosa serà molt difícil que tinguin sectors econòmics avançats si no s'apliquen *mesures proteccionistes.*

Es coneix amb el nom de **proteccionisme** el conjunt d'actuacions que restringeixen l'entrada de productes estrangers amb la finalitat de protegir els interessos nacionals.

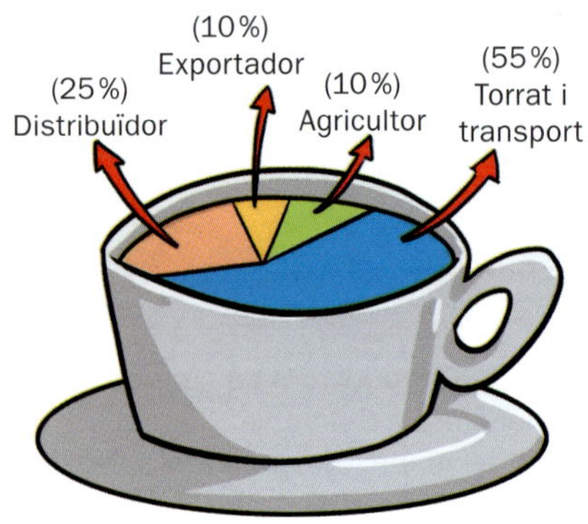

Fig. 12.4. Un productor de cafè de l'hemisferi sud cobra uns 40 cèntims d'euro per cada quilo de cafè recol·lectat. A Europa, una tassa del mateix cafè, en la qual només s'utilitza una cullerada del quilo de cafè recol·lectat, costa, almenys, un euro.

A l'actualitat, els **objetius** que persegueixen les **mesures proteccionistes** són:

- ✓ **La protecció d'indústries considerades estratègiques per a l'interès públic.** Per exemple, les relacionades amb la defensa nacional.
- ✓ **El foment de la industrialització i la creació d'ocupació.** Busca aconseguir, essencialment, dos objectius: substituir productes estranges per nacionals i augmentar la renda nacional mitjançant els beneficis empresarials i els salaris dels treballadors.
- ✓ **El desenvolupament d'indústries emergents.** La tecnologia, les economies d'escala, la productivitat, etc. són factors competitius que necessiten un temps per al seu desenvolupament. Sense una protecció adequada, les empreses de determinats sectors naixents no sobreviurien suficientment com per a créixer i competir en igualtat de condicions amb les empreses estrangeres.
- ✓ **La recaptació de diners.** El cobrament de diners a les empreses importadores per part de les autoritats d'un país o territori duaner constitueix una font d'ingressos important, sobretot per als països subdesenvolupats.

Mesures proteccionistes

A l'actualitat, les mesures que més es fan servir per a frenar les importacions de productes d'altres països són les següents (taula 12.2):

Gravar amb impostos les importacions	Els impostos de duanes sobre les importacions s'anomenen **aranzels**, i tenen com a objectiu encarir els productes estrangers per a fer-los més difícil competir amb els nacionals. Els aranzels poden ser **específics** (quantitat fixa de diners per unitat física importada) o ***ad valorem*** (impost proporcional fixe sobre el valor de la mercaderia importada).
Fixar quotes o contingents limitats de productes estrangers	Consisteix a establir **limitacions a les quantitats** que es poden importar de determinats béns. Per exemple, fins fa pocs anys, la Unió Europea restringia la importació d'automòbils japonesos a un número limitat d'unitats per any.
Establir polítiques comercials i industrials que afavoreixen les indústries nacionals i l'expansió que fan	En conseqüència, les empreses nacionals competeixen amb avantatge amb les empreses estrangeres, que no gaudeixen d'aquest tipus d'ajuts. Per exemple, a la Unió Europea, els productors de lli, cànem i hortalisses perceben ajuts per a dedicar-se a aquesta activitat econòmica.
Barreres no aranzelàries	Aquestes mesures posen traves a les importacions, però no amb impostos, sinó, per exemple, a través de tràmits burocràtics complexos, l'exigència del compliment de normes de qualitat o d'un etiquetat especial, l'obligatorietat de realitzar dipòsits previs a les importacions, etc.

Taula 12.2. Principals mesures proteccionistes.

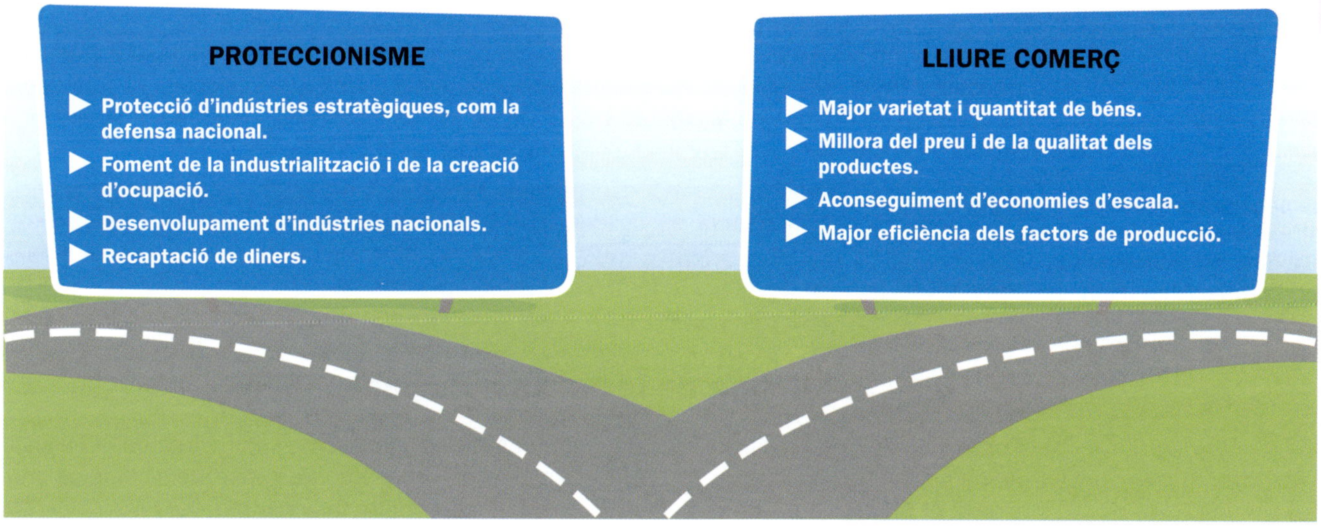

Fig. 12.5. Arguments a favor del proteccionisme i del lliure comerç.

Activitat resolta 2. Les mesures proteccionistes a la pràctica

Un fabricant japonès vol introduir 1.000 televisors a la UE a un preu de 300 € /unitat. Identifiqueu el tipus de mesura proteccionista que caracteritza cadascun dels apartats següents, i el que hauria de fer el fabricant japonès per a cadascuna d'elles si persisteix en l'operació d'exportació a la UE que vol fer.

a) Obligatorietat de pagar 20 € per cada televisor que s'importa des del Japó a la UE.

b) Instruccions obligatòries en almenys cinc idiomes oficials de la UE.

c) Pagament obligatori d'un 10 % sobre el total importat amb destí a la UE.

d) Limitació d'importació de 800 televisors per fabricant i any.

Solució:

a) **Aranzel específic**. El fabricant japonès hauria de pagar 20.000 € (20 · 1.000) per vendre els televisors a la UE.

b) **Barrera no aranzelària**. Caldria incloure instruccions en cinc idiomes de la UE.

c) **Aranzel *ad valorem***. El fabricant japonès hauria de pagar 30.000 € (300.000 · 0,10) per vendre els televisors a la UE.

d) **Contingent o quota màxima.** L'exportació anual a la UE es limitaria a 800 televisors.

Periscopi 4. Afectats per les mesures proteccionistes

Els productors nord-americans de motocicletes, com, per exemple, la mítica Harley-Davidson, una marca molt estimada entre els aficionats al motor, suporten un aranzel del 25 % sobre el preu dels seus productes per a accedir als mercats de la UE.

Reflexioneu:

a) Raoneu com afecta la mesura proteccionista citada als col·lectius implicats següents: els productors nord-americans de motocicletes, els productors europeus de motocicletes i els moters europeus.

b) Imagineu que la UE augmenta al 50 % l'aranzel sobre les motocicletes nord-americanes. Com podria respondre aquest país si considera que aquest augment és abusiu? Com ens afectaria als europeus?

Activitats

9. Per què la majoria dels països miren de conservar una indústria armamentística pròpia a pesar que poden aconseguir les armes més barates als mercats internacionals?

10. Què és un aranzel? Expliqueu el funcionament dels aranzels específics i *ad valorem* utilitzant com a exemple una partida de 1.000 microprocessadors coreans valorats en 200 €/unitat.

11. Sou el primer ministre de Cronopia, un país amb dèficit comercial (té més importacions que exportacions) on ha guanyat les eleccions un govern favorable a augmentar les barreres proteccionistes per tal d'ajudar la indústria nacional. Elaboreu un discurs breu i argumentat a favor de les mesures del vostre president. El vostre company, en canvi, haurà d'exercir de líder de l'oposició, criticant-les durament.

4. La balança de pagaments

El comerç internacional genera intercanvis amb altres països. Però la naturalesa d'aquestes transaccions va més enllà de les compravendes de béns i serveis tradicionals: el cobrament de dividends d'accions de Microsoft a Wall Street, les remeses dels emigrants a l'Equador o les subvencions per a realitzar inversions procedents de la Unió Europea, etc.

Sabíeu que...?

La **balança de pagaments** espanyola s'ajusta al model estàndard internacional elaborat i recomanat pel Fons Monetari Internacional (FMI), un organisme de cooperació internacional sobre el qual parlarem a la Unitat 13.

La **balança de pagaments** és un document comptable que registra les transaccions econòmiques portades a terme entre els residents d'un país i els de la resta del món durant un període de temps determinat, normalment un any.

4.1. Estructura de la balança de pagaments

Per motius de transparència i a efectes de realitzar comparacions, l'estructura de la balança de pagaments és la mateixa per a tots els països del món, amb tres apartats o comptes principals: el **Compte corrent,** el **Compte de capital** i el **Compte financer** (fig. 12.6).

	Ingressos (I)	**Pagaments (P)**	**Saldo (I – P)**
I. Compte corrent (CC)			
1. Béns 2. Serveis 3. Rendes primàries 4. Rendes secundàries	*Exportacions* *Exportacions* *Entrades* *Entrades*	*Importacions* *Importacions* *Sortides* *Sortides*	
Saldo CC			
II. Compte de capital (CK)	Entrades	Sortides	
Saldo CK			
Saldo (CC + CK)			
	Variació neta de passius (VNP)	**Variació neta d'actius (VNA)**	**Saldo (VNP – VNA)**
III. Compte financer (CF)			
a) Inversions directes *b)* Inversions en cartera *c)* Altres inversions	*Entrades de capital estranger*	*Sortides de capital nacional*	
Variació de reserves		*Entrades de divises* / *Sortides de divises*	
Saldo variació de reserves			*Sortides – entrades*
Saldo CF			
Errors i omissions			
Saldo balança de pagaments			**0**

Fig. 12.6. Estructura de la balança de pagaments.

El **saldo de la balança** de pagaments és sempre zero. Es compleix que:

CC + CK + CF + Errors i omissions = 0

Exportacions – Importacions

$DA = C + I + G + (X - M)$

Demanda agregada — Exportacions netes / Saldo exterior

Fig. 12.7. A la Unitat 8 hem après que la demanda agregada és la despesa total feta pels agents econòmics d'un país, però també pels estrangers.

L'anotació de les transaccions es realitza utilitzant la tècnica de la *partida doble.* És a dir, que hem de realitzar dos apunts per cada transacció econòmica: un apunt a la subbalança corresponent pel què es rep o s'entrega i un altre a la fila «**Variació de reserves**» pels diners físics entregats o rebuts.

La tècnica de la **partida doble** és un sistema de registre que anota totes les transaccions dues vegades: per una banda, el valor de la mercaderia que es rep o s'entrega i, per una altra, els diners entregats o rebuts.

4.2. Saldos de la balança de pagaments

Per a cadascun dels comptes i subbalances de pagaments és possible calcular-ne el saldo. Hi ha tres possibilitats: **superàvit** (el saldo és positiu), **dèficit** (el saldo és negatiu), **equilibri** (el saldo és zero). Els saldos parcials dels diversos comptes i subbalances són els que indiquen la major o menor dependència d'un país respecte de l'exterior. Les anàlisis principals són (taula 12.3):

Superàvit al (CC + CK)	El país ha acabat les operacions exteriors amb **saldo positiu de divises**, de tal manera que té capacitat per a finançar altres països, que és precisament el que indica el Compte financer (CF). En conseqüència, la posició del país és **creditora** respecte de la resta de països.
Superàvit al CF	Indica la quantitat amb la qual la resta de països financen el país propi.
Dèficit al (CC + CK)	El país ha acabat les operacions exteriors amb **saldo negatiu de divises**, així que necessita finançament d'altres països o utilitzar les reserves de divises d'anys passats. La posició que té és de **deutora** respecte de la resta de països.
Dèficit al CF	Indica la quantitat amb la qual un país finança els altres països.

Taula 12.3. Saldos de la balança de pagaments.

I. Compte corrent (CC). Intercanvis de béns, serveis, rendes i transferències

Subbalances	Quines operacions recull?	Exemples
1. **Béns (balança comercial)**	Exportacions i importacions de mercaderies.	Taronges, sabates, mobles, petroli.
2. **Serveis**	Exportacions i importacions de serveis.	Viatges, transports, comunicacions.
3. **Rendes primàries**	Ingressos o pagaments per la utilització de recursos productius.	Ús de patents o marques, dividends, salaris per a empreses estrangeres.
4. **Rendes secundàries**	Pagaments unilaterals de diners.	Donacions, remeses d'emigrants.

II. Compte de capital (CK). Diners i inversions, amb excepció de les financeres.

Recull transaccions de capital unilaterals o inversions no financeres. Per exemple, fons europeus per a inversions, condonació de deutes, compres de terres, mines, patents, marques...

III. Compte financer (CF). Accions, divises i préstecs internacionals

Subbalances	Quines operacions recull?	Exemples
a) **Inversions directes**	Inversions destinades a influir en la gestió (10 % o més).	Compres de percentatges d'empreses.
b) **Inversions en cartera**	Inversions en valors negociables.	Accions, bons i similars.
c) **Altres inversions**	Préstecs i dipòsits internacionals.	Préstecs de la banca privada a empreses o països.

Variació de reserves. Entrades o sortides de les divises associades a les operacions.

Errors i omissions. És una partida que només s'utilitza per a compensar operacions no declarades, desfasades temporalment o errors de registre.

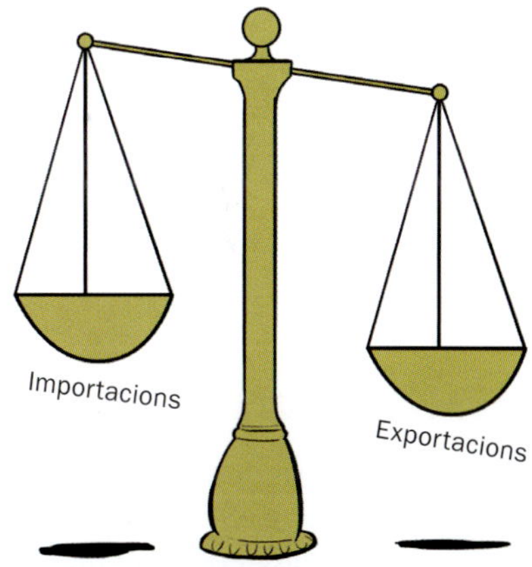

Tipus de saldo de la balança de pagaments
Positiu = **Superàvit**
Negatiu = **Dèficit**
Zero = **Equilibri**

Fig. 12.8. Les balances de pagaments il·lustren fins a quin punt un país depèn d'altres per al subministrament dels béns i serveis que necessita. Si la balança és deficitària, significa que el país rep més del que aporta a la resta dels països, i viceversa, quan existeix superàvit. En aquest cas, la posició és creditora: un país amb superàvit no només es finança a si mateix, sinó que finança, a més, operacions en altres països.

Activitats

12. A la balança de pagaments, com és possible comprovar que s'han fet bé els càlculs matemàtics?

13. Bàsicament, en què consisteix la tècnica de la partida doble?

14. Descriviu què són la balança per compte corrent i per compte de capital i poseu exemples per a cadascuna de les subbalances que les integren.

Activitat resolta 3. Una balança de pagaments d'estar per casa

La Sílvia és espanyola i viu molt a prop de Portugal, i va fer les operacions següents durant el mes de maig:

1. Va cobrar 200 € per a fer de cangur a Portugal durant diverses nits.
2. Va comprar per Internet un llibre portuguès per valor de 100 €.
3. Va obrir un compte en un banc portuguès en el qual va ingressar 25 €.

Feu les operacions següents:

a) Registreu els fets conforme al format de la balança de pagaments i detalleu les pautes d'anotació pel que fa a les anotacions relatives als serveis de cangur.

b) Quants diners (reserves) hauria de tenir la Sílvia a la guardiola?

c) Com sap la Sílvia que ha cobert correctament la balança de pagaments?

d) Quines interpretacions cal realitzar pel que fa al saldo per Compte corrent (CC) i al Compte financer (CF)? La posició que té és creditora o deutora?

Solució:

	Ingressos (I)	Pagaments (P)	Saldo (I – P)
I. Compte corrent (CC)			
1. Béns		100 (2)	**–100 €**
2. Serveis	200 (1)		**200 €**
Saldo CC			**100 €**
	Variació neta de passius (VNP)	**Variació neta d'actius (VNA)**	**Saldo (VNP-VNA)**
III. Compte financer (CF)			
c) Altres inversions		25 (3)	**–25 €**
Variació de reserves		200 (1) / –100 (2) –25 (3)	**–75 €**
Saldo variació de reserves		**75**	
Saldo CF			**–100 €**
Errors i omissions			
Saldo balança de pagaments			**(100 – 100) = 0**

a) Pauta d'anotació a la balança de pagaments de la Sílvia:

- La Sílvia ha anotat dues vegades totes les operacions, una pel bé o servei intercanviat i una altra pels diners entregats o rebuts. Per exemple, pels seus serveis de cangur, la Sílvia va fer una primera anotació de 200 € a la subbalança «2. Serveis» i una segona anotació de 200 € a la partida «Variació de reserves». En total són sis anotacions (1), (2) i (3), dues per cada operació (les anotacions als saldos no es compten perquè deriven totes d'aquestes sis anotacions originals).
- Cada subbalança o partida genera un saldo positiu o negatiu que es reflecteix en l'última columna de saldos. El saldo de la subbalança «1. Béns» és negatiu (dèficit), el de la subbalança «2. Serveis» és positiu (superàvit) i el de la subbalança «*c)* Altres inversions» és negatiu (dèficit).

b) La Sílvia hauria de tenir **75 €** a la guardiola d'acord amb el saldo de variació de reserves.

c) Tota balança de pagaments ha de complir que: **CC (+100) + CK (0) + CF (–100) + Errors i omissions = 0.** Així que els càlculs matemàtics són correctes.

d) **El saldo per Compte corrent (CC) de la Sílvia és de superàvit**. La Sílvia va acabar les operacions internacionals amb saldo positiu de divises. Per tant, té capacitat per a sostenir-se ella mateixa i, per finançar operacions a l'estranger, tal com queda constància pel **saldo del Compte financer (CF), el saldo del qual és deficitari** perquè entre d'altres operacions, «presta» 25 € a Portugal. En tot cas, la posició internacional que té és **creditora** respecte dels altres «països».

Activitat resolta 4. La balança de pagaments d'Ecolàndia

Donades les operacions següents al comptat d'Ecolàndia:

1. Una empresa establerta a Ecolàndia ha comprat diversos electrodomèstics a una empresa coreana per un valor de 5.000 €.
2. Durant les vacances de Setmana Santa, els turistes europeus que van anar a conèixer Ecolàndia van gastar 22.000 €.
3. Una empresa ecolandesa paga 9.000 € en concepte d'assegurances a una empresa domiciliada al Canadà.
4. Un grup d'inversionistes brasilers entrega diners per valor de 10.000 € per a crear una empresa.
5. Un grup d'ecolandesos obre comptes per valor de 12.000 € a un banc nord-americà.
6. Emigrants ecolandesos, residents al Brasil, van enviar a Ecolàndia 3.000 €.
7. Ecolàndia compra a Somàlia un solar per a edificar l'embaixada per 55.000 €.

Feu les operacions següents:

a) Complimenteu tota la balança de pagaments.

b) A quant ascendeix el saldo de variació de reserves? Com és possible aquest resultat?

c) Pel que fa a l'anàlisi del saldo de Compte corrent i de Capital, quina posició presenta respecte dels altres països?

Solució:

a)

	Ingressos (I)	Pagaments (P)	Saldo (I – P)
I. Compte corrent (CC)			
1. Béns		5.000 (1)	**–5.000 €**
2. Serveis	22.000 (2)	9.000 (3)	**13.000 €**
4. Rendes secundàries	3.000 (6)		**3.000 €**
Saldo CC			**11.000 €**
II. Compte de capital (CK)	10.000 (4)	55.000 (7)	**–45.000 €**
Saldo (CC + CK)			**–34.000 €**
	(VNP)	**(VNA)**	**Saldo (VNP – VNA)**
III. Compte financer (CF)			
c) Altres inversions		12.000 (5)	**–12.000 €**
Variació de reserves		22.000 (2) 10.000 (4) 3.000 (6) | –5.000 (1) –9.000 (3) –12.000 (5) –55.000 (7)	**46.000 €**
Saldo variació de reserves		**–46.000**	
Saldo CF			**34.000 €**
Errors i omissions			
Saldo balança de pagaments			**(34.000 – 34.000) = 0**

a) El saldo de reserves és **negatiu** (–46.000 €), de tal manera que han sortit més euros dels que han entrat. Ecolàndia ha hagut d'utilitzar reserves d'altres anys per a atendre les operacions fetes.

b) El saldo per Compte corrent i Compte de capital (CC + CK) d'Ecolàndia és de **dèficit** (–34.000 €). Ecolàndia ha acabat les operacions internacionals amb saldo negatiu de divises. Per tant necessita finançament d'altres països i la posició que té és **deutora** respecte dels altres països.

Activitats

15. Podria un país tenir durant dècades un saldo de variació de reserves sempre negatiu? Per què?

16. Recalculeu tota l'Activitat resolta 4 suposant ara que la despesa total de turistes a Ecolàndia ha estat de 122.000 €.

5. El mercat de divises

Sabíeu que...?

La pèrdua o el guany de valor d'una divisa, tant per circumstàncies del mercat com per l'actuació de les autoritats monetàries, no són necessàriament situacions negatives ni positives per a una economia.

Per exemple, una devaluació propiciada pel Govern d'un país en crisi, possibilitarà unes exportacions més barates, amb la qual cosa s'incrementarà la demanda de la resta dels països. És el que s'anomena **devaluació competitiva.**

El comerç internacional es fa en **divises,** entenent com a tal qualsevol moneda que no és la del país propi. En aquest sentit, per exemple, l'euro és una divisa als EUA, però no a Espanya, i a la inversa, el dòlar és una divisa a Espanya, però no ho és als EUA.

El **tipus de canvi d'una divisa** és el seu preu respecte d'una altra.

5.1. Variacions del tipus de canvi

Pel que fa al **tipus de canvi,** el valor de les divises està subjete a la **llei de l'oferta i la demanda:** a major quantitat demandada, major serà el seu preu, i viceversa. La peculiaritat del mercat de divises radica en el fet que el tipus de canvi d'una divisa s'estableix sempre en relació amb una altra moneda, i per això aquest s'expressa amb les dues. Per exemple, el tipus de canvi de l'euro respecte del dòlar s'expressa així: €/ $; el de la lliura enfront de l'euro és £/ €, etc.

El tipus de canvi pot variar a causa del lliure joc de l'**oferta i la demanda** (si baixa s'*aprecia*, si puja es *deprecia*) o a causa de l'actuació de l'**autoritat monetària** (si baixa es *revalua*, si puja es *devalua*).

Apreciació (lliure joc d'oferta i demanda) **Revaluació (actuació de l'autoritat monetària)**	**Depreciació (lliure joc d'oferta i demanda)** **Devaluació (actuació de l'autoritat monetària)**
Puja el seu valor, baixa el seu tipus de canvi	Baixa el seu valor, puja el seu tipus de canvi

Exemple: En augmentar la quantitat ofertada de dòlars de Q_1 a Q_2, la corva de l'oferta es desplaça cap a la dreta. En conseqüència, el tipus de canvi de l'euro respecte al dòlar (€ / $) s'aprecia de 0,90 a 0,70 € per dòlar (puja el seu valor, baixa el seu tipus de canvi), ja que calen menys euros per comprar un dòlar.

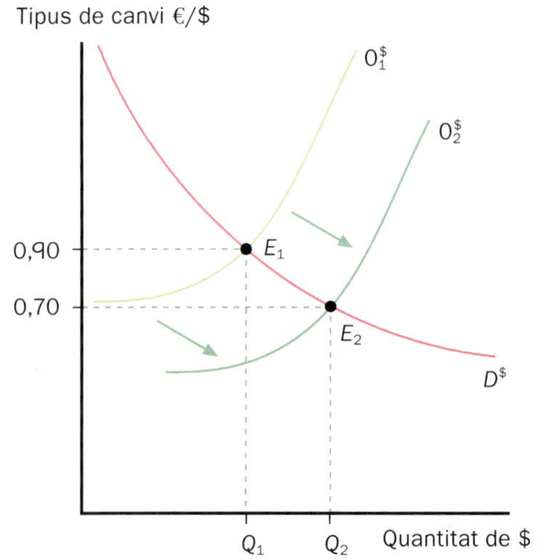

Exemple: En augmentar la quantitat demandada de dòlars de Q_1 a Q_2, la corva de la demanda es desplaça cap a la dreta. En conseqüència, el tipus de canvi de l'euro respecte al dòlar (€ / $) es deprecia des de 0,90 € fins 1,25 € per dòlar (baixa el seu valor, puja el seu tipus de canvi) donat que calen més euros per comprar un dòlar.

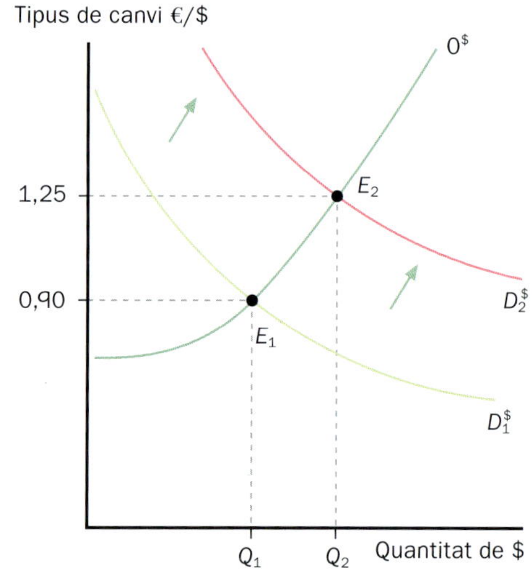

Fig. 12.9. Variacions del tipus de canvi. Quan una divisa s'aprecia / revalua una altra es deprecia / devalua.

Activitats

17. A l'hora d'expressar el seu valor, quina és la peculiaritat de les divises pel que fa al seu tipus de canvi?

18. Si parleu de divises, en què s'assemblen i es diferencien l'apreciació i la depreciació? I la revaluació respecte de la devaluació?

19. Expliqueu com és possible que a l'apreciar-se l'euro baixarà el seu tipus de canvi respecte del dòlar.

20. Expliqueu com afecta a una divisa una pujada del preu del diner a la zona monetària que li correspon.

5.2. Tipus de canvi del mercat

Els **motius principals** pels quals uns països demanden major o menor quantitat de divises estrangeres són (taula 12.4):

Les exportacions o importacions de béns i serveis	És l'exportador el que fixa la moneda en la qual es realitza una transacció internacional, normalment la pròpia o el dòlar dels EUA. En conseqüència, els compradors demandaran la divisa acordada, i això propiciarà un augment del seu tipus de canvi en relació amb altres divises, i viceversa.
La taxa d'inflació	En general, si augmenta la inflació d'un país i la dels altres no, augmenten els preus i les exportacions disminueixen, la qual cosa ocasiona una menor demanda de la moneda del país en qüestió, i viceversa.
El preu del diner	Si augmenta el tipus d'interès que els intermediaris financers paguen pels dipòsits en una determinada divisa, aquesta moneda serà més atractiva a ulls dels inversors estrangers, i això n'augmentarà la demanda, de manera que augmenta el seu valor i, conseqüentment, disminueix el seu tipus de canvi.
Les previsions d'apreciació o depreciació	Les expectatives de futur també influeixen: si una moneda tendeix a depreciar-se o les perspectives econòmiques no són bones, els agents econòmics voldran canviar-la abans no es depreciarà, oferint-la en el mercat a canvi d'altres monedes més fortes.
L'actuació de les autoritats monetàries	Els bancs centrals intervenen comprant o venent la moneda pròpia a canvi d'altres per a aconseguir els objectius desitjats o per a evitar fluctuacions agudes.

Taula 12.4. Motius per a demandar divises.

Activitat resolta 5. Variacions de tipus de canvi i valor

El 5 de març, l'empresa HPE va importar ordinadors dels EUA per valor de 10.000 $ en un moment en el qual el tipus de canvi era de 1,08 €/ 1 $. Es va acordar el pagament el 5 d'abril.

a) Quants euros hauria hagut de pagar HPE el març si hipotèticament el pagament de l'operació es fa el dia de la compra?

b) Quants euros va haver de pagar HPE el 5 d'abril si la cotització era de 0,98 €/ 1 $? I si la cotització és, hipotèticament, de 1,14 €/ 1 $?

c) Indiqueu si l'euro puja o baixa de valor respecte del dòlar en l'interval de temps entre el 5 de març i el 5 d'abril, i també a quina cotització li hauria convingut a HPE pagar l'operació.

Solució:

	Data	Tipus de canvi	Import operació	Respecte del 5 de març		
a)	05-03	1,08 € / 1 $	10.800 € (1)	Valor de l'euro	Tipus de canvi (euro/dòlar)	
b) i *c)*	05-04	0,98 € / 1 $	9.800 €	Puja	Baixa	(2)
	05-04	1,14 € / 1 $	11.400 €	Baixa	Puja	(3)

(1) 10.000 $ a 1,08 = 10.800 €. **(2)** L'euro baixa el tipus de canvi (de 1,08 € a 0,98 € per dòlar), però el seu valor puja: és possible comprar més dòlars, perquè el 5 d'abril cal entregar 0,98 € per cada dòlar, quan el 5 de març calia entregar 1,08 € per dòlar. **(3)** Respecte del 5 de març, l'euro puja de tipus de canvi (de 1,08 € a 1,14 € per dòlar), però el seu valor baixa, perquè el 5 d'abril cal entregar 1,14 € per cada dòlar, quan el 5 març calia entregar 1,08 € per dòlar.

Periscopi 5. Poder adquisitiu i tipus de canvi

La **paritat del poder adquisitiu (PPA)** és el tipus de canvi al qual una moneda es converteix en una altra per a equiparar el poder adquisitiu de les dues, eliminant les diferències de preus als països respectius. En un món ideal sense fronteres, si el mateix cotxe Cadillac costa 20.000 $ a Detroit i 15.000 € a Madrid, 1 $ compraria 0,75 €. Però a la pràctica aquesta relació ideal entre poder adquisitiu i tipus de canvi no es compleix, raó per la qual es diu que les monedes estan sobrevalorades o infravalorades respecte de les altres. Seguint amb l'exemple, si el tipus de canvi és 1 $ / 0,70 €, direm que el dòlar està infravalorat i l'euro sobrevalorat (1 $ només compra 0,70 € quan, d'acord amb els preus del Cadillac, hauria de comprar 0,75 €).

Reflexioneu:

Si el mateix iPhone costa 1.000 £ a Londres i 1.100 € a Sevilla:

a) Quantes lliures podríem comprar amb 1 € utilitzant com a referència els preus de l'iPhone?

b) Si el tipus de canvi és 1 € / 0,85 £, quina divisa està sobrevalorada i quina infravalorada d'acord amb el preu de l'iPhone?

c) Imagineu que voleu guanyar diners comerciant amb iPhone entre Londres i Sevilla. Com ho podríeu fer?

5.3. Sistemes monetaris internacionals

Les autoritats monetàries influeixen sobre la cotització de la divisa pròpia en els mercats internacionals per a abaixar o augmentar el seu valor. A la pràctica, suposa crear situacions artificials d'excés d'oferta o demanda de la pròpia divisa en relació amb divises estrangeres (taula 12.5):

Actuació	Efecte pretès sobre la divisa pròpia	Demanda	Oferta	Situació del mercat
Devaluació	Abaixar el valor	De divisa estrangera	De divisa pròpia	Excés d'oferta
Revaluació	Augmentar el valor	De divisa pròpia	De divisa estrangera	Excés de demanda

Taula 12.5. Actuacions de l'autoritat monetària sobre el mercat de divises.

Però tot i que el que es pretén és sempre el mateix (*devaluar* o *revaluar*), no sempre són les mateixes, les pautes d'actuació. Les diverses regles d'actuació d'acord amb les quals els països miren d'influenciar sobre la cotització de les divises pròpies donen lloc a diferents *sistemes monetaris*.

Un **sistema monetari** és un conjunt de regles d'actuació de les autoritats monetàries que té relació amb la fixació o variació de la cotització del preu de les divises.

Els sistemes monetaris que s'utilitzen a l'actualitat són els següents (taula 12.6):

Flotació lliure	És el sistema més usual. La característica principal és que no hi intervé l'autoritat monetària. La cotització de la divisa està determinada per l'oferta i la demanda del mercat de divises.
Flotació bruta	És una variant de l'anterior. També es deixa actuar el mercat, però, en determinats casos, l'autoritat monetària intervé comprant divises estrangeres a canvi de la pròpia per a devaluar-la, i viceversa.
Ajustable	S'assembla al sistema de **flotació lliure,** regit per l'oferta i la demanda, i al de **flotació bruta,** en el qual a vegades s'intervé en el mercat. La diferència és que aquesta intervenció està limitada a uns **límits mínims** i **màxims** prèviament fixats. Mentre el tipus de canvi es troba dins de la banda de fluctuació de límits, és el lliure joc de l'oferta i la demanda el que determina la cotització de mercat de la moneda. Però si se surt d'aquests límits, l'autoritat monetària intervé per a tornar-la-hi.
Fixe	Consisteix a establir una **divisa de referència** respecte de la qual es fixa la cotització de la pròpia. Normalment s'escull una moneda forta (moltes vegades, el dòlar nord-americà). Es lliga la sort de la divisa pròpia a la d'una economia forta per a atribuir-li una confiança que en principi no inspiraria.

Taula 12.6. Tipus de sistemes monetaris.

Activitat resolta 6. Influència del tipus de canvi en el comerç internacional

El març una empresa espanyola va exportar 100 unitats de recanvis al Regne Unit per 10 € / u, i va importar 12 mòbils d'una empresa britànica a 100£ / u, operacions que les dues empreses van repetir a l'abril i al maig. Donats els tipus de canvi indicats a les dues primeres columnes de la taula, indiqueu el que van haver de pagar les dues empreses en la moneda de l'importador, si les monedes es van apreciar / depreciar o es van revaluar/devaluar, i també l'efecte sobre les exportacions/importacions dels dos països (positiu: 🟢, negatiu: 🔴).

Solució:

Tipus de canvi £	Tipus de canvi €	Mes	Bé	Pagaments (€/£)	Causes de variació del tipus de canvi respecte del març	Variacions del tipus de canvi de la moneda respecte de març	Exportacions	Importacions
1	1	Març	Recanvis	1.000 £				
			Mòbils	1.200 €				
0,90	1	Abril	Recanvis	900 £	Lliure oferta i demanda	Depreciació del €	🟢	🔴
			Mòbils	1.333,33 €		Apreciació de la £	🔴	🟢
1,20	1	Maig	Recanvis	1.200 £	Actuació autoritats monetàries	Revaluació del €	🔴	🟢
			Mòbils	1.000 €		Devaluació de la £	🟢	🔴

Nota: En aquest exercici i per a simplificar hem prescindit del fet que certs béns són molt més demandats quan el seu preu és més assequible i viceversa.

Activitat resolta 7. Efectes de la depreciació d'una divisa

Representa en un esquema els efectes comercials i financers de la depreciació de l'euro enfront d'altres divises i descriu el procés.

Solució:

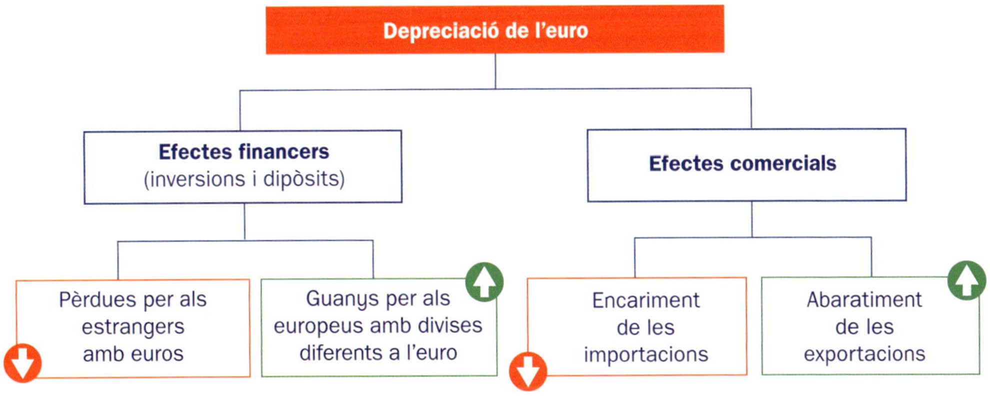

Per una banda, s'abarateixen les exportacions, però les importacions s'encareixen a l'haver-se apreciat les altres divises. Financerament, es produeix una fugida de capitals en euros (els inversors els converteixen a altres divises més rendibles), de tal manera que existeix pressió per fer que el BCE augmentarà el preu del diner i això atraurà novament els capitals estrangers. Els capitals, estrangers o no, acostumen a ser necessaris per a finançar el deute públic i les inversions empresarials.

Periscopi 6. El sistema de flotació ajustable a la pràctica

El govern d'Islàndia ha fixat un tipus de canvi per a la moneda pròpia (l'*ics*) de 1:1 amb el dòlar. En els últims temps, el tipus de canvi de la moneda d'Islàndia ha variat ràpidament, tal com mostra la gràfica i ha originat situacions diferents (E_1, E_2 i E_3), cosa que ha obligat a actuar al Banc Central Islandès.

Reflexioneu:

a) Fixeu les bandes de fluctuació sabent que són del 20 % sobre el tipus de canvi fixat pel Govern.

b) Analitzeu quines operacions de compravenda de divises hauria de fer el Banc Central Islandès en els escenaris E_1, E_2 i E_3 per a mantenir el valor de la moneda pròpia dins de les bandes de fluctuació planejades.

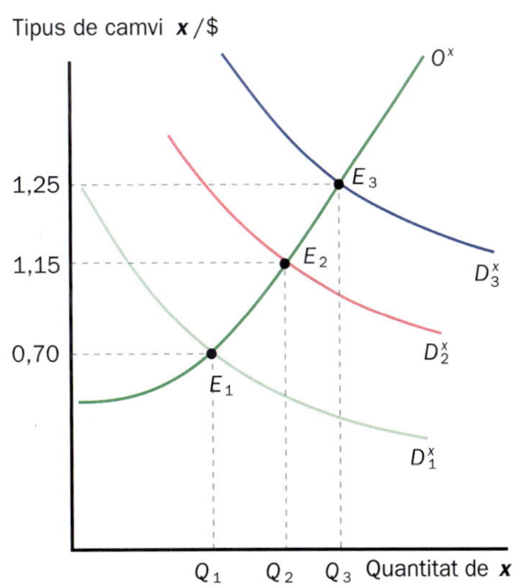

Mercat de la moneda ics (x)

Reflexioneu

Li posarem pals a les rodes?

Amb la intenció d'evitar l'especulació que es deriva dels moviments internacionals de capitals i divises, s'ha plantejat la implementació d'una taxa, anomenada **Tobin** en honor al seu creador, que grava les transaccions financeres amb un impost internacional. La idea és que els capitals no flueixen amb tanta facilitat i rapidesa, de manera que desincentivin els moviments especulatius. Alhora, la recaptació podria dirigir-se a lluitar contra la pobresa al món.

Activitats

21. Definiu amb paraules pòpies què s'entén per *sistema monetari.*

22. Per què augmenta el tipus de canvi d'una divisa quan hi ha excés d'oferta en el mercat de divises?

23. Per què es diu que el sistema monetari ajustable és mixt?

24. Utilitzant com a referència l'Activitat resolta 7, descriviu els efectes de l'apreciació de l'euro enfront del dòlar nord-americà.

MAPA CONCEPTUAL

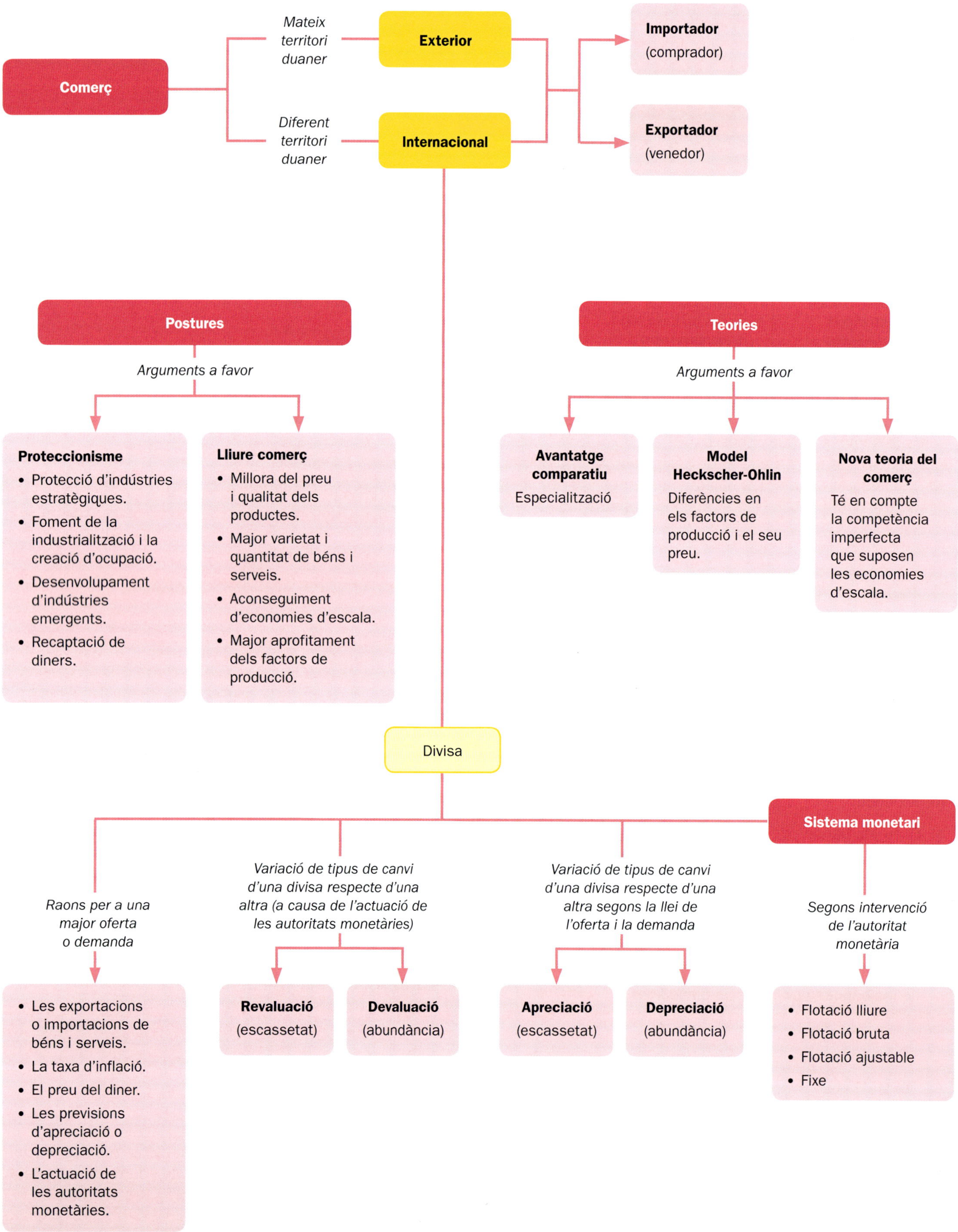

1. Quina d'aquestes diferències és un factor que propicia el comerç internacional?

 a) Tecnològiques.

 b) Climàtiques.

 c) De matèries primeres.

 d) Totes són certes.

2. Sobre la teoria de l'avantatge comparatiu, és cert que:

 a) És la teoria que millor explica el comerç internacional.

 b) Una de les virtuts que té és que genera economies d'escala.

 c) Té en compte el nivell diferent de preus.

 d) Dues de les anteriors respostes són correctes.

3. Les diferències que, al seu torn, expliquen les diferències entre els països a l'hora de comerciar internacionalment són:

 a) Les diferències en el valor de la producció.

 b) Les diferències en els factors de producció.

 c) Les diferències en la manera de competir de les empreses.

 d) Dues de les anteriors respostes són correctes.

4. La no intervenció de l'autoritat monetària per a influir sobre el preu de la divisa pròpia és una característica del sistema monetari de:

 a) Flotació mixta.

 b) Flotació lliure.

 c) Ajustable.

 d) Fixe.

5. Quina o quines de les mesures que se citen a continuació poden considerar-se proteccionistes?

 a) Els aranzels *ad valorem.*

 b) Les polítiques industrials.

 c) Les quotes il·limitades de productes estrangers.

 d) Dues de les anteriors respostes són correctes.

6. Quan un país importa més del que exporta, diem que el seu comerç exterior es troba en:

 a) Equilibri.

 b) Superàvit.

 c) Dèficit.

 d) Depèn.

7. Si una divisa puja el seu tipus de canvi en relació amb altres divises a causa del lliure joc de l'oferta i la demanda, estarem davant una:

 a) Apreciació.

 b) Depreciació.

 c) Revaluació.

 d) Devaluació.

8. Quines de les circumstàncies següents afavoreixen la demanda de dòlars?

 a) Les exportacions.

 b) La baixada del preu dels dòlars.

 c) Les previsions de depreciació del dòlar.

 d) Cap és certa.

9. Un objectiu que persigueixen les mesures proteccionistes és:

 a) La recaptació de diners.

 b) El foment de la competència.

 c) El desenvolupament d'indústries emergents.

 d) Dues de les anteriors respostes són correctes.

10. Quina de les afirmacions següents és falsa?

 a) La teoria de l'avantatge comparatiu és una altra aplicació del cost d'oportunitat.

 b) Quan hi ha una baixada del tipus de canvi, augmenta el valor d'una divisa respecte de les altres.

 c) La inflació en el propi país és causa de l'augment dels preus i, per tant, de la disminució de les importacions.

 d) Una exportació de França a Portugal és una operació de comerç exterior.

El comerç internacional.

1. Com influeixen els costos de producció en el comerç internacional? I les preferències dels consumidors?

2. Si Espanya ven cotxes a Itàlia, i Itàlia ven maquinària a Espanya:

   a) Qui està important cotxes i qui està exportant maquinària?

   b) Es tracta d'operacions de comerç internacional o exterior? I si la venda de cotxes és a Suïssa?

3. La Bea té una bona velocitat punta, però en general aguanta molt més temps corrent que les amigues que té. A la Irene, en canvi, li agrada córrer durant molt de temps, però és més ràpida que totes les altres en les distàncies curtes. Les dues són amigues i decideixen apuntar-se a curses d'atletisme. En quin tipus de proves haurien d'inscriure's cadascuna per a actuar d'acord amb els seus avantatges comparatius? Per què?

4. Per què es diu que l'avantatge comparatiu consisteix a especialitzar-se, però «de forma intel·ligent»? Com aplicaria aquesta teoria algú que vol ser músic i ha d'escollir instrument per a iniciar els seus estudis de conservatori tot i saber que no en toca cap millor que els altres?

5. On posen èmfasi els models de comerç internacional que complementen la teoria de l'avantatge comparatiu?

6. Si Portugal és un bon productor de vins i Anglaterra ho és en la producció de draps, expliqueu en termes de cost d'oportunitat en quin cas els interessa a tots dos especialitzar-se en aquests productes per a comerciar després internacionalment.

7. Donades les dades de la taula següent, que mostra les possibilitats de producció per als països i els productes indicats:

	Alemanya	Corea
Barrets	9	4
Llums de peu	3	2
Hores de treball	6 h	12 h

   a) Determineu la producció resultant per als dos països repartint les hores de treball per igual entre barrets i llums de peu.

   b) Quina és la relació d'intercanvi barrets / llums de peu a Alemanya? I a Corea?

   c) Identifiqueu quina seria la producció si els dos acorden comerciar i s'especialitzen en un sol producte.

   d) Demostreu els avantatges que reporta l'especialització ajudant-vos d'una taula.

El lliure comerç. El proteccionisme.

8. Indiqueu de quin tipus és cadascuna de les mesures aranzelàries següents:

   a) Limitar el número de cotxes indis d'importació.

   b) Ajudar la indústria de robòtica naixent.

   c) Un impost del 20 % sobre el preu de la mercaderia que s'importa.

   d) Els ajuts als productors de lli perquè així aquest cultiu no desapareixerà.

   e) Exigir per a totes les joguines el segell de qualitat de la UE.

   f) Un impost fix de 5 € per a cada unitat importada.

9. Qui són els beneficiaris principals de les mesures aranzelàries? I els més perjudicats? Raoneu la resposta.

La balança de pagaments.

10. Feu un esquema amb l'estructura de la balança de pagaments i indiqueu a l'última columna i per a cada fila com s'obtenen els diversos saldos de les subbalances i comptes.

11. Pel que fa a la balança de pagaments, què vol dir que la posició d'un país és deutora respecte dels altres països?

12. Quina relació existeix entre les operacions d'exportació i importació i la demanda agregada d'un país?

13. Considereu les operacions següents al comptat entre Espanya i la resta del món:

    - Exportació de cotxes.
    - Compra de patents estrangeres.
    - Pagaments de drets per utilització de patents estrangeres.
    - Fons europeus de cohesió.
    - Inversions a l'exterior.
    - Inversions estrangeres a Espanya.
    - Interessos per inversions estrangeres al país.
    - Remeses d'emigrants nacionals.
    - Compra d'accions a l'estranger.
    - Dividends d'accions a l'estranger.
    - Enviament d'ajuda a països del Tercer Món. Per a cadascuna de les operacions anteriors:

    a) Indiqueu si constitueixen una entrada o sortida de divises.

    b) Assenyaleu a quina subbalança o compte de la balança de pagaments pertenanyen.

14. Donades les operacions següents al comptat d'Espanya:

- Una empresa ubicada a Espanya ha efectuat una compra a una multinacional de la informàtica amb seu al Japó per valor de 2.000 €.
- Els turistes anglesos van gastar 5.000 € durant les vacances a Espanya.
- Un grup d'angolenys residents a Espanya envia al seu país diners per valor de 4.000 €.
- Un banc amb seu a Espanya concedeix un crèdit a cinc anys a una empresa domiciliada a l'Argentina. El principal d'aquest crèdit és de 20.000 €.
- Una empresa espanyola cobra al comptat 4.000 € en concepte de nòlits a una altra amb seu a la Xina.
- Espanya va rebre fons de cohesió de la UE per valor de 60.000 €.
- Uns emigrants espanyols residents a l'Argentina van obrir comptes bancaris a Espanya per valor de 10.000 €.

Es demana:

a) Complimenteu tota la balança de pagaments.

b) A quant ascendeix el seu saldo de variació de divises? Com és possible aquest resultat?

c) Pel que fa a l'anàlisi del seu saldo de Compte Corrent i de Capital, quina posició presenta respecte d'altres països?

El mercat de divises.

15. Per què un euro és una divisa al Japó però no a Espanya? Si Espanya ven mòbils al Japó, en quina divisa seria habitual fixar l'operació? I si es fa al revés?

16. Expliqueu com varia el tipus de canvi de l'euro en relació amb el dòlar en funció de l'oferta i la demanda.

17. Si parlem de divises, en què s'assemblen i es diferencien la revaluació i la devaluació? I la devaluació respecte de l'apreciació?

18. En què es diferencia el sistema monetari de flotació lliure del de flotació bruta? I el de flotació bruta de l'ajustable?

19. Si al gener un euro s'intercanviava per 1,10 $ i el juny el canvi va variar a 0,95 $, es veuran afavorides les exportacions espanyoles als EUA? I les importacions? Raoneu-ho.

20. Si una hamburguesa Big Mac val 4,40 $ a Nova York i 4 € a Mallorca:

a) Quants dòlars podríem comprar amb 1 € utilitzant com a referència els preus de les Big Mac?

b) Si el tipus de canvi és 1 €/ 1,15 $, quina divisa està sobrevalorada i quina infravalorada d'acord amb els preus de les Big Mac?

21. Un euro cotitza a 1,20 $, i posteriorment ho fa a 1,30 $. Representeu gràficament aquesta evolució del tipus de canvi €/ $ i indiqueu com ha variat el tipus de canvi.

22. Quin efecte tindran els fets següents sobre el tipus de canvi de l'euro als països de la UE en termes d'apreciació (A) o depreciació (D)? Raoneu la resposta.

a) Un augment de la taxa d'inflació.

b) Un augment del preu del diner.

c) Un augment de les exportacions.

d) Previsions d'una fase de recessió del cicle econòmic.

23. Com s'explica que l'augment o la baixada del tipus de canvi d'una divisa és inversa a la del seu valor?

24. Raoneu quin sistema monetari creieu que és el més adequat donades les circumstàncies següents:

a) La divisa pròpia no inspira confiança.

b) No es creu necessària o oportuna la intervenció de l'autoritat monetària.

c) S'entén que només seran necessàries actuacions puntuals per part de l'autoritat monetària.

d) S'entén que serà necessària l'actuació de les autoritats monetàries però supeditada a unes regles clares.

25. Els anys seixanta del segle XX, durant l'època prèvia als mesos d'estiu, Espanya oferia pessetes a canvi de divises europees en els mercats internacionals. Per tant:

a) La pesseta, es devaluava o revaluava en relació amb altres divises?

b) A falta d'altres dades, en quin dels sistemes monetaris enquadraríeu la manera de procedir del Govern espanyol de l'època?

c) A quin sector de la indústria creieu que buscava afavorir aquesta manera de fer per part de les autoritats monetàries espanyoles?

- Escriviu dues idees clares i que us semblen fonamentals d'aquesta unitat. Què us ha ajudat a comprendre-les?
- Feu dues preguntes sobre aspectes que no us han quedat clars de la unitat.
- Escriviu dos aspectes sobre els quals us agradaria aprofundir en aquesta unitat.

Interpretem... el comerç internacional

De la mateixa manera que milers de cèl·lules a la nostra sang porten oxigen i nutrients a cada racó del nostre cos, en aquest mateix instant milers de vaixells recorren els mars portant d'un racó a l'altre del món les matèries primeres i mercaderies. Un vaixell que arriba al Brasil pren bauxita, que porta fins una planta a la Xina, on es transforma en alumini. D'allà marxa a desenes de països per a fabricar milers de béns. Potser una part es descarregarà al port de Lisboa, per a formar part d'una bicicleta de la marca espanyola Orbea. Com a òrgans d'un mateix cos, els països produeixen, intercanvien, s'especialitzen, competeixen i progressen. Les artèries del comerç del món reben un nom, **línies marítimes de comunicació (SLOC)**. I són possibles gràcies als baixos aranzels que existeixen actualment.

Transport de contenidors marítims (SLOC)

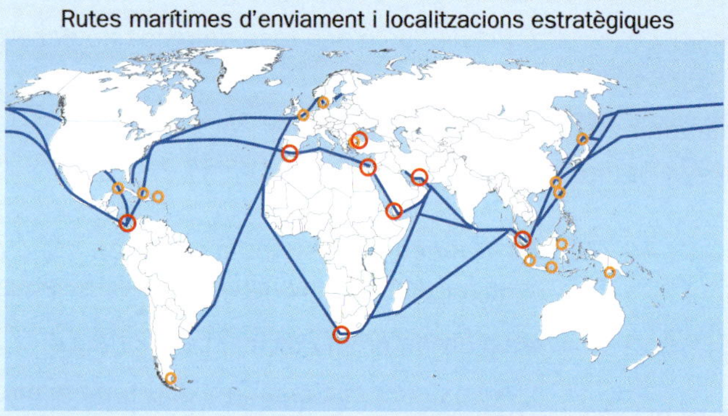

Aranzels mitjans segons criteri MFN

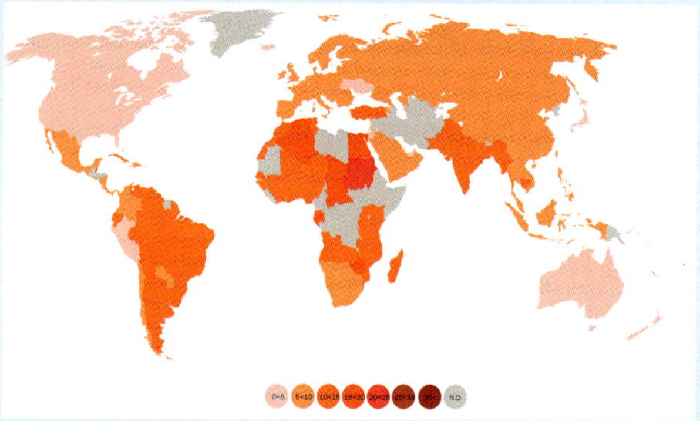

Número de contenidors marítims

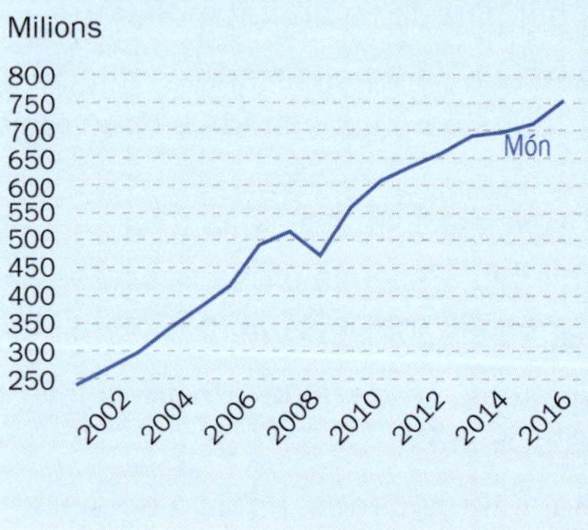

Evolució del PIB mundial

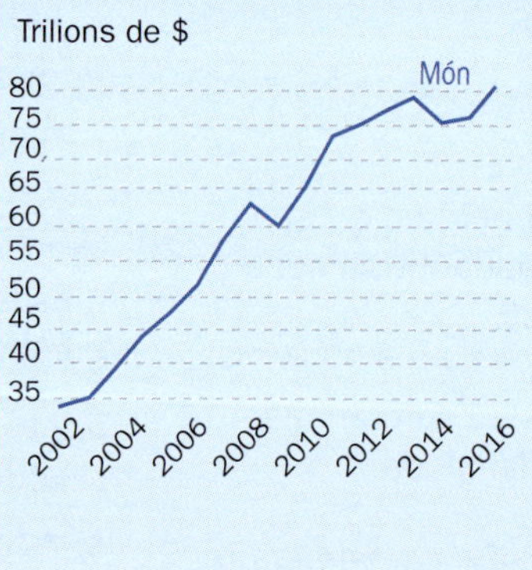

Evolució de la pobresa al món

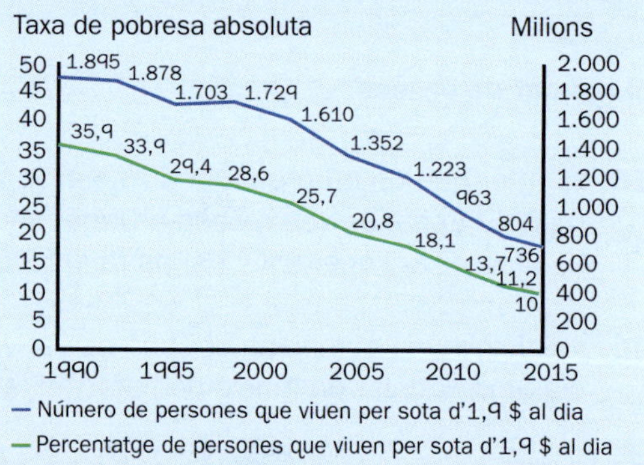

Qüestions:

1. Quines economies del món afavoreixen més el lliure comerç? Quines menys? Quin organisme internacional s'encarrega de vetllar per la bona salut del comerç?
2. En els últims temps s'està parlant d'un possible augment dels aranzels i barreres al comerç. Quins països estan mirant d'implementar polítiques proteccionistes? Quina repercussió podria tenir sobre la pobresa al món?
3. El comerç mundial travessa diversos punts de pas crítics on es concentren un número enorme de vaixells, com el canal de Panamà. Sabríeu identificar altres llocs de pas estratègics?
4. Visiteu la pàgina **www.shipmap.org,** feu-ne una captura de pantalla en qualsevol moment del vídeo, imprimiu-la i porteu-la a classe. Mireu si els vostres companys poden endevinar de quina zona de comerç es tracta.

El dilema: subvencionem els nostres agricultors o perjudiquem els de la resta del món?

La Política Agrària Comuna (PAC) de la UE és controvertida perquè protegeix amb aranzels i subvencions la producció de béns agrícoles que seria més barata comprar fora de la UE. Però sense aquestes proteccions, els agricultors europeus no podrien competir amb els preus dels productes agrícoles aliens a la UE, i probablement haurien d'abandonar els seus cultius. En conseqüència, els productors de la resta del món no poden vendre a la UE i, a més, veuen com els agricultors europeus els arruïnen quan venen els seus excedents fora de la UE. I per què els països del Tercer Món no imposen aranzels tan exigents a la UE? Perquè llavors la UE restringiria l'exportació de béns tecnològics amb alt valor afegit a aquests països. El caràcter protector de la UE amb l'agricultura té l'origen en el fet que, d'acord amb el seu tractat constitutiu del 1957, ha de garantir un nivell d'ingressos suficient als seus agricultors, postulat adoptat amb motiu de l'escassetat patida després de dues guerres mundials.

El debat:

Preneu partit per una de les dues opcions (subvencionar o no els nostres agricultors) i argumenteu-la en un grup de cinc. La resolució del grup es defensarà en un debat davant un altre grup on haurà prevalgut una altra opció.

Proposta de cinema: *Or negre*

Directors: Nick Francis i Marc Francis.

Repartiment: Tadesse Meskela.

Sinopsi:

Documental sobre el comerç internacional de cafè des del punt de vista dels petits productors, il·lustrat mitjançant els viatges del gerent d'una corporació de grangers de cafè d'Etiòpia a diverses plantacions, plantes processadores i sindicats.

Claus de reflexió:

Comerç internacional, multinacionals, comerç just, proteccionisme, lliure comerç.

Qüestions:

1. Heu pensat mai d'on procedeix el cafè que consumim?
2. Per què els petits productors d'Etiòpia abandonen les collites si podrien cultivar un dels millors cafès del món?
3. Què pretén el líder de la cooperativa quan mira d'evitar el sistema de comerç internacional?

Vinyeta

13. Unió Europea i globalització

En aquesta unitat aprendreu

- Cooperació econòmica internacional.
- La integració econòmica.
- La Unió Europea.
- Espanya a la Unió Europea.
- La globalització.

Els convulsos esdeveniments mundials de la primera meitat del segle XX van propiciar la creació d'organismes econòmics internacionals orientats a fomentar el comerç i la *cooperació* entre països. Però alguns països van anar molt més enllà de la cooperació i van decidir iniciar processos d'*integració econòmica* amb la idea d'aprofitar al màxim els avantatges del comerç internacional.

Entre aquests processos va destacar, i destaca, la *Unió Europea* (*UE*), la forma d'integració econòmica més avançada que hi ha avui al món. *Espanya* es va incorporar tard a la UE, però això no ha estat un impediment. Després de més trenta anys d'esforços i sacrificis, ha aconseguit obrir-se a l'exterior, superant l'aïllament a què la van condemnar un segle XIX inestable i quaranta anys de dictadura.

Però els blocs de comerç creats pels països es veuen empetitits avui per la consolidació d'un mercat mundial sense fronteres, identificat amb el terme *globalització*. Encoratjada per les grans empreses, el moviment de capitals i l'absència de normes, la globalització no només afecta les nostres vides, sinó que a més està creant un nou ordre econòmic mundial.

Què saps sobre la Unió Europea?
Què en vols aprendre?

Saps per què els països volen formar blocs de comerç?

Saps com li ha anat a Espanya amb la Unió Europea?

Saps què és la globalització?

13_Unió Europea i globalització

El rei Sol, un parell de dòlars i milers de concerts

Avui en dia, un ciutadà qualsevol gaudeix de major qualitat de vida que qualsevol rei europeu de segles passats. Quant creieu que hauria pagat Lluís XIV, «el rei Sol», per disposar d'una carrossa autopropulsada anomenada automòbil, o per poder parlar des de qualsevol lloc del regne o escoltar milers de concerts de música clàssica a través d'un telèfon intel·ligent? La globalització, impulsada per Internet i les noves tecnologies, ha fet caure les fronteres entre els mercats de tot el món en molt poques dècades.

Des que va començar, als anys vuitanta, i només fins a l'any 2000, va disminuir en 500 milions el nombre de persones que vivien amb menys de dos dòlars al dia. Però això només va succeir en els països que s'havien apuntat a la globalització. Algun dels quals amb un èxit sorprenent, com la Xina. En canvi, als països no globalitzadors, el nombre de pobres fins i tot s'està incrementant, com està passant en molts països de l'Àfrica.

I és que aquest progrés de què molts vam gaudir i al qual altres pobles s'acosten a passos gegantins, alguns tan sols poden veure-ho des de la distància. Així que mentre les fàbriques d'Àsia omplen el món amb mercaderies, les multinacionals nord-americanes amb programes d'ordinador i sèries de televisió i les europees amb el seu disseny, els seus cotxes i marques, una humanitat gegantina i creixent observa l'altre costat dels filats esperant una oportunitat per a compartir aquests beneficis.

Antigament hi havia molts mons i cada poble vivia aliè a la sort que corrien els altres. Avui el món és més petit i tots el compartim. La globalització és sens dubte una oportunitat, i alhora, una amenaça. I tots, nosaltres i ells, som responsables del nostre destí comú.

Reflexioneu

1. Com ha propiciat la globalització la creació d'un mercat mundial?
2. El text assenyala com a aspecte positiu que la pobresa mundial s'ha reduït les últimes dècades. Quins altres efectes creieu que ha portat la globalització? Són tots positius?
3. La globalització és un fenomen que sobretot s'ha accelerat amb l'arribada del segle XXI. Tanmateix, els vostres pares van anar a col·legi probablement molt de temps abans. Com ha canviat la globalització la vida d'un estudiant des de llavors? Pregunteu-los-ho, si no sabeu què respondre.

1. Cooperació econòmica internacional

Després de la Segona Guerra Mundial, els països van ser conscients que un dels motius desencadenants del conflicte havia estat la manca de cooperació entre ells. En conseqüència, van acordar la constitució d'organismes internacionals per a fomentar la cooperació i evitar reincidir en errors del passat. D'aquesta manera, es van crear dos tipus d'organismes de cooperació internacional, uns de tall polític (l'ONU) i altres de tipus econòmic (fig. 13.1).

Entre aquests últims destaquen el **Fons Monetari Internacional (FMI)**, el **Banc Mundial (BM)**, l'**Organització Mundial del Comerç (OMC)** i l'**Organització per a la Cooperació i el Desenvolupament Econòmic (OCDE)**.

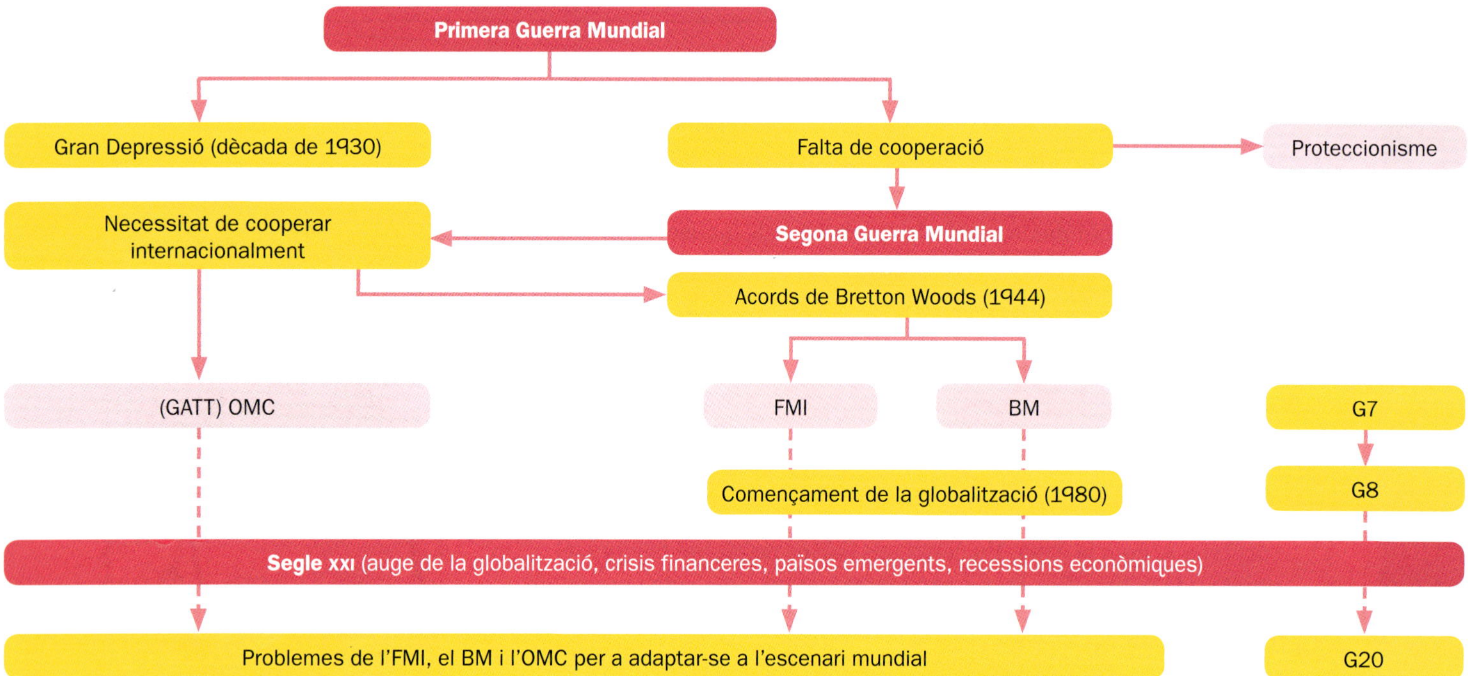

Fig. 13.1. Evolució dels organismes econòmics internacionals.

1.1. El Fons Monetari Internacional (FMI) i el Banc Mundial (BM)

El **Fons Monetari Internacional (FMI)** i el **Banc Mundial (BM)** són dos organismes vinculats a l'ONU que van néixer el 1944 amb els objectius següents:

- **Aconseguir l'estabilitat dels tipus de canvi i de les paritats de les divises dels Estats membres**. Per a aconseguir-ho, es va acordar que les reserves monetàries dels països signants estarien formades per or i per dues monedes d'intervenció, el dòlar i la lliura esterlina, bescanviables per un **valor fix d'or.**
- **Assegurar la liquiditat internacional i crear un sistema multilateral de pagaments.** El compliment d'aquest objectiu va recaure sobre els EUA, país que a més va aportar dòlars en concepte d'ajuda als Estats membres mitjançant el Pla Marshall. Amb el temps, es va fer inviable: l'afluència de dòlars als mercats internacionals va ser tan àmplia que aviat van superar les reserves americanes d'or, per la qual cosa el bescanvi es va fer impossible. El 1971 es va declarar la **no convertibilitat del dòlar a or**. Avui en dia, el sistema dels diners emparat per mercaderia es troba totalment superat, i es tracta, únicament, d'una mera **qüestió de confiança.**
- **Concedir préstecs internacionals.** L'FMI, a través del Banc Mundial, també concedeix préstecs als països, sobretot als que estan en vies de desenvolupament. Per a això, utilitza fons addicionals que alguns Estats membres es comprometen a aportar. Aquests préstecs seran reemborsats tan aviat com el país receptor millorarà la situació o, com a molt tard, als tres o cinc anys de la concessió, depenent de la quantia.

Sabíeu que...?

El **G8** és la reunió formal dels països més industrialitzats del món (Alemanya, Canadà, EUA, França, el Regne Unit, Itàlia, el Japó i Rússia) per debatre sobre les grans qüestions econòmiques mundials. Per altra banda, el **G20** inclou aquests països i també 12 economies emergents que, en total, representen el 85 % de l'economia mundial.

1.2. L'Organització Mundial del Comerç (OMC)

L'**Organització Mundial del Comerç (OMC)** és un organisme que va sorgir el gener del 1995 amb la intenció de convertir-se en la referència del comerç internacional.

Els **principis bàsics** que persegueix l'OMC es troben recollits a la taula 13.1:

Comerç sense discriminació	Segons aquest principi, tot acord subscrit entre dos països membres de l'OMC serà extensible a la resta dels països que formen part de l'organització.
Accés previsible i creixent als mercats	L'OMC limita les mesures proteccionistes a l'aplicació d'aranzels, però amb certa tendència a eliminar-los, per a afavorir el lliure comerç.
Promoció d'una competència lleial	L'OMC condemna les formes deslleials de competència, com ara el **dúmping** (venda de productes per sota del seu cost de producció), i ofereix als Estats membres la possibilitat d'actuar en conseqüència.
Foment del desenvolupament i la reforma econòmica	Als països en vies de desenvolupament se'ls permeten períodes de transició per a adaptar-se a les disposicions més exigents de l'OMC.

Taula 13.1. Principis bàsics de l'OMC.

Regulant i homogeneïtzant les relacions de comerç internacional entre els països membres, l'OMC pretén superar la debilitat del seu predecessor, el GATT (*General Agreement on Tariffs and Trade*).

1.3. L'Organització per a la Cooperació i el Desenvolupament Econòmic (OCDE)

L'Organització per a la Cooperació i el Desenvolupament Econòmic (OCDE) és un fòrum de consulta i coordinació entre els governs creat el 1961. Allà es discuteixen i s'analitzen les polítiques econòmiques, financeres, ambientals, industrials, tecnològiques, científiques, educatives, laborals i comercials dels 34 països que el componen, en data de finals de 2018, així com d'altres interessats en les recomanacions o comentaris de l'OCDE. El requisit principal per ser membre de l'OCDE és liberalitzar progressivament els moviments de capitals i de serveis, incloent els serveis financers.

! Important

Els instruments normatius dels quals es val **l'OMC** són:

- Acord general sobre mercaderies.
- Serveis i drets de propietat intel·lectual.
- Procediments per a solucionar diferències entre països.
- Examen de les polítiques comercials dels països.

***Periscopi 1.* Organismes internacionals i globalització**

L'OMC, l'FMI i el BM funcionen a través de representacions dels diferents països que integren aquestes institucions amb les corresponents fronteres polítiques. En general, la missió d'aquestes institucions és mirar de regular l'economia global i ajudar els països més necessitats. Però la globalització, a la pràctica un mercat mundial sense fronteres on empreses i capitals es mouen sense restriccions al llarg del món, escapa a la regulació i al control pretesos.

Reflexioneu:

a) Investigueu sobre els antics directors de l'FMI, el BM i l'OMC. D'acord amb la nacionalitat que tenen, quines grans economies tenen o han tingut més representació?

b) Les institucions internacionals condicionen els seus ajuts econòmics als països més pobres a la realització d'ajustos importants, entre els quals és habitual exigir l'obertura dels mercats, és a dir, l'eliminació de les restriccions a l'entrada de productes estrangers, o dit d'una altra manera, i a la pràctica, connectar aquell país amb el mercat gegantí que és la globalització. Quins avantatges i inconvenients creieu que presenta aquest aspecte?

c) Com creieu que la qüestió anterior podria limitar l'eficàcia dels organismes estudiats per a regular i controlar l'economia global?

Activitats

1. A la Unitat 10 hem dit que avui en dia els diners són una mera qüestió de confiança. Què vol dir això?

2. Com perjudica el dúmping als productes que no el practiquen i als consumidors en general?

3. Feu un esquema amb els principis bàsics o objectius de l'OMC, l'FMI i el BM.

4. Investigueu a Internet el paper que fa Espanya en les institucions internacionals de cooperació internacional següents: FMI, BM, OMC i G20.

2. La integració econòmica

Després de la Segona Guerra Mundial, la liberalització del comerç va propiciar l'enlairament de les multinacionals i l'estrenyiment de les relacions econòmiques entre països. Els avantatges del comerç internacional es van posar de manifest de tal manera, que els països van emprendre diferents processos *d'integració econòmica* per a formar blocs de comerç.

La **integració econòmica** és el procés d'unió de mercats que té com a objectiu la formació d'espacis supranacionals més competitius i eficients que els d'origen.

La forma d'integració més senzilla de portar a la pràctica és el **comerç preferent**, un acord mitjançant el qual dos o més països acorden reduir aranzels entre ells. Les altres fórmules d'integració ja suposen la desaparició d'aranzels entre els països implicats i altres mesures que segueixen un esquema acumulatiu de menys a més, d'acord amb el que podem apreciar a la figura 13.2.

! Important

A diferència de la **cooperació** estudiada en l'apartat anterior, qualsevol grau d'**integració econòmica** suposa aplicar mesures que afectin a la sobirania nacional dels països.

Fig. 13.2. Tipus d'integració econòmica, de menor a major nivell.

Avantatges de la integració econòmica

Entre les **raons que justifiquen** un procés d'integració cal assenyalar les següents (taula 13.2):

L'aparició de les economies d'escala	Com que el mercat és major, les empreses aconsegueixen més eficiència, incorren en menys costos i abarateixen la producció perquè reparteixen els costos entre més unitats de producte.
El desenvolupament d'activitats conjuntes	Molts projectes, sobretot els relacionats amb la tecnologia, exigeixen grans inversions, que són més fàcils d'abordar conjuntament que de manera individual. És el cas, per exemple, del programa espacial europeu.
Major especialització	Sense barreres proteccionistes, resulta més fàcil desenvolupar o potenciar els avantatges comparatius de què disposa un país en relació amb els altres amb els quals forma la integració econòmica, perquè no cal preocupar-se per aranzels ni tràmits d'exportació, que l'encareixen i la dificulten, respectivament.
Major poder de negociació enfront d'altres potències	Són majors els avantatges que es poden obtenir negociant en bloc que aïlladament.
Major eficiència productiva	Al suprimir les barreres aranzelàries, hi ha més empreses que competeixen en el mateix mercat, de manera que s'intensifica la competència. En conseqüència, per a sobreviure, les empreses es tornen més eficients i milloren la qualitat dels productes, alhora que redueixen els seus preus.

Taula 13.2. Raons per a la integració econòmica.

Periscopi 2. La importància d'ampliar mercat

A principis del segle XX, un obrer nord-americà empleat a la fàbrica Ford en tenia prou de treballar sis mesos per a guanyar els diners suficients amb què adquirir un automòbil de la fàbrica en la qual treballava. En canvi, un operari francès de la Renault trigava dos anys a guanyar el salari que li permetia adquirir un automòbil de prestacions similars al nord-americà. El mercat sense fronteres internes dels Estats Units possibilitava a Ford repartir el cost unitari entre un major nombre d'unitats sense els problemes del pagament d'aranzels que existien entre els països europeus.

Reflexioneu:

a) Com s'anomena el procés que permetia a Ford abaratir costos en un mercat major?

b) Quin tipus de costos suportaven els europeus que no tenien els nord-americans? Com afecta això la possibilitat d'aconseguir economies d'escala?

c) Quin procés econòmic i polític va permetre a la indústria europea apropar-se als estàndards americans?

d) Busqueu a Internet el salari mitjà a Espanya i el preu del vostre cotxe preferit. Quant de temps hauríeu de treballar amb aquest salari per a poder comprar aquest cotxe?

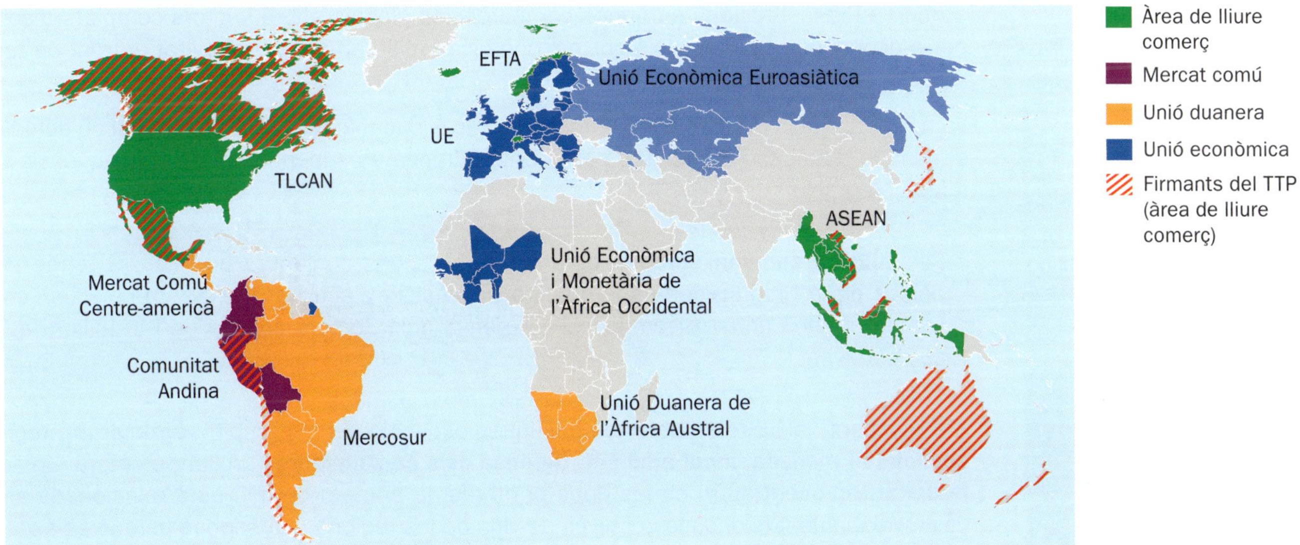

Fig. 13.3. Principals blocs de comerç a l'actualitat.

Periscopi 3. Els blocs de comerç a la pràctica

El 2017 va entrar en vigor el CETA, un acord de lliure comerç entre el Canadà i la Unió Europea que reduirà en un 98 % els aranzels recíprocs. Entre altres aportacions, suposa la possibilitat per a les empreses de la UE d'optar a contractes públics canadencs, el reconeixement de les titulacions europees al Canadà i la prohibició de vendre imitacions de 143 productes europeus amb denominació d'origen protegida.

Reflexioneu:

a) Quines són les conseqüències per a les exportacions de la UE a Canadà? I per a les importacions?

b) Com ha afectat el CETA a la possibilitat de professionals, com els arquitectes, enginyers i comptables, per a poder treballar lliurement en un o altre lloc?

c) Què suposa el CETA per als productors de vi amb denominació d'origen Rioja?

Activitats

5. Per què els països miren d'integrar-se econòmicament? Expliqueu en què s'assemblen i en què es diferencien una unió duanera i una àrea de lliure comerç.

6. Per què les empreses d'un país es tornen més competitives quan comparteixen mercat amb les d'altres països?

7. La figura 13.3 mostra els blocs principals de comerç existents a l'actualitat. Troba a Internet les modificacions que poden haver-s'hi produït. En cas d'existir nous blocs de comerç, identifiqueu el tipus d'integració econòmica que n'ha resultat.

3. La Unió Europea

La Unió Europea (UE) ha estat la primera i fins al moment més reeixida unió econòmica del món. Evolucionant des d'un mercat comú, els països de la UE han superat amb èxit les diferències que tenen, i malgrat l'alentiment del procés i dels problemes que va portar la gran crisi mundial de finals de la primera dècada del segle XXI, avui és un exponent clar de les virtuts que proporciona la integració econòmica.

L'eina fonamental per a aconseguir aquesta integració han estat els *tractats*, acords vinculants respecte de l'objectiu, però que deixen llibertat als països sobre la forma d'aconseguir-lo.

Els **tractats** són acords internacionals que vinculen les nacions firmants per al compliment d'uns objectius determinats.

Ja en el tractat germen de l'actual Unió Europea, el Tractat de Roma, els països van acordar atribuir a les institucions europees competències globals sobre sectors complets d'activitat per a aconseguir la integració socioeconòmica i millorar la competitivitat enfront de tercers països.

Va néixer així la *política comuna europea* el 1957, que manté vigència plena, si bé actualment el nombre d'àmbits intervinguts per la Unió Europea és superior, com a conseqüència d'una major integració.

Per **política comuna europea** entenem les accions conjuntes portades a terme pels països de la Unió Europea sobre sectors complets d'activitat i té com a objectiu l'establiment d'unes normes comunes, la defensa dels sectors productius i la millora de la competitivitat.

Efectivament, la UE té establertes polítiques específiques per àmbits: **agricultura, regional, economia i moneda, medi ambient, defensa dels consumidors** i un llarg etcètera. En aquesta unitat, ens centrarem en les dues primeres: la primera perquè està relacionada amb el desenvolupament econòmic i el nivell de vida de les regions, i la segona perquè és essencial per al bon funcionament de la UE, atès que afecta qüestions claus, com el dèficit públic o el preu del diner.

Regionals	Econòmics
• Impuls del creixement econòmic. • Competitivitat regional. • Creació d'ocupació. • Cooperació territorial europea, mitjançant iniciatives locals i regionals conjuntes.	• Integrar de manera eficaç les economies dels països de la UE. • Promoure el creixement i la prosperitat a Europa.

Taula 13.3. Objectius de la política regional i econòmica que es deriven de l'aplicació de les polítiques comunes de la UE.

Sabíeu que...?

El **Consell Europeu** reuneix els caps d'Estat de tots els països membres de la UE. Donada la importància que té, defineix les orientacions i prioritats polítiques generals de la UE. A aquestes reunions se les designa popularment com a «cimeres europees» o «reunions a la cimera».

Activitats

8. Quina és la funció dels tractats de la UE?

9. Per què a Espanya són les Comunitats Autònomes les unitats bàsiques de l'ordenació territorial europea?

10. Quin és l'objectiu principals dels fons europeus?

11. El Periscopi 4 mostra el PIB *per capita* d'alguns països de la UE. Busca a Internet si el PIB *per capita* espanyol ha millorat o empitjorat des de llavors respecte d'altres països membres. Per què el PIB *per capita* és una mesura relativa del nivell de riquesa dels països?

3.1. La política regional

Cohesionar, és a dir, equiparar el nivell de vida i de desenvolupament econòmic en les diverses regions i nacions de la UE és, des de fa anys, una de les principals preocupacions dels governants europeus. I és que, malgrat els èxits econòmics de la UE, encara hi ha grans contrastos pel que fa al nivell de vida. Per exemple, el Producte Interior Brut (PIB) *per capita* d'Irlanda és el triple que el de Croàcia; o la regió de la capital de França, una de les més riques d'Europa, té una renda *per capita* que supera en més de sis vegades a la de Severozapaden, a Bulgària.

Vocabulari

Convergència. En termes econòmics, s'utilitza per a referir-se a l'aproximació dels índexs econòmics de diversos països a uns mínims consensuats que suposen un punt de partida homogeni.

A. L'Europa de les regions

No és casualitat que parlem de **regions** en lloc de nacions, perquè actualment aquesta unitat territorial (anomenada *Comunitat Autònoma* o *Ciutat Autònoma* al nostre país) es considera la unitat bàsica de l'ordenació territorial europea. La dimensió menor que té, en relació amb les nacions en què es troben, permet conèixer millor la realitat en què es mouen per a prendre mesures més adequades que corregiran els desequilibris entre regions.

B. Els fons europeus

Eliminar els desequilibris regionals és un procés llarg que pot durar diversos anys. Per això, les intervencions comunitàries que persegueixen aquest objectiu es denominen «estructurals» o «a llarg termini», i s'articulen a través de **fons.**

Hi ha quatre tipus de fons estructurals, dels quals el principal és el FEDER (Fons Europeu de Desenvolupament Regional). Juntament amb els fons estructurals, hi ha l'anomenat **Fons de Cohesió** que, per a assolir la **convergència,** dona suport a accions concretes en àmbits específics, com, per exemple, el medi ambient i les infraestructures de transport.

***Periscopi 4.* PIB per habitant europeu**

Tot i amb totes les limitacions que té el PIB per habitant, és el millor indicador per a mesurar el nivell de vida en regions i també en països. En els últims anys, Espanya s'ha apropat a la mitjana, però a aquest fet també ha contribuït la incorporació d'altres països d'Europa de l'Est, en els quals el nivell de vida és inferior al d'Espanya.

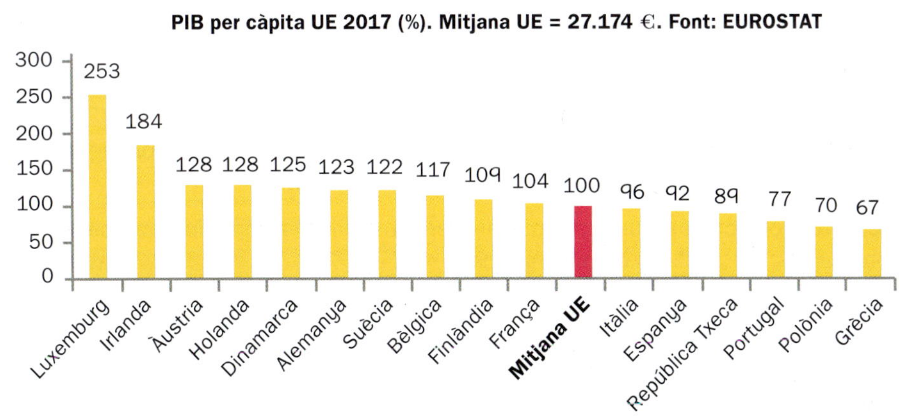

Reflexioneu:

a) Calculeu el PIB *per capita* de Luxemburg, Espanya i Grècia. Quines dades necessiteu?

b) Quantes vegades guanya un luxemburguès el que guanya un espanyol? I un espanyol el que guanya un grec?

c) Què passaria amb la posició espanyola respecte de la mitjana si es produïex la sortida de la UE d'un dels països que a l'actualitat hi estan per sobre?

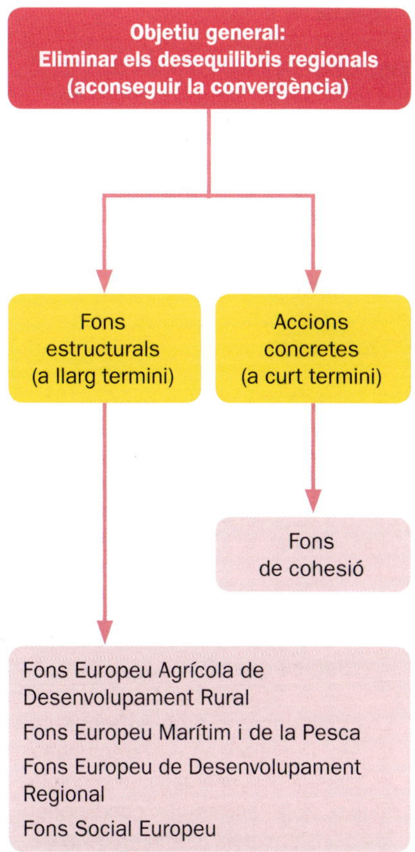

Fig. 13.4. Tipus de fons estructurals i de cohesió a la recerca de la convergència econòmica.

3.2. La política econòmica pressupostària

En el marc de la UE podem distingir dues àrees econòmiques fonamentals: la **política pressupostària** i la **política monetària**. D'aquesta última ja n'hem parlat en la Unitat 10, sobre l'estabilitat dels preus i del preu del diner, i per tant, en aquest apartat ens centrarem en la **política pressupostària.**

Tot i que el pressupost comunitari és de milers de milions d'euros, aquesta xifra només representa un 1 % o 2 % del PIB del conjunt dels seus estats. Aquests percentatges semblen molt petits, però cal tenir en compte que la majoria de les despeses derivades de la intervenció pública (defensa, seguretat, educació, sanitat...) segueixen sent assumits pels Estats nacionals. El pressupost comunitari sosté les polítiques comunes: la política agrària comuna (PAC) i els fons estructurals i de cohesió representen les partides de despesa principals.

Pel que fa als **ingressos,** podem classificar-los en quatre categories (taula 13.4):

Drets de duanes	Aranzel comú per als productes importats procedents de tercers països. A l'actualitat suposen, aproximadament, el 17 % dels ingressos de la Unió.
Quota sobre l'IVA	Suposa al voltant d'una quinzena part dels ingressos de la Unió.
Quota en relació amb el PIB	Suposa tres quartes parts dels ingressos de la Unió. Els països que més contribueixen són els més forts econòmicament, com Alemanya i França.
Reemborsament d'excepcions	Són compensacions a països que puntualment o permanentment no gaudeixen dels beneficis d'alguna política comunitària. La importància que tenen en el pressupost és residual, però són esmentats expressament per constituir excepcions que afecten països sencers.

Taula 13.4. Fonts d'ingressos de la UE.

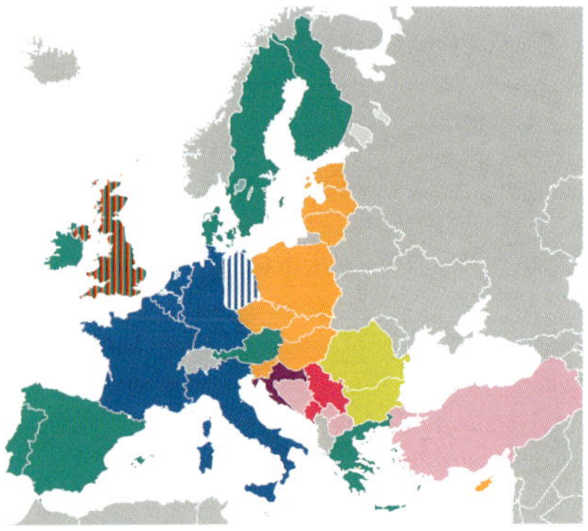

Construcció europea

- 1951
- 1973-1995
- Ex-RDA incorporada a la RFA el 1990
- El Regne Unit inicia negociacions el 2016 per a abandonar la UE
- 2004
- 2007
- 2013

Ampliació en curs

- Països candidats
- Firmants de l'Acord d'Estabilització i Associació (ASA) de preadhesió a la UE

Fig. 13.5. La Unió Europea dels 28. Els països candidats en procés de «transposar» (o incorporar) la legislació de la UE al seu dret nacional són Albània, Macedònia, Montenegro, Sèrbia i Turquia. No compleixen encara els requisits Bòsnia-Hercegovina i Kosovo.

A. El Pacte d'Estabilitat i Creixement

Des de l'entrada a la tercera etapa de la UE, els Estats de la zona euro han consensuat uns criteris comuns que es coneixen amb el nom de *Pacte d'Estabilitat i Creixement*.

Per assegurar el compliment d'aquest pacte, els programes econòmics dels països de la zona euro són supervisats pel Consell de la Unió Europea, actuació que rep el nom de **supervisió multilateral.** Les àrees objecte de supervisió són les següents:

- El **pressupost a mig termini,** que ha de ser respectat de manera que s'aconseguiran situacions pressupostàries pròximes a l'equilibri, o bé de superàvit.
- Les **mesures correctores** que s'adoptaran per a assolir els objectius establerts en els seus programes d'estabilitat o convergència.
- Els **dèficits excessius** que, si es produeixen, han de ser corregits el més aviat possible. Incórrer en un dèficit excessiu, fixat en el 3 % del PIB, pot suposar sancions per a l'Estat en qüestió.

El **Pacte d'Estabilitat i Creixement** té per objecte evitar les conseqüències negatives de les polítiques pressupostàries, corregir dèficits pressupostaris excessius o evitar una càrrega elevada de deute públic.

La crisi mundial desencadenada el 2008, i la crisi de la zona euro a partir del 2010, van demostrar la insuficiència del Pacte d'Estabilitat i Creixement per a resoldre els problemes que van sorgir, de manera que va ser necessari un compromís més ampli i estricte, que va cristal·litzar el 2012, i que es coneix amb el nom de **Pacte Fiscal Europeu.**

Sabíeu que...?

Les vinculacions amb antigues colònies, les aliances estratègiques o la dependència energètica són només alguns dels factors que condicionen les decisions dels membres de la UE, de tal manera que és molt difícil aconseguir el consens quan es tracta de política exterior.

B. El Pacte Fiscal Europeu

El Tractat d'Estabilitat, Coordinació i Governança de la Unió Econòmica i Monetària, anomenat col·loquialment *Pacte Fiscal Europeu*, és un acord signat el 2012 per gairebé tots dels membres de la UE.

El **Pacte Fiscal Europeu** complementa el Pacte d'Estabilitat i Creixement de la UE mitjançant una disciplina fiscal reforçada i un control més estricte dins de la zona euro.

Entre les mesures de reforç destaca l'anomenada **«regla d'or»**, citada en primer lloc a continuació. Els punts bàsics del Pacte Fiscal Europeu són els següents:

- **Límit d'un dèficit estructural anual** del 0,5 % del PIB i de l'1 % en aquells països en què el deute és inferior al 60 % del PIB.
- **Obligació de reducció de deute públic** en una vintena part a l'any per part dels països amb un deute superior al 60 % del PIB.
- **Obligació de manteniment del dèficit públic** sempre per sota del 3 % del PIB, tal com ja exigeix el Pacte d'Estabilitat i Creixement.
- **Implantació de mecanismes automàtics per a corregir els desviaments** dels objectius de dèficit, mecanismes que tindran en compte l'impacte acumulatiu en el deute.
- **Sancions per incompliments** de fins el 0,1 % del PIB.

Fig. 13.6. Si un país de la zona euro té un deute elevat, això té efectes negatius sobre tots els altres, perquè debilita l'euro. Aplicar polítiques que reforcen la moneda única pels problemes d'algun país suposaria prendre mesures que afecten a tothom. Així, tot i que se solucionarien les dificultats d'aquest país, podrien crear-se problemes en altres. Per això, el Pacte Fiscal Europeu vol garantir que els països de la UE mantindran uns nivells de deute manejables i que no obligaran a prendre mesures dràstiques pel que fa a la moneda comuna.

Activitat resolta 1. El pacte fiscal europeu a la pràctica

Donats les dades macroeconòmiques següents (en milions d'euros) de quatre països de la UE, identifiqueu el possible incompliment d'un o diversos dels punts bàsics del Pacte Fiscal Europeu, i també el límit de la possible multa:

Solució:

País	Dèficit estructural anual	PIB	Deute públic	Dèficit públic	Deute pagat	Incompliment		Límit multa
A	0,5%	1.000.000	700.000	2%	30.000	🔴	Deute pagat	1.000
B	1%	800.000	400.000	4%	30.000	🔴	Dèficit públic	800
C	0,7%	2.000.000	1.400.000	3%	80.000	🔴	Dèficit estructural	2.000
D	0,9%	500.000	250.000	2,8%	0	🟢	Cap	—

Activitats

12. Ordeneu de menor a major els ingressos del pressupost de la UE segons la quantia.

13. Com es relaciona el Pacte d'Estabilitat i Creixement amb la supervisió multilateral?

14. Per què va néixer el Pacte Fiscal Europeu?

15. Com afecta la resta de països de la UE si un d'ells té un deute elevat?

Recordeu

El **dèficit estructural** és el permanent o crònic en el temps.

4. Espanya a la Unió Europea

Llastada per quaranta anys de dictadura i un model econòmic antic i improductiu, Espanya es va incorporar trenta anys tard a la UE. Les circumstàncies en el moment de l'adhesió, el 1986, no convidaven a l'optimisme:

- **Democràcia incipient.** La jove democràcia espanyola, nascuda el 1975, acabava de superar un cop d'Estat el 1981.
- **Estat de benestar gairebé inexistent**. Espanya no tenia un estat del benestar homologable al dels altres membres de l'actual UE.
- **Indicadors econòmics molt baixos** respecte dels altres països membres.
- **Empreses i activitats poc competitives**. Els productes espanyols eren de pitjor qualitat i més cars que els dels altres socis comunitaris.

A. Repercussions

L'adaptació a l'Europa desenvolupada ha requerit grans esforços i sacrificis, però necessaris, perquè en cas de no haver-se realitzat, la distància hauria estat cada vegada més gran. La integració en les institucions democràtiques europees ha suposat, al seu torn, el reforç de les institucions democràtiques espanyoles.

A més, i a costa d'un gran esforç de despesa pública, Espanya ha creat i consolidat un **estat del benestar** que, d'una banda, ha universalitzat serveis públics bàsics, com la sanitat i l'educació, i, de l'altra, proporciona un ventall ampli de prestacions públiques. Ajudada pels fons europeus, dels quals Espanya ha estat la principal receptora aquests anys, el balanç després de més de trenta anys de pertinença a la UE ha estat el següent (taula 13.5):

Millora econòmica notable	Modernització empresarial	Reforma institucional
Els indicadors econòmics mitjans han millorat notablement i han acostat els espanyols al nivell de vida dels ciutadans dels països membres més rics, tot i que encara hi ha diferències regionals significatives. La moneda ha guanyat estabilitat, sobretot quan la pesseta va deixar pas a l'euro.	Les empreses espanyoles s'han modernitzat per a guanyar en qualitat, costos, productivitat i cura mediambiental. Entre altres mesures difícils, han estat necessàries nombroses reconversions industrials i desprendre's dels monopolis públics.	Espanya ha hagut d'adaptar l'economia pròpia a la comunitària i adoptar les polítiques comunes pròpies de la UE sobre agricultura, pesca, indústria, transports, medi ambient, etc.

Taula 13.5. Balanç econòmic de la pertinença d'Espanya a la UE.

En definitiva, la integració econòmica a la Unió Europea, malgrat les distàncies que encara existeixen amb altres països membres, ha suposat per a Espanya l'obertura de l'economia al món després de dècades d'aïllament i de viure d'esquena als països de l'Europa occidental: només a Europa, Espanya ha accedit a un mercat de més de 500 milions de consumidors.

B. Implicacions

A l'actualitat, Espanya no afronta la problemàtica pròpia d'un país a la cua de la UE, com en el moment del seu ingrés. Les implicacions en l'ordre actual són:

- Espanya s'ha convertit en una **potència econòmica mitjana** en el si de la UE, per darrere d'altres països més poblats, com Itàlia, França o Alemanya.
- La participació i vot en les institucions de la UE segueix condicionada per la **baixa densitat de població** que té.
- L'ampliació abordada per la UE cap als països d'Europa central i oriental implicarà **menor assignació de fons** estructurals per al període 2021-2026, a causa que els indicadors econòmics d'aquests països són més baixos que els espanyols.
- La posició estratègica d'Espanya a l'extrem sud-oest del continent europeu, afavoreix el seu paper de **mediació entre la UE i els àmbits mediterrani i atlàntic**, sobretot per les tradicionals relacions històriques que manté amb els països llatinoamericans.

UNIÓ EUROPEA		ESPANYA
Fi de la Segona Guerra Mundial. Alguns països europeus inicien un acord de col·laboració en l'àrea del carbó i l'acer (CECA) que integrava a vencedors i vençuts.	**1945**	Règim autàrquic sota la dictadura del general Franco.
Els resultats de la CECA van ser tan prometedors que es decideix portar les relacions econòmiques més enllà. Els països del Benelux, França, Itàlia i la República Federal d'Alemanya signen el **Tractat de Roma** amb la idea de crear un **mercat comú**.	**1957**	Espanya sol·licita l'adhesió el 1960, però se li denega a causa del règim polític.
La supressió de barreres es retarda a conseqüència de les successives ampliacions de socis i d'altres esdeveniments internacionals, com la crisi del petroli del 1973.	**1973**	Acord Preferencial amb Espanya el 1970 i obertura de negociacions el 1975.
L'Acta Única Europea revitalitza la integració europea fent realitat el desitjat mercat comú europeu, amb lliure circulació de persones, capitals i mercaderies.	**1986**	Ratificat amb un referèndum, Espanya ingressa a la CEE.
El **Tractat de Maastricht** refunda la CEE amb el nou nom d'**Unió Econòmica i Monetària Europea (UE)**. Incrementa la unió econòmica i monetària com a pas previ a una major integritat política. El **Tractat d'Amsterdam** reforça els principis de llibertat, democràcia i respecte als drets humans, incloent explícitament el principi de desenvolupament continuat. El posterior **Tractat de Niça** admet l'Europa de dues velocitats. Guanyen pes i suport els «euroescèptics».	**1992**	Els acords de Maastricht són ratificats gairebé unànimement pel Parlament espanyol. L'acord obliga a un Pla de Convergència econòmica que donaria dret a formar part de la UE i de l'euro.
Entra en circulació l'euro.	**2002**	
Per tal de reemplaçar els diferents tractats i d'unificar legislació, es va signar un **Tractat Constitucional** a Roma el 2004. Les consultes populars a Espanya i Luxemburg van ser favorables, però van fracassar a França i als Països Baixos. S'obre un període de reflexió sobre el rebuig.		
El **Tractat de Lisboa** reconeix el fracàs de la Constitució, però manté la majoria dels canvis fets. Crisi financera el 2008 i de la zona euro el 2010.	**2007**	
Es firma el Pacte Fiscal Europeu per a lluitar contra la crisi mundial i la de la zona euro mateix.	**2012**	La crisi de les hipoteques, que té un capítol a part a Espanya, força el rescat del sistema bancari.
Grècia és rescatada el 2015. El *Brexit*, la sortida del Regne Unit, obre una nova bretxa a la construcció europea.		

Taula 13.6. Espanya a la UE.

Periscopi 5. Balanç econòmic espanyol de pertinença a la UE

A partir de les dades de la taula següent que resumeixen els més de 30 anys de pertinença d'Espanya a la UE:

	Inflació (%)			Taxa desocupació (%)			PIB per habitant (€)		
	1986	2002	2017	1986	2002	2017	1986	2002	2017
Espanya	10,90	4,45	1,00	21,3	11,2	16,6	5.767,66	15.111,70	25.000,00
Zona euro	4,50	3,35	1,50	8,6	8,6	9	9.708,07	19.635,44	32.735,20

Reflexioneu:

a) Convertiu les dades de la taula en tres gràfiques que indicaran l'evolució de la inflació, la taxa d'atur i el PIB per habitant en aquest període.

b) Quin percentatge guanyava un espanyol el 1986 respecte d'un europeu? I a l'actualitat?

c) D'aquests tres paràmetres, quin segueix sent l'assignatura pendent per a l'economia espanyola?

d) Com han evolucionat els preus des de la nostra incorporació a la UE?

Activitats

16. Descriviu l'evolució d'Espanya en els àmbits polític, social i econòmic des de la incorporació a la UE el 1986.

17. A quins reptes creieu que s'enfronta Espanya en el si de la UE a l'actualitat?

18. Respecte de la pesseta, què va suposar per a Espanya l'adopció de l'euro, la moneda comuna?

19. Per què es veu condicionada la capacitat de decisió d'Espanya en el si de la UE?

5. La globalització

Fig. 13.7. La globalització resulta controvertida, perquè a la pràctica són els més forts, els països desenvolupats i les empreses multinacionals, qui més profit obtenen en els mercats mundials, quan en realitat haurien de ser els menys afavorits.

A les botigues podem trobar joguines homologades per la Unió Europea però fabricades a la Xina, pantalons texans de marca nord-americana manufacturats al Perú o marisc procedent de Namíbia durant els mesos de la veda a Espanya. Fins i tot podem invertir en accions de Wall Street. I de la mateixa manera que els europeus podem accedir a productes de tot el món, els estrangers poden accedir als productes europeus.

Però aquest fenomen no és exclusiu de la UE, sinó que està produint-se a escala mundial. En els darrers quaranta anys han estat tan grans les migracions de persones, els moviments de capital i l'increment del comerç mundial, que avui en dia pràcticament som interdependents: el que passa en un país n'afecta molts altres, i viceversa. El segle XXI serà recordat com el del triomf de la globalització.

La **globalització** és el nom amb el qual es coneix el procés de creació d'un mercat mundial sense fronteres geogràfiques.

5.1. Factors de la globalització

Entre els factors que han propiciat la creació d'un gran mercat mundial des dels anys vuitanta del passat segle, cal assenyalar:

- **La tecnologia.** El progrés de la informàtica, especialment d'Internet, ha possibilitat i abaratit la realització instantània de comunicacions i transferències econòmiques arreu del món. El desenvolupament dels transports també ha contribuït a reduir notablement els costos i els temps necessaris per a mobilitzar mercaderies i persones.
- **La normalització.** Són molts els països que han adoptat normes similars o estàndards pel que fa als sistemes de producció o a les normes de qualitat internacionals. Per exemple, són estàndards internacionals el format de la targeta de crèdit, l'endoll dels aparells elèctrics, la clavilla micro-USB dels mòbils o la mida dels electrodomèstics.
- **Les oportunitats de finançament.** Ja no cal cenyir-se a les condicions creditícies dels bancs o caixes del propi país, ja que els bancs, comportant-se com a multinacionals, operen tant en el mercat propi com a l'estranger. Per posar un exemple, podem contractar una hipoteca o un préstec en iens o en francs suïssos.
- **L'homogeneïtzació dels gustos i necessitats a escala mundial** (també anomenada **globalització cultural**) facilita el comerç i les campanyes de publicitat, de tal manera que cada vegada s'assemblen més els béns i serveis que consumim a tot el planeta. Per exemple, als països desenvolupats és normal veure els joves vestits amb texans, escoltant música en un dispositiu portàtil, consumint menjar ràpid i veient pel·lícules nord-americanes al cinema.
- **El liberalisme econòmic.** Amb el temps s'han imposat les tesis d'aquest corrent de pensament econòmic que entén que la supressió de les barreres a les transaccions de capital propiciarà la creació d'un gran mercat mundial que, al seu torn, generarà més riquesa i creixement econòmic per a tots.

Fig. 13.8. Les globalitzacions no són un fenomen recent, sinó que n'hi ha hagut diverses al llarg de la història, tot i que totes amb un impacte molt menor que la que vivim a l'actualitat. Els imperis navals europeus dels segles XVI i XVII van propiciar un intercanvi sense precedents de cultura i material biològic entre el Vell i el Nou Món. Productes d'Amèrica com el blat de moro, el tomàquet, la patata, la vainilla, el cautxú, el cacau o el tabac es van comercialitzar a tot el món.

Econòmic	Social	Polític
Fluxos de comerç i capital	Relació amb persones d'altres països	Quantitat d'ambaixades
Inversions estrangeres	Ús d'Internet	Participació en organismes internacionals
Grau d'obertura comercial	Proximitat cultural	Signatura de tractats amb altres països

Taula 13.7. Indicadors de globalització de l'IG KOF. Un país globalitzat és un país obert i interconnectat amb el món. Hi ha moltes maneres de mesurar la globalització, però les més acceptades són les que fan servir indicadors d'àmbits diversos, com és el cas d'aquest Índex de Globalització (IG) KOF que elabora una universitat suïssa.

Periscopi 6. Multinacionals contra països

Les companyies multinacionals entren i surten dels països en funció dels seus interessos econòmics. El seu poder s'ha vist augmentat amb els anys gràcies al mercat mundial sense fronteres que constitueix la globalització; fins i tot algunes d'elles disposen de majors recursos que molts països de mida mitjana.

Bèlgica	544,04	**Toyota**	265,17	**Guatemala**	137,85
Walmart	500,34	**Finlàndia**	247,27	**BMW**	111,23
Portugal	326,03	**Apple**	229,20	**Croàcia**	104,23
Royal Dutch Shell	311,87	**Oman**	193,22	**Banco Santander**	87,40
Hongria	274,94	**Amazon**	177,87	**Nepal**	78,59

Comparativa del 2017 en milers de milions de dòlars entre la producció d'alguns països (ajustats al nivell de vida) i la facturació (vendes) de les multinacionals.

Reflexioneu:

a) Quines empreses són les que superen en vendes el PIB o producció d'Hongria?

b) Què creieu que implica que Amazon està a la taula per davant de Guatemala, Croàcia o el Nepal?

c) La suma de les vendes de totes les empreses d'aquesta taula és aproximadament igual al PIB espanyol. Què significa això a la pràctica?

Sabíeu que...?

El canal de televisió en línia xinès PPTV va anunciar el 2015 l'adquisició en exclusiva dels drets de retransmissió de la Lliga espanyola de futbol fins el 2020 per a tots els mitjans de comunicació de la Xina, Taiwan i Macao. Una de les condicions de l'acord va ser avançar l'horari dels partits per a facilitar l'emissió en directe a la Xina.

Activitat resolta 2. La globalització a peu de carrer

La Lídia vol posar en marxa una empresa d'importacions de delicadeses orientals i amb aquest objectiu porta diversos dies intercanviant correus i informació amb empreses del Japó, la Xina i Corea del Sud. Com que les transaccions seran en dòlars nord-americans, també ha contactat amb les sucursals a Espanya de dos bancs dels EUA per a operar a través d'ells i estalviar-se els costos de canvi, i també perquè actuaran com a avaladors de les operacions.

D'altra banda, la Lídia acostuma a vestir roba d'un conegut modista italià, les peces del qual paga utilitzant una aplicació del seu iPhone, i inverteix els seus estalvis en un fons immobiliari suís, les participacions del qual compra a temps real a través de la tauleta.

Identifiqueu els factors de la globalització presents a la vida de la Lídia.

Solució:

Liberalisme	Importacions asiàtiques, fons immobiliaris suïssos... Fa anys era impensable fer operacions internacionals sense necessitat de complexos tràmits i costos.
Oportunitats de finançament	Avui dia és possible treballar amb entitats bancàries de qualsevol país per a aprofitar els avantatges que poden oferir.
Tecnologia	Internet ha creat un món «hiperconnectat» que funciona en temps real, com és el cas de les comunicacions amb les empreses asiàtiques i la inversió en temps real en el fons immobiliari suís.
Globalització cultural	El gust per la roba de dissenyadores i dissenyadors de moda internacionals només és un dels molts gustos que compartim amb altres persones del món.
Normalització	Els mòbils, les tauletes, els ordinadors portàtils, els televisors, les bombetes... Són molts els productes d'ús i característiques idèntiques a tot el planeta.

Activitats

20. Per què la tecnologia afavoreix la globalització?

21. El número de restaurants de menjar ràpid McDonald's, o el d'establiments d'Ikea, és utilitzat com a barem per l'Índex de Globalització KOF (vegeu la taula 13.7) per a mesurar la globalització dels països. En quin àmbit i grup d'indicadors creieu que tenen cabuda aquestes dades?

5.2. Àmbits de la globalització

Els béns i serveis que comprem o contractem com a particulars constitueixen la cara visible de la globalització, però hi ha altres àmbits en què també triomfa aquest procés:

Comercial
Els intercanvis de béns i serveis amb altres països s'han incrementat, fins al punt que, a l'actualitat, el més habitual és adquirir productes fabricats per empreses estrangeres, i les empreses nacionals venen part de la producció que fan més enllà de les fronteres dels seus països.

Productiu
Independentment del mercat al qual destinen els seus productes, són moltes les empreses que instal·len les fàbriques en països on els costos de producció són menors. Baixos costos salarials, impostos baixos o legislació mediambiental permissiva són factors molt valorats per a triar en quin país emplaçar una fàbrica.

Àmbits de la globalització

Cultural
L'homogeneïtzació o estandardització mundial de la cultura a nivell mundial es considera molt preocupant per l'abast i la transcendència que això té pel que fa a la pèrdua dels senyals d'identitat nacionals o ètnics. Si les diferències culturals es redueixen o els gustos s'unifiquen no ha de constituir un problema si es produeix de forma natural, però el que passa és que, a la pràctica, aquesta unificació està sent encoratjada per les grans empreses des dels mitjans de comunicació de masses, per, d'aquesta manera, vendre millor les mercaderies en qualsevol lloc del planeta.

Financer
Els moviments internacionals de capitals possibiliten que els inversors puguin obtenir majors rendiments dels seus estalvis fora del seu país.

Fig. 13.9. Àmbits de la globalització.

Periscopi 7. Els moviments antiglobalització

Les reunions dels grans organismes internacionals econòmics, com el **G20,** l'FMI o l'OMC, acostumen a tenir un «convidat incòmode»: els manifestants antiglobalització. Agrupats sota diferents sigles o idees, es tracta de moviments sense portaveus, líders, ni manifestos finals, que es relacionen a través de les xarxes socials d'Internet per coordinar-se i difondre les idees que tenen. Molt heterogenis en la composició, la majoria essencialment es declaren antisistema, anticapitalistes i antiestatals.

I és que, encara que sovint no són gaire constructius en les aportacions pràctiques que fan, els grups antiglobalització són símptoma d'una realitat; la de que la globalització, tot i haver portat la major etapa de prosperitat en la història humana, també té víctimes, perdedors, i detractors.

Reflexioneu:

a) Busca a l'apartat de notícies de Google l'última concentració antiglobalització. On es van manifestar? Quants eren? Quines eren les principals reivindicacions que feien?

b) Quin paper tenen les noves tecnologies en la visibilitat i èxit d'aquests grups antisistema?

c) Alguns grups antisistema i personatges populars com l'exagent de la CIA Edward Snowden han denunciat fins i tot que la globalització pot amenaçar les llibertats democràtiques i personals de què gaudim avui a Occident. A què es refereixen amb això?

Sabíeu que...?

En els últims anys, la controvèrsia sobre la globalització s'ha traslladat a algunes de les economies més desenvolupades, que estan optant per protegir els seus interessos nacionals. Els EUA a l'Amèrica del Nord i el Regne Unit a Europa abanderen aquest nou corrent de pensament contrari a la integració econòmica. En molts altres països europeus també creix el suport a partits de tall nacionalista i contraris a subordinar o cedir parcel·les d'autonomia a interessos supranacionals.

5.3. Els errors de la globalització

En les economies mixtes dels països, els **errors de mercat** resulten inevitables, tal com hem après a la Unitat 7. I a la globalització, sent com és un mercat mundial sense fronteres, també existeixen errors. El que passa és que, pel que fa als mercats domèstics, els errors s'han sobredimensionat, perquè en comptes d'afectar un únic país, afecten tots els del planeta.

Error de mercat:
Les externalitats (negatives)
La **degradació del medi ambient del planeta,** la contaminació, la sobreexplotació dels recursos naturals i el canvi climàtic afecten molt més uns països que altres.

Error de mercat:
La distribució desigual de la renda
Augment de les desigualtats a l'interior dels països, sobretot en els més pobres, perquè compten amb menys recursos i prestacions que els països rics.

Error de mercat:
La competència imperfecta
Major poder de les multinacionals en detriment de la competència empresarial, perquè, gràcies a la mida i poder financer adquirit en el passat, les multinacionals (normalment, dels països rics) competeixen amb avantatge, no només sobre les empreses més petites del propi país, sinó també sobre les d'altres països.

Errors de la globalització

Error de mercat:
La inestabilitat dels cicles econòmics
Major exposició dels països a les crisis, a causa de la interdependència de les economies, però els països rics tenen més mitjans i capacitat per sortir-se'n que els països pobres.

Fig. 13.10. Relació entre els errors de mercat domèstics i els de la globalització. A la Unitat 14 abordarem la problemàtica de les desigualtats i el deteriorament del medi ambient, problemes que la globalització ha agreujat notablement o, en tot cas, no ha solucionat.

Activitats

22. Expliqueu els avantatges que reporta la globalització a les empreses en termes de costos de producció.

23. La Mar, el Taiso i el Tom queden tots els dies en sortir de l'institut. La Mar és una fanàtica del *manga*, el Taiso menja paella espanyola en un restaurant del seu barri sempre que pot i el Tom no es perd un partit de la Lliga Espanyola. Tots vesteixen texans, veuen sèries a Netflix i queden cada dia per a jugar a Fortnite després de classe. I això que la Mar viu a Madrid, el Taiso a Tòquio i el Tom a Nova York. Les barreres entre cultures es difulminen, les modes viatgen a la velocitat de les xarxes socials i resulta difícil imaginar què no podríem fer a l'altra punta del planeta que no fem ja en la nostra pròpia ciutat.

a) Com afecta les empreses la globalització cultural?

b) Esmenteu un aspecte positiu i un altre negatiu que al teu judici té aquest fenomen.

24. Per què diem que la globalització sobredimensiona els errors de mercat?

25. Pel que fa als efectes de la globalització, per què l'accentuació de les desigualtats internes constitueix en major mesura un problema en un país pobre que en un ric?

26. Quan té lloc una crisi econòmica, en què consisteixen les mesures dels països per a intentar sortir-ne? Tenen tots els Estats la mateixa capacitat per a sobreposar-se a les crisis?

MAPA CONCEPTUAL

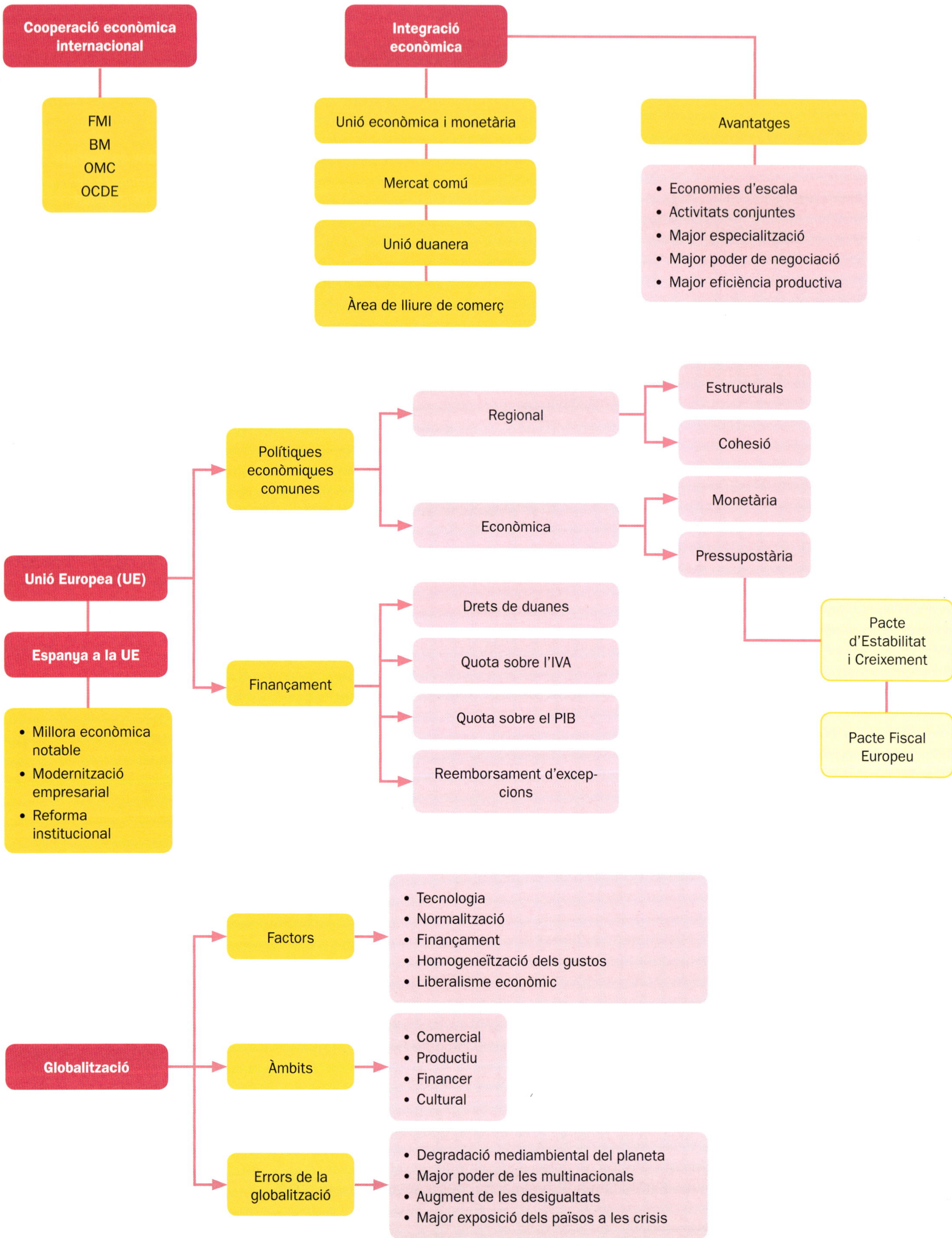

1. És una funció de l'FMI i el BM:
   a) Liberalitzar el comerç.
   b) Habilitar un sistema multilateral de pagaments utilitzant el dòlar com a referència.
   c) Concedir préstecs internacionals.
   d) Dues de les respostes anteriors són certes.

2. Entre les mesures que són pròpies d'una unió duanera podem trobar:
   a) Comptar amb aranzels propis enfront de tercers.
   b) La desaparició d'aranzels entre els membres.
   c) La lliure circulació de capitals i treballadors.
   d) Dues de les respostes anteriors són certes.

3. No és un avantatge en tots els nivells d'integració econòmica:
   a) La reducció dels costos de canvi de les monedes.
   b) La major especialització.
   c) La major eficiència productiva.
   d) L'aparició de les economies d'escala.

4. En relació amb la globalització, la pèrdua dels senyals d'identitat o nacionals és un aspecte enquadrable dins de l'àmbit:
   a) Comercial.
   b) Cultural.
   c) Financer.
   d) Productiu.

5. L'eix vertebrador de la integració de la UE està constituït:
   a) Pels tractats.
   b) Per la política comuna europea.
   c) Per les decisions del Consell Europeu.
   d) Dues de les respostes anteriors són certes.

6. De quina font procedeix la majoria dels ingressos de la UE?
   a) Les exaccions agrícoles.
   b) Els drets de duanes.
   c) La quota dels països en relació amb el seu PIB.
   d) La quota sobre l'IVA.

7. És una partida principal de despeses en el pressupost de la UE:
   a) La Política Agrària Comuna.
   b) Els fons estructurals.
   c) La quota sobre el PIB.
   d) Dues de les respostes anteriors són certes.

8. El punt més important del Pacte Fiscal Europeu és:
   a) Mantenir el dèficit públic per sota del 3 %.
   b) Implantar mecanismes per a corregir els desviaments.
   c) Limitar el dèficit estructural anual.
   d) Corregir els dèficits cíclics com abans millor.

9. Entre els riscos que té la globalització podem trobar:
   a) L'homogeneïtzació dels gustos.
   b) Major poder de les multinacionals.
   c) L'adopció de normes similars o estàndards.
   d) Totes són certes.

10. Quina de les afirmacions següents és falsa?
   a) La creació d'ocupació és un dels objectius regionals prioritaris de la UE.
   b) Els països a la UE que paguen més en concepte d'IVA són els que més consumeixen.
   c) El Pacte Fiscal Europeu complementa el Pacte d'Estabilitat i Creixement.
   d) Totes són veritables.

Cooperació econòmica internacional.

1. Quines raons s'apunten en el text com a desencadenants de la Segona Guerra Mundial? Quines mesures es van prendre per a evitar la repetició d'alguna cosa així?

2. Amb quins objectius va néixer l'OMC? Quins són els instruments normatius que utilitza l'OMC per a aconseguir els seus fins?

3. Per què durant el segle xx es va declarar la no convertibilitat del dòlar a canvi d'or?

4. Quan un país acusa un altre de fer dúmping, a què es refereix exactament?

5. Busqueu a Internet o a la premsa econòmica notícies sobre l'OMC, l'FMI, el BM, G8 i el G20 i poseu-les en relació amb els continguts de la unitat.

La integració econòmica.

6. Per què els processos d'integració econòmica afavoreixen una major especialització dels països?

7. Què té un mercat comú que no té una unió duanera i una àrea de lliure comerç?

8. En què s'assemblen i en què es diferencien el TLCAN americà i la UE?

9. Quina és la diferència fonamental entre la cooperació i la integració econòmica?

10. Inditex és una empresa tèxtil espanyola que un dia va aprofitar les economies d'escala que li va reportar l'adhesió d'Espanya a la UE. A què ens referim en realitat?

11. Identifiqueu quin grau d'integració correspondria en cada cas:

   a) Un grup de països que acorden eliminar els aranzels entre ells i n'adopten un de comú enfront de tercers.

   b) La CAN, si els seus integrants tornen a establir aranzels individuals enfront de tercers.

   c) L'EFTA, si adopten aranzels comuns enfront de tercers i la lliure circulació de mercaderies.

   d) Un acord de reducció d'aranzels entre el Mercosur i diversos països del Carib.

La Unió Europea.

12. Què són les polítiques comunes de la UE? Per què són importants la regional i l'econòmica?

13. Quins són els objectius de la política regional comunitària? Quin és el seu instrument principal?

14. Què s'entén per convergència a la UE?

15. En què s'assemblen i es diferencien els fons estructurals dels de cohesió?

16. D'on procedeixen els ingressos de la UE? Com és possible que la UE funcioni econòmicament si la quantia del seu pressupost representa com a molt el 21 % del PIB del conjunt dels seus països membres?

17. Donades les dades macroeconòmiques següents (en mi- lions d'euros) de quatre països de la UE, identifiqueu el possible incompliment d'un o diversos dels punts bàsics del Pacte Fiscal Europeu, i també el límit de la possible multa:

País	Dèficit estructural anual	PIB	Deute públic	Dèficit públic	Deute pagat
E	0,8 %	500.000	100.000	5 %	20.000
F	1 %	1.000.000	500.000	2 %	100.000
G	0,9 %	700.000	350.000	3 %	10.000
H	0,7 %	3.000.000	2.100.000	3 %	120.000

18. Pel que fa a la política econòmica pressupostària de la UE:

   a) Quins tipus d'impostos constitueixen la partida principal dels drets de duanes? Quins tipus hem estudiat a la Unitat 12?

   b) Quines són les partides principals de despesa?

   c) Què es pretén al supervisar les polítiques pressupostàries a mitjà termini dels països membres?

   d) Quines àrees són objecte de supervisió multilateral a la UE?

   e) Raoneu en termes d'inflació com afecta la resta de països de la UE si un país gasta més del que ingressa.

   f) Com es corregeix un dèficit excessiu, si és que arriba a produir-se?

   g) Com es relaciona el Pacte d'Estabilitat i Creixement amb el Pacte Fiscal Europeu?

   h) En general, sobre quines matèries versa el Pacte Fiscal Europeu?

Espanya a la Unió Europea.

19. En relació amb la taula 13.6, contesteu les preguntes següents:

   a) Quin va ser el germen de la Comunitat Econòmica Europea (CEE), precedent al seu torn de l'actual Unió Europea?

   b) Per què es va alentir la supressió de barreres prevista en el Tractat de Roma?

   c) Sabent que les negociacions d'adhesió d'Espanya a la UE es van obrir el 1960, per què creieu que Espanya no es va incorporar a la Unió Europea fins el 1986?

   d) Quin va ser el tractat que va donar lloc al naixement de l'actual Unió Europea i de l'euro?

   e) Quin era l'objectiu del Tractat Constitucional del 2004? Per què va fracassar?

f) A què van obligar en matèria pressupostària les crisis de 2008 i 2010?

g) En els últims anys, quin succés ha suposat el major revés a la construcció europea?

h) En línies generals, i si s'ha de jutjar per la taula, raoneu si Espanya és euroescèptica o no ho és.

i) Busqueu tres notícies recents que, al vostre entendre, il·lustren en quin estat es troba actualment la construcció de la UE.

20. Si la representació i presa de decisions en les institucions de la UE depèn de la densitat de població, a quin problema s'enfronta Espanya?

21. En els més de 30 anys de pertinença d'Espanya a la UE:

a) Com ha consolidat Espanya l'Estat del benestar?

b) Com han evolucionat les empreses espanyoles?

c) Per què creieu que la moneda va guanyar estabilitat amb l'entrada en circulació de l'euro i la desaparició de la pesseta?

d) Quines adaptacions de tipus institucional ha hagut de fer Espanya?

22. L'ampliació de la UE suposarà la pèrdua de fons estructurals que actualment es destinen a Espanya. Intercanvieu opinions sobre aquesta qüestió i debateu amb els vostres companys quines mesures creieu que hauria de prendre el Govern espanyol sobre aquest tema.

La globalització.

23. Quines són i en què consisteixen els àmbits de la globalització?

24. Trieu una sèrie de TV, un grup de música, un tipus de menjar, una peça de vestir i una pel·lícula que cregueu que estan de moda o que són els més habituals. En grups, compareu les vostres eleccions amb les dels vostres companys i trieu les majoritàries. Un cop recollides les dades de totes les classes i nivells, el professor realitzarà una posada en comú i determinarà els productes guanyadors de la «globalització cultural» al vostre institut. Si el vostre grup ha encertat almenys tres dels productes guanyadors, el professor podria fer una valoració positiva.

25. Indica per a cada un dels titulars de premsa següents amb quin error de la globalització pot estar relacionat:

a) «Els tifons tornen a arrasar el sud-est dels EUA.»

b) «França escala posicions en la classificació mundial de riquesa, mentre Burundi repeteix en l'últim lloc.»

c) «Apple és l'empresa que més ha augmentat de valor des de 2009.»

d) «Els països de la UE apunten senyals de recuperació econòmica, mentre Argentina i Brasil segueixen en recessió a causa del baix preu de les matèries primeres.»

e) «Microsoft és acusada de pràctiques monopolistes a la UE.»

f) «Els pols de la Terra se segueixen descongelant.»

g) «Baixen els índexs de pobresa a l'Àfrica, però augmenta la bretxa amb la resta del món.»

h) «El baix preu del petroli llasta la recuperació econòmica de Veneçuela.»

26. El Carlo és espanyol i viu a Copenhaguen (Dinamarca), tot i que treballa a Malmö (Suècia), on es desplaça cada dia amb tren a través del pont internacional d'Øresund. Compra els bitllets a la taquilla fent servir un codi de barres que li ha proporcionat l'empresa sueca. A Malmö menja diàriament en un restaurant mexicà, on paga amb una targeta d'empresa. El Carlo compra i ven accions a la Borsa de Frankfurt a través del seu mòbil en temps real. Per no tenir costos de canvi amb les corones daneses i les sueques té obert un compte bancari en una entitat que té sucursals a tots dos països, que li gestiona també un fons d'inversions asiàtic.

Identifiqueu factors de la globalització presents a la vida del Carlo.

27. Quines implicacions creieu que té la contínua liberalització en matèria de comerç?

28. Per què s'assenyala com un error de la globalització el deteriorament del medi ambient, quan no afecta tots els països per igual?

29. Raoneu la veracitat o falsedat de les afirmacions següents:

a) L'Acta Única Europea va suposar la consolidació de la unió duanera europea.

b) En pagar un refresc en un bar, esteu finançant a la UE.

c) Els països de la UE amb un deute superior al 60 % del PIB tenen l'obligació de reduir-lo en una vintena part l'any.

d) La funció principal de la política regional és corregir els desequilibris entre els països.

e) Els Estats membres de la UE contribueixen al pressupost comunitari amb un percentatge que ronda el 75 % del seu PIB.

f) El fet que a causa de la globalització hi ha més bretxa entre els països rics i pobres no vol dir que els països pobres són més pobres que abans.

- Escriviu dues idees clares i que us semblen fonamentals d'aquesta unitat. Què us ha ajudat a comprendre-les?
- Feu dues preguntes sobre aspectes que no us han quedat clars de la unitat.
- Escriviu dos aspectes sobre els quals us agradaria aprofundir en aquesta unitat.

Interpretem… el pressupost comunitari

El pressupost anual de la UE va ascendir a **145.000 milions d'euros en 2018, entorn de l'1 %** de la riquesa que generen anualment les economies de la UE. El 94 % del pressupost de la UE es gasta en els Estats membres i altres països. Ajuda a milions d'estudiants, a milers d'investigadors, a ciutats, empreses, regions i ONG. Els límits màxims del pressupost per a les diferents partides es fixa per períodes no inferiors a cinc anys, perquè d'aquesta manera els beneficiaris potencials, organismes i països podran planificar-se, i es denomina en conjunt **marc financer plurianual**. El període següent serà el 2021-2027.

Despeses de la UE (xifres ajustades per 2018. Font: Comissió Europea)

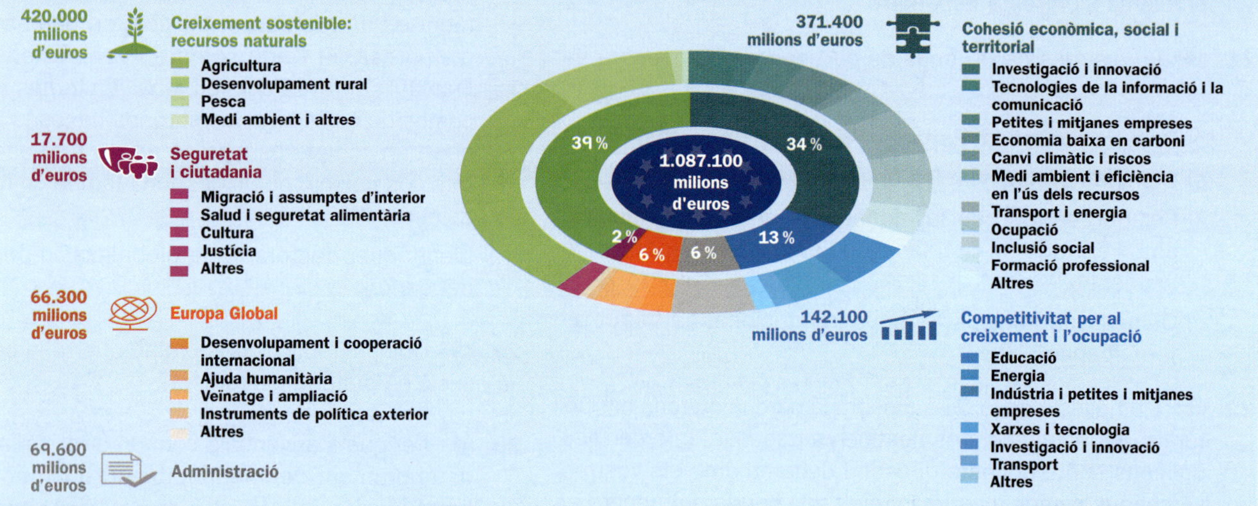

Quota sobre l'IVA

Suposa entorn d'un 15 % dels ingressos.

Cuota sobre el PIB

Són tres quartes parts dels ingressos. Els que més contribueixen són els més forts econòmicament, com és el cas d'Alemanya i França.

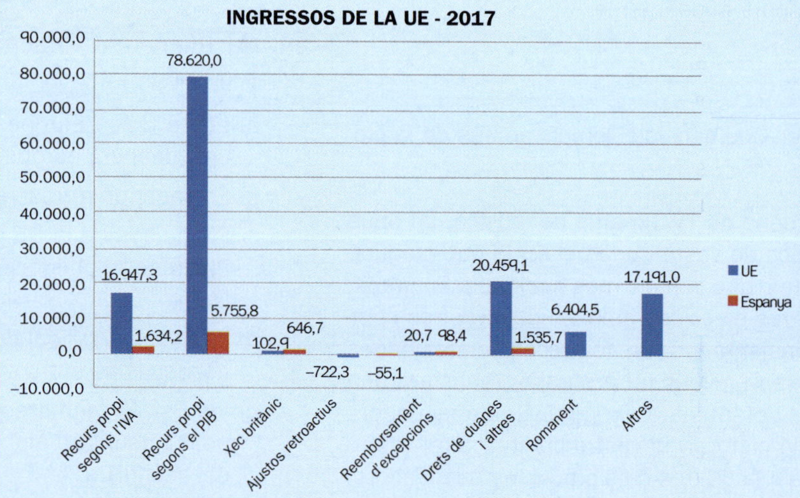

Drets de duanes

L'aranzel dels productes importats de tercers països suposa un 17 % aproximat dels ingressos.

Reemborsament d'excepcions

Són compensacions a països que puntualment o permanentment no gaudeixen dels beneficis d'alguna política comunitària.

Qüestions:

1. Quines dues partides i en quin percentatge s'emporten la major part de la despesa comunitària? Us semblen les més importants?
2. Què vol dir que Malta és el país que menys contribueix en quota sobre el PIB?
3. Si el 6 % anual és el sostre de despesa comunitària en administració i la meitat són sous de funcionaris, a quant pujarien els salaris un any en què el pressupost és de 160.000 milions d'euros?

El dilema: pernils a la conquesta del món

A l'agost del 2008 un grup de tècnics del Departament de Certificació i Acreditació del Govern xinès van inspeccionar a fons tots els processos productius de les empreses espanyoles de pernil ibèric com a pas previ a autoritzar-ne l'exportació. Poc després la Xina va començar a fabricar pernils, amb tan sols 7 mesos de curació, enfront dels 2 o 3 anys del pernil espanyol. Des de fa poc temps també als EUA s'han començat a produir pernils ibèrics de porcs que s'alimenten de cacauets. Amenaça la globalització a la nostra industria més tradicional? Hauríem protegir el porc ibèric de la competència exterior? I tanmateix, actualment el segon mercat consumidor de pernil ibèric de gla espanyol Cinco Jotas, el de màxima qualitat i preu, és la Xina, només per darrere de la pròpia Espanya.

El debat:

Preneu partit per una de les dues opcions (protegir o no el sector del porc ibèric enfront de la competència exterior) i argumenteu-la en un grup de cinc. La resolució del grup es defensarà en un debat davant un altre grup on haurà prevalgut una altra opció.

Proposta de cine: *¡Bienvenido, Mister Marshall!*

Director: Luis García Berlanga.

Repartiment: José Isbert, Manolo Morán, Lolita Sevilla.

Sinopsi:

A la dècada dels cinquanta, un petit poble es prepara per a rebre els nord-americans, que per aquells anys van ajudar Europa a superar la postguerra mitjançant l'anomenat Pla Marshall.

Claus de reflexió:

Unió Europea, pobresa, subvencions, desenvolupament, consumisme, militarisme.

Qüestions:

1. Per què els habitants del poble li donen a la localitat una aparença andalusa?
2. Quina opinió us mereix el fet que els habitants del poble elaboren una llista de desitjos com quan es fa la carta als Reis Mags?
3. Els hauria avançat els diners l'amic de l'alcalde per a altres despeses més necessàries?
4. Al vostre parer què és el que critica la pel·lícula? Quina és per a vosaltres la lliçó de la pel·lícula?

Vinyeta

14. Desequilibris de l'economia mundial

En aquesta unitat aprendreu

- Les conseqüències del creixement. Creixement i desenvolupament.
- El subdesenvolupament.
- L'emigració.
- Economia i medi ambient.
- El desenvolupament sostenible.

El *creixement econòmic* repercuteix sobre el repartiment de la riquesa, el medi ambient i la qualitat de les nostres vides. Però per a aconseguir un increment de la qualitat de vida significatiu, ha de contemplar variables socials i polítiques, a més d'econòmiques. És llavors quan es produeix el *desenvolupament.*

Els factors que fan possible el desenvolupament econòmic són coneguts, però cada país ha d'aplicar-los d'acord amb les característiques pròpies. En tot cas, hi ha consens sobre la necessitat d'assolir un desenvolupament que serà sostenible en el temps i que conciliarà *economia, societat* i *medi ambient.*

La *variable mediambiental* ha guanyat pes en els darrers anys, a mesura que cada vegada és més patent que s'està produint un canvi climàtic a causa de l'acció de l'ésser humà, i que pot perjudicar greument les generacions futures. A part, hi ha factors i circumstàncies que impedeixen a alguns països desenvolupar-se, de tal manera que queden estancats en el *subdesenvolupament.*

Una de les conseqüències més rellevants del subdesenvolupament són els grans *moviments migratoris,* que han mogut i mouen milions de persones cap als països rics.

Què són el desenvolupament i el creixement econòmics?

Què en voleu aprendre?

Sabeu per què existeixen països pobres?

Què podeu fer per a evitar el canvi climàtic?

Què és el desenvolupament sostenible?

Acomiadaments, acollides i benestar

Fa cent anys, milers de famílies espanyoles acomiadaven entre llàgrimes els seus fills i filles que, des d'un port gallec, asturià o andalús, marxaven cap a Amèrica, sabent que segurament mai els tornarien a veure. Amb el temps, els emigrants espanyols van prosperar econòmicament, van crear empreses, els seus descendents van omplir les escoles professionals i les universitats, i es van integrar plenament a la societat d'acollida, encara que mai van oblidar les arrels.

Als anys seixanta i setanta del segle XX, es calcula que al voltant de mig milió d'espanyols van emigrar a Alemanya a la recerca de feina i encara actualment, dues generacions després, joves espanyols continuen buscant en altres països millors oportunitats laborals.

Avui dia el sentit del corrent migratori s'ha invertit i són més els que arriben al nostre país que els que marxen. Aconseguir per a ells la prosperitat econòmica, i estudis per als seus fills per no veure's abocats a la pobresa, és just, i és un repte de tots. Un repte la recompensa del qual ens donarà l'oportunitat de sostenir el nostre Estat Social. Un repte que hem de superar, ja que el premi d'aconseguir-lo és enorme. I el cost de fracassar, també.

Reflexioneu

1. Quin origen tenien els espanyols que emigraven fa cent anys? Quin nivell educatiu i econòmic tenien? I els que emigren ara?
2. Trobeu alguna semblança amb les circumstàncies que porten avui altres persones a emigrar al nostre país?
3. Per què és tan important la immigració, per a sostenir el nostre Estat Social?

1. Les conseqüències del creixement

Al llarg del llibre hem estudiat què és i com s'aconsegueix el creixement econòmic de la producció. Ha arribat el moment d'estudiar les conseqüències que té en tres aspectes claus: la *qualitat de vida*, el *repartiment de la riquesa* i el *medi ambient*.

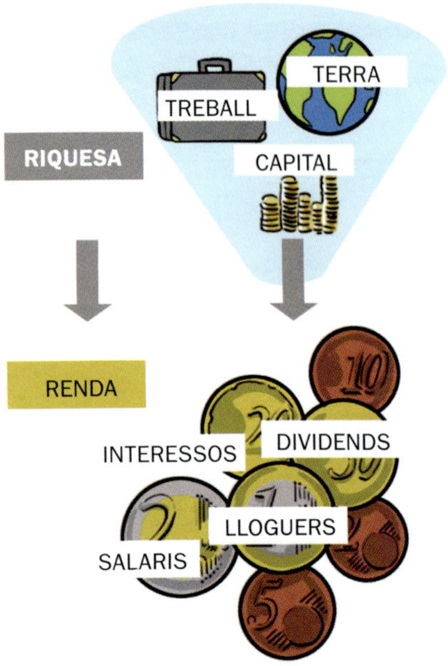

Fig. 14.1. Tal com hem estudiat a la Unitat 8, el Producte Nacional Net a cost de factors (PNN_{cf}) o Renda Nacional es reparteix en forma de salaris, lloguers, interessos i dividends entre els habitants del país.

A. La qualitat de vida

La relació entre producció i qualitat de vida és innegable. Observem que a major producció tenim:

- **Major renda.** Augmenta el valor de la renda nacional o, el que és el mateix, el valor dels ingressos que reben els factors de producció.
- **Major benestar.** Hi ha més béns de consum amb els quals les famílies poden satisfer les necessitats que tenen, així que augmenta el benestar dels ciutadans.
- **Major riquesa.** També augmenta la dotació de béns de capital de les empreses i per tant la capacitat productiva i, al seu torn, l'ocupació.
- **Més ocupació.** Com més gran és la producció, més treballadors es necessiten per a participar-hi. Això pot suposar una major renda dels treballadors, la qual cosa incrementarà el seu benestar.

No obstant això no hem de confondre *renda* i *riquesa*. Són conceptes íntimament relacionats, però no sinònims:

La **riquesa** és el que una persona o un país posseeix, és a dir, la dotació de factors de producció (terra, treball i capital) disponibles en un moment donat.

La **renda** (salaris, lloguers, interessos i dividends) és el pagament per la contribució dels factors de producció al procés productiu.

B. El repartiment de la riquesa

En les últimes dècades el creixement econòmic s'ha repartit de forma **molt desigual** en el món. Mentre els països desenvolupats, com, per exemple, Espanya, experimentaven creixements moderats, en altres països, com la Xina, Rússia, l'Índia, el Brasil, Sud-àfrica i gran part del sud-est asiàtic, el creixement ha estat extraordinari i ha tret a milions de persones de la pobresa. Tot i així, gairebé la meitat de la població mundial viu amb menys de 5,50 € al dia, quantitat que marca el límit de la indigència en els països desenvolupats.

C. El medi ambient

Dos trets caracteritzen l'alt creixement econòmic assolit pels països desenvolupats en matèria mediambiental: el consum desmesurat de recursos naturals i els greus costos mediambientals en els quals se segueix incorrent, que han compromès la quantitat i qualitat dels altres recursos.

Periscopi 1. Renda i riquesa

En general, la riquesa es tradueix en renda, l'una deriva en l'altra. Al seu torn, la renda propicia major riquesa. Els conceptes de renda i riquesa són extrapolables a les persones i és que en el fons, els països són conjunts de persones. La renda és el que una persona guanya, mentre que la riquesa o patrimoni és el que aquesta mateixa persona té.

Reflexioneu:

a) Identifiqueu la renda i la riquesa per a cadascun dels casos següents: els coneixements d'un advocat i els seus honoraris, un hort i la fruita que genera, els diners que teniu dipositats al vostre compte bancari.

b) Com relacionaríeu els vostres coneixements i la vostra paga setmanal amb riquesa i renda si posem per cas que els vostres ingressos depenen de les vostres notes?

2. Creixement i desenvolupament

Tal com hem estudiat al llarg del llibre, hi ha creixement econòmic quan els béns i serveis produïts per un país superen els produïts l'any anterior. Però, limitacions a part, tal com hem estudiat a la Unitat 8, el PIB només mesura la dimensió econòmica d'un país. Per a completar el PIB, s'empra el *desenvolupament*, un conjunt de variables que engloba diversos àmbits diferents de l'econòmic, com el polític i el social.

Es diu que hi ha **desenvolupament** quan, a més de creixement econòmic, es produeixen millores econòmiques, polítiques i socials que augmenten la qualitat de vida dels habitants d'un país (taula 14.1).

Desenvolupament	Creixe	
	Variables	Eco
		Polítiques
		Socials

Taula 14.1. De vegades, les paraules *creixement* i *desenvolupament* s'utilitzen de manera equivocada com a sinònims, però no ho són: el creixement econòmic és només un aspecte del desenvolupament.

Periscopi 2. L'Índex de Desenvolupament Humà

Hi ha molts indicadors que il·lustren el desenvolupament d'una societat, però el que gaudeix de major acceptació és l'**Índex de Desenvolupament Humà (IDH),** un indicador alternatiu elaborat pel Programa de les Nacions Unides per al Desenvolupament (PNUD) que mesura la qualitat de vida dels habitants d'un país en termes de *salut* (esperança de vida), *riquesa* (mesura pel PIB) i *formació* (nivell educatiu).

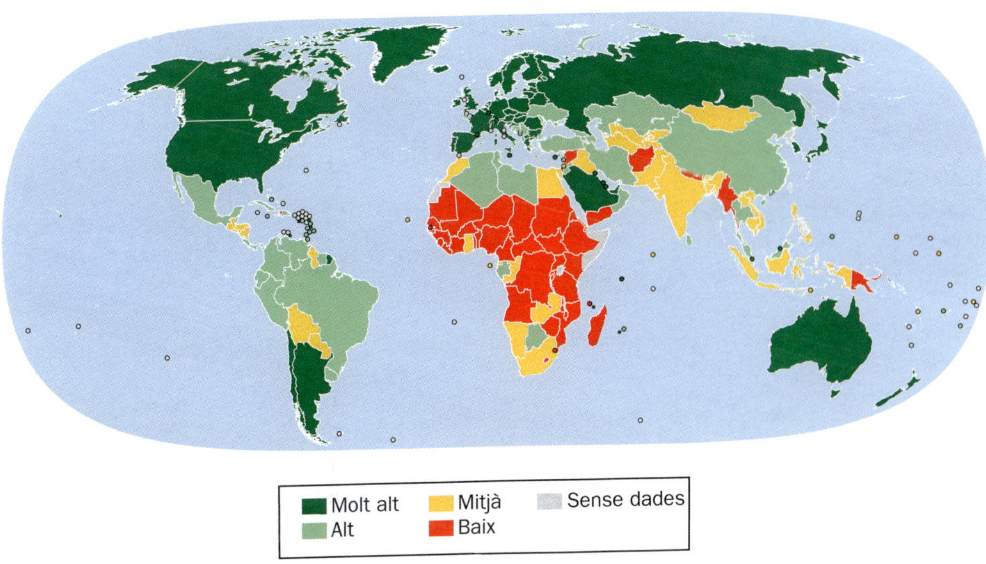

Fig. 14.2. Índex de Desenvolupament Humà (IDH).

Reflexioneu:

a) Quins paràmetres es tenen en compte per a determinar l'IDH?

b) Se us ocorre alguna variable important relacionada amb el desenvolupament humà que l'IDH no ha tingut en compte?

c) Assenyaleu un país que no sabíeu que tenia un IDH molt alt i un altre amb un IDH baix que igualment us ha sorprès. Comenteu els motius de la vostra elecció.

Recordeu

En la Unitat 8 (taula 8.3) hem parlat de les limitacions del PIB i la importància de l'IDH mitjançant una taula en la qual comparàvem la posició i evolució de diversos països amb índexs diferents

Activitats

1. Quina relació té el creixement econòmic amb la renda nacional?

2. Pel que fa a les conseqüències del creixement econòmic, quines han estat les característiques del repartiment de la riquesa que propicia? I quines han estat les repercussions sobre el medi ambient?

3. En què es diferencien creixement econòmic i desenvolupament?

2.1. Factors de desenvolupament econòmic

Els **factors** més importants que propicien el desenvolupament de tipus econòmic són els següents (taula 14.2):

Productivitat a llarg termini	És el factor més important, i està relacionat directament amb el *creixement econòmic*. Increments puntuals de la productivitat generen creixement, però només es produeix el *desenvolupament econòmic* si aquests increments es tradueixen en alguna cosa permanent en el temps. Com veurem, els factors decisius per a incrementar la productivitat són els avenços tecnològics i la millora del capital humà. Aquesta última s'aconsegueix mitjançant la **formació.**
Inversió de capitals	Les inversions són essencials per a desenvolupar la capacitat productiva dels països.
Lliure comerç	A llarg termini, l'eliminació de traves a la compra i la venda de productes en mercats internacionals amplia els mercats, millora l'eficiència productiva i afavoreix la competitivitat de les empreses.
Estabilitat política	Cap dels factors anteriors prospera sense un sistema de poders públics que possibiliti activitats econòmiques ben regulades i contínues en el temps.

Taula 14.2. Factors principals de desenvolupament econòmic.

Als països desenvolupats, aquests factors han donat lloc a l'anomenada **organització econòmica moderna**, les característiques de la qual descrivim a la taula 14.3:

	Productivitat a llarg termini (relacionat amb)						
Organització econòmica	Tècniques d'explotació en el sector primari	Especialització en el treball	Tecnologia	Qualificació del capital humà	Inversió de capitals	Lliure comerç	Sistema polític
Tradicional	Bàsiques	Poca	Rudimentària	Escassa	Escassa	Reduït	Inestable
Moderna	Intensives	Molta	Puntera	Alta	Alta	Alt	Estable

Taula 14.3. Característiques de l'organització econòmica tradicional i la moderna. Aquest tipus d'organització, entesa com un mitjà per a aconseguir el creixement econòmic associat al desenvolupament, només ha tingut èxit en països determinats. Això és així perquè les receptes per a aconseguir el desenvolupament econòmic no són extrapolables, i cada país ha de trobar la seva pròpia fórmula per a créixer econòmicament.

2.2. Models de creixement i desenvolupament

A mitjan segle xx es va fer popular un model econòmic de desenvolupament que predeia l'equiparació o convergència dels nivells de vida a tot el món. Aquest model es basava en la **llei dels rendiments decreixents**, segons la qual les inversions extres cada vegada afegeixen menys a la producció.

Com que els països menys desenvolupats tenen poca capacitat productiva, les inversions extra afegeixen molt a la producció, els alts rendiments resultants criden a més inversió, i així successivament. No passaria així en els països rics, on les inversions extra no generen tant rendiment. En conseqüència, els països pobres acabarien per a atrapar els països rics en el que els economistes anomenen *convergència*.

Segons la **hipòtesi de la convergència,** les economies dels països menys desenvolupats atraparan les de major desenvolupament a causa de l'acció de la *llei dels rendiments decreixents.*

Recordeu

Els models econòmics són, en general, representacions ideals o simplificades que ajuden a la comprensió de fenòmens econòmics. Aplicats al desenvolupament, es tracta de principis generals que miren d'establir les bases per a aconseguir el desenvolupament econòmic dels països.

Models exògens i endògens

En aquest sentit, la convergència es basaria en els factors clàssics de desenvolupament, és a dir, en els mateixos que havien propiciat l'alt creixement dels països desenvolupats. Els models de desenvolupament basats en aquestes premisses reben el nom de *models exògens*.

Els **models de desenvolupament exògens** combinen la tecnologia, la capacitat productiva i la mà d'obra per a generar creixement.

Gràcies als models exògens, alguns països han atrapat els països desenvolupats, però altres fins i tot han retrocedit. Els supòsits del model no sempre es compleixen: la tecnologia no sempre és accessible, a causa de la propietat intel·lectual, les inversions que possibiliten la capacitat productiva no sempre flueixen, a causa de la debilitat dels drets de propietat o la inestabilitat política, i la mà d'obra ha d'estar qualificada per a poder ser productiva. Com a resposta a aquesta situació, als anys vuitanta va sorgir un nou grup de teories al voltant dels anomenats *models de desenvolupament endògens*, que posaven l'accent en l'assoliment d'innovacions tecnològiques.

Els **models de desenvolupament endògens** fan èmfasi en la importància de la innovació tecnològica, la iniciativa empresarial i el desenvolupament del capital humà tutelat i afavorit per polítiques governamentals adequades.

Els països que no van participar en la industrialització durant el segle XIX es van quedar endarrerits respecte la resta del món. Però a les últimes dècades, mentre uns països han aconseguit un desenvolupament sense precedents, altres han fracassat.

Models	Descripció	Desenvolupament	Paper de l'Estat	Dimensions	Indicadors
Exògens	Segueixen el camí de les economies desenvolupades.	Econòmic	Mínim	Econòmica	PIB, Renda Nacional, balança comercial...
Endògens	Potencien les capacitats internes posant l'accent en les innovacions tecnològiques.	Econòmic, polític i social	Important i selectiu	Econòmica, social, política	IDH

Taula 14.4. Característiques dels models endògens i exògens.

Periscopi 3. Sense formació no hi ha desenvolupament

La formació és un factor fonamental per a consolidar el desenvolupament econòmic. Després de la Segona Guerra Mundial, països com Alemanya, el Japó o Itàlia es van recuperar econòmicament molt abans del que s'esperava a causa de l'alt nivell d'educació de la població. En canvi, altres països amb índexs d'analfabetisme elevats han quedat endarrerits, fins i tot havent rebut ajudes econòmiques importants. El fet és que, actualment, els països industrialitzats del nord inverteixen una mitjana anual de 5.000 dòlars en l'ensenyament obligatori de cada alumne, quantitat que ronda els 50 dòlars als països africans amb menors ingressos.

Reflexioneu:

a) Quina és la relació entre l'educació i el desenvolupament econòmic?

b) L'informe PISA mesura el rendiment acadèmic d'estudiants de 15 anys de tot el món, per a avaluar la qualitat del sistema educatiu de cada país. Consulteu sobre aquest informe a Internet. Quins països estan en els 10 primers llocs? En quin lloc està Espanya? Quines conclusions extraieu d'aquesta classificació?

Activitats

4. Com contribueixen la inversió de capitals i el lliure comerç al desenvolupament econòmic?

5. Per què no van triomfar els models exògens per a aconseguir el desenvolupament econòmic si les claus per a aconseguir-ho són conegudes?

6. Com aconseguirien els països l'equiparació econòmica d'acord amb la hipòtesi de la convergència?

7. Quines són les característiques dels models de desenvolupament endogen?

3. El subdesenvolupament

De la mateixa manera que és possible identificar factors que propicien el desenvolupament, també n'hi ha altres que, directament, impedeixen assolir-lo. Aquests **trets**, que caracteritzen la majoria dels països subdesenvolupats, són els següents (taula 14.5):

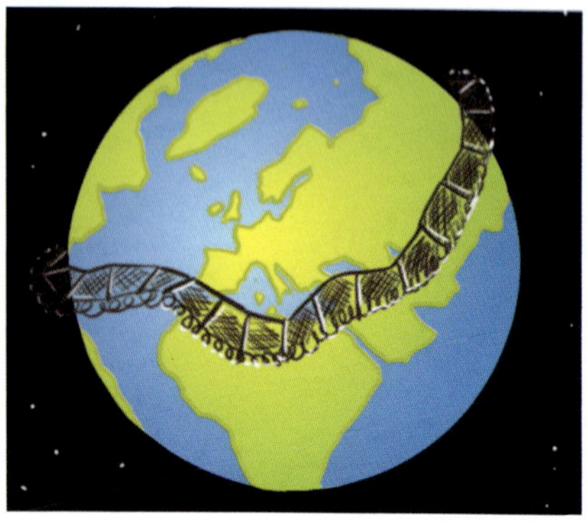

Fig. 14.3. El problema nord-sud. Com que la majoria dels països desenvolupats es troben a l'hemisferi nord i la majoria dels països en vies de desenvolupament es troben a l'hemisferi sud, és freqüent anomenar *problema nord-sud* a la qüestió del subdesenvolupament.

1	Baixa renda *per capita* Posseeixen una renda per sota de la mitjana mundial, i per això la capacitat de consum és molt limitada, i la d'estalvi, gairebé nul·la.
2	Estructura productiva primària La producció es concentra, principalment, al voltant de l'agricultura, la ramaderia o la mineria, cosa que converteix el dèficit de les balances de pagaments en alguna cosa crònica, ja que exporten matèries primeres barates i importen productes manufacturats i tecnologia a preus alts.
3	Mercats petits i ineficients Els mecanismes de mercat d'aquests països són molt imperfectes i deficients. A la pràctica, depenen de la inversió estrangera.
4	Altes taxes de creixement demogràfic En general, el seu creixement econòmic escàs és incapaç de generar un nivell acceptable de renda per a una població amb taxes de natalitat altes i una esperança de vida creixent.
5	Estalvi i inversió escassos Les necessitats en aquests països són tals i els ingressos tan baixos que gairebé no queda marge per a l'estalvi. L'escassa capacitat d'estalvi dificulta la inversió. A aquest procés que impedeix al país dur a terme les inversions que necessita se l'anomena «**cercle viciós de la pobresa**» (fig. 14.4).
6	Inestabilitat política o falta de democràcia i transparència La debilitat de les institucions públiques (corrupció, falta de mitjans, inseguretat, etc.) genera incertesa a l'hora d'atraure empreses i garantir les inversions.
7	Nivell d'infraestructures deficient L'equipament que possibilita el creixement econòmic (carreteres, ports, xarxa elèctrica, etc.) és deficient o reduït.
8	Formació cultural i social escasses Sense l'adequada formació tècnica i cultural d'una part important de la població no és possible la fructificació de les inversions necessàries per a impulsar el creixement econòmic.
9	Debilitat financera Avui, el deute extern és més gran en els països rics que als pobres perquè els primers s'han endeutat fortament a causa de la crisi financera de principis de segle. Però, per als països pobres, no només és més difícil aconseguir nous préstecs, sinó que també és més difícil afrontar el pagament d'interessos dels que ja tenen a causa de la inestabilitat de les pròpies economies.
10	Desigualtat pronunciada Les desigualtats s'han incrementat en tots els països, però són més acusades les que es produeixen a l'interior dels països pobres: com que no tenen la capacitat ni els recursos dels països rics, no poden corregir les desigualtats amb la mateixa eficiència.

Taula 14.5. Trets característics dels països subdesenvolupats.

Sabíeu que...?

A l'hora d'aconseguir préstecs, els països són com les persones. Es dona la paradoxa que els qui més tenen són els qui aconseguiran diner prestat de manera més fàcil, quan allò desitjable seria exactament el contrari.

Periscopi 4. La «trampa dels recursos naturals»

Hi ha trets generals que propicien el subdesenvolupament, com és el cercle viciós de la pobresa, però, a més, hi ha altres fets o circumstàncies menys freqüents que condemnen els països pobres, als quals els economistes anomenen «trampes», perquè és molt difícil sortir-ne. En aquest sentit, resulta fàcil entendre que una guerra civil, un mal govern o el parany del «tancament» (un país sense sortida al mar) generen problemàtiques difícils de superar, però hi ha una quarta trampa que sí que mereix explicació, i és que a més pot derivar en alguna de les altres trampes. La «trampa dels recursos naturals» és com es coneix la contradicció que pot suposar per a un país pobre descobrir grans reserves de recursos naturals: en lloc de traduir-se en major riquesa per als seus habitants, això els condemna, perquè, si els dirigents són corruptes, aquests tenen, encara, més oportunitats d'enquistar-se en el poder.

Reflexioneu:

a) Imagineu un exemple concret sobre com la corrupció dels governants pot empobrir un país.

b) A més dels polítics, creieu que la corrupció pot produir-se en altres àmbits socials i econòmics? Poseu-ne un exemple concret.

c) Per què l'abundància de recursos naturals valuosos pot fer més difícil la lluita contra la corrupció?

d) Quin paper creieu que fa la formació com a factor de disminució de la corrupció?

Reflexioneu

Peixos o canyes de pesca

Amb la intenció de fomentar el desenvolupament, des dels països desenvolupats s'organitzen diverses iniciatives d'ajuda d'emergència i cooperació al desenvolupament. No obstant això, aquestes campanyes sovint beneficien més el país donant que el receptor. Per exemple, amb l'anomenada «ajuda condicionada», el Govern compra productes que s'envien als països que els necessiten, però els diners es queden al país donant, i és en aquest on es genera ocupació i negoci. Si no se'ls proporciona als països mitjans propis amb què resoldre els seus problemes, sempre es veuran en l'obligació de recórrer una i altra vegada a l'ajuda internacional.

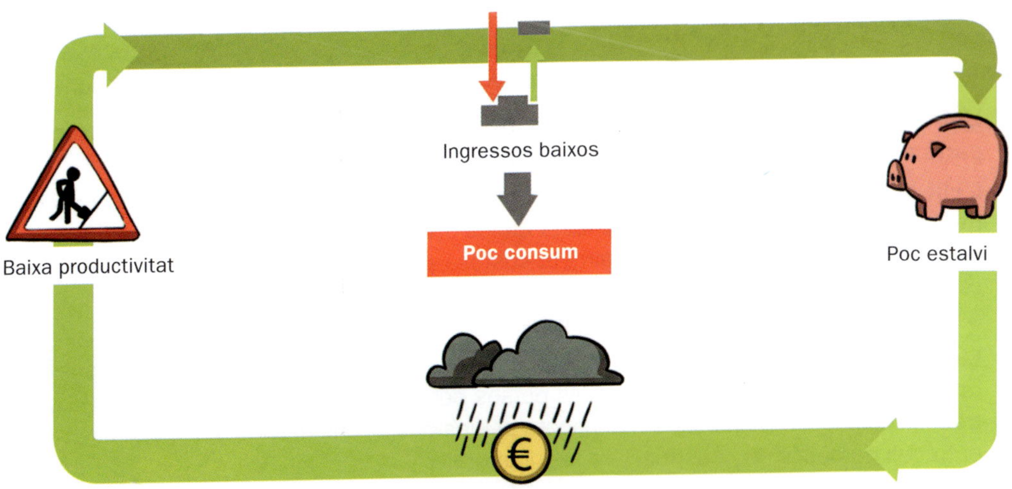

Fig. 14.4. Cercle viciós de la pobresa. Amb un consum baix, els ingressos són baixos i és difícil estalviar per a portar a terme les inversions que un país necessita.

Activitats

8. Com aboca al subdesenvolupament l'estructura productiva dels països pobres?

9. Pel que fa al cercle viciós de la pobresa dels països subdesenvolupats:

a) Per què és difícil generar estalvi?

b) Quina relació té l'estalvi amb la inversió? I la inversió amb la productivitat?

c) Per què són baixos els ingressos en aquests països?

10. Per què la inestabilitat política és un fre per als països subdesenvolupats?

11. Quina influència té la formació cultural i social en el subdesenvolupament?

12. Per què són més pronunciades les desigualtats a l'interior dels països pobres que als països rics?

4. L'emigració

Entre els fenòmens directament derivats del subdesenvolupament destaquen les emigracions. En només unes dècades, els països rics s'han convertit en societats multiculturals amb immigrants que procedeixen, sobretot, de països econòmicament menys desenvolupats. I encara que sempre han existit les migracions, les xifres que s'han produït en els darrers anys són extraordinàries. La globalització, amb l'abaratiment i la millora dels mitjans de transport, i també la difusió de les formes de vida a través dels mitjans de comunicació, ha estat la gran artífex d'aquest fenomen (fig. 14.5).

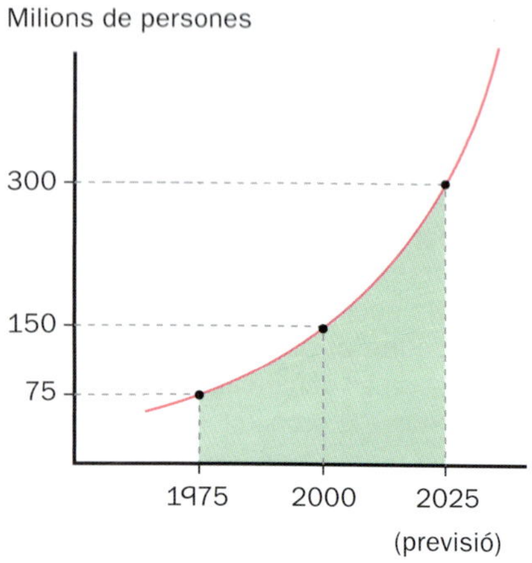

Fig. 14.5. Xifres de les migracions internacionals. Inclouen emigracions laborals amb familiars a càrrec, refugiats i emigrants permanents.

El major grau de benestar en els països desenvolupats constitueix un factor d'atracció de les migracions, a la qual cosa se li suma la falta de conformitat d'amplis sectors de la població amb les condicions econòmiques, polítiques o laborals en els seus propis països.

La globalització ha propiciat un sistema mundial de lliure circulació de béns i capitals. I, al seu torn, els fluxos de béns i capitals han acabat per impulsar de manera notable els de les persones:

- Els **fluxos de béns** del comerç internacional han disminuït la producció en els països pobres o l'han reemplaçat per importacions més barates, amb la conseqüent pèrdua de llocs de treball i l'increment de les desigualtats. La pèrdua d'oportunitats i el deteriorament de les condicions en el propi país actuen com a factors d'expulsió.
- Els **fluxos de capitals** generen un efecte immediat de creació o destrucció d'ocupació (segons si entren o surten de certs països), que promou, al seu torn, un flux de treball que segueix al capital.

4.1. Tipus d'emigració

Els col·lectius principals que constitueixen el nucli dels fluxos migratoris de treball són:

- **L'elit empresarial.** Executius, empresaris i emprenedors migren des de i cap a totes les parts del món a la recerca de les millors oportunitats de negoci.
- **L'elit professional, artística, esportiva i científica.** També és freqüent la migració dels treballadors més destacats o qualificats en les àrees pròpies a la recerca de millors salaris o condicions de treball. Especialment costosa per a qualsevol país és el que es coneix com a **«fugida de cervells»**, la marxa dels millors professionals o científics després d'haver estat formats durant molts anys en els seus països d'origen.
- **Els treballadors no qualificats.** A la recerca de major benestar o millors condicions laborals, aquest tipus de treballadors dels països pobres emigren per a treballar en llocs de treball considerats molt durs o mal pagats per les poblacions natives dels països rics, com el treball domèstic, la construcció o l'agricultura.

Les elits, de qualsevol país d'origen, troben poca competència en els llocs de treball que ocupen, per l'alta qualificació que tenen. No ho tenen tan fàcil els treballadors no qualificats, perquè es tracta del grup migratori més nombrós i que competeix directament amb els treballadors no qualificats nadius, i també amb els grups previs de treballadors emigrants.

! Important

La **«fugida de cervells»** és un dels problemes principals per a qualsevol país: no només se'n van els que podrien aixecar el país amb el seu treball i talent, sinó que a més són altres els que recullen el fruit d'anys d'esforç i formació. I per a qualsevol Estat, les aportacions més importants dels treballadors (tant nadius com emigrants) són els impostos i cotitzacions que generen, perquè amb ells es construeixen carreteres, hospitals, col·legis, etc. És a dir, es beneficia el conjunt de la societat.

Periscopi 5. El cost de l'emigració per als països

El Joan és un batxiller d'humanitats que va cursar tots els seus estudis en l'ensenyament públic espanyol. Els seus estudis de Primària, Secundària i Batxillerat van costar a les arques públiques un total de 92.000 €. Amb 19 anys va emigrar, i actualment treballa en l'hostaleria a Alemanya, país on paga els impostos i cotitzacions corresponents.

Reflexioneu:

a) Quins costos té per a Espanya l'emigració de molts joves qualificats?

b) Imagineu que heu acabat els vostres estudis i que us sorgeix l'oportunitat d'anar a treballar i viure durant dos anys en un país del món que comença per la mateixa lletra que el vostre nom. Quins avantatges i inconvenients creieu que podria tenir aquesta experiència per a vosaltres i per la vostra carrera professional?

c) Coneixeu algú que està treballant fora d'Espanya? En què treballa? Per què se'n va anar? Què li agrada més i què li agrada menys d'haver-se'n anat?

4.2. Els desafiaments de les emigracions

Als països desenvolupats hi ha demanda de treballadors no qualificats d'altres països per a tasques que serien difícils de cobrir sense apujar els salaris i per tant, els costos. La immigració impulsa d'aquesta manera el creixement econòmic en millorar la producció i el resultat de les empreses.

No obstant això, els processos migratoris també plantegen reptes, com ara:

- **Sobreexplotació dels immigrants no qualificats als països rics,** davant l'abundància d'aquest tipus de mà d'obra.
- **Major desigualtat en els països pobres**. Les remeses dels que han emigrat no compensen l'efecte de la «fugida de cervells» i aguditzen les diferències econòmiques entre els qui les reben i els qui no.
- **Tràfic il·legal de les persones** que no han pogut ingressar legalment als països de destinació.

Per a pal·liar els problemes descrits, l'Organització Internacional del Treball (OIT) recomana el següent (fig. 14.6):

a) **Gestió de les migracions amb el suport de les normes** per així desterrar el tràfic il·legal de persones i l'explotació dels immigrants irregulars.

b) **Planificació consensuada entre els països d'origen i els d'acollida** mitjançant sistemes, informats i transparents, de categories migratòries amb finalitat d'ocupació, elaborats per a donar resposta a les necessitats legítimes i reals de cada país.

c) **Establiment de normes mínimes d'ocupació** per a tots els sectors econòmics, amb vista a penalitzar l'abús contra els treballadors i descoratjar l'ocupació irregular, tant de treballadors nadius com d'emigrants.

d) **Aplicació de plans contra la discriminació i la xenofòbia** per a afavorir la cohesió social.

e) **Participació de tots els interlocutors** socials en l'elaboració i execució de la política migratòria, amb la finalitat de recaptar el màxim suport social.

Fig. 14.6. Recomanacions de la OIT en matèria de política migratòria.

Periscopi 6. Immigrants invisibles i irregulars

Ningú pensa en l'argentí Leo Messi o en el portuguès Cristiano Ronaldo com a immigrants perquè són multimilionaris i destaquen en el que fan, de tal manera que ningú es planteja substituir-los a l'hora de fer gols. Messi o Ronaldo són casos extrems, com també ho són els immigrants irregulars. Però mentre que als primers no se'ls considera immigrants, els segons no passen tan desapercebuts en la seva condició de competència directa per als treballadors ja establerts. I és aquí on radica una altra queixa dels nadius poc formats: si hi ha escassetat de mà d'obra per a cobrir aquests oficis en els quals ells no desitgen treballar, potser deixaran d'estar tan mal retribuïts i, per tant, potser es plantejarien cobrir-los.

Reflexioneu:

a) Per què no se sol pensar en Messi o Ronaldo com a immigrants, tot i ser-ho?

b) Quins treballadors nadius, d'acord amb el seu nivell educatiu, tendeixen a sentir-se més amenaçats per la immigració?

c) Quins efectes creieu que té l'arribada de nova mà d'obra per a les empreses nacionals?

d) En termes d'oferta i demanda, per què s'equivoquen els qui pensen que podria millorar la retribució dels oficis que requereixen poca preparació?

Activitats

13. Com es relaciona la globalització amb l'emigració?

14. Què s'entén per *factors d'atracció* en matèria de migracions?

15. Per què l'OIT recomana per als països d'origen d'emigració i els països receptors fixar un sistema de categories migratòries amb finalitat d'ocupació?

5. Economia i medi ambient

Fig. 14.7. El canvi climàtic està provocant que els desastres naturals siguin cada vegada més nombrosos i extrems.

La relació entre activitat econòmica i medi ambient és innegable i profunda. Les empreses necessiten els recursos de l'entorn natural i, al seu torn, els béns produïts i mètodes de producció comporten conseqüències en el medi natural.

Sota aquesta perspectiva, les **funcions del medi ambient** són les següents:

- Abastir de recursos per al consum i la producció.
- Subministrar serveis d'esplai i distracció.
- Proveir suport vital.
- Actuar de receptor de residus.

5.1. El deteriorament mediambiental: el canvi climàtic

El medi ambient pot absorbir part dels residus generats per la producció o el consum, però fins a un cert límit. Superat aquest límit, apareix la contaminació i es produeix el **deteriorament mediambiental**. Els problemes més rellevants són:

- La contaminació atmosfèrica i la pluja àcida.
- La desertització.
- La pèrdua de biodiversitat.
- L'acumulació i el tractament de residus.
- El canvi climàtic.

El *canvi climàtic* és el problema que preocupa més, perquè es tem que els seus efectes seran permanents, amb tot el que això suposa per a la qualitat de vida de les generacions futures.

El **canvi climàtic** és com es coneix l'increment de la temperatura del planeta com a conseqüència de la concentració a l'atmosfera dels anomenats «gasos d'efecte hivernacle».

Els efectes de canvi climàtic són molt diversos: desglaç, pujada del nivell del mar, tempestes devastadores, inundacions més freqüents, pèrdua de biodiversitat... El canvi climàtic és un fet avui, però la presa de decisions, que hauria de produir-se en l'àmbit internacional i de manera consensuada entre els països per a afrontar-lo, es complica per les característiques que té, entre les quals destaquen les següents (taula 14.6):

Abast planetari	Distribució desigual de beneficis i costos	Llarga escala temporal	Relativitat del benefici mediambiental
Si un país o grup de països posa en marxa mesures per a reduir les emissions contaminants, només poden aplicar-se dins del seu territori. Com que els efectes de la contaminació no entenen de fronteres, es deixen sentir en tot el planeta, fins i tot en territoris internacionals, com els mars o els pols.	Els efectes de la contaminació no només no entenen de fronteres, sinó que a més uns països recullen els beneficis i altres en pateixen les conseqüències. Els que més contaminen són els països més desenvolupats, però són altres els que pateixen els efectes de les emissions contaminants d'aquests. Europa, la Xina i els EUA, els contaminadors principals del món, es troben en zones temperades, menys exposats a les conseqüències de l'ascens de les temperatures.	No se sap exactament a quina velocitat evolucionaran alguns dels efectes del canvi climàtic, per la qual cosa no hi ha consens sobre el grau d'urgència de les mesures que han de contrarestar-los.	Qualsevol de les mesures mediambientals que es proposa té costos immediats i, sovint, elevats, però els beneficis mediambientals són incerts i es produeixen a llarg termini.

Taula 14.6. Característiques de la lluita contra el canvi climàtic.

Sabíeu que...?

El linx ibèric és una de les espècies en perill d'extinció de la Península Ibèrica. Les lleis mediambientals espanyoles tenen l'origen a la UE, si bé a Espanya són les Comunitats Autònomes les que tenen les competències que regulen els espais naturals, la protecció d'espècies i la gestió dels residus.

5.2. Solucions per als problemes mediambientals

El tancament de les centrals tèrmiques o la pretensió d'eliminar els cotxes de combustió interna per a mitjans del segle XXI són mesures pal·liatives que revelen el canvi de mentalitat de les societats. Però, en tot cas, afrontar els problemes mediambientals necessita una **acció conjunta** per part de la societat (taula 14.7):

Sector públic	Empreses	Famílies (model de les 3R)
• **Fomentar energies alternatives** netes i renovables, com el sol, el vent o les marees (energia mareomotriu). • **Establir impostos i multes** a les activitats contaminants, així com subvencions a les no contaminants. • **Educar en qüestions ambientals** a través de campanyes publicitàries i cursos, però també a través del sistema educatiu propi. • **Implementar polítiques mediambientals** consistents en el desenvolupament i l'aplicació de normatives i mesures que contribueixen a mantenir els recursos naturals.	• **Millorar l'eficiència productiva** per a evitar el malbaratament dels recursos. • **Reduir les emissions** contaminants i substituir-les per energies netes fins on és possible. • **Minimitzar els residus** i gestionar adequadament els que es produeixen. • Utilitzar els recursos naturals **sense comprometre'n la disponibilitat futura**. • Analitzar el **cicle de vida del producte** per a determinar quins aspectes mereixen els esforços de millora ambiental. • **Educar el personal** en matèria de medi ambient.	• **Reduir** la quantitat de residus que es generen. Per exemple, triant productes amb pocs embolcalls, usant envasos retornables o comprant només el necessari. • **Reutilitzar** els residus o productes abans de rebutjar-los. Per exemple, usant els folis pels dos costats, recarregant les ampolles d'aigua, vestint roba de segona mà... • **Reciclar** els residus com a matèria primera per a generar un nou producte. Per exemple, és el que es fa amb papers, ampolles o altres materials per a crear-ne de nous. La separació prèvia que fem de les escombraries a casa resulta imprescindible.

Taula 14.7. Actors implicats en la solució dels problemes mediambientals.

Periscopi 7. L'illa d'escombraries del Pacífic

L'illa d'escombraries del Pacífic és un remolí de milions de tonelades de plàstic que ocupa una superfície equivalent a Europa occidental. Tot i que és la més gran, és només una de les moltes que hi ha repartides pels oceans i que contamina les aigües i enverina els animals marins.

Reflexioneu:

a) Amb quins problemes citats en l'apartat es relaciona aquesta illa d'escombraries?

b) A quin país competeix solucionar aquest problema?

c) Què implica per als sers humans que el plàstic ja formi part de la dieta dels animals marins?

! Important

La **política mediambiental** consisteix en el desenvolupament i l'aplicació de normatives i mesures que contribueixen a mantenir els recursos naturals.

Activitats

16. Si està clar qui són els principals països contaminadors, per què no prenen mesures conjuntes per a reduir o combatre la contaminació?

17. Per què energies com la solar o l'eòlica es postulen com a solucions al canvi climàtic?

18. Per a cadascuna de les mesures descrites a la columna de l'esquerra, identifiqueu al quadern l'agent econòmic responsable d'aplicar-la i a quin grup de solucions pertany, tal com es mostra en l'exemple:

Mesura	Agent econòmic	Grup de solucions
Ecoetiqueta que indica que la fusta procedeix de boscos sostenibles	Empresa	Fer servir recursos naturals sense comprometre'n la disponibilitat futura.
Piles recarregables		
Curs de sensibilització ambiental a l'ESO		
No deixar córrer l'aigua de l'aixeta inútilment		

6. El desenvolupament sostenible

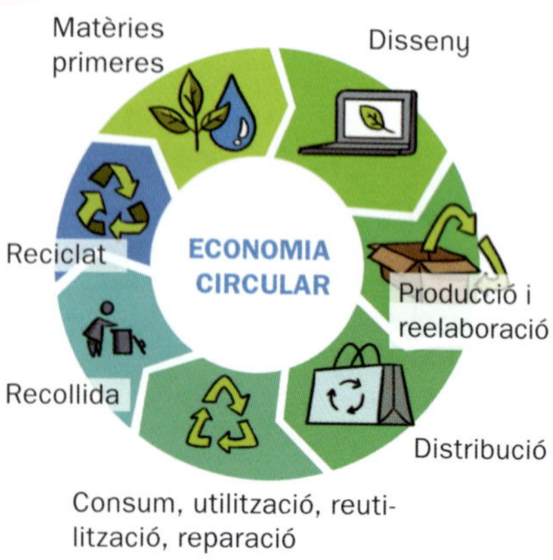

Fig. 14.8. L'economia circular és un model de gestió que estableix un cicle tancat per a evitar el malbaratament de recursos naturals (les «3 erres»: reduir, reutilitzar, reciclar). Avui es considera el model més adequat per a aconseguir el desenvolupament sostenible. Si us hi fixeu, incorpora una quarta R (la de reparar) al model de les 3R estudiat a la pàgina anterior i ateny a tots els agents econòmics, no només a les famílies.

Al llarg de la unitat hem après que el desenvolupament no només és econòmic, sinó que abasta altres àrees per a ser complet, com l'àmbit social o el mediambiental. Però, a més, i així el desenvolupament s'estendrà de manera efectiva a la societat, ha de ser permanent en el temps, és a dir, *sostenible*.

El **desenvolupament sostenible** és aquell que permet satisfer les necessitats presents sense comprometre les necessitats de les generacions futures.

Aquest enunciat no és una definició pròpiament dita, sinó una declaració d'intencions senzilla i comprensible. Però aquesta és la intenció amb la qual va ser formulada per la Comissió Brundtland el 1987, i és la que s'ha fet universal. En realitat, la *sostenibilitat*, que vindria a ser el desenvolupament sostenible a la pràctica, sí expressa en què consisteix «ser sostenible» (fig. 14.9).

La **sostenibilitat** és la capacitat d'un sistema per a mantenir la seva diversitat, funcionament i equilibri al llarg del temps, tenint present les condicions ambientals a llarg termini, i també les pressions socioeconòmiques.

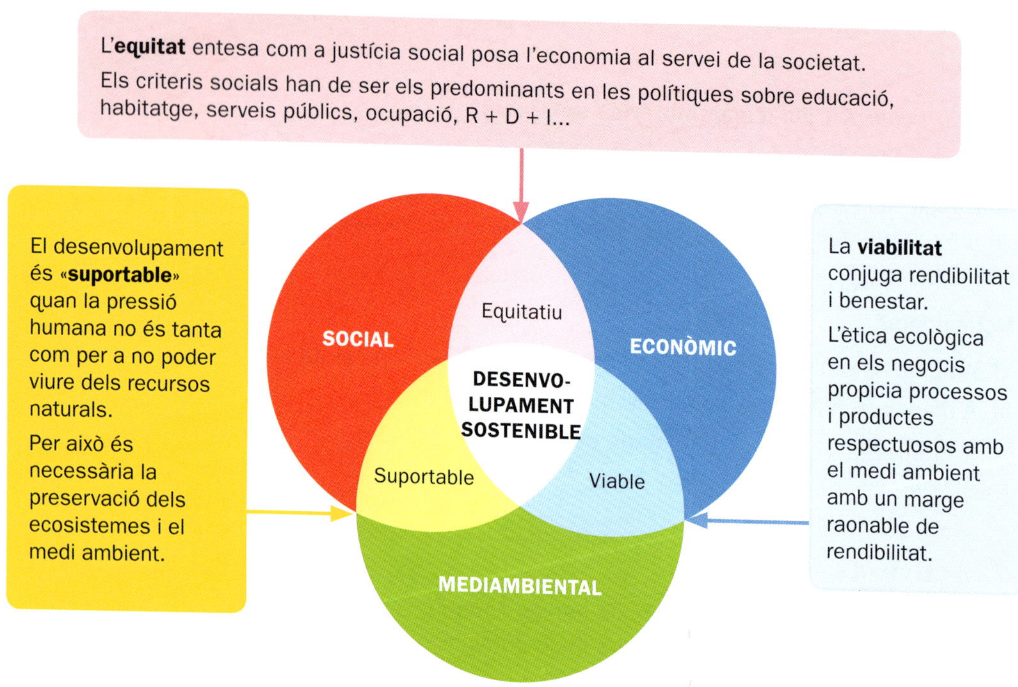

Fig. 14.9. Trets de la sostenibilitat: equitat, viabilitat i suportabilitat.

Activitats

19. Per a aconseguir el desenvolupament sostenible, per què l'economia circular va més enllà que el model de les 3R?

20. Com es relacionen el present i el futur a través del desenvolupament sostenible?

21. Busqueu a Internet, algun conveni o protocol internacional en matèria de medi ambient signat recentment. Citeu els acords assolits, l'horitzó temporal d'aplicació i el grau de vinculació al qual s'han obligat els diferents països incloent Espanya.

22. Dissenyeu i argumenteu l'aplicació de cinc mesures mediambientals i sostenibles que aplicaríeu si algun dia sou el ministre o ministra de Medi Ambient. Després, consensueu en grup una llista única. Els resultats de cada grup s'anotaran a la pissarra, i la classe haurà d'efectuar una votació secreta per a determinar les millors mesures.

Cada participant votarà cinc mesures, que en cap cas podran ser les proposades pel seu grup de treball. El grup guanyador serà aquell que aconseguirà el major nombre de vots. En cas de repetició de les propostes d'alguns grups, figurarà a la pissarra aquella que haurà rebut el suport del major nombre de propostes individuals en el primer grup.

Objectius i metes per al futur

El desenvolupament sostenible mira de conciliar el creixement econòmic amb dos dels grans problemes que hem abordat en apartats anteriors: els **problemes mediambientals** i els aspectes socials que deriven de les **desigualtats i el subdesenvolupament**. La transcendència del desenvolupament sostenible és tan gran que ha anat guanyant en importància al llarg dels anys en els programes de l'ONU. Present de forma indirecta ja al programa Objectius de Desenvolupament per al Mil·lenni (ODM), que correspon al període 2000-2015, el programa actual de l'ONU denominat **Objectius de Desenvolupament Sostenible (ODS)** ja el situa en tots i cadascun dels 17 objectius definits per a l'horitzó temporal 2015-2030 (fig. 14.10).

Fig. 14.10. Els Objectius de Desenvolupament Sostenible (ODS) insten tots països, comunitats i empreses a intensificar els seus esforços per a posar fi a la pobresa en totes les formes, reduir la desigualtat i lluitar contra el deteriorament ambiental. Es componen de 17 objectius, dels quals 5 estan dedicats de manera específica al medi ambient.

Periscopi 8. Metes i objectius dels ODS 2015-2030

Els ODS 2015-2030 es subdivideixen en subobjectius o metes per a delimitar millor el que es pretén fer i mesurar de manera apropiada el seu grau de compliment.

Reflexioneu:

Classifiqueu les metes següents dins dels cinc objectius relacionats directament amb el medi ambient:

a) Augmentar el suport mundial a la lluita contra la caça furtiva i el tràfic d'espècies protegides.

b) Augmentar considerablement la proporció d'energia renovable en el conjunt de fonts energètiques.

c) Millorar l'educació, la sensibilització i la capacitat humana i institucional respecte de la mitigació del canvi climàtic.

d) Aconseguir l'accés universal i equitatiu a l'aigua potable a un preu assequible per a tothom.

e) Facilitar l'accés dels pescadors artesanals als recursos marins i els mercats.

MAPA CONCEPTUAL

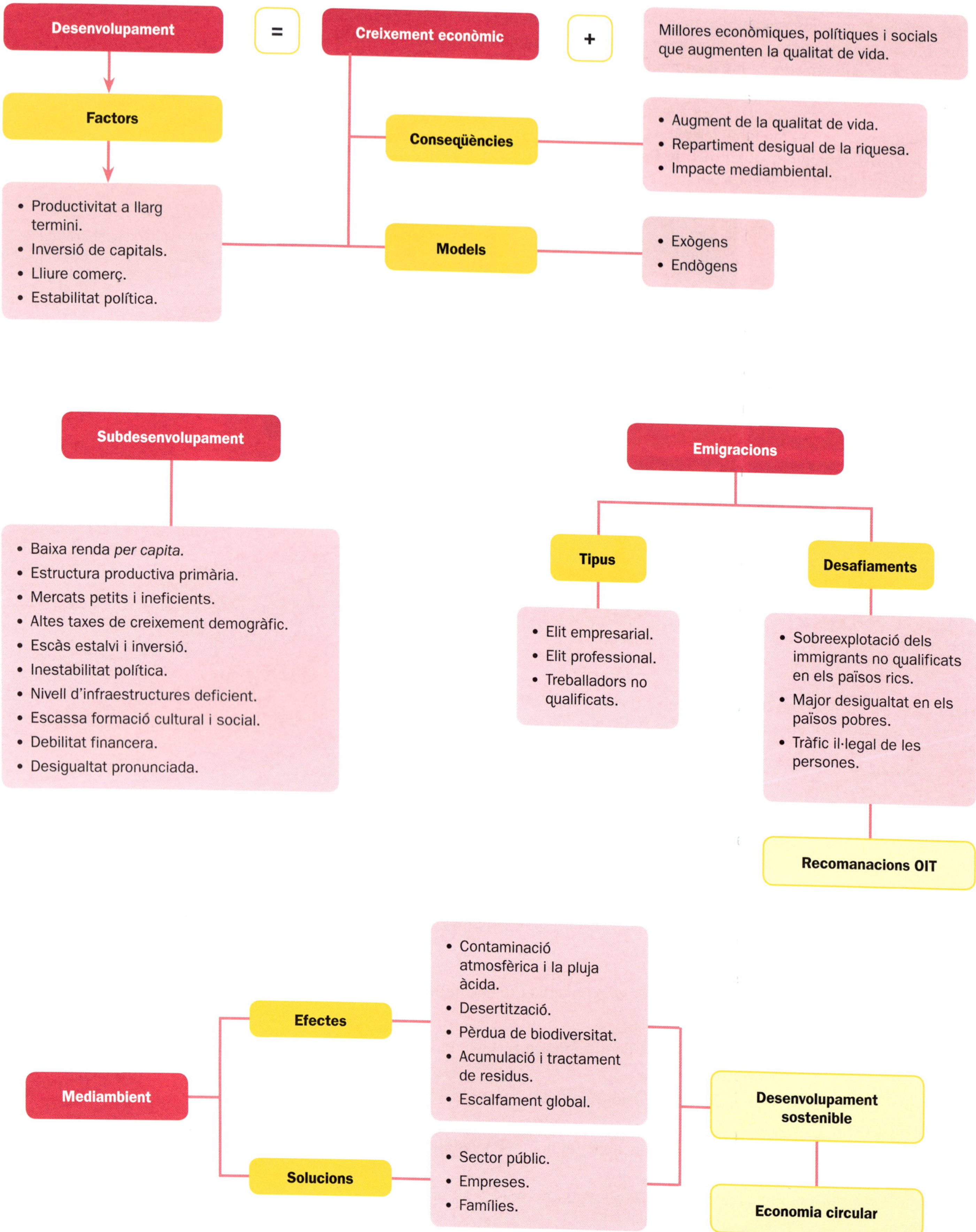

1. Entre les conseqüències del creixement hi ha:

a) El repartiment desigual de la riquesa.

b) L'increment de la qualitat de vida.

c) El deteriorament mediambiental.

d) Totes són certes.

2. Son paràmetres de l'Índex de Desenvolupament Humà (IDH):

a) L'esperança de vida.

b) El respecte als drets humans.

c) El PNN a cost de factors.

d) Dues de les respostes anteriors són certes.

3. La hipòtesi de la convergència entre països pobres i rics es basa en:

a) La llei dels rendiments creixents.

b) La llei dels rendiments decreixents.

c) El model de desenvolupament endogen.

d) Dues de les respostes anteriors són certes.

4. L'increment de la productivitat a llarg termini en els països s'aconsegueix mitjançant:

a) El comerç.

b) La inversió de capitals.

c) La qualificació del capital humà.

d) Totes són certes.

5. Pel que fa al deute extern, és cert que:

a) És més elevat en els països rics que en els pobres.

b) Per als països pobres és més difícil aconseguir nous préstecs.

c) Dificulta el creixement econòmic perquè el que es paga en interessos es deixa d'utilitzar per a altres fins.

d) Dues de les respostes anteriors són certes.

6. Per a un país, el cost d'oportunitat d'un treballador [illegible] format en el país propi però que emigra i treballa en un altre país és:

a) El que deixa de pagar en concepte d'impostos i cotitzacions en el país d'origen.

b) Allò invertit pel país en la formació d'aquella persona.

c) El treball que podria fer en el país d'origen.

d) Totes són certes.

7. Pel que fa al medi ambient, és cert que:

a) El canvi climàtic és el problema principal.

b) Les solucions necessiten de la cooperació nacional.

c) Les solucions depenen d'una actuació conjunta d'empreses i Administració pública.

d) Totes són certes.

8. El desenvolupament que permet satisfer les necessitats presents sense comprometre les necessitats de les generacions futures es coneix com a:

a) Desenvolupament suportable.

b) Desenvolupament viable.

c) Desenvolupament sostenible.

d) Desenvolupament circular.

9. No forma part del cercle viciós de la pobresa:

a) Els ingressos baixos.

b) La productivitat baixa.

c) El creixement demogràfic.

d) L'estalvi escàs.

10. Quina de les afirmacions següents és falsa?

a) L'actual desenvolupament econòmic no és sostenible des d'una perspectiva mediambiental.

b) Les emigracions creen major desigualtat als països pobres.

c) Els models de desenvolupament exogen posen l'accent en la tecnologia.

d) Sense creixement econòmic no hi ha desenvolupament.

EXERCICIS

Les conseqüències del creixement. Creixement i desenvolupament.

1. Quina relació hi ha entre creixement, ocupació i qualitat de vida?

2. Per què hi ha major benestar i riquesa quan es produeix creixement econòmic?

3. Per què el desenvolupament econòmic és una variable més completa que el PIB per a mesurar la qualitat de vida dels països?

4. Com es relacionen la productivitat amb el creixement i el desenvolupament econòmic?

5. Quin paper fa l'estabilitat política per a aconseguir el desenvolupament econòmic?

6. En què es diferencia una organització econòmica moderna d'una tradicional?

7. Quins tipus de variables impulsen els models exògens? I els endògens?

8. Per què hi ha fórmules econòmiques que funcionen en un país, però no en un altre?

El subdesenvolupament.

9. Per què uns països són més «febles» financerament que altres tot i que aquests tenen més deute extern?

10. Relacioneu els titulars de premsa econòmica següents amb algun dels trets del subdesenvolupament:
    a) «Burundi repeteix l'últim lloc com a país més pobre del planeta.»
    b) «Hondures augmenta en 1.500 milions de dòlars els seus pagaments per deute extern.»
    c) «El mal estat de les infraestructures dificulta el retorn dels emigrats a Síria.»
    d) «Nigèria segueix en el *top* dels països més corruptes del món.»
    e) «Falten almenys 180.000 persones per alfabetitzar a Bolívia.»

11. Són sempre un problema les altes taxes de creixement demogràfic? Raoneu la resposta.

12. En la I UNCTAD (Conferència de les Nacions Unides sobre Comerç i Desenvolupament), portada a terme el 1964, es va aprovar que els països rics haurien de realitzar una aportació mínima de l'1 % del seu ingrés net en concepte d'ajuda al desenvolupament. D'aquesta quantia, un 0,7 % havia de constituir l'Ajuda Oficial al Desenvolupament. Aquest percentatge no es cobreix en la majoria dels països i, segons els últims informes, el volum dels ajuts s'allunya cada vegada més de l'objectiu del 0,7 %.
    a) Busqueu a Internet les quantitats i percentatges del PIB que destinen els països desenvolupats, Espanya inclosa, a l'Ajuda al Desenvolupament.
    b) Seria millor eliminar les nostres barreres comercials als productes dels països en desenvolupament que donar ajuts al desenvolupament a aquests països?

L'emigració.

13. Quina és la influència dels fluxos de capital sobre les migracions?

14. Per què les elits migratòries passen desapercebudes en els països receptors?

15. Si els emigrants envien diners als seus països d'origen, com és possible que aquest fet propiciï major desigualtat en aquests països?

16. En relació amb les recomanacions de l'OIT (Organització Internacional del Treball) amb les emigracions, expliqueu com se solucionaria:
    a) El tràfic il·legal d'immigrants.
    b) L'ocupació irregular de nadius i immigrants.
    c) La cohesió social entre nadius i immigrants.

Economia i medi ambient. El desenvolupament sostenible.

17. Quines són les funcions del medi ambient des d'un punt de vista econòmic?

18. Definiu amb les vostres paraules els conceptes següents:
    a) Desenvolupament econòmic.
    b) Organització econòmica moderna.
    c) Deute extern.
    d) Efecte hivernacle.
    e) Política mediambiental.
    f) Desenvolupament sostenible.

19. Relacioneu els titulars següents extrets de la premsa amb conceptes estudiats al llarg d'aquesta unitat:
    a) «Els països africans segueixen a la cua en matèria de desenvolupament».
    b) «L'augment del nivell del mar farà desaparèixer diverses illes del Pacífic i del Carib en els propers anys».
    c) «L'ONU estima que 5,6 milions de persones van fugir de Síria a altres països a causa del conflicte».

20. Per a cadascuna de les mesures dirigides a tenir cura del medi ambient descrites a continuació, identifiqueu l'agent econòmic responsable d'aplicar-la i a quin grup de solucions pertany:
    a) Portar bosses pròpies per a fer les compres.
    b) Incrementar els impostos de la gasolina.
    c) Substituir motors de combustió per motors elèctrics.
    d) Convertir residus orgànics en llits de compost per al bestiar.
    e) Emprar tècniques artesanals de pesca.
    f) Subvencionar la compra de cotxes híbrids o elèctrics.

21. Classifiqueu les metes següents dins dels cinc objectius relacionats directament amb el medi ambient, pertanyents als ODS 2015-2030:

a) Vetllar per la conservació dels ecosistemes muntanyosos, inclosa la seva diversitat biològica.

b) Donar suport i enfortir la participació de les comunitats locals en la millora de la gestió de l'aigua i el sanejament.

c) Incorporar mesures relatives al canvi climàtic en les polítiques, estratègies i plans nacionals.

d) Duplicar la taxa mundial de millora de l'eficiència energètica.

e) Prevenir i reduir significativament la contaminació marina de tot tipus.

22. Raoneu la veracitat o falsedat de les afirmacions següents:

a) «Com més riquesa, major renda» és un axioma que es compleix sempre.

b) La productivitat és decisiva per a aconseguir el desenvolupament econòmic.

c) Tots els immigrants competeixen amb els treballadors nadius dels països receptors.

d) Reciclar consisteix en reutilitzar un producte o residu.

23. Tot i que són els que més pateixen els efectes del canvi climàtic, alguns països en vies de desenvolupament també són reticents a adoptar mesures per a solucionar el problema perquè ho entenen com un greuge respecte dels països que ja s'han desenvolupat. Com s'explica això?

24. Per què es diu que el benefici mediambiental és incert?

25. Per què creieu que, entre les mesures per a lluitar contra la pobresa al món, es considera la de frenar el canvi climàtic?

26. Llegiu el text i responeu a les preguntes que es formulen a continuació:

«El 1976, la Sufiya era una dona extremadament pobre de la regió de Yobra, a Bangla Desh, que malvivia de la fabricació de tamborets de bambú. Com que la Sufiya no tenia diners per a comprar, es veia obligada a demanar prestats els 5 taka (0,10 €, aproximadament) que costaven les canyes de bambú. A canvi, es comprometia a vendre al prestador els tamborets fabricats al ridícul preu de 5,50 taka. Els interessos eren tan abusius que el marge de benefici obtingut amb prou feines permetia sobreviure la Sufiya, però ella no tenia més remei que acudir a un usurer, prestador oportunista o tauró, perquè no podia accedir al crèdit normal d'un banc a causa de la incapacitat que tenia per oferir garanties.

El seu cas il·lustra bé per què un sistema d'usura una forma subtil d'esclavitud: el marge de benefici és tan petit que resulta impossible estalviar per a comprar matèria primera, així que les "Sufiyas" queden condemnades a tornar a l'usurer per produir la següent remesa de tamborets.

Muhammad Yunus i els seus alumnes de la propera Universitat de Chittagong van fer un llistat de 42 persones que fabricaven artesanies, però no tenien diners per a comprar la matèria primera. El resultat va ser sorprenent: aquestes 42 persones solucionarien la dependència que tenien dels usurers amb un préstec total... de 27 dòlars! Yunus els va donar els diners de la pròpia butxaca i els artesans van vendre els seus productes al millor postor. Tots van tornar el préstec. Convençut d'haver trobat la pedra filosofal, Yunus els va explicar als bancs i a les autoritats el que havia passat. Va ser inútil. "Els bancs només presten diners als que no ho necessiten" és una frase que resumeix bé la resposta amb la qual es va topar. Originalment, la frase va ser pronunciada a la pel·lícula *El raïm de la ira*, protagonitzada per Henry Fonda i basada en la novel·la homònima de John Steinbeck, quan un camperol li demana un préstec al banc i li és denegat per la falta d'avals o riqueses que serveixen de garantia.

Yunus va perseverar i, per fi, un banc va alliberar crèdits per a tot el llogaret de Yobra, si bé el professor va haver de signar com a avalador de tots i cadascun dels préstecs. Un cop més, es va produir l'aparent miracle: tots van tornar la quantitat prestada. La fórmula es va traslladar amb èxit a cent llogarets més i, només dos anys després, el 1976, es fundava el Banc Grameen ('rural', en català), una institució sense ànim de lucre de la qual es pot afirmar sense cap dubte que ha salvat de la misèria centenars de milers de persones.

El Banc Grameen funciona a peu de carrer i concedeix préstecs a 7,5 milions de persones a Bangla Desh, dels quals el 96 % són dones pobres. La taxa de devolució és del 97 %. Però l'activitat creditícia no s'ha aturat aquí: des del seu naixement, el banc ha prestat més de 10.000 milions de dòlars entre els més de quaranta països en els quals opera.»

a) Com es converteixen la usura o els préstecs abusius en formes d'esclavitud?

b) Per què creieu que la majoria dels destinataris dels microcrèdits són dones?

- Escriviu dues idees clares i que us semblen fonamentals d'aquesta unitat. Què us ha ajudat a comprendre-les?
- Feu dues preguntes sobre aspectes que no us han quedat clars de la unitat.
- Escriviu dos aspectes sobre els quals us agradaria aprofundir en aquesta unitat.

Interpretem... la distribució de la riquesa

Si la riquesa espanyola és la del conjunt de Comunitats Autònomes, la mundial és la del conjunt de països, els quals, al seu torn, s'agrupen en continents. Un altre paral·lelisme que podem establir entre un país i el món és el fet que a uns els va millor que als altres: tant a l'interior de cada país com a nivell mundial, és possible apreciar que la distribució de la riquesa és molt desigual, quan seria desitjable un repartiment més igualitari. Entre els indicadors més habituals hi figuren els següents:

1. Piràmide de la riquesa.

Un 0,7 % de la població mundial adulta acumula el 45,9 % de la riquesa total (**128,7 bilions de dòlars**). A la part baixa, un 70,1 % de la població mundial controla només un 2,7 % de la riquesa total (**7,6 bilions de dòlars**).

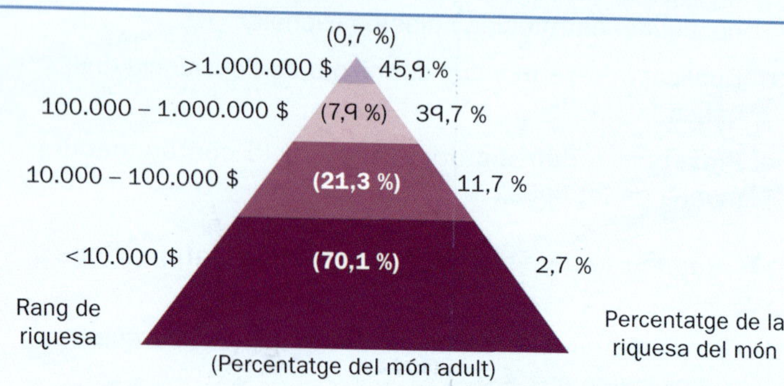

2. Distribució geogràfica de la riquesa.

En els propers cinc anys, la riquesa seguirà creixent, gràcies sobretot a l'avenç dels països emergents, cosa que permetrà arribar a 55 milions de persones a una riquesa de més d'un milió de dòlars.

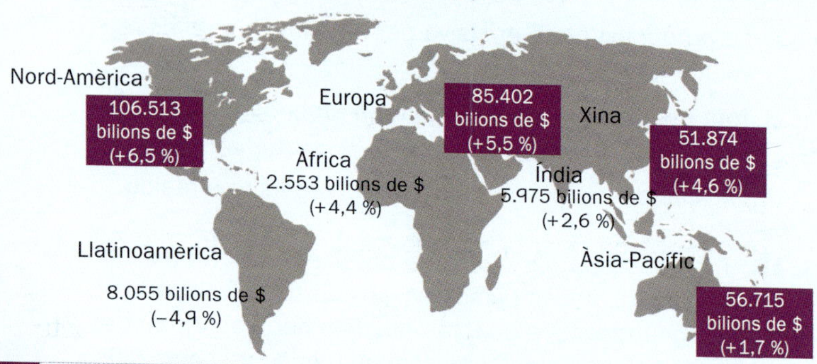

3. Evolució i concentració de la riquesa per a persones.

Les crisis de principis de segle: la bombolla de les «puntcom» i particularment la financera del 2008 i la de la zona euro del 2010 han tingut un paper important en els canvis en la distribució de la riquesa a nivell personal.

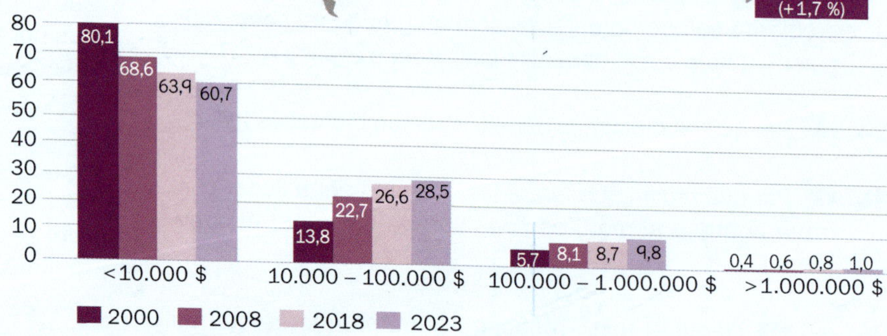

Font: *Credit Suisse Global Wealth Databook, 2018.*

Qüestions:

1. Segons les dades d'Oxfam, al començament del 2018 el 10 % més ric de la població espanyola concentrava el 53,8 % de la riquesa total (i l'1 % més ric, concentrava el 25,1 %). Calculeu com es distribuiria la riquesa a Espanya si només hi ha 100 habitants i la riquesa total és d'1 milió de dòlars.
2. Elaboreu una classificació de riquesa per continents de major a menor.
3. Quines conclusions és possible establir pel que fa a l'evolució de la riquesa per persona el període 2000-2023?
4. A Espanya hi ha actualment 1.690 ultramilionaris (persones amb un patrimoni superior a 50 milions de dòlars), però s'espera que aquest número s'incrementarà en un 36 % el 2023. Quants ultramilionaris hi haurà a Espanya el 2023?